Über dieses Buch

In seinen ,,vier edlen Wahrheiten“ hat Gautama Buddha (etwa 560–480 v. Chr.), der legendäre Stifter der großen Weltreligion, das Kernstück seiner Erlösungslehre verkündet.
Das Leben beruht auf Leid, heißt die erste edle Wahrheit. Die zweite lehrt die Ursachen des Leidens, nämlich menschliche Begierde, Vergnügen und Lust, Selbsterhaltungstrieb, Habgier. Die dritte Wahrheit strebt die Aufhebung des Leidens an durch die Überwindung aller Sinnlichkeit. Buddhas vierte Wahrheit endlich zeigt, wie dies zu erreichen sei: durch Beschreiten des ,,edlen, achtfältigen Pfades“. Wer ihn wandelt, erlangt Beruhigung, Einsicht, Erleuchtung, ist nicht länger hineingezwungen in den Kreis der Wiedergeburten, sondern verläßt den Zyklus und erlangt das für jeden Lebenden erstrebenswerte Ziel des Nirwana.
Der Sinologe Klaus Mylius hat die buddhistische Erlösungslehre aus dem Pali übersetzt und stellt in diesem Band eine Sammlung von kanonischen und nichtkanonischen Texten des ursprünglichen Buddhismus vor. Eine ausführliche Einleitung über Lehre und Geschichte des Buddhismus sowie Anmerkungen und Glossar ergänzen diesen Band, der neue Einsichten in die weltgeschichtliche Rolle der indischen Kultur und insbesondere des Buddhismus als einer der größten gedanklichen und ethischen Leistungen der Menschheit vermitteln kann.

Literatur · Philosophie · Wissenschaft

Gautama Buddha

Die vier edlen Wahrheiten

Texte des ursprünglichen Buddhismus

Herausgegeben und übertragen
von Klaus Mylius

Deutscher Taschenbuch Verlag

Herausgegeben, aus dem Pali übersetzt und mit einer Einleitung, Anmerkungen und einem Glossar versehen von Klaus Mylius.

November 1985
Deutscher Taschenbuch Verlag, GmbH & Co. KG, München

Umschlaggestaltung: Celestino Piatti unter Verwendung einer Höhlenmalerei (6. Jh.), nachgezeichnet von John Griffiths (1896)
Gesamtherstellung: C. H. Beck'sche Buchdruckerei, Nördlingen
Printed in Germany · ISBN 3-423-02166-7

Inhalt

MAJJHIMANIKĀYA

Aus der nichtkanonischen Pāli-Literatur

Milindapañhā

Mahāvaṁsa

Visuddhimagga

Anhang

Der Buddhismus, seine Lehre und seine Geschichte

1. Die Persönlichkeit des Buddha in ihrer Zeit

Das Wirken des Buddha und die Ausbreitung des Buddhismus sind nur dann voll zu verstehen, wenn man sie als Teil des historischen Gesamtprozesses der altindischen Gesellschaft betrachtet. Wir werden daher zunächst mit den sozialen Umwälzungen konfrontiert, die im 7. und 6. Jahrhundert v. u. Z. im nördlichen und nordöstlichen Indien Platz griffen.

In politischer Hinsicht wird diese Ära hauptsächlich vom Aufkommen beziehungsweise Erstarken des monarchischen Despotismus geprägt. Vom geographischen Milieu begünstigt, bildeten sich die ersten Großreiche – Kosala, Magadha, Videha – in der Gangesebene. Die alten, aus vedischer Zeit überkommenen Stammesstrukturen gerieten allmählich in Verfall, der jedoch lokal in recht unterschiedlichem Tempo verlief. Vergleichsweise lange Zeit hielten sich die Stammesorganisationen in den Vorbergen des Himālaya, wo sich in dem Jahrhundert vor Buddha mehrere aristokratische Republiken herausgebildet hatten. Als Gegengewicht zu einzelnen erstarkenden Monarchien schlossen sich andere zu Konföderationen zusammen, von denen die aus acht Republiken bestehende Konföderation der Vṛji im Nordteil des heutigen Unionsstaates Bihar die mächtigste wurde.

Über die politischen Grenzen hinweg brach sich die neue wirtschaftliche Entwicklung zum Ende der vedischen Ära allenthalben Bahn. Innerhalb der vorwiegend Ackerbau treibenden Gesellschaft bildeten sich aus vorhandenen Ansätzen Städte heraus, von denen mehrere zu Handelszentren wurden. Kaufmannsstand und Fernhandel nahmen einen beachtlichen Aufschwung. In den Städten kamen neue ideologische Anschauungen auf, die sich mit denen der priesterlichen brahmanischen Orthodoxie kritisch auseinandersetzten. Insgesamt gesehen, vollzog sich jetzt endgültig in diesem Teil der Welt der Übergang von der Barbarei zur Zivilisation.

Wie soeben angedeutet, waren die ökonomischen Umwälzun-

gen gesetzmäßig mit ideologischen Veränderungen verbunden. Herrschend war damals der vedische Opferkult, der das gesamte gesellschaftliche und familiäre Leben durchdrang. Doch hatte er im Laufe der Zeit derart exzessive Formen angenommen und diente in so einseitiger Weise dem Priesterstand und den weltlichen Herrschern, daß sein Einfluß auf die Volksmassen abzunehmen begann. Selbst unter den herrschenden Klassen und Ständen kam es zu tiefgreifenden ideologischen Umwälzungen, die in den Upaniṣaden ihren literarischen Niederschlag fanden. An die Stelle des rituellen Werkdienstes trat das Streben nach mystischer Vereinigung der Individualseele (Ātman) mit der Weltseele (Brahman). Entwickelt wurde die Lehre vom Kreislauf der Wiedergeburten (Saṁsāra) und von der Vergeltung der Taten (Karman) in jeder folgenden Existenz (vgl. RUB Bd. 729: Älteste indische Dichtung und Prosa, S. 247). Diese beiden letztgenannten Kategorien übten im Indien des 6. Jahrhunderts v. u. Z. einen mächtigen Einfluß aus und gingen auch in die Gedankenwelt des Buddhismus ein.
So kam es im 6. Jahrhundert v. u. Z. – vorher gab es in dieser Richtung nur Einzelerscheinungen – zur Herausbildung des Asketentums als Erscheinung von gesellschaftlichem Einfluß. Wandermönche durchzogen, einzeln oder von einer Anhängerschar begleitet, das Land. Doch waren ihre Erlösungslehren nicht ausschließlich antibrahmanisch-progressiv, sondern knüpften hinsichtlich der von ihnen vielfach gepriesenen Selbstpeinigung an alte schamanistische Praktiken an.
Im Sāmaññaphala-Sutta, das an der Spitze der vorliegenden Anthologie steht, werden dem Leser etliche dieser neuen Asketengemeinden und ihre Leiter vorgeführt. Der Despot Ajātasattu will sich nämlich durch die damals im Umlauf befindlichen Lehren trösten lassen, so daß wir diese – freilich aus buddhistisch-parteilicher Sicht – kennenlernen. So lehren die Ājīvikas unter Makkhali Gosāla die totale schicksalsbedingte Vorherbestimmung, also einen radikalen Fatalismus. Auch Vertreter eines spontanen primitiven Materialismus kommen zu Wort.
Aus der Vielzahl der Verkünder neuer Lehren ragen über die Jahrtausende hinweg zwei Persönlichkeiten hervor: der aus dem Stamm der Jñātṛkas gebürtige Begründer der Jaina-Lehre, Mahāvīra, und der aus der Republik der Śākya (Sakya) stammende Gautama Buddha.

Mit Buddha tritt die absolute Chronologie der altindischen Geschichte in ein einigermaßen scharfes Licht. Verschiedene Umstände haben nämlich dazu geführt, daß die Grundfrage der Geschichtswissenschaft, nämlich die Frage nach dem Wann, von den Quellen für das alte Indien nur selten genau beantwortet wird. Aus der gesamten vorbuddhistischen Zeit können wir gegenwärtig nicht ein einziges Ereignis beweiskräftig datieren. Erst die Lebenszeit des Buddha ist ziemlich sicher und dürfte mit einer Toleranz von etwa einem Dezennium die Jahre zwischen 560 und 480 v. u. Z. umfaßt haben. Es sei nicht verschwiegen, daß auch diese Zahlen nicht allgemein anerkannt sind und daß es Bestrebungen gibt, nach neuen Anhaltspunkten zu suchen. Zweierlei dürfte jedoch dabei ziemlich gewiß sein. Eine etwaige Revision der genannten Daten wird kaum die Dimension eines Jahrhunderts, allenfalls die weniger Jahrzehnte annehmen. Zum anderen werden neue Erkenntnisse die bisherigen Daten, wenn überhaupt, nur in Richtung auf die jüngere Vergangenheit korrigieren und Buddha nicht etwa in höheres Alter hinaufrücken.
Über das Leben des Buddha besitzen wir zwar keinen authentischen Gesamtbericht, können aber durch den Vergleich mehrerer alter Biographien und durch kritische Ausscheidung der reichlich vorhandenen legendären Züge einen im ganzen mit großer Wahrscheinlichkeit wahrheitsgemäßen Überblick gewinnen. Buddha war der Sohn des im Sakya-Land beheimateten Stammesfürsten Suddhodana und dessen Gattin Māyā. Er entstammte also nicht einer der großen Monarchien, sondern einem im Grenzgebiet zum heutigen Nepal gelegenen Stammesfürstentum. Sein Geburtsort war der Hain Lumbinī bei Kapilavatthu im nördlichen Teil des Sakya-Landes, wo Māyā auf einer Reise von der Niederkunft überrascht worden war. Nach dem frühen Tod seiner Mutter wurde der Knabe von deren Schwester Mahāprajāpatī aufgezogen. Er erhielt den Vornamen Siddhattha, während Gautama beziehungsweise Gotama der Stammesname ist. Nach seinem Eintritt in die geistliche Lehrtätigkeit führte er die Namen Buddha (der Erwachte), Sakyamuni (der Weise der Sakyas), Tathāgata (etwa: der Vollendete) und viele andere.
Nach einer dem Rahmen eines damaligen vornehmen Hauses angemessen verbrachten Kindheit heiratete Siddhattha seine Kusine Yasodharā. Aus der Ehe ging ein Sohn namens Rāhula

hervor. Trotz dieser Geburt und einer sicherlich nicht unglücklichen Ehe erschien ihm das Familienleben in Wohlstand nach einer Anzahl persönlicher Erfahrungen und Begegnungen schal. Im Alter von neunundzwanzig Jahren verließ er Palast und Familie und zog „aus dem Haus in die Heimatlosigkeit" hinaus. Über diesen Hinauszug (Pabbajjā) gibt es mehrere Berichte. Einige von ihnen wurden in die vorliegende Anthologie aufgenommen. In schlichten Worten und darum offenbar wahrheitsgetreu erzählt uns davon ein besonders alter Text: Suttanipāta III,1, das Pabbajjā-Sutta. Eine spätere, doch sehr anschauliche Gestaltung enthält Jātaka Nr. 201, das Bandhanāgāra-Jātaka.
Sieben Jahre lang wanderte der junge Mann im Land auf der Suche nach der Wahrheit umher. Bei zwei Asketen versuchte er, sich zu belehren, aber ihre Darlegungen enttäuschten ihn. In der Hoffnung auf Erlösung unterzog er sich harter Selbstkasteiung. Doch auch die bis zur Selbstaufgabe betriebene Askese blieb nutzlos, so daß er sie wieder aufgab. Endlich fand er bei Uruvelā, südlich des heutigen Patna, unter einem Feigenbaum die Erleuchtung, nämlich die Einsicht in die „vier edlen Wahrheiten".
Offenbar muß Buddha, wie wir aus verschiedenen Andeutungen der Quellen schließen dürfen, sich zunächst mit der Erlösung seiner eigenen Person zufriedengegeben haben. In einer sehr natürlichen und überzeugenden Weise setzt er im Mahāvagga I,5 auseinander, daß die Ausbreitung der Lehre und die Stiftung eines Ordens ihm nur Verdruß und Mühsal bereiten würden. Māra, das böse Prinzip im Buddhismus, möchte ihn darin noch bestärken und ihn überreden, unverzüglich ins Nirvāṇa einzugehen. Māra versucht also zu verhindern, daß aus einem „für sich allein Erlösten", einem Paccekabuddha, ein „vollkommen Erwachter", ein Sammāsambuddha, wird. Im Suttanipāta III,2, dem Padhāna-Sutta, lesen wir, wie Buddha diese Versuchung zurückweist. Auf Bitten des Gottes Brahma Sahampati (Mahāvagga I,5) entschließt er sich, der Welt die Lehre zu verkünden. Er hält die berühmte „Predigt von Benares" und setzt im Dhammacakkappavattana-Sutta (s. S. 203) „das Rad der Lehre in Bewegung".
Über die ersten Anfänge der Ausbreitung der Lehre durch Buddha selbst unterrichtet Mahāvagga I,1-24, das Ansätze zu einer Buddhabiographie enthält. Über zahllose weitere Ereig-

nisse aus Buddhas Leben berichten die übrigen Teile des Pāli-Kanons. Tadelt man daran, daß die Berichterstattung oft recht stereotyp ausfällt, so muß man andererseits auch berücksichtigen, daß das Leben Buddhas und seiner Anhänger in einen festen Rahmen gefügt war, der für außergewöhnliche Ereignisse nur wenig Raum bot.

Vierundvierzig Jahre lang durchzog der Buddha wandernd und lehrend das nordöstliche Indien, und nur die Regenzeit des Sommermonsuns brachte alljährlich eine Unterbrechung der Wanderschaft. Zum letztenmal war er durch das vielbesuchte Rājagaha gegangen und hatte sich die Almosenschale füllen lassen; nun wollte er nach Kusināra aufbrechen. Aber unterwegs erkrankte er an verdorbener Nahrung, die er in Pāva zu sich genommen hatte, sei es an verdorbenem Schweinefleisch oder, wahrscheinlicher, an giftigen Pilzen. In Kusināra, im heutigen Bezirk Gorakhpur, verstarb er im Alter von etwa achtzig Jahren. Seinen Anhängern hinterließ er die Weisung, daß nach seinem, des Meisters, Tod nunmehr Dhamma (die Lehre) und Vinaya (die Ordenszucht) ihre Meister seien.

Häufig ist die Frage aufgeworfen und verschieden beantwortet worden, ob der Buddha ein selbständiger Denker oder nur ein Kompilator war, der vorgefundenes Gedankengut zu einer systematischen Lehre verflocht. Bei vorsichtiger Abwägung der Fakten wird man nicht umhinkönnen einzuräumen, daß viele wesentliche Gesichtspunkte der Lehre auf Buddha selbst zurückgehen. Andererseits wurzelt dieser durchaus in seiner Zeit und deren Vorstellungswelt. Er hat, wie oben angedeutet, die bereits in den Brāhmaṇas vorgezeichneten und in den älteren Upaniṣaden voll ausgeprägten Gedanken des Geburtenkreislaufes (Saṁsāra) und der Vergeltung der Taten, die damals das indische Denken maßgeblich bestimmten, in seine Lehre eingepaßt, ja zu Grundpfeilern derselben gemacht. Insoweit ist er also durchaus ein Kind seiner Zeit. Doch die übrigen Teile seiner Lehre sind ganz offenkundig Früchte eigener Denkarbeit.

Was aber hat der Buddha im einzelnen gelehrt?

2. Die Grundlehren des Buddhismus

Eine gedrängte Aufzählung der Grundlehren des Buddhismus findet der Leser im Mahāvagga I,5,2. Im übrigen bildet die „Predigt von Benares“ die Basis der buddhistischen Weltanschauung. Es sind dies die „vier edlen Wahrheiten“: die Wahrheit vom Leiden, die Wahrheit von der Leidensentstehung, die Wahrheit von der Leidensvernichtung und schließlich die Wahrheit von dem zur Leidensvernichtung führenden achtteiligen Pfad. Alle diese Thesen beruhen letztlich auf einem Grundgesetz der Dialektik, nämlich auf der Erkenntnis, daß alles, was entsteht, auch dem Vergehen unterworfen ist, wie wir es in der 147. Rede des Majjhimanikāya und im Cullavagga VI,4,5 ausgedrückt finden. Der Leitgedanke hierbei ist dieser: Das Dasein, die ganze Welt und insbesondere ihre Freuden sind vergänglich und daher leidvoll. Eine Stelle aus dem Mahāsatipaṭṭhāna-Suttanta (Dīghanikāya Nr. 22) schildert mit großer Eindringlichkeit einen Leichenplatz als Symbol der Vergänglichkeit. Leid bedeutet es aber auch, von Liebem getrennt oder mit Unliebem vereint zu sein. Daher hat Leid nur bei völligem Gleichmut gegenüber Leben und Tod keinen Platz mehr, wozu Theragāthā 20 und 195f. nachzulesen wären. Dieser Gleichmut ist das Ziel des „edlen achtfältigen Pfades“, der zur Befreiung von Leid und Wiedergeburt führt und den wir im Sāmaññaphala-Sutta (Dīghanikāya Nr. 2) beschrieben finden. Er umfaßt in recht allgemeiner Formulierung das rechte Vertrauen auf Buddha, seine Lehre und die Gemeinde; ferner den rechten Entschluß, das rechte Wort, die rechte Tat, das rechte Leben, das rechte Streben, das rechte Gedenken und die rechte Versenkung. Letztere, die buddhistische Meditation, ist Erbin uralter, weitgehend vorarischer Yoga-Praktiken; die einzelnen Stufen der Versenkung oder „Schauung“ werden im Pāli-Kanon ausführlich beschrieben.

Eng verbunden mit den vier edlen Wahrheiten ist der Versuch, sie mit der überkommenen Karman-Lehre zu verknüpfen und zu ergründen, „was die Welt im Innersten zusammenhält“. Hierzu ist das „Gesetz von der ursächlichen Entstehung“ oder das „Gesetz von der Entstehung in Abhängigkeit“ (paṭiccasamuppāda; Sanskrit: pratītyasamutpāda) aufgestellt worden. Der Leser findet es im Buddhavagga des Nidānasaṁyutta (Saṁyuttanikāya XII,2). In Kürze lautet die Formel folgendermaßen: Aus dem Nichtwissen entstehen die Gestaltungen oder Gegebenheiten, nämlich die latenten Einflüsse der Taten (Kamma); aus den Gestaltungen entsteht das Erkennen; aus dem Erkennen entstehen Name und Gestalt; aus Name und Gestalt entstehen die sechs Sinne; aus den Sinnen entsteht die Berührung (zwischen Sinnesorganen und Objekt); aus der Berührung entsteht die Empfindung; aus der Empfindung entsteht der Lebensdurst; aus dem Lebensdurst entsteht das Ergreifen; aus dem Ergreifen entsteht das Werden; aus dem Werden entsteht die Geburt; aus der Geburt entstehen Alter und Tod, Schmerz, Klage, Kummer und Verzweiflung. In dieser von Widersprüchen nicht freien Kausalkette wird, wie man sieht, das Nichtwissen als Urgrund des Leides aufgefaßt. Die Gegenüberstellung von Wissen und Nichtwissen hat der Buddhismus mit anderen altindischen Weltanschauungen gemeinsam. Hier bezieht sich das Nichtwissen auf die vier edlen Wahrheiten, denn wer diese kennt und danach handelt, hat Aussicht darauf, dem Leiden jetzt oder in einer wenig späteren Existenz ein Ende zu machen. Im übrigen kommt innerhalb der Kausalkette der Kategorie des „Durstes" (taṇhā; Sanskrit: tṛṣṇā) – wir würden eher von „Anhangen" oder „Begierde" sprechen – eine besondere Gewichtung zu: Er ist neben dem Nichtwissen die Hauptursache für die Wiedergeburt und damit für die ständige Erneuerung des Leides.

Wie H. Oldenberg gegenüber M. Walleser nachgewiesen hat, bedeutet die Kausalnexusformel keineswegs die subjektiv-idealistische Konzeption „Die Welt ist meine Vorstellung" im Sinne Schopenhauers. Eine solche Auffassung war dem ursprünglichen Buddhismus gänzlich fremd. Der älteste Buddhismus bestreitet nicht die Realität der Welt. Aber ob das Selbst und die Welt ewig, nicht ewig, ewig und nicht ewig, weder ewig noch nicht ewig sind, ob das Selbst und die Welt aus sich selbst geschaffen, von einem anderen geschaffen, weder aus sich selbst noch von einem anderen geschaffen, ursachelos entstanden sind, seien Fragen – heißt es Udāna VI,5 (S. 212) –, die nicht zur Erlösung führen. Auch in der 63. Rede des Majjhimanikāya erklärt Buddha dem ihn befragenden Māluṅkyāputta, daß die Diskussion von Problemen wie der Entstehung, Dauer und Endlichkeit der Welt, des Lebens nach dem Tode und so weiter nicht zur Erlösung führe. Dies legt auch Nāgasena in den Milindapañhā IV,2,5 dem König Milinda

dar. Buddha hat es stets abgelehnt, sich über solche Fragen zu äußern, worauf noch in anderem Zusammenhang zurückzukommen sein wird. Selbst seine eigene Lehre vergleicht er konsequenterweise mit einem Floß: Man braucht es, am jenseitigen Ufer angekommen, ebensowenig mehr, wie der Erlöste noch der Lehre bedarf (Majjhimanikāya Nr. 22). Und auf Erlösung orientiert der Buddhismus ausschließlich. Da aber nach buddhistischer Auffassung das Leiden vom Dasein nicht zu trennen ist, muß der Mensch zugleich vom Dasein erlöst werden. Das Dasein wiederum erneuert sich ständig durch Nichtwissen und Durst. So kommt ein Geburtenkreislauf (Saṁsāra) zustande, den man als Seelenwanderung bezeichnen dürfte, wenn der Buddhismus – darauf kommen wir gleich zu sprechen – eine ewige Seele anerkennen würde. Hieraus ergibt sich natürlich die Frage, wer oder was es dann eigentlich ist, was da wandert. Der Buddhismus antwortet dahingehend, daß es sich in der Reihe der Existenzen nicht um dasselbe, mit sich identische Wesen handelt, daß sich aber andererseits auch nicht verschiedene Wesen einander ablösen.
Jede neue Geburt nun erfolgt nach alter indischer Anschauung – sie ist spätvedischer, nicht buddhistischer Herkunft – determiniert von den Taten (Kamma) in der vorhergehenden Existenz. In der vorliegenden Anthologie kommen Strom und Wechsel der Wiedergeburten deutlich im Makhādeva-Jātaka (Jātaka Nr. 9) zum Ausdruck, während die Kamma-Lehre im Cūḷakammavibhaṅga-Sutta (Majjhimanikāya Nr. 135) ihren Niederschlag findet. Die Lehre von der Wiedergeburt und vom Kamma, dessen Folgen niemand entrinnen kann, wird also vom Buddhismus als selbstevidentes Dogma übernommen und ausgestaltet. Hiermit suchte man zu erklären, warum so oft böse Menschen in Wohlstand, gute Menschen aber in Armut und Unglück leben. Hier schlägt noch deutlich das philosophisch ungeübte, naive Denken der vedischen Ära durch. So wird im Petavatthu I,2 das Kamma-Gesetz buchstäblich und drastisch illustriert: Jemand, der zu Lebzeiten lose Reden führte, wird als Gespenst mit einem Schweinemaul wiedergeboren.
In der Kamma-Lehre liegt eine unleugbare Schwäche des Buddhismus. So kühn, wenn auch einseitig, er die Idee der Veränderung und Bewegung handhabt, so treffend er das Leiden des einzelnen charakterisiert – hier vermag er nicht, sich

von vorgefundenen Dogmen frei zu machen. Freilich ist ihm zugute zu halten, daß er mit der Kamma-Lehre eine moralische Weltordnung behauptet und diese heranzieht, um auf die Menschen erzieherisch und veredelnd einzuwirken – und zwar nicht ohne Erfolg. Aber die Fragen, die wir heute sofort stellen würden, und ihren Zusammenhang hat man damals nicht gesehen und wohl auch noch gar nicht sehen können: Was bedeutet der Begriff einer moralischen Weltordnung? Wer setzt die Maßstäbe eines moralischen Wandels fest? Gibt es eine allgemeine, zeitlose, über den sozialen Klassen und Gruppen thronende Gerechtigkeit? Werden positive Begriffe und Eigenschaften nicht vielmehr durch pejorative Begriffe allenthalben in ihr Gegenteil verkehrt: Unbeugsamkeit – Sturheit, Borniertheit; Flexibilität – Gewissenlosigkeit; Revolution – Meuterei; Solidarität – Kumpanei? Aber entsprechend der verhältnismäßig hohen Entwicklungsstufe des Denkens die Prinzipien der Bewegung und Veränderung überhaupt so wie der Buddhismus pointiert zu haben, war eine – bereits von Friedrich Engels (MEW, Bd. 20, S. 491) gewürdigte – Leistung ersten Ranges, die den Vergleich mit den Resultaten dialektischen Denkens im antiken Griechenland nicht zu scheuen braucht.

Ähnlich differenziert wie die Kamma-Lehre müssen auch die Vorstellungen des Buddhismus über die Natur des Menschen bewertet werden. Der Buddhismus unterscheidet nämlich beim Menschen nicht Körper und Seele, sondern sieht in ihm ein Ensemble, eine Kombination von fünf Gruppen (Skandha), und zwar sind dies die Körperlichkeit, die Sinnesempfindungen, die Vorstellungen oder das Bewußtsein, die Gestaltungen (die etwa den Fähigkeiten entsprechen) und die Gedanken beziehungsweise die Erkenntnis. Nur vereinzelt, so im Dīghanikāya 2,83, gilt das Bewußtsein als an den Körper geknüpft und von ihm abhängig. Doch ist diese materialistische Position für den Buddhismus nicht kennzeichnend.

Der Buddhismus hat für den Begriff der Seele in seiner Weltanschauung keinen Platz. Die Existenz einer ewigen, unzerstörbaren Seele wird entschieden verneint, so von Nāgasena in den Milindapañhā II,3,6. Diese Auffassung hat ihre Wurzel in der buddhistischen Konzeption vom Werden. Das Werden stellt eine Grundkategorie buddhistischen Denkens dar. Nichts hat ewigen Bestand; es gibt nur Veränderung und Wechsel. Unleugbar ist solches Denken vorbuddhistischen Vorstellungen überlegen. Andererseits liegt hier der Ausgangspunkt für Gedankenentwicklungen, die sich nicht bewährt haben und nicht bewähren konnten.

Es ist die Überbetonung, die Verabsolutierung des Werdens, die diesen an sich richtigen und richtungweisenden Begriff verzerrt und entstellt. Die Dialektik von Sein und Werden, von Statik und Dynamik, von Bewegung und Ruhe, bleibt dem Buddhismus darum verhüllt. Denn mit der Verwerfung jeglicher Beständigkeit geht nicht nur die Ablehnung einer ewigen Seele, sondern auch die Aushöhlung und Reduzierung des Materiebegriffes auf bloße „Gegebenheiten" (Dhammā) einher.

Eine Konsequenz hieraus, die der Buddhismus auch tatsächlich mit aller Schärfe gezogen hat, ist die Ablehnung des Begriffes Individuum. Es gibt weder ein Ich, das im Tode vernichtet wird, noch ein Ich, das nach dem Tode wieder aufersteht. Das Ich ist ein bloßer konventioneller Name für den Prozeß der sich unablässig wandelnden psychophysischen Daseinsformen. In einem berühmten Gleichnis zu Beginn der eigentlichen Milindapañhā legt der buddhistische Disputant Nāgasena dar, daß weder die Räder noch die Achse, die Deichsel und so weiter einen Wagen bilden, so daß das Wort „Wagen" eben nur als konventionelles Wort anzusehen sei. Ebenso, fährt er fort, sei Nāgasena nur eine Bezeichnung, ein Name für den Allgemeingebrauch, dem keine persönliche Individualität entspreche. Das Individuum besteht also für den Buddhismus nur als ein vergängliches und in jedem Moment sich veränderndes Beisammensein von Gegebenheiten. Und da diese alle vergänglich sind, gehören sie auch nicht zu einem Ich; vielmehr liegen sie alle im Bereich des Nicht-Ich (Anattā). Der Buddhismus verlangt nun, diese Zusammenhänge einzusehen und sich vom „Ich-Wahn" frei zu machen. Im Mahāvagga I,3,4 wird nachdrücklich erklärt, daß die Beseitigung des Individualbewußtseins höchstes Glück bedeutet. Ähnliches klingt auch im Majjhimanikāya Nr. 22 an.

Mit der Konzeption eines Menschenbildes, das, eingebunden in den geschichtlichen Fortschritt, sich von Epoche zu Epoche weiter profiliert, scheint die buddhistische Auffassung vom Individuum nur dann nicht vereinbar zu sein, wenn man übersieht, daß es ihr aufgegeben war, eine nach hierarchischen

Wertvorstellungen vorgenommene Ständeeinteilung aufzubrechen. Denn – so heißt es im Lehrgespräch mit Esukāri – jeder, gleich welcher Herkunft, ob Krieger, Brahmane, Angehöriger des dritten oder vierten Standes, der aus der Häuslichkeit in die Hauslosigkeit (als Mönch) hinauszieht, wenn er zu der vom Vollendeten dargelegten Lehre und Ordenszucht gelangt ist, sich des Mordens, Stehlens, unfrommen Wandels, Lügens, Verleumdens, Grobseins, Geschwätzigseins enthält, geht erfolgreich den rechten Weg und führt einen heilsamen Wandel. Und auch wenn sich nicht als haltbar erweist, daß das Individuum frei wird, indem es das Bewußtsein seiner Individualität überwindet, werden durch diese Auffassung doch Grenzsituationen der menschlichen Existenz – wie Einsamkeit, Krankheit, Leiden und Sterben – angesprochen, zu deren Bewältigung ebendiese Auffassungen beitragen können.
Wir sagten, der Buddhismus ziele vor allem anderen darauf, das Leiden zu beseitigen. Schon darin liegt die Feststellung beschlossen, daß Vorwürfe wie die der Resignation und der Schwermut gegen den Buddhismus zu Unrecht erhoben worden sind. Im Gegenteil: aktiv handelnd – wenn auch nicht in modernem Sinne – strebt er einen Ausweg aus dem Leiden und dem Geburtenkreislauf an. Dieser Ausweg liegt in der Erkenntnis der vier edlen Wahrheiten und des achtfältigen Pfades. Das Ziel ist das Nirvāṇa (der Pāli-Terminus heißt eigentlich Nibbāna, doch hat sich bei uns der Begriff nun einmal in seiner Sanskritfassung eingebürgert).
Ein anderes Ziel als das Nirvāṇa kennt die buddhistische Lehre nicht. Allerdings bietet eine Definition des Nirvāṇa kaum übersteigbare Schwierigkeiten, da dieser Begriff hauptsächlich durch Negativa gekennzeichnet wird. Deutlich erkennt man hieran die Herleitung der Nirvāṇa-Idee aus der Upaniṣad-Literatur. Diese (so die Bṛhadāraṇyaka-Upaniṣad IV,4,22) charakterisiert die Eigenschaften der Universal- oder Weltseele, des Brahman, durch die Worte „neti, neti", das heißt, „so ist es (= das Brahman) nicht, so ist es (auch) nicht!". Eine weitere Quelle des Nirvāṇa-Gedankens dürften aus vorarischer Zeit überkommene Yoga-Praktiken sein; diesbezügliche Atemübungen beschreibt ein Stück aus dem Dīghanikāya (Nr. 22,2). Denn der Eingang ins Nirvāṇa ist nicht unbedingt an die postmortale Zeit gebunden; die Erreichung dieses Status ist, wenn auch nur wenigen, schon bei Lebzeiten möglich.

Wer dies vollbracht hat, gilt als Arhat (Heiliger). Im allgemeinen muß man sich mit einer der drei geringeren Stufen der Annäherung an das Nirvāṇa zu Lebzeiten bescheiden.
Und was ist nun das Nirvāṇa seinem Wesen nach? Das Sanskritwort bedeutet „Auswehen, Verwehen", etwa einer Kerzenflamme. Ist es also die völlige Vernichtung, das Nichts? Oder handelt es sich um einen Zustand leidloser Seligkeit? Die Texte des Kanons geben keine Klarheit. Buddha hält sich, wie H. Oldenberg feststellt, auf der Messerschneide zwischen beiden. Dem ursprünglichen Buddhismus gilt das Nirvāṇa als frei von allen Erfahrungen; es kann nicht gedacht oder gar geschildert werden. Es ist das Reich, in dem das Gesetz des Kausalnexus keine Macht mehr hat. Man sieht, daß es negative Attribute sind, die zur Bestimmung des Nirvāṇa herangezogen werden.
Übrigens muß bemerkt werden, daß die auch im Negativen großartige Konzeption des Nirvāṇa relativ schnell verflachte. Für den kontemplativen menschlichen Geist war dieser Begriff auf die Dauer eben zu abstrakt, um als erstrebenswertes Ziel gelten zu können. Schon in den Milindapañhā II,4,8 wird das Nirvāṇa als Glück bezeichnet; es gibt sogar Wesen, die es geschaut haben wollen und entzückt davon berichten. Das ist die Vorstufe zum Mahāyāna-Buddhismus (s. S. 41), der aus dem erhabenen Nirvāṇa des Buddha ein Paradies nach irdischen Vorstellungen gemacht hat.
Wägt man alle Bemerkungen des ursprünglichen Buddhismus über das Nirvāṇa ab und berücksichtigt man allgemein den Geist, der diese Lehre durchweht, so möchte man, nicht zuletzt durch logische Erwägungen unterstützt, gegenüber Oldenberg doch zu der Schlußfolgerung kommen, daß der etwa aufkeimende Gedanke einer leidlosen Seligkeit zurücktritt hinter die Vorstellung eines Zustandes der Ruhe, des Aufhörens (der Bewegung, des Durstes, der Wiedergeburt und des Leidens), der Erlöschung.
Besonders im Hinblick auf die weltgeschichtliche Wirksamkeit des Buddhismus ist es unerläßlich, an dieser Stelle noch einen Blick auf seine *Ethik* zu werfen. Deren Prinzipien sind von der vierten „edlen Wahrheit" (vgl. Dīghanikāya Nr. 22,21) abgeleitet. Eine kurze Zusammenfassung der buddhistischen Morallehren enthält auch das Maṅgalasutta des Khuddakapāṭha. Beherrschender Grundzug ist die Güte gegenüber allen We-

sen, wie sie im Itivuttaka Nr. 27 gepriesen wird. Ungemein anziehend berührt uns auch heute die Gesinnung der Güte zu den Menschen und der Liebe zum Frieden, die sich unter anderem im Cūḷakammavibhaṅga-Sutta (Nr. 135 des Majjhimanikāya) offenbart. Im Majjhimanikāya Nr. 145 weist Buddha in seiner Belehrung des Puṇṇa auf das Erfordernis hin, auch Feinden gegenüber Milde zu üben. Bezeichnend ist ferner, daß als Vergehen, die zum Ausschluß aus dem buddhistischen Orden führen, unter anderem nicht nur Mord, sondern auch die Verherrlichung des Todes und die Aufstachelung zum Selbstmord erwähnt werden (Pārājikā Dhammā 3), was mithin eine dem Buddhismus manchmal unterstellte Tendenz zur Lebensfeindlichkeit von vornherein ausschließt. Nur unter ganz bestimmten Bedingungen ist Selbstmord gestattet, wie etwa dem kranken Mönch Channa im Majjhimanikāya Nr. 144.

Die Ethik des Buddhismus ist demnach vom humanistischen Standpunkt überwiegend als positiv zu beurteilen. Doch dürfen ihre einem fortschrittlichen Denken zuwiderlaufenden Aspekte gleichfalls nicht verschwiegen werden. Das Motiv der obenerwähnten allseitigen Güte ist ja nicht die aktive Liebe zum Menschen oder gar Dienst an der menschlichen Gesellschaft, sondern es ergibt sich aus der Aufgabenstellung für jeden einzelnen, eine Anhäufung schädlichen Kammas zu vermeiden. Ohnehin dürfte die Güte nie so weit gehen, daß sie zum „Anhaften" führt, das ja gerade aufgegeben werden soll. Überhaupt ist die buddhistische Lehre einschließlich ihrer Ethik nicht auf die Volksmassen, sondern auf die Vervollkommnung und Erlösung des einzelnen zugeschnitten. Letztlich kann niemand einen anderen läutern; läutern kann man sich nur selbst, heißt es im Dhammapada Nr. 165. Der Einfluß von Eltern und Verwandten spielt eine untergeordnete Rolle; der eigene wohlgefügte Geist kann Besseres vermitteln als diese, lehrt Dhammapada Nr. 43. Ein gewisser elitärer Individualismus ist daher unverkennbar: So soll man nur mit einem Vornehmeren oder wenigstens Gleichgestellten wandern, entnimmt man aus Dhammapada Nr. 61. In ethischer Hinsicht ist der spätere Mahāyāna-Buddhismus mit seiner Ausrichtung auf die Allgemeinheit dem Theravāda-Standpunkt überlegen.

Den bedauerlichen Abscheu vor Frauen teilt der Buddhismus mit anderen indischen und nichtindischen Erlösungslehren.

Frauen sind der Inbegriff der Falschheit und Verführung; es gelingt einer Frau sogar, dem Ordal zu entkommen (Aṇḍabhūta-Jātaka Nr. 62). Der Mönch Nāgasena scheut nicht vor der Bosheit zurück, der tugendhaften Gattin des Mahosadha, Amarā, zu unterstellen, sie sei nur tugendhaft aus Angst vor Entdeckung beziehungsweise aus Mangel an Gelegenheit (Milindapañhā IV,4,43). Wenn freilich das Udañcani-Jātaka (Nr. 106) eine Frau schildert, die ihren Mann schikaniert und ihn so lange auf Besorgungen umherschickt, bis er „das Ganze satt hat", so muß dies nicht unbedingt misogyn, sondern kann auch treffend beobachtet sein.

3. Der Buddhismus im Verhältnis zur Gesellschaft in seiner Zeit

Als der Buddhismus aufkam, stieß er mitnichten in einen ideologischen Leerraum. Vielmehr hatte er sich mit einer ganzen Anzahl fest etablierter Lehrmeinungen auseinanderzusetzen. Das war einmal der Brahmanismus mit seiner spätvedischen Mythologie und einem ausgedehnten, das staatliche und familiäre Leben weitgehend beherrschenden Opferkult. Aber Buddha hatte keineswegs nur die Brahmanen, sondern, wie wir zu Beginn gesehen hatten, auch nichtbrahmanische asketische Lehrer mit ihren Schülern gegen sich, wobei die Jinisten als Hauptgegner hervortraten. Diese Schulen unterschieden sich vom Buddhismus fast sämtlich durch die Betonung des Asketizismus und der Kasteiung. Häufig warfen sie dem Buddha vor, auf dem Wege des Wohllebens zur Erlösung gelangen zu wollen.

Der Buddhismus fand ein wohlausgebildetes Pantheon vor, dessen Einfluß auf die Volksmassen zu groß war, als daß es hätte ignoriert oder negiert werden können. Somit war die neue Lehre gezwungen, die vedisch-brahmanischen Götter zu „übernehmen", doch bedeutete dies zugleich deren Entthronung. Denn der Gedanke an einen Demiurgen wurde nunmehr entschieden verworfen. Ein Gott galt nur noch als eine günstige Form der Wiedergeburt; im übrigen war er der Vergänglichkeit genauso unterworfen wie alle übrigen Wesenheiten. Von einer Allmacht oder Allwissenheit der Götter oder eines Hauptgottes kann keine Rede mehr sein. Selbst Brahman

weiß nicht, wo die Elemente ihr Ende finden (Dīghanikāya Nr. 11). Sakka, in der buddhistischen Mythologie sehr wahrscheinlich identisch mit Indra, dem mächtigsten der vedischen Götter, muß sich vom Erhabenen über das Wesen des Glücks belehren lassen, berichtet das Mahāmaṅgala-Jātaka (Nr. 453). Kritik an der Indra-Verehrung übt auch Dīghanikāya Nr. 2,61. Agni, der im Veda nach Indra meistgenannte Gott, ist nicht einmal imstande, das ihm als Opfer zugedachte Rind vor diebischen Jägern zu schützen, lesen wir im Naṅguṭṭha-Jātaka (Nr. 144). Im Dhammacakkappavattana-Sutta preisen die Götter den Erhabenen dafür, daß er das Rad der Lehre in Bewegung gesetzt hat. Buddha selbst weist im Dīghanikāya Nr. 13 mit feinem Spott darauf hin, daß die brahmanischen Priester jemand verherrlichen, den sie eingestandenermaßen nie gesehen haben (Tevijja-Sutta), eine Argumentation, die gewiß nicht dem Theismus das Wort redet. Nicht die Götter sind es also, die Hilfe bringen. Erlösung kann man nur durch eigenes Streben gewinnen: Wer sich selbst besiegt hat, aus dessen Sieg kann weder der Teufel noch ein Gott, und wäre es Brahman selbst, eine Niederlage machen, erklärt Dhammapada Nr. 104–105.
Ebenso entschieden wie gegen die Vorstellung, ein Gott habe die Welt erschaffen und regiere sie, wendet sich der Buddhismus gegen den vedischen Opferkult und dessen magische Komponente. Es sollte bemerkt werden, daß hierzu noch erheblich größerer reformatorischer Mut gehörte als zur Ablehnung des Theismus, war doch das Opferritual, wie wir gesehen haben, im gesamten öffentlichen und persönlichen Leben von beherrschendem Einfluß. Die Tatsache, daß der Buddhismus den engen Zusammenhang von Zauberei und Opferkult herausstellt (vgl. etwa Dīghanikāya Nr. 2,56), zeugt von erstaunlich tiefer Einsicht in das Wesen des magischen Weltbildes. Besonders heftig verurteilten die Buddhisten den vedischen Kult wegen seiner Opferung von Tieren; diese galt ihm als der eigentliche „Sündenfall" aus einem einstigen „goldenen Zeitalter", wie es das Brāhmaṇadhammika-Sutta (Suttanipāta II,7) unterstreicht. Freilich, gänzlich ignorieren konnte Buddha das brahmanische Opfersystem nicht, und er gestaltete es daher im Sinne der neuen Lehre um: Jetzt sind es die Arhats, die buddhistischen Heiligen, die es wert sind, Opfergaben zu empfangen, heißt es im Māgha-Sutta (Suttanipāta III,5); ähnlich äußert

sich Visuddhimagga VII,3. Außer dem vedischen Ritual ist auch der Aberglaube die Zielscheibe buddhistischer Kritik, und man spürt, daß sich der Buddhismus gegenüber dem Brahmanismus selbst als aufgeklärt eingeschätzt hat. So führt Buddha den Aberglauben eines Brahmanen ad absurdum, wonach von einer Maus zernagte Kleider von übler Vorbedeutung seien (Maṅgala-Jātaka Nr. 87). Eine ebenso klare Absage wird im Dīghanikāya 2,59 der Astrologie erteilt, so daß sich der ursprüngliche Buddhismus hier tatsächlich als aufgeklärter denn mancher unserer Zeitgenossen erweist.
Im ideologischen Bereich weist der originäre Buddhismus also entschieden reformatorisch-progressive Züge auf, und es erhebt sich die Frage, wie sich dies in seiner Haltung zur Gesellschaftsstruktur niederschlägt. Da überrascht es denn nicht, daß die Pāli-Texte häufig einen ausgeprägten antidespotischen, gewissermaßen demokratischen Zug erkennen lassen. Im Cullanārada-Jātaka (Jātaka Nr. 477) vergleicht der Bodhisatta die Herrscher und Könige mit Giftschlangen, von denen sich ein Frommer fernzuhalten hat. Im Saccaṁkira-Jātaka (Nr. 73) stehen Schlange, Ratte und Papagei moralisch weit über dem bösen König, der denn auch von einer aufgebrachten Volksmenge getötet wird. Und im Garahita-Jātaka (Jātaka Nr. 219) sind es Affen, die die Habgier der Brahmanen und weltlichen Herrscher tadeln. Die königlichen Weisen haben nach der Eroberung der Erde trotz aller Opferfeiern nicht ein Sechstel des Wertes, den ein liebevolles Gemüt besitzt, hebt Itivuttaka Nr. 27 hervor. Konsequenterweise wird der Begriff „Brahmane" nicht abgelehnt oder negiert, sondern buddhistisch umgeformt: Nicht die Abstammung darf den Brahmanen ausmachen, sondern das Freisein von Neigungen und vom Anhaften an der Weltlichkeit (Dhammapada Nr. 396). Damit wird das Wertsystem der altindischen Gliederung der Gesellschaft in soziale Gruppen (varṇa) – nicht diese Gliederung selbst – aufgehoben, zweifellos eine kühne, progressive Haltung. Buddha bemerkt zu Esukārī, daß Erkenntnis und Erlösung völlig unabhängig von der Zugehörigkeit zu einer sozialen Gruppe, von Besitz, äußerlicher Schönheit und so weiter sind (Majjhimanikāya Nr. 96). Dennoch wäre es vollkommen falsch, im Buddhismus etwa den ideologischen Ausdruck der ausgebeuteten Massen der Bauern und Handwerker zu sehen. Nach allem, was wir aus den Pāli-Texten wissen, überwogen

im Orden frühere Brahmanen und Angehörige des Kriegeradels. Neben ihnen gab es auch Mönche niedriger Herkunft. Sie haben aber keine dominierende Rolle gespielt. Die auf die Erlösung des Individuums zugeschnittene Lehre des Buddhismus hätte auch keinen Ansatz für die Herausbildung einer demokratischen Massenbewegung geboten. Die Schranken der durch Geburt bedingten Standeszugehörigkeit wurden als für die Erlösung irrelevant im Orden außer Kraft gesetzt. Das war eine Folgerung, die sich aus den buddhistischen Grundlehren zwangsläufig ergab. Eine Absicht, die Gesellschaft zu reformieren, kann darin aber nicht gesehen werden.

Eine kurzgefaßte Gesamteinschätzung der Lehren des ursprünglichen Buddhismus, die der Leser an dieser Stelle erwarten darf, ist ein äußerst schwieriges, ja heikles Unterfangen und kann daher nur mit allem Vorbehalt gegeben werden. Dies mag dadurch verständlich werden, daß der Buddhismus mit einer ihm selbst fremden Heftigkeit umstritten wurde und auch weiterhin umstritten ist. Was hat man nicht alles in dieser Lehre gesehen! – den absoluten Pessimismus, fröhliches Dahineilen zur Erlösung, versponnene Weltflucht, geniale Dialektik, Volksbetrug, kühne Sozialreform und vieles andere mehr. Weiter erschwert wird die Sachlage durch die Tatsache, daß die Verschiedenartigkeit der Urteile durchaus nicht nur auf den jeweiligen Klassenstandpunkt zurückzuführen ist. Daß etwa Neobuddhisten, Christen und Marxisten zu divergenten Einschätzungen kommen werden, ist selbstverständlich. Aber auch die auf der Grundlage des Marxismus-Leninismus arbeitenden Indologen und Religionshistoriker sind noch nicht zu einer einheitlichen Bewertung des Buddhismus vorgedrungen. Von der Verurteilung als Demagogie bis zu einer vergleichsweise positiven Einschätzung herrscht auch hier noch ein weiter Spielraum. Wie sich zeigt, sind bei differenzierter Betrachtungsweise genügend Ansatzpunkte zu gewinnen, die eine eingehende Beschäftigung mit dieser Lehre rechtfertigen. Allerdings erschwert die Mehrdeutigkeit der buddhistischen Terminologie, die nur annäherungsweise in europäische Sprachen übersetzbar ist, das Verständnis der Pāli-Texte ungemein.

Zu klären bleibt zusammenfassend nun, welchen ideologischen Standort der Buddhismus einnimmt. Auch dieser ist aus seiner Zeit heraus und mit der nötigen Differenziertheit zu er-

kunden. Wir haben gesehen, daß der Buddhismus gegenüber dem Brahmanismus und seinem Opferkult, auch wenn er aus den Upaniṣaden verschiedene Ideen entnahm, einen Fortschritt bedeutete. Dieser besteht vor allem in der Ablehnung des Demiurg-Prinzips, der Magie und des Aberglaubens. Als ideologiegeschichtlich wertvoll muß man seine Beschäftigung mit Fragen des Individuums bezeichnen. Positiv hervorzuheben ist auch sein Bestreben, die Kategorien der Bewegung und Veränderung zur Deutung der Welt heranzuziehen. Gerade hier versperrte er sich jedoch durch die Verabsolutierung dieser Begriffe und die Nichterkennung der Dialektik von Statik und Dynamik den Weg zu weiteren Fortschritten. Hinsichtlich der irrationalen Konzeption von der Wiedergeburt im Wege der Tatenvergeltung vermochte er sich von überkommenen altindischen Vorstellungen nicht zu lösen.
Beurteilt man den Buddhismus nach seinen praktischen Auswirkungen, so steht diese Lehre in einem unbestreitbar günstigen Licht. Niemals ist um ihrer Ausbreitung willen ein Krieg geführt, niemals ist in seinem Namen eine Folterung oder Hexenverbrennung durchgeführt worden. Der Friedensgedanke ist ein tragendes Moment dieser Lehre, dem ihre Anhänger auch heute nachdrücklich Geltung verschaffen.
An dieser Stelle erhebt sich nun die vieldiskutierte Frage, ob der Buddhismus eine Philosophie oder eine Religion repräsentiere. Sie schlüssig zu beantworten, fällt äußerst schwer. Es sollen anhand der in dieser Anthologie enthaltenen Texte nur die Grenzen abgesteckt werden, innerhalb derer eine den Fakten gerecht werdende Antwort sich zu bewegen hätte.
Die Frage, ob der Buddhismus eine Religion darstellt, ist bei nüchterner Betrachtung hingegen ziemlich leicht zu beantworten. Der urprüngliche Buddhismus – später gestalten sich die Dinge vollkommen anders! – hat das vedische Pantheon nur dazu benutzt, um die Vergänglichkeit und Unvollkommenheit der Götterwelt zu demonstrieren. Die Vorstellung, ein Gott habe die Welt erschaffen – von Animismus, Totemismus, Fetischismus ganz zu schweigen –, wird ebenso abgelehnt wie der Gedanke, die Erlösung des Menschen hinge von göttlicher Gnade ab. Nicht in einer religio, einer Bindung an etwas Außerweltliches, Übernatürliches, wird die Erlösung gesucht, sondern nur im eigenen Streben. Als Religion kann man daher den originären Buddhismus keineswegs bezeichnen.

Wesentlich schwieriger zu beantworten ist die Frage, ob der Buddha mit seiner Lehre eine Philosophie geschaffen habe. Die alten kanonischen Texte lassen nur eine strikt verneinende Antwort zu. Buddha lehnte das Nachdenken über die Ewigkeit der Welt, die Weltschöpfung und so weiter ab: Klammere man sich an solche Probleme, gelange man nicht zur Erlösung, heißt es im Udāna VI,5. Buddha wollte eben nur das lehren, was zur Abkehr vom Irdischen, zum Frieden, zur Erleuchtung, zum Nirvāṇa führt – im wesentlichen also die vier edlen Wahrheiten. Es hat Buddha ferngelegen, eine Philosophie zur Erkundung weltlicher Zusammenhänge zu entwickeln, die den Geist nur in neue Fesseln legen würde. Dennoch kam er nicht umhin, auf das Verhältnis des einzelnen zur Welt einzugehen und zur Formulierung ethischer Postulate einen auf verhältnismäßig hoher Stufe befindlichen Begriffsapparat zu entwickeln. Metaphysische, ontologische und erkenntnistheoretische Fragestellungen spielen indessen eine untergeordnete Rolle, so daß der Buddhismus schwerlich als eine Philosophie gelten kann, sondern nach dem gegenwärtigen Stand der Kenntnis am ehesten als eine mit philosophischen Elementen verbundene praktische Erlösungslehre zu bezeichnen ist.
Es muß aber mit allem Nachdruck betont werden, daß diese Feststellungen ausschließlich für den ursprünglichen Buddhismus Gültigkeit haben. Der spätere Buddhismus hat sich philosophisch in umfassender Weise betätigt, und im Mahāyāna wird er zur voll ausgebildeten Religion, in der der Buddha deifiziert und schließlich selbst zum Demiurgen erhoben wird.

4. Die buddhistische Ordensgemeinde

Die kanonischen Texte werden nicht müde zu betonen, daß der Weg zur Erlösung generell über das Mönchtum führt. Bis auf Ausnahmen kann ein im weltlichen Leben verharrender Hausvater nicht ein bei Lebzeiten erlöster Heiliger (Arhat) werden, erklärt Kathāvatthu IV,1. Und wenn er die Arhatschaft aufrechterhalten will, muß er schließlich doch Mönch werden.
So kann es nicht verwundern, daß schon in der frühesten Zeit des Buddhismus die Rolle der Buddhaschüler bedeutend ist. Sie bilden keineswegs eine anonyme Masse, sondern viele von

ihnen werden namentlich überliefert, und manche erlangen große Berühmtheit. Des Buddha vertrauteste Anhänger waren Sāriputta, Moggallāna, Ānanda und Upāli (der offenbar als erster bestimmte Gemeindeordnungen ausgearbeitet hat). Die Gemeinde hatte, kaum ins Leben getreten, auch alsbald ihren Judas, nämlich Buddhas Vetter Devadatta, der angeblich den Buddha stürzen und ihn ermorden wollte. Das ist legendär, dagegen steht fest, daß er für das Mönchsleben Regeln im Sinne härterer, streng asketischer Zucht (offenbar unter jinistischem Einfluß) aufgestellt hat. Nach vorübergehenden Erfolgen ist Devadatta jedoch schließlich vollkommen gescheitert.
Wie schon erwähnt, gab es für den Eintritt in den Orden keine Schranken der Geburt und Herkunft. Nonnen hat der Buddha entsprechend dem Grundtenor seiner Lehre nur widerstrebend zugelasssen. Wenn auch einige von ihnen großes Ansehen erlangten, so blieben die Nonnen dennoch im ganzen den Mönchen untergeordnet. So hatten Mönche unter anderem die Kontrolle über die Beichtfeiern der Nonnen in Händen. Vermutlich lag auch die Zahl der Nonnen wesentlich unter derjenigen der Mönche. Nicht aufgenommen werden durften Schwerkranke, Verbrecher und alle diejenigen, die nicht frei über sich verfügen konnten, zum Beispiel Soldaten, Schuldner, minderjährige Söhne ohne elterliche Genehmigung. Damit sollte denen entgegengewirkt werden, die im Mönchsleben eine Möglichkeit sahen, sich ihren Verpflichtungen zu entziehen. Dennoch mögen es auch sonst nicht ganz selten recht banale Motive gewesen sein, die zum Eintritt in den Orden führten; so erklärt in den Therīgāthā Nr. 11 die Nonne Muttā offenherzig, daß sie sich nunmehr endlich von der lästigen Hausarbeit und von ihrem buckligen Gatten befreit sähe. Edle Motive, wie sie aus Therīgāthā Nr. 18 erkennbar sind, werden dennoch überwogen haben.
Wer sich zum Hinauszug (pabbajjā) entschlossen hatte, mußte sich einer vorbereitenden Weihe und anschließend einem Noviziat unterziehen. Sodann konnte er, sofern er das zwanzigste Lebensjahr vollendet hatte, zur eigentlichen Weihe (upasampadā) zugelassen werden. Ein Austritt aus dem Orden war jederzeit möglich und blieb – was nicht übersehen werden sollte – für den Betreffenden ohne die geringsten nachteiligen Folgen; der Orden war eben alles andere als ein Geheimbund.

Der Mönch war nicht aus der Heimat in die Hauslosigkeit gezogen, um die Welt umzugestalten, sondern um sich von ihr zu lösen. Daher war das Mönchsleben bestimmten Grundsätzen unterworfen, die der Leser im Sāmaññaphala-Sutta (Dīghanikāya Nr. 2) findet. Ein Mönch freut sich weder am Tod noch am Leben; er erwartet den Tod wie der Diener den Lohn, heißt es in den Milindapañhā II,2,4. In diesem Satz liegt begründet, daß der Buddha übertriebene, in Kasteiung ausartende Askese ablehnte und solche, die diese übten, wie die Ājīvikas, tadelte, wie unter anderem im Naṅguṭṭha-Jātaka (Jātaka Nr. 144) nachzulesen ist.

Da der Buddhismus irgendeinen Gott als Herrscher oder Erlöser nicht anerkannte, gab es für die Mönche auch keine Gebete. An die Stelle des Gebets tritt Versenkung; man wendet sich nicht an einen Gott, sondern sucht eine Stütze in sich selbst. Yogaähnliche Meditationsübungen haben im Leben der Mönche eine große Rolle gespielt, wobei die Kontemplation bis zur Autosuggestion führte. Die vier Stufen der Versenkung (jhāna) sollen über die Erzielung körperlicher Starre und geistiger Ekstase bis zum Blick auf die eigenen früheren Existenzen führen.

Grundvoraussetzung für den zielstrebigen Weg zur Erlösung ist die Abkehr von allen weltlichen Neigungen, vor allem von der Sinneslust. Im Samiddhi-Jātaka (Jātaka Nr. 167) meint eine Göttertochter, daß man die für die sinnliche Liebe geeignete Zeit versäumen könnte – doch nein: man könnte die Zeit verpassen, die man für die Vorbereitung auf die Erlösung braucht, erwidert ihr der Bodhisatta. Als Hauptvergehen, die zum Ausschluß aus dem Orden führten, galten: Geschlechtsverkehr, Diebstahl, Tötung eines Lebewesens und der vorgebliche Besitz übermenschlicher Vollkommenheit. Mit dem letztgenannten Gebot sollte der Ausnutzung eines geistlichen Deckmantels zu Betrug, Zauberei und so weiter vorgebeugt werden.

Das „Hinausziehen in die Hauslosigkeit“ ist nicht unbedingt wörtlich aufzufassen. Das Wohnen unter freiem Himmel war jedenfalls nicht die Regel. Üblich waren vielmehr Mönchshäuser, die einzeln oder in Klosterkomplexen (vihāra) standen und von Laien gestiftet worden waren. Allerdings wohnte man immer nur *bei*, nicht *in* Dörfern. In der Regenzeit fand ohnehin keine Wanderung statt.

Der Kern des Gemeinderechtes liegt in dem sehr alten Pātimokkha vor. Dieses Regulativ wurde später durch Kommentare – nicht durch Neufestsetzungen, denn es galt offiziell nur das Wort des Buddha – ergänzt, so daß eine Entwicklung des Gemeinderechtes unverkennbar ist. Aus den über zweihundert Paragraphen des Pātimokkha bringt die vorliegende Anthologie alle bedeutenden beziehungsweise charakteristischen Regeln.

Zu Lebzeiten Buddhas bildeten die um ihren Lehrer gescharten Schüler die Gemeinde. Damit unterschied sich deren organisatorisches Wesen nicht von dem des Brahmanismus. Demzufolge gab es nach dem Tod des Buddha keine Zentralgewalt, die über den verschiedenen Gemeinden gestanden hätte. Dieser Umstand ist als für den späteren Verfall und Untergang des Buddhismus in Indien entscheidend bezeichnet worden. Wie wir jedoch noch sehen werden, war dies nur ein Faktor unter mehreren, der zudem noch dadurch an Bedeutung verliert, daß der letztlich siegreiche Brahmanismus-Hinduismus ebenfalls über keine Zentralinstanz verfügte.

Aufgrund der buddhistischen Lehre und speziell ihrer Kritik an dem Opferritual der Brahmanen konnte in den Gemeinden des ursprünglichen Buddhismus von einem Kultus kaum die Rede sein. Aus vedischen Gebräuchen, die im Neu- und Vollmondopfer (darśapūrṇamāsa) ihren Niederschlag gefunden hatten, stammen die Zusammenkünfte am Neu- und Vollmondstag (uposatha), die mitunter als Fasttage bezeichnet werden, in Wirklichkeit jedoch Beichtfeiern der einzelnen Ordenskapitel waren. Nonnen, Novizen und Laien durften an diesen Feiern nicht teilnehmen. Zusammenkünfte fanden auch am Ende der Regenzeit statt. Bildliche Darstellungen, Statuen und Reliquienkult gehören sämtlich einer späteren Zeit (etwa ab 1. Jahrhundert v. u. Z.) an. Ebenfalls spätere Kultstätten sind die Tempel (caitya) und die Gedächtnis- und Reliquienmonumente (stūpa).

Das Verhältnis der Mönche zur Bevölkerung dürfte sich unterschiedlich gestaltet haben und war sicher nicht immer ungetrübt. Zweifellos richtete sich gegen die nicht arbeitenden Mönche die Kritik der werktätigen Bevölkerung. So tadelt ein pflügender Brahmane den Buddha, weil er weder pflügt noch sät; natürlich wird er belehrt, indem Buddha ebenfalls – nämlich für die Erlösung – zu pflügen und zu säen beansprucht: Suttanipāta I,4. Die Texte deuten mehrfach an, daß Mönche verprügelt und fortgejagt wurden. Doch gab es zweifellos viele, auch einflußreiche, Laien, die den Orden nachhaltig unterstützten. Aus dem Mahāvagga I,4,5 ersehen wir, daß Laien schon vor dem Entstehen einer Mönchsgemeinde dem Buddha anhingen. Unter dem Vorbehalt, daß der Weg zur vollständigen Erlösung nur über das Mönchtum gehen konnte, erstrebte der Buddhismus eine enge Verbindung mit den Laien. Das Verhältnis sollte, wie aus Itivuttaka Nr. 107 hervorgeht, zum beiderseitigen Nutzen sein. Die rasche Entwicklung des Ordens, die ja einer materiellen Basis bedurfte, wäre in der Tat ohne die Hilfe von Laien nicht möglich gewesen. So berichtet Cullavagga VI,4, wie der reiche Kaufmann Anāthapiṇḍika, einer der bekanntesten Gönner des Buddhismus, vom Prinzen Jeta einen Garten kauft und ihn für den Orden zu einem Park mit Koch- und Vorratshäusern, Gesellschaftsbauten, Brunnen, Teichen und so weiter umgestalten läßt.

Die Laienanhänger stellten durch die Formel „Zum Buddha nehme ich meine Zuflucht, zur Lehre und zur Gemeinde!“ zwar eine Beziehung zur Gemeinde her, doch blieb diese unverbindlich. Sie durften nicht töten, stehlen, lügen, sich betrinken und sich außerehelich geschlechtlich betätigen. Ihre Pflicht und damit ihr Kamma-Verdienst bestand darin, den Orden zu versorgen. Fixierte Beziehungen zwischen dem Orden und der gänzlich unorganisierten Laienwelt bestanden jedoch nicht. Hierin war der Jinismus durch seine engeren Kontakte mit den Laien dem Buddhismus überlegen. Dies dürfte ein wesentlicher Grund dafür sein, daß der Jinismus in Indien selbst als eine nennenswerte ideologische Potenz alle Wechselfälle der Geschichte überdauert hat.

5. Aus der Geschichte des Buddhismus

Kurz nach dem Tod des Buddha fand ein von fünfhundert Mönchen beschicktes Konzil in Rājagaha statt. In unserer Anthologie berichten Cullavagga XI,1 und Mahāvaṁsa III darüber. Aus dem Cullavagga-Text wird deutlich, daß es sich nicht etwa um die Zusammenkunft von Delegierten aus allen Gemeinden, sondern lediglich um ein Treffen des Ordenskapitels von Rājagaha gehandelt hat. Dieses war zudem bemüht, unerwünschten Zustrom fremder Mönche fernzuhalten. An-

schließend verpflichtete man, wie das Gespräch mit Purāṇa erkennen läßt, die anderen Mönche, sich den Textfestlegungen und -interpretationen von Rājagaha anzuschließen.
Wie es zum zweiten Konzil, dem von Vesālī, kam, zeigt Cullavagga XII,2. Es fand um 380 v. u. Z. statt. Die siebenhundert Teilnehmer galten damals bereits als Vertreter des alten Buddhismus, gegen welche die Anhänger neuerer Schulen außerhalb von Vesālī auftraten. Daher ist auch das zweite Konzil nur als eine Zusammenkunft der Mönche eines einzigen Ordenskapitels zu betrachten.
Über das dritte Konzil gibt es widersprüchliche Berichte, doch gilt als ziemlich sicher, daß es zwischen 250 und 245 v. u. Z. in Pāṭaliputra stattfand und ebenfalls die Lehre des ursprünglichen Buddhismus gegen Neuerungen verteidigte. Auf diesem Konzil wurde der Kanon, von welchem große Teile schon in Vesālī vorgelegen haben müssen, endgültig fixiert.
Schirmherr des dritten Konzils war der Kaiser Aśoka, der von 272 bis 232 v. u. Z. regierte. Unter seiner Herrschaft nahm der Buddhismus einen gewaltigen Aufschwung. Die vom Kaiser veranlaßten Felsedikte beruhen auf buddhistischen Anschauungen. Unter der Herrschaft des Aśoka wurden buddhistische Missionare in mehrere Länder entsandt, zunächst hauptsächlich nach Ceylon (Laṅkā), wovon Mahāvaṁsa XIII einen Bericht gibt.
Relativ schnell erfolgte jedoch eine innere Aufsplitterung des Buddhismus durch die Bildung von Schulen, wovon als ältestes Werk das Kathāvatthu eine Vorstellung vermittelt. Die Ansichten des ursprünglichen Buddhismus versuchte der Theravāda zu behaupten, den Missionare wie Mahinda nach Ceylon gebracht hatten, der aber auch in Nordindien nach wie vor Anhänger besaß. Er beruht auf dem Pāli-Kanon und ist die einzige bis heute weiterlebende Form des Hīnayāna, des „Kleinen Fahrzeuges" (nämlich zur Erlösung). Auch im Hīnayāna, wie man die älteren Anschauungen zusammenfassend benennt, kommen Ideen vor, die von denen des originären Buddhismus ziemlich weit entfernt sind. So erkennen die nordindischen Sarvāstivādins, die einen in Sanskrit verfaßten Kanon besaßen, alle, auch die vergangenen und künftigen, Dhammas als real an. Die Sautrāntikas wiederum, die dies verneinen, erachten nur die Suttas als autoritativ. Bei den Mahāsāṅghikas beginnt die Vergöttlichung des Buddha. Aus ihnen ist die Schule

der Lokottaravādins hervorgegangen, deren Kanon in hybridem Sanskrit abgefaßt war.
Wiesen also schon bestimmte Schulen des Hīnayāna eine beginnende Entartung auf, so brachte das Mahāyāna, das „Große Fahrzeug“, so starke ideologische Veränderungen mit sich, daß diese einer Verkehrung des Buddhismus in sein Gegenteil gleichkamen. Da hiermit ein weitgehend selbständiger neuer Abschnitt in der Geschichte des Buddhismus beginnt, sei hier nur in wenigen Worten darauf eingegangen. Vorboten des Mahāyāna waren bereits die Milindapañhā, welche zeigen, wie sich der Buddhismus im 2. und 1. Jahrhundert v. u. Z. auch in Nordwestindien ausgebreitet hatte, und das Mahāvastu der Lokottaravādins. Etwa seit der Zeitenwende treten die Mahāyāna-Ideen selbständig auf. Die Übernahme der hinduistischen Gottesverehrung (bhakti), wie sie etwa die den Viṣṇu-Kṛṣṇa-Kult verherrlichende Bhagavadgītā verkündet hatte, führt zum Deismus und schließlich zum Theismus. Neben die Buddhavergottung tritt eine nihilistische Philosophie, wie etwa die Lehre von der Leerheit der Welt (śūnyavāda), die allerdings auch schon auf Hīnayāna-Vorstellungen (wie die Lehre vom Nicht-Ich) zurückgreifen konnte. Das Mahāyāna hat also ambivalente Vorstellungen des früheren Buddhismus ins Idealistische und Irrationale „weiterentwickelt“. Einen gewissen Aufschwung nahm jedoch die Ethik: Statt um die doch etwas egozentrische Erlösung eines Arhat ging es jetzt um die Erlösung vieler, und zwar seitens der aus Erbarmen mit der Welt auf die eigene Erlösung einstweilen verzichtenden Bodhisattas, die mit einer so extremen Selbstverleugnung ausgestattet werden, daß sie auf uns oft eher peinlich als verehrungswürdig wirkt (auch hierzu gibt es im Pāli-Kanon Vorstufen, wie sie etwa das Vessantara-Jātaka zeigt). Das Mahāyāna ist aber nicht nur und nicht einmal hauptsächlich Produkt einer inneren Zersetzung des Buddhismus, sondern vorwiegend das Resultat brahmanisch-gegenreformatorischer und volksreligiöser Einflüsse, also exogener Momente.
Trotz seiner Degradation ist das Mahāyāna ein unverzichtbarer Forschungsgegenstand, war es doch die Form, in der der Buddhismus im Jahre 65 nach China, später auch nach Tibet und Korea und im 6. Jahrhundert nach Japan kam, während nach Südostasien Formen des Hīnayāna gelangten. So errang der Buddhismus Weltbedeutung, die er

bis heute innehat, während er in seinem Heimatland Indien fast erloschen ist.
Einer letzten Entwicklungsstufe sei noch kurz gedacht, des Vajrayāna, des „Diamantenfahrzeuges". Es entstand um 500 und basierte philosophisch auf dem Śūnyavāda, war aber im übrigen ein Produkt der Einflußnahme des hinduistischen Tantrismus, einer damals einflußreichen Form des Hinduismus. Das Ziel bestand darin, ein Siddha zu werden, das heißt jemand, der an göttlichen Potenzen teilhat; dazu bediente man sich unter anderem magisch-erotischer Praktiken. Die Vajrayāna-Texte sind noch nicht genügend erforscht; daher konnte auch noch keine Einigung darüber erzielt werden, ob das Vajrayāna eine Degeneration oder eine Neubelebung durch volksreligiöse Einflüsse darstellt.
Als der chinesische Pilger Fa-hsien von 399 bis 413 Indien besuchte, fand er den Buddhismus allenthalben in Blüte, wenn er auch in keinem Landesteil die Alleinherrschaft innehatte. Hsüan-tsang (629–645 in Indien) und I-tsing (671–690) berichteten schon von Verfallserscheinungen. Die im 8. Jahrhundert einsetzende brahmanische Gegenreformation drängte den Buddhismus auf Bihar und besonders auf Bengalen zurück, wo ihn die Pāla-Dynastie noch einige Jahrhunderte stützte. Den entscheidenden Schlag führten die mohammedanischen Eroberer, die im Jahre 1193 die großen Klöster Bihars zerstörten und die Mönche ermordeten. Lediglich in Orissa und Bengalen verblieben noch schwache Reste.
Die Ursachen für den Untergang des Buddhismus in Indien sind mannigfacher Art. Eine Buddhistenverfolgung hat es vor der mohammedanischen Ära jedenfalls nicht gegeben, wenn auch lokale Bedrückungen vorgekommen sein mögen. Nachweisbar ist ein moralisches Absinken vieler Mönche, was den Orden zunehmend diskreditierte. In der Hauptsache aber ist die Geschichte des Buddhismus ein lehrreiches Beispiel dafür, wohin der ideologische Opportunismus führt. Im Bestreben, den Volksmassen entgegenzukommen, hatte sich der Buddhismus Schritt um Schritt den hinduistischen Auffassungen, Gepflogenheiten und Einrichtungen angepaßt. So hatte er sich schließlich jeder Eigenständigkeit und damit Widerstandskraft entäußert. Die mohammedanische Invasion des 12. Jahrhunderts setzte unter diese Entwicklung nur den Schlußpunkt.
Heutige Formen des Buddhismus sind der Theravāda auf Śrī

Laṅkā, in Burma, Thailand, Laos und Kampuchea, ferner der ostasiatische Buddhismus, der Lamaismus in Tibet und synkretistische (Misch-)Formen in Indonesien. Reste des Buddhismus auf dem indischen Subkontinent finden sich bei den Newars in Nepal sowie in Bangla Desh als Ausläufer des burmesischen Theravāda. Doch nimmt gegenwärtig die neobuddhistische Propaganda wieder deutlich zu, hauptsächlich initiiert von dem ceylonesischen Philosophen K. N. Jayatilleke (1920–1970). In Indien selbst steht der Neobuddhismus unter Leitung des Führers der Kastenlosen, B. R. Ambedkar.

6. *Übersicht über die Literatur des ursprünglichen Buddhismus*

Buddha hat nicht in der Sanskritsprache, sondern in einer nordostindischen Volkssprache, der Māgadhī, gelehrt, aus der dann die Lehrtexte unter Beibehaltung einiger spezifischer Formen in ein anderes mittelindisches Idiom, das Pāli, übersetzt wurden. Vom Māgadhī-Text ist nichts auf uns gekommen, so daß heute das Pāli die Sprache des buddhistischen Grundkanons ist. Spätere Schulen, auf die wir in dieser Anthologie jedoch nicht einzugehen haben, besaßen auch einen Sanskritkanon. Pāli war ein Dialekt des westlichen Zentralindiens; das Wort bedeutet „Reihe, Ordnung“, nämlich der heiligen Texte.
Außer daß die Pāli-Texte für das Verständnis der Grundlagen des Buddhismus absolut unerläßlich sind, gewähren sie nicht selten auch Einblicke in das reale Leben ihrer Zeit. So bringt Dīghanikāya II,14 eine äußerst wertvolle Aufstellung damaliger Berufsgruppen. Besonders die Jātakas ragen durch realistische Darstellungen heraus. Der Leser des Vaṇṇupatha-Jātaka (Jātaka Nr. 2) erlebt einen Karawanenzug durch die Wüste förmlich selbst mit. Oder: wie lebensnah ist die Furcht der Tochter, die eine Mesalliance eingegangen ist, vor ihren zürnenden Eltern (Cullakaseṭṭhi-Jātaka Nr. 4)!
Die Lehrreden (Sutta) zeigen die Aufnahme des schon damals ausgeprägten altindischen Erbes: eine Neigung zum Klassifizieren, Schematisieren und Systematisieren, wobei besonders die Tendenz auffällt, Begriffe in Zahlengruppen zusammenzufassen. Ein Beispiel sind die Fragen des Novizen im Khuddakapāṭha IV.

Die literarische Form des buddhistischen Kanons ist die einer aus recht verschiedenartigen Teilen bestehenden Sammlung. Sie führt den Namen Tipiṭaka, „Dreikorb“, da sie aus drei Hauptteilen besteht. Die wichtigste von diesen ist das Suttapiṭaka, der Kanon der Lehrreden. In ihm findet sich alles Grundsätzliche der buddhistischen Lehre. Das Vinayapiṭaka enthält die Grundsätze der Ordenszucht. Jüngstes Piṭaka ist das Abhidhamma, das auch Kanon der Scholastik genannt wird.

Das *Suttapiṭaka*, das die eigentliche Lehre (dhamma) enthält, ist in einem eigenartigen Stil gehalten, dessen wesentliches Mittel die Wiederholung darstellt. Diese wird so geschickt gehandhabt, daß viele der Lehrreden von seltener Einprägsamkeit sind. Das Suttapiṭaka zerfällt in fünf Einzelsammlungen (Nikāya). Diese Gliederung bezieht sich nicht auf den stofflichen Inhalt, sondern auf den Umfang der in der jeweiligen Sammlung enthaltenen Stücke.

Der *Dīghanikāya*, die Sammlung der langen Reden, besteht aus 34 sehr ausführlichen Suttas. Insgesamt gesehen, findet sich hier viel Altes und Wertvolles, wobei jedoch zu berücksichtigen ist, daß die Sammlung weder inhaltlich noch zeitlich als homogen angesehen werden kann. – Der *Majjhimanikāya* ist die Sammlung der Stücke von mittlerer Länge. Sie besteht aus 152 Suttas, die ähnlich dem Dīghanikāya jeweils ein in sich geschlossenes Ganzes bilden. Für beide Sammlungen gilt der Satz, daß die schlichten Dialoge und Erzählungen, die ein realistisches Menschenbild des Buddha widerspiegeln, zugleich die ältesten sind. Diejenigen Stücke, die die Person Buddhas mit Wundern umhüllen, sind jüngeren Datums. – Der *Saṁyuttanikāya* umfaßt 2889 Suttas, die in 56 Gruppen eingeteilt sind. Offenbar sollte jede Gruppe bestimmte Punkte der buddhistischen Lehre behandeln, aber konsequent wurde dieses Prinzip nicht durchgeführt. Von der Form her verdienen Stücke hervorgehoben zu werden, die in einer Mischung von Prosa und Versen als Balladen angesehen werden dürfen. – Im *Aṅguttaranikāya* sind die je nach der Zählweise 2308 bis 2363 Suttas gemäß der jeweils in ihnen dominierenden Zahl geordnet. Im ersten Abschnitt kommen also nur solche Begriffe, Sachen, Motive und so weiter vor, die ein einziges Mal existieren und so weiter. Die Masse des Aṅguttaranikāya ist relativ spät entstanden.

Da die bisher erörterten Nikāyas sich von dem fünften Nikāya deutlich abheben, seien über dieselben noch einige zusammenfassende Bemerkungen gemacht. Am wichtigsten ist, daß ihr Inhalt weitgehend übereinstimmt: Viele Suttas könnten in jedem beliebigen der ersten vier Nikāyas stehen. Auch chronologisch heben sie sich nur geringfügig voneinander ab. Das älteste, am nächsten an Buddha heranführende Material ist über alle Nikāyas verstreut und nicht etwa in einem einzigen Nikāya konzentriert. Die Sprache ist – von monotonen Stellen abgesehen – bildhaft und voller Vergleiche.

Der fünfte Nikāya heißt *Khuddakanikāya* („Sammlung der kleinen Stücke"), eine unkorrekte Bezeichnung, da sich auch hier Stücke von großem Umfang finden. Besser wäre es, von einer Sammlung der Miszellen zu sprechen. Der Khuddakanikāya besteht aus 15 Werken, die in der Form stark differieren. Die Reichhaltigkeit an Sprüchen und Gedichten, Fabeln und Märchen indiziert die relativ späte Zeitstellung großer Teile dieses Nikāya.

Das erste Werk dieser Sammlung ist der *Khuddakapāṭha*, eine Art von Andachtsbuch, das aus neun kurzen Stücken besteht. Ihm folgt das berühmte *Dhammapada*, eine Hauptquelle der buddhistischen Ethik. Das Werk ist metrisch gebunden und enthält 423 Verse. Diese haben den Charakter von Sprüchen, die zum Schönsten gehören, was altindische Spruchpoesie geschaffen hat. – Das *Udāna* enthält kurze Prosaerzählungen, die jeweils von Versaussprüchen des Buddha abgeschlossen werden. Bestimmte Teile des Udāna sind sehr alt und könnten bis an die Zeit Buddhas beziehungsweise seiner ältesten Schüler heranführen. – Es folgt das *Itivuttaka*, bestehend aus 112 kurzen Stücken, die jeweils in Versaussprüchen des Buddha gipfeln, so daß die Verhältnisse, auch hinsichtlich des Alters mancher Stücke, vielfach denen des Udāna entsprechen. – Vorwiegend metrisch ist der *Suttanipāta*, der sich als Quelle der Morallehre seitens der Buddhisten hoher Achtung erfreut. Vielfach setzen sich die Stücke des Suttanipāta mit Ideen und Institutionen des Brahmanismus auseinander. Viele von ihnen sind außerordentlich alt. Neben Gedichten enthält der Suttanipāta auch verschiedenartige Prosa sowie balladenhafte Passagen. – Das aus 83 kurzen Erzählungen bestehende *Vimānavatthu* will anhand der Schicksale von Göttern die Kamma-Lehre illustrieren. Das späte Werk hat nur geringe Bedeutung. Inhaltlich mit ihm verwandt ist das *Petavatthu*: In 51 Erzählungen berichten Totengeister davon, wie sie durch ihr Kamma in ihre bedauernswerte Situation gerieten.

Nun folgen die *Theragāthā* und *Therīgāthā*, die Gesänge oder Poeme der besonders verdienten Mönche und Nonnen, die als Höhepunkte der Lyrik gelten dürfen. Sie bestehen aus 107 beziehungsweise 73 Gedichten mit zusammen 1 279 beziehungsweise 522 Strophen. Der Grundtenor des Ganzen ist die Propagierung der Sinneszügelung als der ersten Voraussetzung zur Gewinnung des Nirvāṇa, wobei die Einbringung persönlicher Erfahrungen das Hauptcharakteristikum ist. Die Therīgāthā sind gerade darin oft besonders eindrucksvoll.

Von überaus großer Wichtigkeit, nicht nur für die indische Literaturgeschichte, sondern für die Weltliteratur, ist die Sammlung der *Jātakas*, „Geburtsgeschichten", nämlich Geschichten aus den früheren Existenzen des Buddha, als dieser noch ein Anwärter auf die Buddhaschaft, ein Bodhisatta, war. In einer Einleitung wird berichtet, bei welcher Gelegenheit und aus welchem Anlaß Buddha jeweils das betreffende Jātaka erzählt hat. Dann folgt die in Prosa abgefaßte „Geschichte aus der Vergangenheit"; danach stehen Verse (gāthā), die von einem Kommentar erklärt werden. Am Schluß wird durch Identifizierung der handelnden Personen die Geschichte aus der Vergangenheit mit der aus der Gegenwart verknüpft. Ältester Bestandteil sind die Gāthās, und nur sie genießen kanonisches Ansehen. Insgesamt enthält die Jātaka-Sammlung 547 Nummern. Hinsichtlich der Form finden wir hier alle Genres der Erzählungsliteratur: kurze und lange Erzählungen, Balladen und epische Stücke. Inhaltlich bietet die Sammlung Fabeln, Märchen, Anekdoten, Abenteuergeschichten und fromme Legenden. Vieles ist in die Sammlung hereingenommen und dort erst „buddhifiziert" worden: so Nr. 268, in der die Affen die Rolle des Bockes, der zum Gärtner gemacht wird, spielen; Nr. 527, in der der Bodhisatta ein König war, der sich in die Frau eines anderen verliebt hatte; oder Nr. 62, wo der Bodhisatta gar einen Schurken dingt, um die Tugend eines Mädchens zu Fall zu bringen! Die Fabeln lehren vorwiegend Lebensklugheit und Weltkenntnis. Als dramatische Ballade ist die obenerwähnte Nr. 527 hervorzuheben. Oft spiegeln die Jātakas Empirie des Alltags, Volksweisheit, wider, wenn etwa Nr. 473 die Merkmale eines Freundes und eines Feindes aufzählt. In Anbetracht dieser Reichhaltigkeit ist es verständlich,

daß mit der Ausbreitung des Buddhismus es gerade die Jātakas waren, die Eingang in die singhalesische, burmesische, javanische, chinesische und tibetische Literatur fanden.
Nun folgen der *Niddesa*, ein Kommentar zu Teilen des Suttanipāta, der sich auch auf grammatische und lexikographische Fragen erstreckt, und der *Paṭisambhidāmagga*, der „Weg der Analyse" in 30 Abhandlungen, die in Frage-Antwort-Form Schwerpunkten der buddhistischen Dogmatik gewidmet sind. – Das *Apadāna*, eine umfangreiche Sammlung, hat – auch formal – Ähnlichkeiten mit den Jātakas. Während sich aber die Jātakas auf die Person des Bodhisatta konzentrieren, erzählen die Apadānas – durchweg in Versen – die Großtaten buddhistischer Heiliger, der Arhats. Einige Abschnitte sind auch Nonnen gewidmet. Zeitlich sind die Apadānas sehr spät anzusiedeln. – Nun folgt der *Buddhavaṁsa*, die „Buddha-Genealogie", spät entstandene Legenden über die 24 Buddhas, die als Vorgänger des Gautama Buddha aufgetreten sein sollen. – Den fünfzehnten und letzten Teil des Khuddakanikāya bildet das *Cariyāpiṭaka*. Hierbei handelt es sich um 35 Erzählungen, die den Charakter von Versjātakas haben, im Niveau der Jātaka-Sammlung jedoch nicht gleichkommen.
Der zweite Hauptteil des Kanons, das *Vinayapiṭaka*, regelt das Alltagsleben in der buddhistischen Gemeinde. Von herausragender Bedeutung ist hier das *Pātimokkha*, das in 227 Artikeln die Sünden und Vergehen, deren sich Ordensmitglieder schuldig machen können, aufzählt. Es folgen der *Mahāvagga* und *Cullavagga*, die Vorschriften für das Verfahren zur Aufnahme in den Orden geben und überhaupt das Leben im Orden bis in die Einzelheiten regeln. Die letzten beiden Abschnitte des Cullavagga, die über die Konzile von Rājagaha und Vesālī berichten, sind spätere Zusätze. Besonders wichtig ist das sich zu Beginn des Mahāvagga findende Fragment einer Buddhabiographie, das sich durch edle, eindrucksvolle Sprache auszeichnet. Ansonsten ist der Mahāvagga durch seine Legenden bemerkenswert.
Das *Abhidhammapiṭaka*, der dritte Hauptteil des Kanons, gefällt sich in der im alten Indien so beliebten Klassifizierung und Dogmatisierung. Die Kennzeichnung als „Kanon der Scholastik" ist daher recht treffend. Das Abhidhammapiṭaka erreicht weder literatur- noch ideengeschichtlich das Niveau der beiden anderen „Körbe". Auch die verbreitete Frage-Antwort-

Form vermag den spröden Stoff nicht lebendiger zu gestalten. Von den sieben Texten dieser Sammlung mögen hier zwei kurz vorgestellt werden. Die *Puggalapaññatti* handelt von der Persönlichkeit und ist durch die Herausarbeitung von Charaktertypen psychologisch interessant. Leider wird dic attraktive Thematik in einer Woge von scholastischen Definitionen förmlich erstickt. Mit Abstand wichtigster Text des Abhidhammapiṭaka ist das *Kathāvatthu.* Es dürfte zumindest in den Grundzügen um 250 v. u. Z. verfaßt worden sein. Hauptanliegen des Werkes ist die Auseinandersetzung mit (gegenüber dem Theravāda) ketzerischen Lehrmeinungen. In 23 Abschnitten werden nicht weniger als 252 Irrlehren in Frage-Antwort-Form bekämpft. Es sind also nur sehr begrenzte Teile des Abhidhammapiṭaka, die einige Bedeutung für die Ideologiegeschichte haben; das literarische Niveau ist durchweg unerheblich. Übrigens sehen nicht alle buddhistische Schulen dieses Piṭaka als kanonisch an.
Zwischen den jüngeren Teilen der kanonischen und der nichtkanonischen Literatur gibt es inhaltlich keine scharfe Grenze. Doch während der Kanon in Indien entstanden ist, handelt es sich bei der nichtkanonischen Literatur mit einer Ausnahme um Werke ceylonesischer Mönche. Diese Ausnahme sind die *Milindapañhā*, „die Fragen des Milinda“, die in Nordwestindien entstanden sind, später allerdings wohl auf Laṅkā Zusätze erhielten. Milinda ist identisch mit Menandros, einem gräco-baktrischen König, der etwa von 125 bis 95 v. u. Z. regierte. Das in Prosa gehaltene Werk enthält den Disput zwischen dem König und dem buddhistischen Mönch Nāgasena.
Buddhaghosa, ein sehr gebildeter, zum Buddhismus bekehrter Brahmane, schuf in der ersten Hälfte des 5. Jahrhunderts den *Visuddhimagga*, ein umfassendes und systematisches Kompendium der buddhistischen Lehre. Das Werk, dessen Titel „Der Weg zur vollständigen Reinheit“ bedeutet, ist nicht nur ein ausgezeichneter Leitfaden, es besticht auch durch die Wärme und den edlen Schwung seiner Sprache. Inhaltlich stellt der Visuddhimagga eine Quintessenz aus dem Tipiṭaka dar. Doch macht sich der Einfluß des Viṣṇuismus hier schon deutlich bemerkbar. Auch die zahlreichen Wundergeschichten haben mit echtem Buddhismus nichts mehr zu tun.
Frühzeitig kam es zu Versuchen, von der Entwicklung des

Buddhismus eine Art Historie zu zeichnen. Angesichts der geringen Bedeutung, der der Historiographie im alten Indien zugemessen wurde, sind diese Versuche in unseren Augen um so wertvoller. Eine erste Darstellung der Geschichte von Laṅkā in epischer Form war der *Dīpavaṁsa.* Der unbekannte Autor beschreibt (vor 450) die Eroberung und Kolonisierung der Insel sowie die Einführung des Buddhismus. Für die Historiographie wie auch für die Literaturgeschichte von wesentlich größerer Bedeutung als diese „Inselchronik" ist der *Mahāvaṁsa,* die „Große Chronik", die der Mönch Mahānāma gegen 500 verfaßt hat. Dieses Epos ist gestalterisch und sprachlich dem Dīpavaṁsa weit überlegen und vermutlich eine umgearbeitete und erweiterte Fassung desselben. Für den Historiker ist es eine Quelle von großem Wert.

7. Aus der Geschichte der Buddhologie

Die Buddhismusforschung bewegt sich auf ausgesprochen weitem Feld: Außer der Untersuchung der Lehre, später der Religion und der Philosophie, hat sie sich mit der politischen Bedeutung des Buddhismus und mit seiner historischen Entwicklung zu befassen. Den richtigen Bewertungsmaßstab erhält man jedoch erst, wenn man bedenkt, daß zur Erforschung des Buddhismus natürlich auch das Erfassen seiner Wirksamkeit außerhalb Indiens, also in Laṅkā, Burma, Thailand, Laos, Kampuchea, Indonesien, Nepal, Tibet, China, der Mongolei, Korea und Japan, gehört. Daher ist es im Rahmen dieser Einleitung unmöglich, einen auch nur annähernd erschöpfenden Überblick über die Geschichte dieser Wissenschaftsdisziplin zu geben. Wir können lediglich einige Namen nennen, die wie Marksteine den bisherigen Weg der Buddhologie bezeichnen, und bedauern es, andere, vielleicht ebenso verdiente Namen hier unerwähnt lassen zu müssen.
Einer der ersten, die den Buddhismus – genauer die Existenz einer solchen geistigen Strömung – in Europa bekanntmachten, war B. H. Hodgson (1800–1894), der in Nepal auf buddhistische Traditionen gestoßen war. Csoma de Körös (1784–1842) analysierte den Kahgyur, eine tibetische Sammlung von Übersetzungen aus dem buddhistischen Sanskrit. Einer der ersten großen Buddhologen war der in britischen Dien-

sten auf Ceylon stehende G. Turnour (1799–1843), der schon 1837 erste Informationen über das Tipiṭaka gab und dem wir eine Ausgabe und Übersetzung des Mahāvaṁsa verdanken. Nach dieser Chronik berechnete er das Todesjahr Buddhas mit 477 v. u. Z., ein Resultat, das auch heute noch im wesentlichen anerkannt wird.
In den folgenden Jahrzehnten des 19. Jahrhunderts bildete sich eine internationale Arbeitsteilung dahingehend aus, daß sich Russen und Franzosen vorzugsweise dem Mahāyāna-Buddhismus, Deutsche und Engländer hingegen mehr dem Pāli-Kanon zuwandten. In Frankreich wurde E. Burnouf (1801–1852) zum bahnbrechenden Erforscher des Buddhismus. Sein Hauptwerk „Introduction à l'Histoire du Buddhisme Indien" (Paris 1844–1852) gibt im ersten Band eine Darstellung des Mahāyāna-Buddhismus, während der zweite Band eine Übersetzung des Saddharmapuṇḍarīka enthält. Indem Burnouf also ebenfalls das Mahāyāna behandelte, vermochte er dennoch die vier edlen Wahrheiten und das Gesetz von der Entstehung in Abhängigkeit, also die Grundlehren des Buddhismus, herauszuarbeiten, eine Leistung, die ebenso bahnbrechend war wie seine Analyse der Aśoka-Inschriften.
Russische Leistungen aus dieser Zeit waren eine von V. P. Wasiljew (1818–1900) stammende enzyklopädische Darstellung der Lehren und der Literatur des Buddhismus (1859–1869) und die breitgefächerten Arbeitsresultate I. P. Minajews (1840–1890), der neben Editionen des Pātimokkha und des Petavatthu auch eine Pāli-Grammatik herausgab.
In der zweiten Hälfte des 19. Jahrhunderts schaltete sich die deutsche Indologie stärker in die Buddhismusforschung ein. M. Müller (1823–1900) zusammen mit dem Dänen V. Fausböll (1824–1908), außerdem A. Weber (1825–1901) und R. O. Franke (1862–1928) lieferten Übersetzungen des Dhammapada. E. Windisch (1844–1918) veröffentlichte mehrere grundlegende Studien, so über das Verhältnis von Buddha und Māra und über die Beziehungen des Buddhismus zum Christentum. Weit über den Kreis der Indologen hinaus wirkten die Übersetzungen des Dīghanikāya, Majjhimanikāya, Suttanipāta sowie der Thera- und Therīgāthā aus der Feder K. E. Neumanns (1865–1915). Auch die inhaltlich und sprachlich hervorragend gestalteten Veröffentlichungen H. Oldenbergs (1854–1920) gelangten in weite Kreise der Be-

völkerung. Dazu zählt vor allem sein grundlegendes Werk „Buddha, sein Leben, seine Lehre, seine Gemeinde", das 1881 erschien und viele Male neu aufgelegt wurde. Bedeutungsvoll sind aber auch Oldenbergs Studien über das Vinayapiṭaka. Aus der Reihe bedeutender deutscher Indologen nennen wir hier noch W. Geiger (1856–1943), der besonders durch Editionen und Übersetzungen des Dīpavaṁsa und Mahāvaṁsa sowie durch seine Dhamma-Studien Wesentliches geleistet hat, und J. Dutoit (1872–1958) mit seiner großen Jātaka-Übersetzung.

Neben der deutschen entwickelte sich rasch auch die englische Buddhologie, hauptsächlich deshalb, weil Großbritannien seinerzeit als Kolonialmacht Ceylon beherrschte, wo sich der Theravāda-Buddhismus am reinsten erhalten hatte. Seit den 1880er Jahren publizierte die Pāli Text Society in London Ausgaben (in lateinischer Umschrift) und Übersetzungen aller Teile des Pāli-Kanons. An der Spitze der englischen Buddhologen stand unstreitig T. W. Rhys Davids (1843–1922). Neben vielen anderen Werken übersetzte er die Milindapañhā, edierte und übersetzte mehrere Suttas und lieferte durch die sorgfältige Sichtung und Auswertung buddhistischer Quellen in seinem großen Werk „Buddhist India" dem Historiker ein bis heute unentbehrliches Hilfsmittel. Ebenso bedeutsam ist sein Wörterbuch Pāli-Englisch, das ein erstes Wörterbuch dieser Sprachrelation von R. C. Childers (1874) weit übertraf und nach seinem Tode von W. F. Stede (1882–1958) fertiggestellt wurde. Würdig zur Seite stand ihm seine Frau, Mrs. C. A. F. Rhys Davids (1858–1942), die zahlreiche grundsätzliche Studien über den Buddhismus, mehrere Texteditionen sowie Übersetzungen des Kathāvatthu und der Thera- und Therīgāthā veröffentlichte. Schließlich sei hier noch R. Chalmers (1858–1938) genannt, der neben anderen Arbeiten Übersetzungen mehrerer Suttas und des Suttanipāta besorgte.

Wenn nunmehr auch Engländer und Deutsche an der Spitze der Buddhismusforschung standen, so setzten doch auch Russen und Franzosen ihre Forschungen fort. E. C. M. Sénart (1847–1928) publizierte 1882 bis 1897 seine großen dem Mahāvastu gewidmeten Arbeiten. Grundsätzliche Fragen des Buddhismus, so die Logik (Leningrad 1930–1932) und die Nirvāṇa-Problematik, bearbeitete der große russisch-sowjetische Orientalist F. I. Schtscherbatskoj (1866–1942).

Aus der neuesten Zeit zu nennen sind die Arbeiten von E. Conze, hauptsächlich zu literaturgeschichtlichen Fragen des Mahāyāna, von E. Waldschmidt, ebenfalls über Dokumente des Mahāyāna sowie über das Mahāparinibbānasutta, und von E. Frauwallner über die Konzile und die Literatur des Abhidhamma. Einen hervorragenden Platz unter den Buddhologen des 20. Jahrhunderts nimmt F. Weller (1889–1980) ein, dem durch seine Sprachkenntnisse in Sanskrit, Pāli, Tibetisch, Chinesisch, Japanisch, Mandschu, Mongolisch, Soghdisch und Uigurisch eine denkbar vollkommene Synthese des Mahāyāna-Buddhismus gelang.
Auf neobuddhistischer Basis schließlich arbeiteten K. Seidenstücker (1875–1936), P. Dahlke (1865–1928), G. Grimm (1868–1945) und A. Gueth alias Nyāṇatiloka (1878–1957). Ist auch ihre subjektivistische Haltung der auf die Erkenntnis objektiver Gesetzmäßigkeiten und Zusammenhänge gerichteten Forschung nicht gerade dienlich gewesen, so hat doch besonders der erstgenannte durch zahlreiche Übersetzungen kanonischer Werke unser Wissen bereichert.
Eine auch noch so gedrängte Darstellung der Erforschung des Buddhismus wäre unvollständig, wollte man nicht die Aktivitäten würdigen, die in Indien selbst in dieser Richtung erbracht wurden. Einen wesentlichen Auftrieb erhielten die indischen Pāli-Studien durch Dharmānanda Kosambi (1876–1947). Kein Geringerer als R. N. Tagore gründete 1919 ein Research Centre in Buddhism. Besonderen Aufschwung erfuhren die Buddhismus-Studien in Indien durch die Feiern anläßlich der 2500. Wiederkehr von Buddhas Parinirvāṇa, die man konventionell in das Jahr 1956 verlegt hatte. Buddhistische Studien werden jetzt besonders in Benares, Delhi, Nalandā und Patna betrieben. Unter Leitung von J. Kashyap wird seit 1958 eine gegenüber den Editionen der Pāli Text Society noch verbesserte kritische Ausgabe des Kanons in Devanāgarī-Schrift veranstaltet.
In der DDR werden die progressiven Traditionen der deutschen Buddhologie fortgeführt. Einen Mittelpunkt der Buddhismusforschung bildet das mit der Martin-Luther-Universität Halle-Wittenberg verbundene Buddhistische Zentrum, das 1966 gegründet wurde und seither unter der Leitung von H. Mode steht. Die Karl-Marx-Universität Leipzig pflegt und entwickelt das Erbe von F. Weller, der zeit seines Lebens in Leipzig gewirkt hat.

8. Einige Bemerkungen zur Übersetzung

Die Übersetzung der dieser Anthologie zugrunde liegenden Pāli-Texte stellt sich keine Nachdichtung zum Ziel, sondern will dem Leser eine Wiedergabe von höchstmöglicher Genauigkeit bieten. Daher wurden Ergänzungen, die aus semantischen oder stilistischen Gründen notwendig waren, durch Einklammerung gekennzeichnet.

Man kann nicht umhin, hier mit einigen Worten auch auf die Leistung des großen Übersetzers Karl Eugen Neumann einzugehen. Neumanns Arbeit an den Nikāyas ist sehr verschieden beurteilt worden; während ihm H. Oldenberg zahlreiche die Philologie betreffende Verstöße vorhielt, nannte ihn K. Tucholsky einen genialen Übersetzer. Hier möchte man dem feinen Sprachkenner gegenüber dem Fachindologen recht geben. Gewiß kann man nicht mit jedem Wort der Neumannschen Übersetzung einverstanden sein; vergleicht man sie mit der hier vorgelegten Übersetzung, wird man schnell erkennen, wo die Auffassungen differieren. Aber die sprachschöpferische Leistung Neumanns läßt bestimmte philologische Mängel übersehen, führt sie doch zweifellos in ausgezeichneter Weise an den Geist des ursprünglichen Buddhismus heran.

Eine ganz wörtliche Übersetzung läßt der Pāli-Kanon nicht in dem Maße zu, als es große Teile der Sanskritliteratur tun. Die vielen dem Buddhismus eigenen Termini weisen oft kein präzises Äquivalent auf und müssen daher umschrieben werden. Ähnliches gilt für die ausgeprägte Phraseologie: So würde udānaṁ udānesi wörtlich übersetzt heißen „er hauchte den Aushauch aus"; eine sinnvolle Übersetzung erfordert jedoch die Fassung „er tat einen feierlichen Ausspruch". Zu beachten ist ferner, daß viele Begriffe schwankend und mehrdeutig sind (zum Beispiel dhamma, saṁkhāra), so daß man keineswegs immer für das gleiche Wort auch die gleiche Übersetzung erwarten darf.

Der Leser wird bald bemerken, daß die hier dargebotenen Texte von ganz unterschiedlicher Eingängigkeit sind. Nicht alles liest sich so leicht wie die Jātakas. Die für das Verständnis des Buddhismus unerläßlichen Stücke des Dīgha- und Majjhimanikāya erschließen sich nur bei langsamem Lesen in äußerer Ruhe und innerer Konzentration. Möge die Lektüre zu neuen

Einsichten in die weltgeschichtliche Rolle der indischen Kultur und insbesondere des Buddhismus als einer der größten gedanklichen und ethischen Leistungen der Menschheit führen!

Leipzig, Januar 1982 *Klaus Mylius*

Aus der kanonischen Pāli-Literatur

Suttapiṭaka

DĪGHANIKĀYA

Nr. 2: Das Lehrgespräch über den Lohn des Bettelmönchdaseins (Sāmaññaphala-Sutta)

1. So habe ich es gehört. Zu einer Zeit weilte der Erhabene[1] in Rājagaha, in einem Mangohain des Hofarztes[2] Jīvaka, mit einer großen Mönchsgemeinde, mit dreizehneinhalb Hunderten von Mönchen. Zu dieser Zeit nun hatte sich der Magadha-König Ajātasattu, Sohn einer Vedeha-Frau, an dem betreffenden Feiertag, bei Vollmond, in der letzten Vollmondnacht der Regenzeit, einer Nacht mit voll aufgegangenem Mond, von den Ministern umgeben, nachdem er nach oben auf den Turm[3] (seines) Palastes gewandelt war, (dort) niedergelassen. Da nun machte der Magadha-König Ajātasattu, Sohn einer Vedeha-Frau, an diesem Feiertag die Äußerung: „Erfreulich fürwahr ist die klare Nacht, prachtvoll fürwahr ist die klare Nacht, herrlich fürwahr ist die klare Nacht, lieblich fürwahr ist die klare Nacht, beglückend fürwahr ist die klare Nacht. Welchem Bettelmönch oder Brahmanenpriester[4] wollen wir nun wohl heute Verehrung darbringen, damit er unser, der Verehrung Darbringenden, Gemüt zur Ruhe kommen lasse?"

2. Nachdem so gesprochen worden war, sagte einer der Minister zu dem Magadha-König Ajātasattu, dem Sohn einer Vedeha-Frau, dies: „Da ist, o Herr, Pūraṇa Kassapa, ein Lehrer zahlreicher Anhängerscharen,[5] bekannt als berühmter Wegbereiter, hochgeehrt, von vielen Menschen anerkannt, vor langer Zeit (als Mönch) hinausgezogen, der ein hohes Alter erreicht hat. Diesem Pūraṇa Kassapa möge der Herr Verehrung darbringen; sehr wohl könnte er des den Pūraṇa Kassapa verehrenden Herrn Gemüt zur Ruhe kommen lassen." Nachdem so gesprochen worden war, wurde der Magadha-König Ajātasattu, Sohn einer Vedeha-Frau, schweigsam.[6]

3. Und[7] ein anderer Minister wiederum sprach zu dem Magadha-König Ajātasattu, dem Sohn einer Vedeha-Frau, dies: „Da ist, o Herr, Makkhali Gosāla, ein Lehrer zahlreicher Anhängerscharen, bekannt als berühmter Wegbereiter, hochgeehrt, von vielen Menschen anerkannt, vor langer Zeit (als Mönch) hinausgezogen, der ein hohes Alter erreicht hat. Diesem Makkhali Gosāla möge der Herr Verehrung darbringen; sehr wohl könnte er des den Makkhali Gosāla verehrenden Herrn Gemüt zur Ruhe kommen lassen." Nachdem so gesprochen worden war, wurde der Magadha-König Ajātasattu, Sohn einer Vedeha-Frau, schweigsam.

4. Und ein anderer Minister wiederum sprach zu dem Magadha-König Ajātasattu, dem Sohn einer Vedeha-Frau, dies: „Da ist, o Herr, Ajita Kesakambala, ein Lehrer zahlreicher Anhängerscharen, bekannt als berühmter Wegbereiter, hochgeehrt, von vielen Menschen anerkannt, vor langer Zeit (als Mönch) hinausgezogen, der ein hohes Alter erreicht hat. Diesem Ajita Kesakambala möge der Herr Verehrung darbringen; sehr wohl könnte er des den Ajita Kesakambala verehrenden Herrn Gemüt zur Ruhe kommen lassen." Nachdem so gesprochen worden war, wurde der Magadha-König Ajātasattu, Sohn einer Vedeha-Frau, schweigsam.

5. ... „Da ist, o Herr, Pakudha Kaccāyana ..."

6. ... „Da ist, o Herr, Sañjaya Belaṭṭhiputta ..."[8]

7. ... „Da ist, o Herr, Nigaṇṭha Nātaputta ..."

8. Eben zu dieser Zeit hatte sich der Hofarzt Jīvaka unweit des Magadha-Königs Ajātasattu, des Sohnes einer Vedeha-Frau, schweigend niedergelassen. Da nun redete der Magadha-König Ajātasattu, Sohn einer Vedeha-Frau, den Hofarzt Jīvaka folgendermaßen an: „Du aber, lieber Jīvaka, warum bist du schweigsam?"

„Es verweilt, o Herr, der Erhabene, Heilige, vollkommen Erwachte in unserem Mangohain mit einer großen Mönchsgemeinde, mit dreizehneinhalb Hunderten von Mönchen. Nun hat sich ein diesen erhabenen Gotama (betreffender) heilbringender Ruhmesruf erhoben, nämlich: 'So ist der Erhabene, Heilige, vollkommen Erwachte, der mit Wissen und (rechtem) Wandel Ausgestattete, recht Wandelnde, der Weltkenner, der unübertreffliche Lenker der zu zähmenden Menschen, der Meister der Götter und Menschen, der Erwachte, der Erhabene!' Diesem Erhabenen möge der Herr Verehrung darbrin-

gen; sehr wohl könnte er des den Erhabenen verehrenden Herrn Gemüt zur Ruhe kommen lassen."
„Dann also, lieber Jīvaka, laß Elefanten und Fahrzeuge bereitstellen!"
9. „So sei es, o Herr!" pflichtete der Hofarzt Jīvaka dem Magadha-König Ajātasattu, Sohn einer Vedeha-Frau, bei, ließ fünfhundert Elefantenweibchen bereitstellen sowie den vom König zu besteigenden Staatselefanten und meldete dem Magadha-König Ajātasattu, dem Sohn einer Vedeha-Frau: „Bereitgestellt sind für dich, o Herr, Elefanten und Wagen, wenn dir die Zeit jetzt recht ist!" Daraufhin ließ der Magadha-König Ajātasattu, der Sohn einer Vedeha-Frau, auf die fünfhundert Elefantenweibchen jeweils eine (seiner) Frauen steigen; den (von ihm) zu besteigenden Staatselefanten bestieg er, (und) während Fackeln gehalten wurden, zog er aus Rājagaha mit großem königlichem Pomp hinaus: zu des Hofarztes Jīvaka Mangohain, dahin begab er sich.
10. Aber den in die Nähe des Mangohains gelangten Magadha-König Ajātasattu, den Sohn einer Vedeha-Frau, befiel (plötzlich) Furcht, befiel Bestürzung, befiel Haarsträuben. Darauf sprach der Magadha-König Ajātasattu, Sohn einer Vedeha-Frau, furchterfüllt, aufgeregt, mit gesträubtem Haar, zu Jīvaka, dem Hofarzt, dies: „Ob du mich wohl nicht hintergehst, lieber Jīvaka? Ob du mich wohl nicht betrügst, lieber Jīvaka? Ob du mich nicht (meinen) Widersachern auslieferst, lieber Jīvaka? Wie ist es denn möglich, daß von einer so großen Mönchsgemeinde, von dreizehneinhalb Hunderten von Mönchen, kein Laut des Niesens entsteht, kein Laut des Hustens, (ja überhaupt) kein Geräusch?"
„Fürchte dich nicht, Großkönig! Ich hintergehe dich nicht, o Herr; ich betrüge dich nicht, o Herr; ich liefere dich nicht (deinen) Widersachern aus, o Herr! Geh voran, Großkönig; in der Rundhalle brennen die Lampen!"
11. Darauf ritt der Magadha-König Ajātasattu, der Sohn einer Vedeha-Frau, (weiter) auf dem Elefanten, soweit der Weg für Elefanten (begehbar war, dann) stieg er ab und begab sich zu Fuß zum Eingang der Rundhalle. Nachdem er sich dorthin begeben hatte, sprach er zu Jīvaka, dem Hofarzt, dies: „Wo denn, lieber Jīvaka, ist der Erhabene?"
„Dieser, o Großkönig, ist der Erhabene; dieser, o Großkönig, ist der Erhabene, an den mittleren Pfeiler gelehnt, das Antlitz

nach Osten gewandt, sitzend, geehrt von der Mönchsgemeinde."

12. Da begab sich der Magadha-König Ajātasattu, Sohn einer Vedeha-Frau, hin zum Erhabenen, und nachdem er sich hinbegeben hatte, stellte er sich zu (dessen) Seite hin. Zur Seite stehend, ließ der Magadha-König Ajātasattu, Sohn einer Vedeha-Frau, über die in Schweigen verharrende, in Schweigen verharrende[9] Mönchsgemeinde den Blick wie über einen klaren See schweifen; (dann) tat er die Äußerung: „Von solchem Frieden möge Udāyi, mein lieber Sohn, erfüllt werden, wie eben hier die Mönchsgemeinde von ihm erfüllt ist."

„Bist du wohl, o Großkönig, aus Liebe gekommen?"

„Lieb ist mir, Ehrwürdiger, Udāyi, der geliebte Sohn. Von solchem Frieden, Ehrwürdiger, möge Udāyi, mein lieber Sohn, erfüllt werden, wie eben hier die Mönchsgemeinde von ihm erfüllt ist."

13. Danach, nachdem der Magadha-König Ajātasattu, Sohn einer Vedeha-Frau, den Erhabenen begrüßt hatte, verneigte er sich mit zusammengelegten Händen[10] vor der Mönchsgemeinde und setzte sich an einer Seite nieder. An einer Seite sitzend, sprach der Magadha-König Ajātasattu, Sohn einer Vedeha-Frau, zum Erhabenen dies: „Dürfte ich, Ehrwürdiger, den Erhabenen in einem Punkte etwas fragen, wenn mir der Erhabene die Gelegenheit zur Erläuterung (meines) Problems gewährt?"

„Frage, Großkönig, was du wünschest!"

14. „Wie es da nun, Ehrwürdiger, die verschiedenen Berufszweige[11] gibt – nämlich Elefantentreiber, Pferdereiter, Wagenlenker, Bogenschützen, Knappen, Gesandte, Essenausteiler, Beamte, Prinzen, Vorreiter, Großherren, Helden, Schildkämpfer, Sklaven, Speisebereiter, Barbiere, Bader, Köche, Kranzbinder, Färber, Weber, Korbflechter, Töpfer, Rechner, Siegelmacher,[12] und was es noch für andere solche verschiedenen Berufszweige gibt –, diese genießen schon in dieser Welt einen sichtbaren Lohn für ihre Tätigkeit. Sie befriedigen und erfreuen damit sich selbst, befriedigen und erfreuen Mutter und Vater, befriedigen und erfreuen Kind und Weib, befriedigen und erfreuen Freund und Gefährten, leisten Darbringung an (buddhistische) Bettelmönche und (brahmanische) Priester um eines höheren Zieles willen, für himmlische Glückserfüllung, die zum Himmel führt. Ist es nun wohl möglich, Ehrwür-

diger, schon in dieser Welt einen solchen Lohn des Bettelmönchdaseins festzustellen?"

15. „Ist dir, o Großkönig, (noch) bekannt, ob du diese Frage (schon) an andere Bettelmönche und Priester gerichtet hast?"

„Mir ist bekannt, Ehrwürdiger, daß ich diese Frage (schon) an andere Bettelmönche und Priester gerichtet habe."

„Wie aber, Großkönig, haben sie sie dir erklärt? Wenn es dir keine Mühe macht, sprich!"

„Es macht mir keine Mühe, Ehrwürdiger, wenn der Erhabene sich niedergelassen hat oder jemand von des Erhabenen Gestalt."

„Dann also, Großkönig, sprich!"

16. „Eines Tages, Ehrwürdiger, habe ich mich einmal zu Pūraṇa Kassapa begeben.[8] Bei Pūraṇa Kassapa angelangt, habe ich mit ihm freundlichen, höflichen Gruß gewechselt und mich an einer Seite niedergelassen. Zur Seite niedergelassen, habe ich, Ehrwürdiger, Pūraṇa Kassapa folgendermaßen angesprochen: 'Wie es da nun, o Kassapa, die verschiedenen Berufszweige gibt – nämlich Elefantentreiber, Pferdereiter, Wagenlenker, Bogenschützen, Knappen, Gesandte, Essenausteiler, Beamte, Prinzen, Vorreiter, Großherren, Helden, Schildkämpfer, Sklaven, Speisebereiter, Barbiere, Bader, Köche, Kranzbinder, Färber, Weber, Korbflechter, Töpfer, Rechner, Siegelmacher, und was es noch für andere solche verschiedenen Berufszweige gibt –, diese genießen schon in dieser Welt einen sichtbaren Lohn für ihre Tätigkeit. Sie befriedigen und erfreuen damit sich selbst, befriedigen und erfreuen Mutter und Vater, befriedigen und erfreuen Kind und Weib, befriedigen und erfreuen Freund und Gefährten, leisten Darbringung an Bettelmönche und Priester um eines höheren Zieles willen, für himmlische Glückserfüllung, die zum Himmel führt. Ist es nun wohl möglich, o Kassapa, schon in dieser Welt einen solchen Lohn des Bettelmönchdaseins festzustellen?'

17. Nach diesen Worten hat Pūraṇa Kassapa zu mir dies gesagt: ‚Von einem, der etwas tut, o Großkönig, (oder) etwas tun läßt, der vernichtet (oder) vernichten läßt, foltert[13] (oder) foltern läßt, Kummer und Leid verursacht, schlägt (oder) schlagen läßt, der Leben vernichtet, Nichtgegebenes nimmt, in ein Haus einbricht, Plünderung begeht, Diebstahl verübt, Wegelagerei betreibt, die Frau eines anderen verführt, lügenhaft

spricht – von einem solches Tuenden wird kein Unrecht begangen. Und auch wer mit einem messerscharfen Wurfrad das Leben auf dieser Erde zu einem einzigen Fleischbrei, zu einer einzigen Fleischmasse machen würde: nicht entsteht dadurch für ihn Sünde, nicht ist dies ein Ausdruck von Unrecht. Wer am südlichen Gangesufer sich umhertriebe, tötend (und) töten lassend, vernichtend (und) vernichten lassend, folternd (und) foltern lassend, nicht entsteht dadurch für ihn Sünde, nicht ist dies ein Ausdruck von Unrecht. Und wer am nördlichen Gangesufer einherwandle, gebend (und) geben lassend, opfernd (und) opfern lassend, nicht entsteht dadurch für ihn (moralisches) Verdienst, nicht ist dies ein Ausdruck von Tugend.[14] Durch Spendefreudigkeit, Selbstbeherrschung, Zügelung, Wahrhaftigkeit entsteht kein Verdienst, nicht ist dies ein Ausdruck von Tugend.'

18. So hat mir, Ehrwürdiger, Pūraṇa Kassapa, nach dem sichtbaren Lohn des Bettelmönchdaseins befragt, nur die Fruchtlosigkeit der Taten auseinandergesetzt.[15] Wie wenn nämlich, Ehrwürdiger, man, um eine Mangofrucht gebeten, eine Brotfrucht aushändigen oder, um eine Brotfrucht gebeten, eine Mangofrucht aushändigen würde, ebenso, Ehrwürdiger, hat Pūraṇa Kassapa, nach dem sichtbaren Lohn des Bettelmönchdaseins befragt, mir nur die Fruchtlosigkeit der Taten auseinandergesetzt. Davon ist mir, Ehrwürdiger, dieser (Gedanke) gekommen: ‚Wie möchte wohl jemand wie ich einen in meinem Reich wohnenden Bettelmönch oder Brahmanenpriester tadeln?' Ich habe also, Ehrwürdiger, die Rede des Pūraṇa Kassapa weder gelobt noch getadelt. Indem ich sie weder gelobt noch getadelt habe, bin ich unzufrieden, (aber) kein Wort der Unzufriedenheit äußernd, ein solches Wort (vielmehr) bedauernd, ohne (dem Ganzen) Bedeutung beizumessen, von (meinem) Sitz aufgestanden und fortgegangen.

19. Eines Tages, Ehrwürdiger, habe ich mich einmal zu Makkhali Gosāla begeben. Bei Makkhali Gosāla angelangt, habe ich mit ihm freundlichen, höflichen Gruß gewechselt und mich an einer Seite niedergelassen. Zur Seite niedergelassen, habe ich, Ehrwürdiger, Makkhali Gosāla folgendermaßen angesprochen: ‚Wie es da nun, o Gosāla, die verschiedenen Berufszweige gibt, nämlich Elefantentreiber ...[16] Ist es nun wohl möglich, Gosāla, schon in dieser Welt einen solchen Lohn des Bettelmönchdaseins festzustellen?'

20. Nach diesen Worten hat Makkhali Gosāla mir dies gesagt:

'Nicht gibt es, o Großkönig, einen Grund, nicht gibt es eine ursächliche Beziehung für die Verderbtheit der Wesen. Grundlos, ohne ursächliche Beziehung, werden die Wesen verderbt. Es gibt keinen Grund, keine ursächliche Beziehung, für die Läuterung der Wesen. Grundlos, ohne ursächliche Beziehung, läutern sich die Wesen. Es gibt kein Ichsein, kein Nicht-Ichsein, kein Menschsein, keine Kraft, keine Stärke, keine Manneskraft, keine Mannesgewalt. Alle Wesen, alle Lebewesen, alle Geschöpfe, alle Leben sind willenlos, kraftlos, ohne Stärke. Schicksalsgemäß, durch den Beischlaf entstanden, entwickelt, empfinden sie entsprechend den sechs Gruppen[17] Glück oder Leid. Und es gibt vierzehn Hunderttausend und sechzig Hundert und sechs Hundert Arten der Geburt und fünfhundert Taten und fünf Taten und drei Taten und eine Tat und eine halbe Tat, und es gibt zweiundsechzig Wege, zweiundsechzig Zwischen-Weltzeitalter, sechs Gruppen,[17] acht Entwicklungsstufen des Menschen, neunundvierzig Hundert Lebensformen, neunundvierzig Hundert Wandermönche, neunundvierzig Hundert Schlangenreiche, zwanzig Hundert Sinneskräfte, dreißig Hundert Arten des Untergangs, sechsunddreißig Wurzeln der Leidenschaft,[18] sieben wahrnehmende Embryonen, sieben nicht wahrnehmende Embryonen, sieben fessellose Embryonen, sieben Götter, sieben Menschen, sieben Gespenster, sieben ...,[19] siebenhundert ...,[19] sieben Felsen, siebenhundert Felsen, sieben Träume, siebenhundert Träume. Vierundachtzig Hunderttausend von Weltzeitaltern durchlaufen, durchwandert habend, werden Toren und Weise dem Leiden ein Ende machen. Da gibt es nicht: »Durch dieses Verhalten oder einen Ritus oder durch Askese oder keuschen Lebenswandel werde ich das ungereifte Werk ausreifen lassen oder das ausgereifte Werk schrittweise zunichte machen!« Das eben gibt es nicht. Mit einem Maß bemessen sind Glück und Leid. Umgrenzt ist der Geburtenkreislauf; nicht gibt es Schwund und Wachstum, nicht gibt es Erhabenheit und Niedrigkeit. Wie nämlich ein hingeworfenes Fadenknäuel aufzuwickeln ist, gerade so werden Toren und Weise (erst) nachdem sie (die Geburten) durchlaufen, durchwandert haben, dem Leiden ein Ende machen.'

21. So hat mir, Ehrwürdiger, Makkhali Gosāla, nach dem sichtbaren Lohn des Bettelmönchdaseins befragt, nur die Reinwerdung des Geburtenkreislaufs auseinandergesetzt. Wie

wenn nämlich, Ehrwürdiger, man, um eine Mangofrucht gebeten, eine Brotfrucht aushändigen oder, um eine Brotfrucht gebeten, eine Mangofrucht aushändigen würde, ebenso, Ehrwürdiger, hat Makkhali Gosāla mir, nach dem sichtbaren Lohn des Bettelmönchdaseins befragt, nur die Reinwerdung des Geburtenkreislaufs auseinandergesetzt. Davon ist mir, Ehrwürdiger, dieser (Gedanke) gekommen: ‚Wie möchte wohl jemand wie ich einen in meinem Reich wohnenden Bettelmönch oder Brahmanenpriester tadeln?' Ich habe also, Ehrwürdiger, die Rede des Makkhali Gosāla weder gelobt noch getadelt. Indem ich sie weder gelobt noch getadelt habe, bin ich unzufrieden, (aber) kein Wort der Unzufriedenheit äußernd, ein solches Wort (vielmehr) bedauernd, ohne (dem Ganzen) Bedeutung beizumessen, von (meinem) Sitz aufgestanden und fortgegangen.[20]

22. Eines Tages, Ehrwürdiger, habe ich mich einmal zu Ajita Kesakambala begeben. Bei Ajita Kesakambala angelangt, habe ich mit ihm freundlichen, höflichen Gruß gewechselt und mich an einer Seite niedergelassen. Zur Seite niedergelassen, habe ich, Ehrwürdiger, Ajita Kesakambala folgendermaßen angesprochen: ‚Wie es da nun, o Ajita, die verschiedenen Berufszweige gibt, nämlich Elefantentreiber ...[16] Ist es nun wohl möglich, o Ajita, schon in dieser Welt einen solchen Lohn des Bettelmönchdaseins festzustellen?'

23. Nach diesen Worten hat Ajita Kesakambala mir dies gesagt: ‚Nicht gibt es,[21] o Großkönig, Almosengeben, nicht gibt es Opfer, nicht gibt es Darbringung. Es gibt keine Frucht, es gibt kein Ergebnis guter und böser Taten; es gibt keine diesseitige und keine jenseitige Welt; es gibt nicht Mutter und nicht Vater; es gibt keine Entstehung der Wesen aus sich selbst heraus; es gibt in der Welt keine Bettelmönche und Brahmanenpriester, die zur Vollendung gelangt sind und die rechte Auffassung haben, die selbst, mit eigenen Augen, die diesseitige Welt und die jenseitige Welt wahrgenommen hätten und (darüber) berichten (könnten). Aus den vier Grundelementen hier besteht der Mensch. Wenn er stirbt, geht das Erd(element) in die Erdform ein, geht (darin) über; das Wasser(element) geht in die Wasserform ein, geht (darin) über; das Feuer(element) geht in die Feuerform ein, geht (darin) über; das Luft(element) geht in die Luftform ein, geht (darin) über. In den Weltenraum gehen die Sinne über. Zu fünft am Sarg gehen die Menschen

mit dem Toten. Bis zum Verbrennungsplatz deklamiert man Sprüche. Taubengrau(bleich) werden die Knochen. Opferfeuer werden entflammt.[22] (Ergebnis der) Lehre von Narren ist eine solche Gabe. Leer und falsch ist das Geschwätz, wenn irgendwelche (Leute) die Existenzlehre verkünden.[23] Toren und Weise lösen sich beim Zerfall des Körpers auf, sie gehen zugrunde; sie sind nicht mehr nach dem Tode.'

24. So hat mir, Ehrwürdiger, Ajita Kesakambala, nach dem sichtbaren Lohn des Bettelmönchdaseins befragt, nur die Lehre von der Auflösung[24] auseinandergesetzt. Wie wenn nämlich, Ehrwürdiger, man, um eine Mangofrucht gebeten, eine Brotfrucht aushändigen oder, um eine Brotfrucht gebeten, eine Mangofrucht aushändigen würde, ebenso, Ehrwürdiger, hat Ajita Kesakambala, nach dem sichtbaren Lohn des Bettelmönchdaseins befragt, mir nur die Lehre von der Auflösung auseinandergesetzt. Davon ist mir, Ehrwürdiger, dieser (Gedanke) gekommen: ‚Wie möchte wohl jemand wie ich einen in meinem Reich wohnenden Bettelmönch oder Brahmanenpriester tadeln?' Ich habe also, Ehrwürdiger, die Rede des Ajita Kesakambala weder gelobt noch getadelt. Indem ich sie weder gelobt noch getadelt habe, bin ich unzufrieden, (aber) kein Wort der Unzufriedenheit äußernd, ein solches Wort (vielmehr) bedauernd, ohne (dem Ganzen) Bedeutung beizumessen, von (meinem) Sitz aufgestanden und fortgegangen.

25. Eines Tages, Ehrwürdiger, habe ich mich einmal zu Pakudha Kaccāyana begeben ...[25] ‚Ist es nun wohl möglich, o Kaccāyana, schon in dieser Welt einen solchen Lohn des Bettelmönchdaseins festzustellen?'

26. Nach diesen Worten hat Pakudha Kaccāyana mir dies gesagt: ‚Sieben, o Großkönig, sind diese Elemente; (sie sind) nicht gemacht,[26] von nicht gemachter Art, ohne Abmessung, nicht geschaffen, starr, unbeweglich, säulenfest. Sie bewegen sich nicht, sie verändern sich nicht, sie beeinträchtigen einander nicht, und es ist eines für das andere weder von Glück noch von Leid noch von Glück und Leid (zusammen). Welche sieben (sind das)? Das Erdelement, das Wasserelement, das Feuerelement, das Luftelement, Glück, Leid und das Leben als siebentes. Diese sieben Elemente sind nicht gemacht,[26] von nicht gemachter Art, ohne Abmessung, nicht geschaffen, starr, unbeweglich, säulenfest. Sie bewegen sich nicht, sie verändern sich nicht, sie beeinträchtigen einander nicht, und es ist eines

für das andere weder von Glück noch von Leid noch von Glück und Leid (zusammen). Da gibt es keinen Mörder und keinen, der morden läßt, keinen Hörer und keinen, der hören läßt, keinen Erkenner und keinen, der erkennen läßt. Auch wenn jemand mit einem scharfen Schwert einen Kopf abschlägt, so raubt keiner irgend jemandem das Leben, denn nur in die Lücke zwischen den sieben Elementen fährt das Schwert hinein.'

27. So hat mir, Ehrwürdiger, Pakudha Kaccāyana, nach dem sichtbaren Lohn des Bettelmönchdaseins befragt, nur das Entgegengesetzte dargelegt. Wie wenn nämlich, Ehrwürdiger, man, um eine Brotfrucht gebeten ...[27]

28. Eines Tages, Ehrwürdiger, habe ich mich einmal zu Nigaṇṭha Nātaputta begeben ...[25] ‚Ist es nun wohl möglich, o Aggivessana, schon in dieser Welt einen solchen Lohn des Bettelmönchdaseins festzustellen?'

29. Nach diesen Worten hat Nigaṇṭha Nātaputta mir dies gesagt: ‚Da ist, o Großkönig, ein Fesselloser[28] durch vierfachen Zügel gebändigt, zurückgehalten. Und wie, o Großkönig, ist ein Fesselloser durch vierfachen Zügel gebändigt, zurückgehalten? Da hat sich, o Großkönig, ein Fesselloser jeden Wassers enthalten, sich jedes Wasser versagt, alles Wasser abgeschüttelt, alles Wasser weggeschüttet.[29] Auf solche Weise, o Großkönig, ist ein Fesselloser durch vierfachen Zügel gebändigt, zurückgehalten. Und wenn, o Großkönig, ein Fesselloser solcherart durch vierfachen Zügel gebändigt, zurückgehalten ist, so wird er, o Großkönig, als von vollkommenem Selbst und von gezügeltem Selbst und von standhaftem Selbst bezeichnet.'

30. So hat mir, Ehrwürdiger, Nigaṇṭha Nātaputta, nach dem sichtbaren Lohn des Bettelmönchdaseins befragt, nur die Bändigung durch die vier Zügel auseinandergesetzt. Davon ist mir, Ehrwürdiger, dieser (Gedanke) gekommen: ...[30]

31. Eines Tages, Ehrwürdiger, habe ich mich einmal zu Sañjaya Belaṭṭhiputta begeben ...[25] ‚Ist es nun wohl möglich, o Sañjaya, schon in dieser Welt einen solchen Lohn des Bettelmönchdaseins festzustellen?'

32. Nach diesen Worten hat Sañjaya Belaṭṭhiputta mir dies gesagt: ‚»Gibt es eine jenseitige Welt?« Wenn du dies fragst, und es wäre mir »Es gibt eine jenseitige Welt!« so (bekannt), würde ich dir »Es gibt eine jenseitige Welt!« erklären. Aber so ist es

mir nicht (bekannt) und so auch nicht und anders auch nicht und nicht mit einem Nein und nicht mit einem Nicht-Nein. »Gibt es keine jenseitige Welt?« »Gibt es und gibt es nicht eine jenseitige Welt?« »Gibt es weder eine noch keine andere Welt?« »Gibt es eine Geburt aus sich selbst?« »Gibt es keine Geburt aus sich selbst?« »Gibt es sowohl eine als auch keine Geburt aus sich selbst?« »Gibt es weder eine noch keine Geburt aus sich selbst?« »Gibt es eine Frucht, ein Ergebnis guter und böser Taten?« »Gibt es keine Frucht, kein Ergebnis guter und böser Taten?« »Gibt es sowohl eine Frucht, ein Ergebnis, als auch keine Frucht, kein Ergebnis guter und böser Taten?« »Gibt es weder eine noch keine Frucht, weder ein noch kein Ergebnis guter und böser Taten?« »Gibt es einen Vollendeten jenseits des Todes?« »Gibt es keinen Vollendeten jenseits des Todes?« »Gibt es sowohl einen als auch keinen Vollendeten jenseits des Todes?« »Gibt es weder einen noch keinen Vollendeten jenseits des Todes?« Wenn[31] du dies fragst, und es wäre mir »Es gibt weder einen noch keinen Vollendeten jenseits des Todes!« so (bekannt), würde ich dir »Es gibt weder einen noch keinen Vollendeten jenseits des Todes!« erklären. Aber so ist es mir nicht (bekannt) und so auch nicht und anders auch nicht und nicht mit einem Nein und nicht mit einem Nicht-Nein.'

33. So hat mir, Ehrwürdiger, Sañjaya Belaṭṭhiputta, nach dem sichtbaren Lohn des Bettelmönchdaseins befragt, nur Verwirrung auseinandergesetzt. Wie wenn nämlich, Ehrwürdiger, man, um eine Mangofrucht gebeten, eine Brotfrucht aushändigen oder, um eine Brotfrucht gebeten, eine Mangofrucht aushändigen würde, ebenso, Ehrwürdiger, hat Sañjaya Belaṭṭhiputta mir, nach dem sichtbaren Lohn des Bettelmönchdaseins befragt, nur Verwirrung auseinandergesetzt. Davon ist mir, Ehrwürdiger, dieser (Gedanke) gekommen: ‚Der hier ist von diesen Bettelmönchen und Brahmanenpriestern der vollkommen Närrische, vollkommen Betörte. Denn wie könnte er sonst, nach dem sichtbaren Lohn des Bettelmönchdaseins befragt, nur Verwirrung auseinandersetzen?' Davon ist mir, Ehrwürdiger, dieser (Gedanke) gekommen: ‚Wie möchte wohl jemand wie ich einen in meinem Reich wohnenden Bettelmönch oder Brahmanenpriester tadeln?' Ich habe also, Ehrwürdiger, die Rede des Sañjaya Belaṭṭhiputta weder gelobt noch getadelt. Indem ich sie weder gelobt noch getadelt habe, bin ich un-

zufrieden, (aber) kein Wort der Unzufriedenheit äußernd, ein solches Wort (vielmehr) bedauernd, ohne (dem Ganzen) Bedeutung beizumessen, von (meinem) Sitz aufgestanden und fortgegangen.

34. Nun, o Ehrwürdiger, frage ich auch den Erhabenen: ,Wie es da nun, Ehrwürdiger, die verschiedenen Berufszweige gibt, nämlich Elefantentreiber ...[16] Ist es nun wohl möglich, Erhabener, schon in dieser Welt einen solchen Lohn des Bettelmönchdaseins festzustellen?'"

„Doch, es ist möglich, Großkönig! Dazu werde ich dich jetzt etwas fragen; wie es dir gut scheinen mag, so magst du darauf antworten.

35. Was meinst du, Großkönig? (Angenommen), hier wäre ein Mensch dein Sklave und Diener, vor[32] (dir) aufstehend, nach (dir) sich niederlegend, ein gehorsamer Diener, von erfreulichem Wandel, freundlich redend, liebenswürdig. Dessen (Gedanke) sei so: ,Erstaunlich ist doch, wunderbar ist doch der Verdienste Weg, der Verdienste Vergeltung. Denn dieser Magadha-König Ajātasattu, Sohn einer Vedeha-Frau, ist ein Mensch; auch ich bin ein Mensch. Doch dieser Magadha-König Ajātasattu, Sohn einer Vedeha-Frau, kann sich, scheint mir, den fünf Sinnesfreuden verbunden, ihrer teilhaftig geworden, vergnügen. Ich dagegen bin sein Sklave und Diener, vor (ihm) aufstehend, nach (ihm) mich niederlegend, ein gehorsamer Diener, von erfreulichem Wandel, freundlich redend, liebenswürdig. So will ich auch dessen Verdienste erwerben. Ob ich wohl, Haupthaar und Bart geschoren, mit gelben Gewändern bekleidet, aus der Häuslichkeit in die Hauslosigkeit hinausziehe?'[33] Der möge zu späterer Zeit (tatsächlich) mit geschorenem Haupthaar und Bart, mit gelben Gewändern bekleidet, aus der Häuslichkeit in die Hauslosigkeit hinausziehen. So hinausgezogen als Bettelmönch, wandle er mit selbstbeherrschtem Körper, wandle er mit selbstbeherrschter Sprache, wandle er mit selbstbeherrschtem Geist, mit einem Mindestmaß an Nahrung und Kleidung zufrieden, Freude empfindend an der Einsamkeit. Dann würden deine Leute dir so berichten: ,Wenn du gestattest,[34] Herr, weißt du schon? Der Mann, der dein Sklave, Diener (war), vor (dir) aufstehend, nach (dir) sich niederlegend, ein gehorsamer Diener, von erfreulichem Wandel, freundlich redend, liebenswürdig, der, o Herr, ist mit geschorenem Haupthaar und Bart, mit gelben Ge-

wändern bekleidet, aus der Häuslichkeit in die Hauslosigkeit hinausgezogen. So hinausgezogen als Bettelmönch, wandelt er mit selbstbeherrschtem Körper, wandelt er mit selbstbeherrschter Sprache, wandelt er mit selbstbeherrschtem Geist, mit einem Mindestmaß an Nahrung und Kleidung zufrieden, Freude empfindend an der Einsamkeit.' Würdest du dann etwa so sprechen: ‚Herkommen zu mir soll der Mann, er soll wieder Sklave, Diener sein, vor (mir) aufstehend, nach (mir) sich niederlegend, ein gehorsamer Diener, von erfreulichem Wandel, freundlich redend, liebenswürdig!'?"

36. „Aber nein, Ehrwürdiger! Vielmehr würden wir ihn begrüßen, uns vor ihm erheben, ihn zum Sitzen einladen, ihm Kleidung, eine (gefüllte) Almosenschale, eine Lagerstatt und im Krankheitsfalle medizinische Behandlung anbieten; wir würden seine pflichtgemäße Behütung, Beschirmung, Beschützung gewährleisten."

„Was meinst du, Großkönig? Wenn dies so ist, gibt es einen sichtbaren Lohn des Bettelmönchdaseins oder gibt es ihn nicht?"

„Tatsächlich, Ehrwürdiger, da es so ist, gibt es einen sichtbaren Lohn des Bettelmönchdaseins."

„So ist dies also dir, Großkönig, von mir zum ersten als in der diesseitigen Welt sichtbarer Lohn des Bettelmönchdaseins mitgeteilt worden."

37. „Ist es nun wohl möglich, Ehrwürdiger, noch einen anderen schon in dieser Welt sichtbaren Lohn des Bettelmönchdaseins festzustellen?"

„Es ist möglich, Großkönig! Dazu werde ich dich jetzt etwas fragen; wie es dir gut scheinen mag, so magst du darauf antworten. Was meinst du, Großkönig? (Angenommen,) hier wäre ein Mensch dein Ackerbauer, Haushaltsvorsteher, Ritenvollzieher, Schatzmeister.[35] Dessen (Gedanke) sei so: ‚Erstaunlich ist es doch, wunderbar ist es doch! Denn dieser Magadha-König Ajātasattu, Sohn einer Vedeha-Frau, ist ein Mensch; auch ich bin ein Mensch. Doch dieser Magadha-König Ajātasattu, Sohn einer Vedeha-Frau, kann sich, scheint mir, den fünf Sinnesfreuden verbunden, ihrer teilhaftig geworden, vergnügen. Ich dagegen bin sein Ackerbauer, Haushaltsvorsteher, Ritenvollzieher, Schatzmeister. So will ich auch dessen Verdienste erwerben. Ob ich wohl, Haupthaar und Bart geschoren, mit gelben Gewändern bekleidet, aus der Häuslichkeit in die Hauslosigkeit hinausziehe?‘ Der möge zu späterer Zeit (tatsächlich), einen geringen Besitz verlassend oder einen großen Besitz verlassend, einen kleinen Verwandtenkreis verlassend oder einen umfangreichen Verwandtenkreis verlassend, mit geschorenem Haupthaar und Bart, mit gelben Gewändern bekleidet, aus der Häuslichkeit in die Hauslosigkeit hinausziehen. So hinausgezogen als Bettelmönch wandle er mit selbstbeherrschtem Körper, wandle er mit selbstbeherrschter Sprache, wandle er mit selbstbeherrschtem Geist, mit einem Mindestmaß an Nahrung und Kleidung zufrieden, Freude empfindend an der Einsamkeit. Dann würden deine Leute dir so berichten: ‚Wenn du gestattest, Herr, weißt du schon? Der Mann, der dein Ackerbauer, Haushaltsvorsteher, Ritenvollzieher, Schatzmeister (war), der, o Herr, ist mit geschorenem Haupthaar und Bart, mit gelben Gewändern bekleidet, aus der Häuslichkeit in die Hauslosigkeit hinausgezogen. So hinausgezogen als Bettelmönch, wandelt er mit selbstbeherrschtem Körper, wandelt er mit selbstbeherrschter Sprache, wandelt er mit selbstbeherrschtem Geist, mit einem Mindestmaß an Nahrung und Kleidung zufrieden, Freude empfindend an der Einsamkeit.‘ Würdest du dann etwa so sprechen: ‚Herkommen zu mir soll der Mann, er soll wieder Ackerbauer, Haushaltsvorsteher, Ritenvollzieher, Schatzmeister werden!‘?“

38. „Aber nein, Ehrwürdiger! Vielmehr würden wir ihn begrüßen, uns vor ihm erheben, ihn zum Sitzen einladen, ihm Kleidung, eine (gefüllte) Almosenschale, eine Lagerstatt und im Krankheitsfall medizinische Behandlung anbieten; wir würden seine pflichtgemäße Behütung, Beschirmung, Beschützung gewährleisten.“

„Was meinst du, Großkönig? Wenn dies so ist, gibt es einen sichtbaren Lohn des Bettelmönchdaseins oder gibt es ihn nicht?“

„Tatsächlich, Ehrwürdiger, da es so ist, gibt es einen sichtbaren Lohn des Bettelmönchdaseins.“

„So ist dies also dir, Großkönig, von mir zum zweiten als in der diesseitigen Welt sichtbarer Lohn des Bettelmönchdaseins mitgeteilt worden.“

39. „Ist es nun wohl möglich, Erhabener, noch einen anderen schon in dieser Welt sichtbaren Lohn des Bettelmönchdaseins festzustellen, der höher und erhabener ist als diese (bisher) sichtbaren Früchte des Bettelmönchdaseins?“

„Es ist möglich, Großkönig! Darum, Großkönig, höre, achte wohl darauf, was ich sagen werde!"
„So (soll es sein), Ehrwürdiger!" stimmte der Magadha-König Ajātasattu, der Sohn einer Vedeha-Frau, dem Erhabenen zu. Der Erhabene sprach dies:
40. „Da tritt, Großkönig, in der Welt der Vollendete ins Dasein, der Heilige, vollkommen Erwachte, der mit Wissen und (rechtem) Wandel Ausgestattete, recht Wandelnde, der Weltkenner, der unübertreffliche Lenker der zu zähmenden Menschen, der Meister der Götter und Menschen, der Erwachte, der Erhabene. Er erklärt diese Welt mit den Göttern, mit Māra, mit Brahma, mit der Welt der Bettelmönche und Brahmanenpriester, nachdem er sie selbst erfaßt und erfahren hat. Er verkündet die Lehre, die am Anfang heilbringende, die in der Mitte heilbringende, die am Schluß heilbringende, sinn- und buchstabengetreu; er legt den absolut vollkommenen, reinheitdurchdrungenen heiligen Wandel dar.
41. Diese Lehre hört ein Hausvater oder der Sohn eines Hausvaters oder ein in einem anderen Stand Wiedergeborener. Nachdem er die Lehre gehört hat, faßt er zum Vollendeten Vertrauen. Von diesem Vertrauen erfüllt, überlegt er so: ‚Beengt ist das Hausleben, ein Schmutzplatz; ein freier Raum (dagegen) ist die Pilgerschaft. Nicht ist das durchführbar, wenn man ein Haus bewohnt, einen ganz und gar vollkommenen, ganz und gar reinheitdurchdrungenen, perlmutterglänzenden[36] heiligen Wandel zu führen. Ob ich wohl, Haupthaar und Bart geschoren, mit gelben Gewändern bekleidet, aus der Häuslichkeit in die Hauslosigkeit hinausziehe?' Er verläßt (dann tatsächlich) zu einer späteren Zeit einen geringen Besitz, oder er verläßt einen großen Besitz, oder er verläßt einen kleinen Verwandtenkreis, oder er verläßt einen umfangreichen Verwandtenkreis und zieht mit geschorenem Haupthaar und Bart, mit gelben Gewändern bekleidet, aus der Häuslichkeit in die Hauslosigkeit hinaus.
42. So hinausgezogen, weilt er in Selbstzucht gezügelt, in Verhalten und Wandel vollkommen, (schon) in winzigsten Fehlern Gefahr erblickend, strebt er entsprechend den Regeln, im Tatwerk und im Wortwerk von Heil erfüllt, lebt er vollkommen rein, tugendvollendet, als Torhüter der Sinne,[37] von Bewußtsein und Aufmerksamkeit erfüllt, zufrieden.
43. Und wie, Großkönig, ist der Mönch tugendvollendet? Da

hat es, Großkönig, ein Mönch aufgegeben, Leben zu vernichten; er enthält sich der Vernichtung von Leben. Den Stock niedergelegt, das Schwert niedergelegt, verhält er sich bescheiden, Freundlichkeit erzeigend, zu allen lebenden Wesen liebevoll und mitleidig. Darin eben besteht seine Tugend.[38] Das Nehmen von Nichtgegebenem hat er aufgegeben; er enthält sich des Nehmens von Nichtgegebenem. Gegebenes nimmt er; auf Gegebenes wartet er, nicht diebisch, wandelt er in rein gewordenem Selbst. Darin eben besteht seine Tugend. Unheiligen Wandel hat er aufgegeben; von heiligem Wandel ist er, (von Bösem) entfernt lebt er, dem Geschlechtsverkehr entsagend, dem gewöhnlichen Trieb.[39] Darin eben besteht seine Tugend.

44. Lüge zu sprechen hat er aufgegeben; er enthält sich der Lüge; die Wahrheit spricht er, wahrhaftig ist er, standhaft, vertrauenswürdig, kein Betrüger der Welt. Darin eben besteht seine Tugend. Verleumderische Rede hat er aufgegeben, er enthält sich der Verleumdung. Was er hier gehört, teilt er nicht dort mit, um diese (Leute) zu entzweien, und was er dort gehört hat, das teilt er nicht hier mit, um jene (Leute) zu entzweien. So ist er ein Einiger der Entzweiten; über die Einigen erwähnt er nichts (Nachteiliges), über Eintracht ist er froh, an Eintracht freut er sich, an Eintracht (empfindet) er Wonne, Eintracht bewirkendes Wort spricht er. Darin eben besteht seine Tugend. Barsche Rede hat er aufgegeben, barscher Rede enthält er sich. Solche Worte, die nicht verletzend sind, dem Ohr angenehm, liebreich, zu Herzen gehend, höflich, viele Menschen erfreuend, vielen Menschen angenehm, solcherart Rede spricht er. Darin eben besteht seine Tugend. Lockeres Geplapper hat er aufgegeben, lockeren Geplappers enthält er sich. Er spricht zur (rechten) Zeit, er spricht tatsachengemäß, er spricht sinnvoll, er spricht der Lehre gemäß, er spricht zuchtvoll, er redet eine gehaltvolle Sprache, die zur (rechten) Zeit von einer Beweisführung (begleitet, thematisch) klar umgrenzt und ihrem Gegenstand angepaßt ist. Darin eben besteht seine Tugend.[40]

45. Der Anlage von Saaten und Pflanzungen enthält er sich. Einmal (am Tag) ißt er; nachts fastet er; dem Essen zur Unzeit hat er entsagt. Tanz, Gesang, Instrumentalmusik und Schaustellungen hat er (ebenfalls) entsagt. Der Verwendung von Kränzen, Wohlgerüchen, Salben sowie Putz und Schmuck hat

er entsagt. Einer hohen Lagerstatt wie auch einer großen Lagerstatt hat er entsagt. Der Entgegennahme von Gold und Silber hat er entsagt. Der Entgegennahme von ungemahlenem Korn hat er entsagt. Der Entgegennahme von rohem Fleisch hat er entsagt. Der Entgegennahme von Frauen und Mädchen hat er entsagt. Der Entgegennahme von Sklavinnen und Sklaven hat er entsagt. Der Entgegennahme von Schafen und Ziegen hat er entsagt. Der Entgegennahme von Hühnern und Schweinen hat er entsagt. Der Entgegennahme von Elefanten, Rindern, Rossen und Gäulen hat er entsagt. Der Entgegennahme von Feldern und Anwesen hat er entsagt. Der Ausführung von Botschaften, Sendungen und Gängen hat er entsagt.[41] Kauf und Verkauf hat er entsagt. Falschem Gewicht, falscher Münze, falschem Maß hat er entsagt. Den krummen Wegen der Bestechung, des Betrugs und der Täuschung hat er entsagt. Dem Zerstören, Töten, Gefangennehmen, der Wegelagerei, Plünderung und Gewaltanwendung hat er entsagt. Darin eben besteht seine Tugend.

46. Wie nun so einige ehrwürdige Mönche und Priester, die die gläubig dargebrachten Lebensmittel verzehren, solcherart Saaten und Pflanzungen anzulegen pflegen – nämlich als Wurzelsprößlinge, Setzlinge, Reiser, Knospen sowie Aussaat von Samen als fünftes –, einer solchen Anlage von Saaten und Pflanzungen hat er entsagt. Darin eben besteht seine Tugend.

47. Wie nun so einige ehrwürdige Mönche und Priester, die die gläubig dargebrachten Lebensmittel verzehren, Vorratswirtschaft zu betreiben pflegen – nämlich Speisevorrat, Getränkevorrat, Kleidervorrat, Vorrat an Transportmitteln, Liegen, Parfüms und Delikatessen und so weiter –, einer solchen Vorratswirtschaft hat er entsagt. Darin eben besteht seine Tugend.

48. Wie nun so einige ehrwürdige Mönche und Priester, die die gläubig dargebrachten Lebensmittel verzehren, Schaustellungen zu besuchen pflegen – nämlich Tanz, Gesang, Instrumentalmusik, Schauspiel, Geschichtenerzählen, Händeklatschen, Zauberei,[42] Trommeln, Märchenbilder, Ballspiel, Flötenspiel, Akrobatik, Elefantenkampf, Rossekampf, Büffelkampf, Stierkampf, Bockkampf, Widderkampf, Hahnenkampf, Peitschenkampf, Stockkampf, Boxkampf, Scheinfaustkampf, Aufmarsch, Antreten des Heeres, Frontbesichtigung und so

weiter –, solchen Schaustellungen hat er entsagt. Darin eben besteht seine Tugend.

49. Wie nun so einige ehrwürdige Mönche und Priester, die die gläubig dargebrachten Lebensmittel verzehren, Stätten des Würfelspiels und der Vergnügung aufzusuchen pflegen – nämlich das Brett mit acht Quadraten, mit zehn Quadraten, das Brettspiel in der Luft, das Hüpfspiel, das Buchstabierspiel, das Würfelspiel, das Stöckchenspiel, das Handbürstenspiel, das Wurfspiel, das Blasen mittels Blattpfeifen, den Spielzeugpflug, das Rollspiel, das Spiel mit einer Windmühle aus Blättern, das Palmblattspielzeug, das Wagenspiel, das Bogenspiel, das Silbenerkennungsspiel, das Gedankenerraten, die Imitation und so weiter –, solcherart die Stätten des Würfelspiels und der Vergnügung aufzusuchen, hat er entsagt. Darin eben besteht seine Tugend.

50. Wie nun so einige ehrwürdige Mönche und Priester, die die gläubig dargebrachten Lebensmittel verzehren, eine hohe Lagerstatt, eine große Lagerstatt zu benutzen pflegen – nämlich Sessel, Diwan, Wollteppich, bunte Decke, weiße Decke, Wolldecke, Matratze, Zierdecke, Decken mit Fransen an beiden Enden, Decken mit Fransen an einem Ende, Seidendecken, Teppich, Elefantendecke, Pferdedecke, Wagendecke, Sofadecke aus Antilopenfell, Teppich oder Sofadecke aus Antilopenfell als bestes Lager, an beiden Seiten mit rotem Kissen und so weiter –, solcherart hoher Lagerstatt, großer Lagerstatt hat er entsagt. Darin eben besteht seine Tugend.

51. Wie nun so einige ehrwürdige Mönche und Priester, die die gläubig dargebrachten Lebensmittel verzehren, die Anwendung von Putz und Schmuck auszuüben pflegen – nämlich das Einsalben, Abreiben, Baden, Frottieren, (die Verwendung von) Spiegel, Salbe, Toilettenartikeln, Puder, Schmuck, Armband, Stirnband, Stock, Rohr, Schwert, Baldachin, bunten Sandalen, Turban, Juwelen, Fächer aus Schweifhaar, weißen Gewändern mit langen Borten –, solcherart Anwendung von Putz und Schmuck hat er entsagt. Darin eben besteht seine Tugend.

52. Wie nun so einige ehrwürdige Mönche und Priester, die die gläubig dargebrachten Lebensmittel verzehren, solcherart tierische[43] Rede zu führen pflegen – nämlich Rede über einen König, Rede über einen Dieb, Rede über einen Großminister[44], Rede über ein Heer, Rede über Furcht, Rede über eine

Schlacht, Rede über Speise, Rede über Trank, Rede über Kleidung, Rede über die Lagerstatt, Rede über (Schmuck-) Kränze[45], Rede über Wohlgerüche, Rede über Verwandte, Rede über Fahrzeug, Rede über den Weg, Rede über ein Dorf, Rede über einen Marktflecken, Rede über eine Stadt, Rede über ein Land, Rede über eine Frau, Rede über den Branntwein, Rede über eine Straße,[46] Rede über einen Brunnen,[46] Rede über die Totengeister, Rede über die Vielfalt, Rede über Volksgeschichten, Seegeschichten, darüber, wie etwas so oder nicht so wurde –, solcherart tierischer Rede hat er entsagt. Darin eben besteht seine Tugend.

53. Wie nun so einige ehrwürdige Mönche und Priester, die die gläubig dargebrachten Lebensmittel verzehren, solcherart streitsüchtige Rede zu führen pflegen – nämlich: ‚Nicht du kennst diese Lehre und Zucht; ich kenne diese Lehre und Zucht. Was wirst du (schon) diese Lehre und Zucht verstehen! Auf falschem Pfad bist du; ich bin auf dem richtigen Pfad. Gelungen (ist es) mir, nicht gelungen dir. Was vorher zu sprechen war, hast du später gesprochen; was später zu sprechen war, hast du vorher gesprochen. Nicht durchdacht, verdreht ist deine (Rede). Widerlegt ist deine Rede, gefesselt bist du. Die eitle Rede laß fahren oder widerstehe, wenn du dazu imstande bist!‘ –, solcherart streitsüchtiger Rede hat er entsagt. Darin eben besteht seine Tugend.

54. Wie nun so einige ehrwürdige Mönche und Priester, die die gläubig dargebrachten Lebensmittel verzehren, solcherart Botschaften, Sendungen, Gänge zu übernehmen pflegen – nämlich von Königen, königlichen Großministern,[44] Kriegern, Priestern, Hausvätern, Prinzen: ‚Gehe hier, gehe dort, nimm dies, bring es dorthin!‘ –, einer solchen Übernahme von Botschaften, Sendungen, Gängen hat er entsagt. Darin eben besteht seine Tugend.

55. Wie nun so einige ehrwürdige Mönche und Priester, die die gläubig dargebrachten Lebensmittel verzehren, Betrüger sind und Schwätzer, Wahrsager und Gaukler, und gierig um des Gewinnes willen nach Gewinn trachten – solcher Betrügerei und Schwätzerei hat er entsagt. Darin eben besteht seine Tugend.

56. Wie nun so einige ehrwürdige Mönche und Priester, die die gläubig dargebrachten Lebensmittel verzehren, solcherart durch eine Afterwissenschaft, durch unrechtes Leben ihren Le-

bensunterhalt bestreiten – nämlich indem sie Kennzeichen[45], Vorzeichen, Anzeichen, Träume, Merkmale, Mauselöcher (deuten[47] oder indem sie) Feueropfer, Löffelopfer, Hülsenopfer, Spelzenopfer, Reisopfer, Butteropfer, Ölopfer, Speichelopfer, Blutopfer (darbringen[48] oder indem sie) Gliederzauber, Hauszauber, Feldzauber, Segenzauber, Dämonenbeschwörung, Erdzauber, Schlangenbeschwörung, Giftzauber, Skorpionenzauber, Mäusezauber, Deutung der Schreie, (besonders) der Krähen (vornehmen oder indem sie) das Lebensalter voraussagen (oder indem sie Mittel zum) Schutz vor Pfeilen oder zum Bändigen von Tieren (anpreisen) –, solcher Afterwissenschaft hat er entsagt. Darin eben besteht seine Tugend.

57. Wie nun so einige ehrwürdige Mönche und Priester, die die gläubig dargebrachten Lebensmittel verzehren, solcherart durch eine Afterwissenschaft, durch unrechtes Leben ihren Lebensunterhalt bestreiten – nämlich indem sie Zeichen an Edelsteinen[45], Zeichen an Stöcken, Zeichen an Kleidern, Zeichen an Schwertern, Zeichen an Pfeilen, Zeichen an Bogen, Zeichen an Waffen (überhaupt), Zeichen an Frauen, Zeichen an Männern, Zeichen an Knaben, Zeichen an Mädchen, Zeichen an Sklaven, Zeichen an Sklavinnen, Zeichen an Elefanten, Zeichen an Pferden, Zeichen an Büffeln, Zeichen an Stieren, Zeichen an Kühen, Zeichen an Ziegen, Zeichen an Widdern, Zeichen an Hähnen, Zeichen an Wachteln, Zeichen an Eidechsen, Zeichen an Katzen, Zeichen an Schildkröten, Zeichen an Wildtieren deuten –, solcher Afterwissenschaft hat er entsagt. Darin eben besteht seine Tugend.

58. Wie nun so einige ehrwürdige Mönche und Priester, die die gläubig dargebrachten Lebensmittel verzehren, solcherart durch eine Afterwissenschaft, durch unrechtes Leben ihren Lebensunterhalt bestreiten – nämlich (indem sie wahrsagen:) ‚Es wird ein (kriegerischer) Ausmarsch der Könige stattfinden‘; ‚es wird kein Ausmarsch der Könige stattfinden‘; ‚es wird ein Aufeinandertreffen der Könige im Inneren (des Landes) stattfinden‘; ‚es wird ein Abzug der Könige außerhalb (des Landes) stattfinden‘; ‚es wird außerhalb ein Aufeinandertreffen der Könige stattfinden‘; ‚es wird im Inneren ein Abzug der Könige stattfinden‘; ‚im Inneren wird der Sieg der Könige erfolgen‘; ‚außerhalb wird eine Niederlage der Könige eintreten‘; ‚außerhalb wird der Sieg der Könige erfolgen‘; ‚im Inneren wird eine

Niederlage der Könige eintreten'; ,so wird diesem der Sieg zufallen, dieser wird eine Niederlage erleiden' –, solcher Afterwissenschaft und unrechtem Leben hat er entsagt. Darin eben besteht seine Tugend.

59. Wie nun so einige ehrwürdige Mönche und Priester, die die gläubig dargebrachten Lebensmittel verzehren, solcherart durch eine Afterwissenschaft, durch unrechtes Leben ihren Lebensunterhalt bestreiten – nämlich (indem sie wahrsagen:) ,Es wird eine Mondfinsternis geben, es wird eine Sonnenfinsternis geben, es wird eine Sternbedeckung geben. Der Lauf von Mond und Sonne wird auf dem (richtigen) Weg sein; der Lauf von Mond und Sonne wird auf dem falschen Weg sein. Es wird einen Meteorfall geben. Es wird Himmelsglühen geben. Es wird ein Erdbeben geben. Es wird ein Donnergrollen geben. Des Mondes, der Sonne, der Sterne Aufgang (oder) Untergang wird trübe (oder) klar sein. Eine solche Folge wird die Mondfinsternis haben, eine solche Folge wird die Sonnenfinsternis haben, eine solche Folge wird die Sternbedeckung haben, eine solche Folge wird der Lauf von Mond und Sonne auf dem (richtigen) Weg haben, eine solche Folge wird der Lauf von Mond und Sonne auf dem falschen Weg haben, eine solche Folge wird der Lauf der Gestirne auf dem (richtigen) Weg haben, eine solche Folge wird der Lauf der Gestirne auf dem falschen Weg haben, eine solche Folge wird der Meteorfall haben, eine solche Folge wird das Himmelsglühen haben, eine solche Folge wird das Erdbeben haben, eine solche Folge wird das Donnergrollen haben, eine solche Folge wird des Mondes, der Sonne, der Sterne getrübter (oder) klarer Aufgang (oder) Untergang haben!' –, solcher Afterwissenschaft und unrechtem Leben hat er entsagt.[49] Darin eben besteht seine Tugend.

60. Wie nun so einige ehrwürdige Mönche und Priester, die die gläubig dargebrachten Lebensmittel verzehren, solcherart durch eine Afterwissenschaft, durch unrechtes Leben ihren Lebensunterhalt bestreiten – nämlich (indem sie wahrsagen:) ,Es wird eine gute Regenzeit geben; es wird eine schlechte Regenzeit geben; es wird viel Nahrung vorhanden sein; es wird eine Hungersnot geben; es wird Frieden geben; es wird Krieg geben; es wird eine Seuche ausbrechen; es wird Gesundheit herrschen!' (und indem sie als) Schreiber, Rechner, Zähler (tätig sind oder) Dichtkunst (oder überhaupt) Weltliches (betrei-

ben) –, solcher Afterwissenschaft und unrechtem Leben hat er entsagt. Darin eben besteht seine Tugend.

61. Wie nun so einige ehrwürdige Mönche und Priester, die die gläubig dargebrachten Lebensmittel verzehren, solcherart durch eine Afterwissenschaft, durch unrechtes Leben ihren Lebensunterhalt bestreiten – nämlich (indem sie mitwirken) an Eheanbahnung, Hochzeit, Übereinkommen, Streit, Schuldeneintreiben, Leihgeschäft, (magischem) Segenspenden, Verfluchung, Empfängnisverhütung, Zungenlähmen, (Stummachen durch) Zusammenpressen der Kiefer, Besprechen der Hände, Flüstern ins Ohr, Befragen des Spiegels, Befragen von (als Medium dienenden) Mädchen, Befragen von Göttern, Sonnenverehrung, Verehrung des Großen,[50] Anbetung[51] des Feuers, Verehrung der Glücksgöttin –, solcher Afterwissenschaft und unrechtem Leben hat er entsagt. Darin eben besteht seine Tugend.

62. Wie nun so einige ehrwürdige Mönche und Priester, die die gläubig dargebrachten Lebensmittel verzehren, solcherart durch eine Afterwissenschaft, durch unrechtes Leben ihren Lebensunterhalt bestreiten – nämlich (indem sie) Beschwichtigungszauber, Gebetsübungen, Erdzauber, Manneskraftzauber, Entmannungszauber, Hauszauber, Hauseinsegnung, (rituelles) Mundspülen, (rituelles) Baden, Opferungen (betreiben), Mittel zum Erbrechen, Mittel zum Aufstoßen, Mittel zum Abführen, Mittel zum Regurgitieren, Öl für die Ohren, Reinigungsmittel für die Augen, Nasenmittel, Salbe, Einreibemittel (verordnen), Augenheilkunde, Chirurgie, Kinderheilkunde, die Anwendung von Wurzeln und Kräutern und Entschlackung durch Pflanzen (betreiben) –, solcher Afterwissenschaft und unrechtem Leben hat er entsagt. Darin eben besteht seine Tugend.

63. Nun, o Großkönig, ein so mit Tugend ausgestatteter Mönch gewahrt von nirgendwoher Gefahr, weil er ja mit Tugend gerüstet ist. Gerade wie, o Großkönig, ein gekrönter Herrscher, nachdem er den Feind niedergeworfen hat, von nirgendwoher Gefahr gewahrt, weil er ihm (siegreich) entgegengetreten ist, ebenso, o Großkönig, gewahrt ein so mit Tugend ausgestatteter Mönch von nirgendwoher Gefahr, weil er ja mit Tugend gerüstet ist. Er empfindet durch die Befolgung dieser edlen Tugendsatzung ein persönliches, makelloses Glück. So also, o Großkönig, ist ein Mönch mit Tugend ausgestattet.

64. Und wie, o Großkönig, ist ein Mönch der Torhüter der Sinne? Hat hier, o Großkönig, ein Mönch mit dem Auge eine Form erblickt, werden seine Sinne nicht erregt, kümmert er sich nicht um Einzelheiten (des Sinnesobjektes). Da über den, der den Gesichtssinn nicht zu zügeln pflegt, Gier und Unmut,[52] böse und unreine Gedanken die Oberhand gewinnen, befolgt er dessen Zügelung, hütet den Gesichtssinn, befaßt sich mit der Zügelung des Gesichtssinnes. Hat er mit dem Gehör einen Laut gehört – hat er mit dem Geruch einen Duft gerochen – hat er mit der Zunge einen Geschmack geschmeckt – hat er mit dem Körper eine Berührung getastet – hat er mit dem Geist eine Erscheinung erkannt, werden seine Sinne nicht erregt, kümmert er sich nicht um Einzelheiten. Da über den, der den Denksinn nicht zu zügeln pflegt, Gier und Unmut, böse und unreine Gedanken die Oberhand gewinnen, befolgt er dessen Zügelung, hütet den Denksinn, befaßt sich mit der Zügelung des Denksinnes. Er empfindet durch die Befolgung dieser edlen Tugendsatzung persönliches, ungetrübtes Glück. So also, o Großkönig, ist ein Mönch der Torhüter der Sinne.
65. Und wie, o Großkönig, ist ein Mönch mit Wachsamkeit und Selbstbeherrschung ausgestattet? Da ist, o Großkönig, ein Mönch beim Kommen und Gehen mit Wachsamkeit vorgehend, beim Hinschauen und Wegschauen mit Wachsamkeit vorgehend, beim Bücken und Bewegen mit Wachsamkeit vorgehend, beim Tragen des Ordensgewandes und der Almosenschale mit Wachsamkeit vorgehend, beim Essen und Trinken, Kauen und Schmecken mit Wachsamkeit vorgehend, beim Stuhlgang und beim Urinieren mit Wachsamkeit vorgehend, beim Gehen und Stehen und Sitzen, beim Schlafen und Wachen, beim Sprechen und Schweigen mit Wachsamkeit vorgehend. So also, o Großkönig, ist ein Mönch mit Wachsamkeit und Selbstbeherrschung ausgestattet.
66. Und wie, o Großkönig, ist ein Mönch zufrieden? Da ist, o Großkönig, ein Mönch zufrieden mit dem den Körper umhüllenden Ordensgewand, mit der den Magen einhüllenden Almosenspeise. Wohin er auch pilgert: nur damit pilgert er. Ebenso wie, o Großkönig, ein gefiederter Vogel, wohin er auch fliegt, nur mit dem Gewicht der Federn fliegt, gerade so, o Großkönig, ist ein Mönch zufrieden mit dem den Körper umhüllenden Ordensgewand, mit der den Magen einhüllen-

den Almosenspeise. Wohin er auch pilgert: nur damit pilgert er. So also, o Großkönig, ist ein Mönch zufrieden.

67. Diese edle Tugendsatzung befolgend, diese edle Sinneszügelung befolgend, diese edle Wachsamkeit und Selbstbeherrschung befolgend, diese edle Genügsamkeit befolgend, begibt er sich zu einer abgelegenen Stätte: in einen Wald, an das Wurzelwerk eines Baumes, in eine Felsenhöhle, in eine Gebirgsschlucht, auf einen Friedhof, in das Waldesdickicht, in offenes Land, auf einen Strohhaufen. Nach dem Mittagsmahl, vom Almosengang zurückgekehrt, setzt er sich mit gekreuzten Beinen (und) mit gerade aufgerichtetem Körper nieder (und) errichtet vor (den Sinnesobjekten den Schutzwall seiner) Wachsamkeit.[53]

68. Er hat weltliche Gier aufgegeben; er verharrt mit einem von Begierde frei gewordenen Gemüt; von Gier reinigt er den Sinn. Übeltat und Sünde hat er aufgegeben; in von Üblem freien Sinn verharrt er; mit allen Lebewesen und Geschöpfen freundlich und mitleidig, reinigt er von Böswilligkeit und Sünde den Sinn. Gleichgültigkeit und Trägheit hat er aufgegeben; ohne Gleichgültigkeit und Trägheit verharrt er; des Lichtes (der Einsicht) bewußt, vollkommen selbstbeherrscht, reinigt er von Gleichgültigkeit und Trägheit den Sinn. Unwillen und Unruhe hat er aufgegeben; frei von Unwillen verharrt er; mit innerlich beruhigtem Sinn reinigt er von Unwillen und Unruhe den Sinn. Zweifel hat er aufgegeben; Zweifel überwunden habend, verharrt er; nicht zweifelt er an den heilsamen Grundlehren; von Zweifel reinigt er den Sinn.

69. Gerade wie, o Großkönig, wenn ein verschuldeter Mann sich mit Geschäften befassen würde und seine Geschäfte würden erfolgreich sein: die früher entliehenen Schuldsummen, die könnte er tilgen, und er hätte darüber hinaus noch einen Überschuß für den Unterhalt einer Ehefrau. Dessen (Überlegung) wäre so: ‚Ich habe mich früher, mit Schulden behaftet, mit Geschäften befaßt; diese Geschäfte waren für mich erfolgreich; die früher entliehenen Schuldsummen, die habe ich tilgen können, und ich habe darüber hinaus einen Überschuß für den Unterhalt einer Ehefrau.‘ Er würde aus diesem Grund Freude gewinnen, zu Wohlgemutheit gelangen.

70. Gerade wie, o Großkönig, wenn ein Mann krank wäre, leidend, von Krankheit ermattet, dem das Essen unbekömmlich wäre, in dessen Körper sich keine Kraft (befände). Der würde

zu einer späteren Zeit von dieser Krankheit befreit, das Essen bekäme ihm wieder, und in seinem Körper wäre wieder das (richtige) Maß an Kraft. Dessen (Überlegung) wäre so: ‚Ich bin früher krank gewesen, leidend, von Krankheit ermattet; das Essen ist mir nicht bekommen, und in meinem Körper war keine Kraft. Jetzt bin ich von dieser Krankheit befreit; das Essen bekommt mir, und in meinem Körper ist (wieder) das (richtige) Maß an Kraft.' Er würde aus diesem Grund Freude gewinnen, zu Wohlgemutheit gelangen.

71. Gerade wie, o Großkönig, wenn ein Mann im Gefängnis gehalten würde. Der würde zu einer späteren Zeit aus der Fesselung freikommen, heil und sicher, und er hätte keinerlei Verlust am Vermögen. Dessen (Überlegung) wäre so: ‚Ich bin früher im Gefängnis gehalten worden; jetzt bin ich aus dieser Fesselung freigekommen, heil und sicher, und ich habe keinerlei Verlust am Vermögen.' Er würde aus diesem Grund Freude gewinnen, zu Wohlgemutheit gelangen.

72. Gerade wie, o Großkönig, wenn ein Mann Sklave wäre, nicht von sich selbst abhängig, (sondern) von anderen abhängig, (dem) kein Gang nach freiem Belieben (gestattet wäre). Der würde zu einer späteren Zeit von dieser Sklaverei erlöst; er wäre (dann nur) von sich selbst abhängig, nicht von anderen abhängig; sein Gang (wäre) nach freiem Belieben. Dessen (Überlegung) wäre so: ‚Ich bin früher Sklave gewesen, nicht von (mir) selbst abhängig, (sondern) von anderen abhängig; jetzt bin ich von dieser Sklaverei erlöst worden, bin (nur von mir) selbst abhängig, nicht von anderen abhängig; nach freiem Belieben ist (mein) Gang.' Er würde aus diesem Grund Freude gewinnen, zu Wohlgemutheit gelangen.

73. Gerade wie, o Großkönig, wenn ein Mann mit Hab und Gut auf einem Weg in der Wildnis einherzöge, der keine Nahrungsmittel (bietet) und gefahrvoll ist. Der würde zu einer späteren Zeit diese Wildnis durchquert und glücklich eine Dorfgrenze erreicht haben, sicher und gefahrlos. Dessen (Überlegung) wäre so: ‚Ich bin früher mit Hab und Gut auf einem Weg in der Wildnis einhergezogen, der keine Nahrungsmittel (bot) und gefahrvoll war. Jetzt habe ich diese Wildnis durchquert und glücklich eine Dorfgrenze erreicht, sicher und gefahrlos.' Er würde aus diesem Grund Freude gewinnen, zu Wohlgemutheit gelangen.

74. Ebenso nun, o Großkönig, betrachtet der Mönch wie eine

Schuld, wie eine Krankheit, wie ein Gefängnis, wie die Sklaverei, wie einen Weg durch die Wildnis diese fünf in ihm nicht beseitigten Hindernisse (auf dem Weg zur Vollkommenheit). Gerade aber, o Großkönig, wie die Schuldentilgung, wie die Gesundung, wie die Befreiung aus der Fessel, wie die Freilassung (aus der Sklaverei), wie die friedlich umgrenzte Stätte – ebenso, o Großkönig, betrachtet der Mönch diese fünf Hindernisse, wenn er sie in sich beseitigt hat.

75. Wenn er diese fünf Hindernisse in sich als beseitigt betrachtet, entsteht Freude. Dem Freudigen erwächst Heiterkeit. Dem im Geist Heiteren kommt der Körper zur Ruhe. Der im Körper Ruhige fühlt Glückseligkeit. Dem Glückseligen ordnet sich das Denken. Er verharrt, fern von Begierden, fern von unheilvollen Gedanken, mit Andacht, mit Überlegung, indem er die einsamkeitsgeborene heitere Glückseligkeit, die erste Schauung,[54] erreicht hat. Ebendiesen Körper bedeckt und umgibt, erfüllt und durchdringt er mit einsamkeitsgeborener heiterer Glückseligkeit, so daß nichts an seinem gesamten Körper von der einsamkeitsgeborenen heiteren Glückseligkeit unerfüllt bleibt.

76. Gerade wie, o Großkönig, wenn ein tüchtiger Bader oder Badergeselle in eine Metallschüssel Waschpulver[55] streut und mit Wasser vollständig durchtränkt vermischt, so daß die Bade(schaum)kugel von Feuchtigkeit ergriffen, von Feuchtigkeit getränkt, innen und außen voller Feuchtigkeit ist und nicht tropft – ebenso nun, o Großkönig, bedeckt und umgibt, erfüllt und durchdringt ein Mönch ebendiesen Körper mit einsamkeitsgeborener heiterer Glückseligkeit, so daß nichts an seinem gesamten Körper von der einsamkeitsgeborenen heiteren Glückseligkeit unerfüllt bleibt. Dies aber, o Großkönig, ist ein sichtbarer Lohn des Bettelmönchdaseins, gegenüber den vorher aufgezeigten Früchten des Bettelmönchdaseins (noch) hervorragender und erhabener.

77. Und wiederum, o Großkönig, nach der Ausbildung von Andacht und Überlegung verharrt der Mönch, indem er den persönlichen Frieden, die geistige Konzentration, die von Andacht freie, von Überlegung freie, versenkungsgeborene heitere Glückseligkeit, die zweite Schauung, erreicht hat. Ebendiesen Körper bedeckt und umgibt, erfüllt und durchdringt er mit versenkungsgeborener heiterer Glückseligkeit, so daß nichts an seinem gesamten Körper von der versenkungsgeborenen heiteren Glückseligkeit unerfüllt bleibt.

78. Gerade wie, o Großkönig, ein See mit (eigenem) Springquell, der aus der östlichen Richtung keinen Wasserzufluß hat, aus der westlichen Richtung keinen Wasserzufluß hat, aus der nördlichen Richtung keinen Wasserzufluß hat, aus der südlichen Richtung keinen Wasserzufluß hat, dem Gott nicht zur rechten Jahreszeit angemessen einen Regenschauer darbietet.[56] In diesem See wallt nur der eigene kühle Wasserstrom (des Grundquells) empor und bedeckt und umgibt, erfüllt und durchdringt das Seewasser mit kühlem (Quell-)Wasser, so daß kein Teil des Seewassers von dem kühlen Wasser unerfüllt bleibt. Ebenso nun, o Großkönig, bedeckt und umgibt, erfüllt und durchdringt der Mönch ebendiesen Körper mit versenkungsgeborener heiterer Glückseligkeit, so daß nichts an seinem gesamten Körper von der versenkungsgeborenen heiteren Glückseligkeit unerfüllt bleibt. Dies aber, o Großkönig, ist ein sichtbarer Lohn des Bettelmönchdaseins, gegenüber den vorher aufgezeigten Früchten des Bettelmönchdaseins (noch) hervorragender und erhabener.
79. Und wiederum, o Großkönig, verharrt der Mönch in Heiterkeit und Leidenschaftslosigkeit, gleichmütig, aufmerksam und wachsam. Ein Glück empfindet er im Körper, das die Edlen beschreiben: ‚Der gleichmütige Wachsame verharrt glücklich!'; die dritte Schauung erreicht er. Er bedeckt und umgibt, erfüllt und durchdringt diesen Körper mit freudloser Glückseligkeit,[57] so daß nichts an seinem gesamten Körper von der freudlosen Glückseligkeit unerfüllt bleibt.
80. Gerade wie, o Großkönig, in einem Teich mit blauem Lotus, in einem Teich mit rotem Lotus, in einem Teich mit weißem Lotus einzelne blaue Lotusblüten oder rote Lotusblüten oder weiße Lotusblüten im Wasser entstehen, im Wasser wachsen, aus dem Wasser nicht emporsteigen, untergetaucht sich ernähren und die von der Spitze bis zur Wurzel von kühlem Wasser bedeckt und umgeben, erfüllt und durchdrungen sind, so daß nichts von all den blauen oder roten oder weißen Lotusblüten von kühlem Wasser unerfüllt bleibt – ebenso nun, o Großkönig, bedeckt und umgibt, erfüllt und durchdringt der Mönch diesen Körper mit freudloser Glückseligkeit, so daß nichts an seinem gesamten Körper von der freudlosen Glückseligkeit unerfüllt bleibt. Dies aber, o Großkönig, ist ein sichtbarer Lohn des Bettelmönchdaseins, gegenüber den vorher

aufgezeigten Früchten des Bettelmönchdaseins (noch) hervorragender und erhabener.

81. Und wiederum, o Großkönig, verharrt der Mönch nach der Aufgabe des Glückes wie nach der Aufgabe des Leides, nach Überwindung der früheren Wohlgemutheit wie des Unmuts, und erreicht die leidlose, glücklose, gleichmütig-wachsame, vollkommen reine vierte Schauung. Er hat sich niedergelassen und diesen Körper mit vollkommen gereinigtem Gemüt, vollkommen geläutertem, erfüllt, so daß nichts von seinem gesamten Körper von dem vollkommen gereinigten Gemüt, vollkommen geläutertem, unerfüllt bleibt.

82. Gerade wie, o Großkönig, ein Mann, bis zum Kopf in ein weißes Gewand gekleidet, sich niederlassen würde, so daß nichts von seinem gesamten Körper von dem weißen Gewand unbedeckt bleiben würde – ebenso nun, o Großkönig, hat sich der Mönch niedergelassen, nachdem er diesen Körper mit vollkommen gereinigtem Gemüt, vollkommen geläutertem, erfüllt hat, so daß nichts von seinem gesamten Körper von dem vollkommen gereinigten Gemüt, vollkommen geläutertem, unerfüllt bleibt. Dies aber, o Großkönig, ist ein sichtbarer Lohn des Bettelmönchdaseins, gegenüber den vorher aufgezeigten Früchten des Bettelmönchdaseins (noch) hervorragender und erhabener.

83. Gesammelten Sinnes, vollkommen rein, vollkommen geläutert, fleckenlos, makelgetilgt, geschmeidig,[58] agil, fest, unempfindlich richtet und lenkt auf Wissenserkenntnis er den Sinn. So erkennt er: ‚Das ist mein Körper, formhaft, aus den vier Grundstoffen bestehend, von Mutter und Vater gezeugt, durch Reisbrei und Sauermilch aufgezogen, dem Vergehen, dem Untergang, dem Zerfall, der Vernichtung, der Zerstörung unterworfen; dies dagegen ist mein Bewußtsein, das daran geknüpft, daran gebunden ist.‘[59]

84. Gerade wie, o Großkönig, ein Edelstein, ein Beryll, von edler Reinheit, oktagonal, gut bearbeitet, klar, durchsichtig, rein, mit allen Vorzügen ausgestattet, und dort wäre ein Faden befestigt, ein blauer oder gelber oder roter oder weißer oder grauer Faden. Den hätte ein scharfsichtiger Mann an die Hand gesteckt und würde ihn betrachten: ‚Dies ist ein Edelstein, ein Beryll, von edler Reinheit, oktagonal, gut bearbeitet, klar, durchsichtig, rein, mit allen Vorzügen ausgestattet; daran ist dieser Faden befestigt, ein blauer oder gelber oder roter oder weißer

oder grauer Faden.‘ Ebenso nun, o Großkönig, richtet und lenkt der Mönch gesammelten Sinnes, vollkommen rein, vollkommen geläutert, fleckenlos, makelgetilgt, geschmeidig, agil, fest, unempfindlich auf Wissenserkenntnis den Sinn. So erkennt er: ‚Das ist mein Körper, formhaft aus den vier Grundstoffen bestehend, von Mutter und Vater gezeugt, durch Reisbrei und Sauermilch aufgezogen, dem Vergehen, dem Untergang, dem Zerfall, der Vernichtung, der Zerstörung unterworfen; dies dagegen ist mein Bewußtsein, das daran geknüpft, daran gebunden ist.‘ Dies aber, o Großkönig, ist ein sichtbarer Lohn des Bettelmönchdaseins, gegenüber den vorher aufgezeigten Früchten des Bettelmönchdaseins (noch) hervorragender und erhabener.

85. Gesammelten Sinnes, vollkommen rein, vollkommen geläutert, fleckenlos, makelgetilgt, geschmeidig, agil, fest, unempfindlich richtet und lenkt er auf die Schaffung eines aus (reinem) Geist bestehenden Körpers so den Sinn. So erschafft er aus diesem Körper einen anderen Körper, formhaft, aus Geist bestehend, (dennoch) mit allen Gliedern versehen, (aber) mit übernatürlichen Sinnes(fähigkeiten ausgestattet).

86. Gerade wie, o Großkönig, ein Mann aus einem Rohr den Halm ziehen würde. Dessen (Überlegung) wäre so: ‚Dies ist das Rohr, das ist der Halm; das eine ist das Rohr, das andere ist der Halm; aus dem Rohr eben wurde der Halm gezogen.‘ Gerade wie auch, o Großkönig, ein Mann das Schwert aus der Scheide ziehen würde. Dessen (Überlegung) wäre so: ‚Dies ist das Schwert, das ist die Scheide; das eine ist das Schwert, das andere ist die Scheide; aus der Scheide eben wurde das Schwert gezogen.‘ Gerade wie auch, o Großkönig, ein Mann eine Schlange aus der abgeworfenen Haut herausnehmen würde. Dessen (Überlegung) wäre so: ‚Dies ist die Schlange, das ist die abgeworfene Haut; das eine ist die Schlange, das andere ist die abgeworfene Haut; aus der abgeworfenen Haut eben wurde die Schlange herausgenommen.‘ Ebenso nun, o Großkönig, richtet und lenkt der Mönch gesammelten Sinnes, vollkommen rein, vollkommen geläutert, fleckenlos, makelgetilgt, geschmeidig, agil, fest, unempfindlich auf die Schaffung eines aus (reinem) Geist bestehenden Körpers den Sinn. So erschafft er aus diesem Körper einen anderen Körper, formhaft, aus Geist bestehend, (dennoch) mit allen Gliedern versehen, (aber) mit übernatürlichen Sinnes(fähigkeiten ausgestattet).

Dies aber, o Großkönig, ist ein sichtbarer Lohn des Bettelmönchdaseins, gegenüber den vorher aufgezeigten Früchten des Bettelmönchdaseins (noch) hervorragender und erhabener.

87. Gesammelten Sinnes, vollkommen rein, vollkommen geläutert, fleckenlos, makelgetilgt, geschmeidig, agil, fest, unempfindlich richtet und lenkt er auf die Arten der (psychomagischen) Fähigkeiten so den Sinn. Er verwirklicht auf verschiedene Art (solche) Fähigkeit: Ein einziger geworden, wird er vielfach; vielfach geworden, wird er (wieder) ein einziger; (er vermag) zu erscheinen, zu verschwinden; durch Mauern, durch Wälle, durch Berge geht er, ohne steckenzubleiben, wie durch die Luft; auf der Erde bewirkt er ein Auftauchen und Untertauchen wie im Wasser; auf dem Wasser geht er, ohne zu sinken, wie auf der Erde; in der Luft bewegt er sich sitzend voran wie ein geflügelter Vogel; den Mond und die Sonne, diese so Großmächtigen, so Gewaltigen, ergreift und berührt er mit der Hand; selbst bis zu den Brahmawelten bewegt er den Körper.[60]

88. Gerade wie, o Großkönig, ein tüchtiger Töpfer oder Töpfergeselle was aus wohl zubereitetem Ton auch immer an Tongeschirr er wünscht, dieses machen und herstellen mag; gerade wie, o Großkönig, ein tüchtiger Elfenbeinschnitzer oder Elfenbeinschnitzergeselle was aus wohl zubereitetem Elfenbein auch immer an Elfenbeinartikeln er wünscht, dieses machen und herstellen mag; oder aber gerade wie, o Großkönig, ein geschickter Goldschmied oder Goldschmiedegeselle was aus wohl zubereitetem Gold auch immer an Goldartikeln er wünscht, dieses machen und herstellen mag – ebenso nun, o Großkönig, richtet und lenkt der Mönch derart gesammelten Sinnes, vollkommen rein, vollkommen geläutert, fleckenlos, makelgetilgt, geschmeidig, agil, fest, unempfindlich auf die Arten der (psychomagischen) Fähigkeiten den Sinn. Er verwirklicht auf verschiedene Art (solche) Fähigkeit: Ein einziger geworden, wird er vielfach; vielfach geworden, wird er (wieder) ein einziger; (er vermag) zu erscheinen, zu verschwinden; durch Mauern, durch Wälle, durch Berge geht er, ohne steckenzubleiben, wie durch die Luft; auf der Erde bewirkt er ein Auftauchen und Untertauchen wie im Wasser; auf dem Wasser geht er, ohne zu sinken, wie auf der Erde; in der Luft bewegt er sich sitzend voran wie ein geflügelter Vogel; den Mond und

die Sonne, diese so Großmächtigen, so Gewaltigen, ergreift und berührt er mit der Hand; selbst bis zu den Brahmawelten bewegt er den Körper. Dies aber, o Großkönig, ist ein sichtbarer Lohn des Bettelmönchdaseins, gegenüber den vorher aufgezeigten Früchten des Bettelmönchdaseins (noch) hervorragender und erhabener.

89. Er richtet und lenkt derart gesammelten Sinnes, vollkommen rein, vollkommen geläutert, fleckenlos, makelgetilgt, geschmeidig, agil, fest, unempfindlich auf himmliche Hörkraft den Sinn. Mit himmlischer Hörkraft, mit geläuterter, übermenschlicher, hört er beide Töne, himmlische und menschliche, entfernte und nahe.

90. Gerade wie, o Großkönig, ein Mann, auf einer langen Straße dahinziehend, Paukenschall oder Trommelschall oder Muschel-, Zimbel-, Trompetenschall hören würde. Dessen (Überlegung) wäre so: ‚Das ist Paukenschall!', ‚Das ist Trommelschall!', ‚Das ist Muschel-, Zimbel-, Trompetenschall!' — ebenso nun, o Großkönig, richtet und lenkt der Mönch derart gesammelten Sinnes, vollkommen rein, vollkommen geläutert, fleckenlos, makelgetilgt, geschmeidig, agil, fest, unempfindlich auf himmlische Hörkraft den Sinn. Mit himmlischer Hörkraft, mit geläuterter, übermenschlicher, hört er beide Töne, himmlische und menschliche, entfernte und nahe. Dies aber, o Großkönig, ist ein sichtbarer Lohn des Bettelmönchdaseins, gegenüber den vorher aufgezeigten Früchten des Bettelmönchdaseins (noch) hervorragender und erhabener.

91. Er richtet und lenkt derart gesammelten Sinnes, vollkommen rein, vollkommen geläutert, fleckenlos, makelgetilgt, geschmeidig, agil, fest, unempfindlich auf die Charaktererkenntnis das Gemüt. Der anderen Wesen, der anderen Personen Herz mit dem Herzen erforscht habend, erkennt er: Das leidenschaftliche Gemüt erkennt er als leidenschaftliches Gemüt, das leidenschaftslose Gemüt erkennt er als leidenschaftsloses Gemüt; das gehässige Gemüt erkennt er als gehässiges Gemüt, das haßlose Gemüt erkennt er als haßloses Gemüt; das verblendete Gemüt erkennt er als verblendetes Gemüt, das unverblendete Gemüt erkennt er als unverblendetes Gemüt; das aufmerksame Gemüt erkennt er als aufmerksames Gemüt, das unaufmerksame Gemüt erkennt er als unaufmerksames Gemüt; das hochstrebende Gemüt erkennt er als hochstrebendes Gemüt, das gemeine Gemüt erkennt er als gemeines Gemüt;

das edle Gemüt erkennt er als edles Gemüt, das unedle Gemüt erkennt er als unedles Gemüt; das gesammelte Gemüt erkennt er als gesammeltes Gemüt, das flatterhafte Gemüt erkennt er als flatterhaftes Gemüt; das erlöste Gemüt erkennt er als erlöstes Gemüt, das unerlöste Gemüt erkennt er als unerlöstes Gemüt.

92. Gerade wie, o Großkönig, eine Frau oder ein Mann, zart, jung, schmuck entweder im Spiegel oder in einem vollkommen reinen, vollkommen lauteren, klaren Gewässer das Bild des eigenen Antlitzes betrachtet und, wenn es ein Muttermal hat, es mit einem Muttermal behaftet erkennt, und wenn es kein Muttermal hat, es als frei von einem Muttermal erkennt – ebenso nun, o Großkönig, richtet und lenkt der Mönch derart gesammelten Sinnes, vollkommen rein, vollkommen geläutert, fleckenlos, makelgetilgt, geschmeidig, agil, fest, unempfindlich auf die Charaktererkenntnis das Gemüt. Der anderen Wesen, der anderen Personen Herz mit dem Herzen erforscht habend, erkennt er: Das gierige Gemüt erkennt er als gieriges Gemüt, *(usw. wie im Abschnitt 91)*. Dies aber, o Großkönig, ist ein sichtbarer Lohn des Bettelmönchdaseins, gegenüber den vorher aufgezeigten Früchten des Bettelmönchdaseins (noch) hervorragender und erhabener.

93. Er richtet und lenkt derart gesammelten Sinnes, vollkommen rein, vollkommen geläutert, fleckenlos, makelgetilgt, geschmeidig, agil, fest, unempfindlich auf die Erkenntnis der Erinnerung an die früheren Existenzen den Sinn.[61] Er erinnert sich an die verschiedenen früheren Existenzen, nämlich an eine Geburt, an zwei Geburten, an drei Geburten, an vier Geburten, an fünf Geburten, an zehn Geburten, an zwanzig Geburten, an dreißig Geburten, an vierzig Geburten, an fünfzig Geburten, an hundert Geburten, an tausend Geburten, an hunderttausend Geburten, an einige Zeitalter der Weltentstehung, an einige Zeitalter des Weltuntergangs, an einige Zeitalter der Weltentstehung wie auch des Weltuntergangs. ‚Dort bin ich gewesen, mit diesem Namen, von diesem Geschlecht, von diesem Stand, von diesem Berufserwerb; so habe ich Freud und Leid empfunden; so habe ich das Leben beendet. Nach dem Dahingehen gelangte ich dort zur Wiedergeburt. Da bin ich gewesen, mit diesem Namen, von diesem Geschlecht, von diesem Stand, von diesem Berufserwerb; so habe ich Freud und Leid empfunden; so habe ich das Leben beendet. Nach dem

Dahingehen gelangte ich hier zur Wiedergeburt.' So erinnert er sich an die verschiedenen früheren Existenzen in ihren Arten, in ihren Einzelheiten.

94. Gerade wie, o Großkönig, ein Mann von seinem Dorf in ein anderes Dorf gehen, von diesem Dorf wieder in ein anderes Dorf gehen, von diesem Dorf aber wieder in sein eigenes Dorf zurückkehren würde. Dessen (Überlegung) wäre so: ‚Ich bin ja aus meinem Dorf in jenes Dorf gegangen; dort habe ich so gestanden, so gesessen, so gesprochen, so geschwiegen. (Dann) bin ich aus diesem Dorf in jenes Dorf gegangen; auch dort habe ich so gestanden, so gesessen, so gesprochen, so geschwiegen. Von diesem Dorf aber bin ich wieder in mein eigenes Dorf zurückgekehrt.' Ebenso nun, o Großkönig, richtet und lenkt der Mönch derart gesammelten Sinnes, vollkommen rein, vollkommen geläutert, fleckenlos, makelgetilgt, geschmeidig, agil, fest, unempfindlich auf die Erkenntnis der Erinnerung an die früheren Existenzen den Sinn *(usw. wie im Abschnitt 93 bis zu dessen Schluß)*. Dies aber, o Großkönig, ist ein sichtbarer Lohn des Bettelmönchdaseins, gegenüber den vorher aufgezeigten Früchten des Bettelmönchdaseins (noch) hervorragender und erhabener.

95. Er richtet und lenkt derart gesammelten Sinnes, vollkommen rein, vollkommen geläutert, fleckenlos, makelgetilgt, geschmeidig, agil, fest, unempfindlich auf die Erkenntnis des Vergehens und Entstehens der Wesen den Sinn.[61] Mit dem himmlischen Auge, dem geläuterten, übermenschlichen, sieht er die Wesen vergehen und entstehen, verkommene und hervorragende, schöne und häßliche, glückliche und unglückliche. Wie je nach ihren Taten (in der vorangegangenen Existenz) die Wesen (wieder) in Erscheinung treten, erkennt er: ‚Diese verehrten Wesen sind freilich von einem bösen Wandel des Körpers heimgesucht, von einem bösen Wandel der Sprache heimgesucht, von einem bösen Wandel des Geistes heimgesucht, die Edlen tadelnd, von irriger Ansicht, die aus irriger Ansicht hervorgehenden Tatenfolgen sich zuziehend. Diese geraten nach dem Zerfall des Körpers, nach dem Tode, ins Unglück, auf einen üblen Weg, in den Untergang, ins Verderben. Diese verehrten Wesen dagegen sind mit einem guten Wandel des Körpers ausgestattet, mit einem guten Wandel der Sprache ausgestattet, mit einem guten Wandel des Geistes ausgestattet, die Edlen nicht tadelnd, von rechter Ansicht, die aus rechter

Ansicht hervorgehenden Tatenfolgen erwerbend. Diese gelangen nach dem Zerfall des Körpers, nach dem Tode, auf einen guten Weg, in die Himmelswelt.' So sieht er mit dem himmlischen Auge, dem geläuterten, übermenschlichen, die Wesen vergehen und entstehen, verkommene und hervorragende, schöne und häßliche, glückliche und unglückliche; wie je nach ihren Taten die Wesen in Erscheinung treten, (das) erkennt er.

96. Gerade wie, o Großkönig, mitten auf einem Platz ein Turm wäre (und) dort (oben) steht ein scharfsichtiger Mann und würde sehen, wie die Menschen ins Haus gehen und es verlassen oder aber wie sie über die Straßen ziehen oder aber wie sie sich mitten auf dem Platz hingesetzt haben. Dessen (Überlegung) wäre so: ‚Diese Menschen gehen ins Haus und verlassen es; sie ziehen über die Straßen; sie haben sich mitten auf dem Platz hingesetzt.' Ebenso nun, o Großkönig, richtet und lenkt der Mönch derart gesammelten Sinnes, vollkommen rein, vollkommen geläutert, fleckenlos, makelgetilgt, geschmeidig, agil, fest, unempfindlich auf die Erkenntnis des Vergehens und Entstehens der Wesen den Sinn *(usw. wie im Abschnitt 95 bis zu dessen Schluß)*. Dies aber, o Großkönig, ist ein sichtbarer Lohn des Bettelmönchdaseins, gegenüber den vorher aufgezeigten Früchten des Bettelmönchdaseins (noch) hervorragender und erhabener.

97. Er richtet und lenkt derart gesammelten Sinnes, vollkommen rein, vollkommen geläutert, fleckenlos, makelgetilgt, geschmeidig, agil, fest, unempfindlich auf die Erkenntnis der Beseitigung der die Erlösung hemmenden Einflüsse den Sinn.[62] ‚Das ist das Leiden!' erkennt er als Wahrheit; ‚das ist die Leidensentstehung!' erkennt er als Wahrheit; ‚das ist die Leidensvernichtung!' erkennt er als Wahrheit; ‚das ist der zur Leidensvernichtung führende Pfad!' erkennt er als Wahrheit; ‚dies sind die die Erlösung hemmenden Einflüsse!' erkennt er als Wahrheit; ‚dies ist die Entstehung dieser Einflüsse!' erkennt er als Wahrheit; ‚dies ist die Vernichtung dieser Einflüsse!' erkennt er als Wahrheit; ‚dies ist der zur Vernichtung dieser Einflüsse führende Pfad!' erkennt er als Wahrheit. Eines solches Wissenden, solches Sehenden Sinn wird vom Einfluß der Begierde befreit; vom Einfluß des Werdens wird der Sinn befreit; vom Einfluß des Nichtwissens wird der Sinn befreit. ‚Im Erlösten ist Erlösung!', dies Wissen entsteht (in ihm). ‚Beseitigt ist

die Geburt, vollendet der heilige Wandel, getan das Werk; nicht gibt es etwas auf dieses Dasein Folgendes[63]!'; (das) erkennt er.

98. Gerade wie, o Großkönig, am Ufer eines in einer Gebirgsschlucht gelegenen Sees mit klarem, durchsichtigem, ungetrübtem Wasser ein scharfsichtiger Mann steht und die Perlmuscheln und Schnecken, den Kies und Schotter, die Fischschwärme in Bewegung und Ruhe sehen würde. Dessen (Überlegung) wäre so: ‚Dieses Wasserbecken ist klar, durchsichtig, ungetrübt; dort sind Perlmuscheln und Schnecken, Kies und Schotter; Fischschwärme bewegen sich und stehen.' Ebenso nun, o Großkönig, richtet und lenkt der Mönch derart gesammelten Sinnes, vollkommen rein, vollkommen geläutert, fleckenlos, makelgetilgt, geschmeidig, agil, fest, unempfindlich auf die Erkenntnis der Beseitigung der die Erlösung hemmenden Einflüsse den Sinn *(usw. wie im Abschnitt 97 bis zu dessen Schluß)*. Dies aber, o Großkönig, ist ein sichtbarer Lohn des Bettelmönchdaseins, gegenüber den vorher aufgezeigten Früchten des Bettelmönchdaseins (noch) hervorragender und erhabener. Einen gegenüber den aufgezeigten Früchten des Bettelmönchdaseins anderen, höheren oder erhabeneren Lohn des Bettelmönchdaseins, o Großkönig, gibt es nicht."

99. Nachdem er dies gesagt hatte, sprach der Magadha-König Ajātasattu, Sohn einer Vedeha-Frau, zum Erhabenen dies: „Ausgezeichnet, o Herr; ausgezeichnet, o Herr! Gerade wie, o Herr, Umgestürztes aufgerichtet, Verborgenes enthüllt worden wäre; als wenn man einem Verirrten den Weg weisen oder in die Dunkelheit eine Öllampe bringen würde – ‚wer Augen hat, wird die Formen sehen' –, ebenso hat der Erhabene auf mancherlei Art die Lehre erläutert. Ich, o Herr, nehme zum Erhabenen, zur Lehre und zur Mönchsgemeinde meine Zuflucht;[64] als einen Laienanhänger möge mich der Erhabene betrachten, (der) von heute an zeitlebens seine Zuflucht (zu ihm) genommen hat. Ein Vergehen hat mich, o Herr, überkommen wie einen Unreifen, wie einen Betörten, wie einen Boshaften: ich habe (meinen) Vater, den gerechten Tugendkönig, um der Herrschaft willen des Lebens beraubt.[65] Dieses mein Vergehen, o Herr, möge der Erhabene (als Bekenntnis) des Vergehens entgegennehmen zu (meiner) Zügelung in der Zukunft."

100. „Tatsächlich hat dich, o Großkönig, ein Vergehen über-

kommen wie einen Unreifen, wie einen Betörten, wie einen Boshaften, indem du (deinen) Vater, den gerechten Tugendkönig, des Lebens beraubtest. Weil nun aber du, o Großkönig, das Vergehen als Vergehen betrachtest und dich, wie es sich gehört, bessern (willst), nehmen wir dies (Bekenntnis) von dir entgegen. Ein Fortschritt ist ja dies, o Großkönig, im Orden des Edlen, wenn man ein Vergehen als Vergehen betrachtet, sich, wie es sich gehört, bessert und künftig Zügelung übt."

101. Nachdem er dies gesagt hatte, sprach der Magadha-König Ajātasattu, Sohn einer Vedeha-Frau, zum Erhabenen dies: „Wohlan, wir gehen jetzt, o Herr, wir haben viele Pflichten, viele Aufgaben."

„Wie dir, o Großkönig, die Zeit recht ist."

Daraufhin erhob sich der Magadha-König Ajātasattu, Sohn einer Vedeha-Frau, von (dieser) Rede erfreut und befriedigt, von (seinem) Sitz, grüßte den Erhabenen, machte rechtsum kehrt und ging fort.

102. Und bald nach dem Fortgang des Magadha-Königs Ajātasattu, des Sohnes einer Vedeha-Frau, sprach der Erhabene zu den Mönchen:

„Entwurzelt, o Mönche, ist dieser König; vernichtet, o Mönche, ist dieser König.[66] Wenn, o Mönche, dieser König (seinen) Vater, den gerechten Tugendkönig, nicht des Lebens beraubt hätte, wäre in ihm noch auf diesem Sitz das staublose, unbefleckte Auge für die Lehre erstanden."

Dies sprach der Erhabene. Mit Wohlgefallen freuten sich diese Mönche an des Erhabenen Rede.

Nr. 13: Das Lehrgespräch über die Kenner der drei Veden (Tevijja-Sutta)

1. So habe ich es gehört. Zu einer Zeit war der Erhabene in Kosala auf Wanderschaft; zusammen mit einer großen Mönchsschar, mit fünfhundert Mönchen, gelangte er zu einem Brahmanendorf der Kosala namens Manasākaṭa. Eben dort, bei Manasākaṭa, verweilte der Erhabene, nördlich von Manasākaṭa, in einem Mangohain am Ufer des Flusses Aciravatī.

2. Zu dieser Zeit nun befanden sich zahlreiche einsichtsvolle, kundige, wohlhabende Brahmanen in Manasākaṭa: nämlich der Brahmane Caṅkī, der Brahmane Tārukkha, der Brahmane

Pokkharasāti, der Brahmane Jāṇussoṇi, der Brahmane Todeyya und noch andere einsichtsvolle, kundige, wohlhabende Brahmanen.
3. Als nun Vāseṭṭha und Bhāradvāja einen Spaziergang machten und umherwandelten, entstand auf dem Weg ein Gespräch.
4. Vāseṭṭha, der junge Brahmane, sprach so: „Dies nur ist der gerade Weg, der direkt (aus dem Kreislauf der Wiedergeburten) hinausführend, den, der ihn nutzt, zur Gemeinschaft mit Brahma führt, wie es vom Brahmanen Pokkharasāti verkündet wurde."
5. Bhāradvāja, der junge Brahmane, sprach so: „Dies nur ist der gerade Weg, der direkt (aus dem Kreislauf der Wiedergeburten) hinausführend, den, der ihn nutzt, zur Gemeinschaft mit Brahma führt, wie es vom Brahmanen Tārukkha verkündet wurde."
6. Und weder konnte Vāseṭṭha, der junge Brahmane, Bhāradvāja, den jungen Brahmanen, überzeugen, noch konnte Bhāradvāja, der junge Brahmane, Vāseṭṭha, den jungen Brahmanen, überzeugen.
7. Da wandte sich Vāseṭṭha, der junge Brahmane, an Bhāradvāja, den jungen Brahmanen: „Es befindet sich, o Bhāradvāja, der Bettelmönch Gotama, der Sakya-Sohn, der aus der Sakya-Familie (als Mönch) hinausgezogen ist, bei Manasākaṭa, nördlich von Manasākaṭa, in einem Mangohain am Ufer des Flusses Aciravatī. Nun hat sich ein diesen erhabenen Gotama (betreffender) heilbringender Ruhmesruf erhoben; nämlich: ‚So ist der Erhabene, Heilige, vollkommen Erwachte, der mit Wissen und (rechtem) Wandel Ausgestattete, recht Wandelnde, der Weltkenner, der unübertreffliche Lenker der zu zähmenden Menschen, der Meister der Götter und Menschen, der Erwachte, der Erhabene!' Wir wollen gehen, o Bhāradvāja, und uns dorthin begeben, wo der Bettelmönch Gotama (weilt), und wenn wir uns (dorthin) begeben haben, wollen wir den Bettelmönch Gotama in dieser Sache befragen. Wie es uns der Bettelmönch Gotama erklären wird, so wollen wir es halten."
„Jawohl, Herr!" stimmte Bhāradvāja, der junge Brahmane, Vāseṭṭha, dem jungen Brahmanen, zu.
8. Daraufhin begaben sich Vāseṭṭha und Bhāradvāja, die jungen Brahmanen, dorthin, wo der Erhabene (weilte). Nachdem sie sich (dorthin) begeben hatten, wechselten sie mit dem Erha-

benen freundlichen, höflichen Gruß und ließen sich an der einen Seite nieder. An der einen Seite sitzend, sprach Vāseṭṭha, der junge Brahmane, zum Erhabenen dies:
„Da ist, Herr Gotama, als wir einen Spaziergang machten und umherwandelten, auf dem Weg (zwischen uns) ein Gespräch entstanden. Ich spreche so: ‚Dies nur ist der gerade Weg, der direkt (aus dem Kreislauf der Wiedergeburten) hinausführend, den, der ihn nutzt, zur Gemeinschaft mit Brahma führt, wie es vom Brahmanen Pokkharasāti verkündet wurde.‘ Bhāradvāja, der junge Brahmane, sagt so: ‚Dies nur ist der gerade Weg, der direkt (aus dem Kreislauf der Wiedergeburten) hinausführend, den, der ihn nutzt, zur Gemeinschaft mit Brahma führt, wie es vom Brahmanen Tārukkha verkündet wurde.‘ So, Herr Gotama, ist Zwietracht, ist Streit, ist eine Meinungsverschiedenheit (entstanden).“
9. „Also ist es so, o Vāseṭṭha, daß du sagst: ‚Dies nur ist der gerade Weg, der direkt (aus dem Kreislauf der Wiedergeburten) hinausführend, den, der ihn nutzt, zur Gemeinschaft mit Brahma führt, wie es vom Brahmanen Pokkharasāti verkündet wurde.‘ Bhāradvāja (aber), der junge Brahmane, spricht so: ‚Dies nur ist der gerade Weg, der direkt (aus dem Kreislauf der Wiedergeburten) hinausführend, den, der ihn nutzt, zur Gemeinschaft mit Brahma führt, wie es vom Brahmanen Tārukkha verkündet wurde.‘ Worin, o Vāseṭṭha, (besteht) da aber eine Zwietracht? Worin der Streit? Worin die Meinungsverschiedenheit?“
10. „In dem jeweiligen Weg, Herr Gotama! Wenn auch, Herr Gotama, die Brahmanen verschiedene Wege aufzeigen – die Opferpriester (allgemein), die Opferpriester der Taittirīya-Schule, die Gesangspriester, die das Opfer überwachenden Priester[67] –, sie alle führen den, der (sie) nutzt, hinausführend (aus dem Kreislauf der Wiedergeburten), zur Gemeinschaft mit Brahma. Gleichsam wie, Herr Gotama, wenn in der Nähe eines Dorfes oder eines Marktfleckens viele und verschiedene Wege vorhanden sind, die aber alle im Dorf zusammenlaufen, ebenso nun, Herr Gotama, mögen auch die Brahmanen verschiedene Wege aufzeigen – die Opferpriester (allgemein), die Opferpriester der Taittirīya-Schule, die Gesangspriester, die das Opfer überwachenden Priester –, sie alle führen, den, der (sie) nutzt, hinausführend (aus dem Kreislauf der Wiedergeburten), zur Gemeinschaft mit Brahma.“

11. „‚Sie führen hinaus', sagst du, o Vāseṭṭha?"
„‚Sie führen hinaus', sage ich, Herr Gotama!"
„‚Sie führen hinaus', sagst du, o Vāseṭṭha?"
„‚Sie führen hinaus', sage ich, Herr Gotama!"
„‚Sie führen hinaus', sagst du, o Vāseṭṭha?"
„‚Sie führen hinaus', sage ich, Herr Gotama!"

12. „Wie denn, Vāseṭṭha? Gibt es unter den die drei Veden kennenden Brahmanen einen einzigen Brahmanen, von dem Brahma mit eigenen Augen gesehen worden ist?!"

„Nein, das ist nicht so, Herr Gotama!"

„Wie denn, Vāseṭṭha? Gibt es unter den die drei Veden kennenden Brahmanen einen einzigen Lehrer, von dem Brahma mit eigenen Augen gesehen wurde?"

„Nein, das ist nicht so, Herr Gotama!"

„Wie denn, Vāseṭṭha? Gibt es unter den die drei Veden kennenden Brahmanen einen einzigen Lehrerslehrer, von dem Brahma mit eigenen Augen gesehen wurde?"

„Nein, das ist nicht so, Herr Gotama!"

„Wie denn, Vāseṭṭha? Gibt es unter den die drei Veden kennenden Brahmanen bis in die siebente Lehrergeneration zurück einen, von dem Brahma mit eigenen Augen gesehen wurde?"

„Nein, das ist nicht so, Herr Gotama!"

13. „Wie denn, Vāseṭṭha? Diejenigen, die die einstigen Seher der die drei Veden kennenden Brahmanen waren, die Verfasser[68] der Sprüche, die Verkünder der Sprüche, deren alte Dichtwerke eben jetzt die der drei Veden kundigen Brahmanen, so wie sie gesungen, ausgesprochen, gesammelt wurden, nachsingen, nachsprechen, das Gesagte weitersagen, das Gesprochene weitersprechen – nämlich Aṭṭhaka, Vāmaka, Vāmadeva, Vessāmitta, Yamataggi, Aṅgirasa, Bhāradvāja, Vāseṭṭha, Kassapa, Bhagu –, haben denn diese so gesprochen: ‚Wir wissen das, wir sehen das, wo Brahma ist, wodurch Brahma ist, wann Brahma ist!'?"

„Nein, das ist nicht so, Herr Gotama!"

14. „Das bedeutet also, o Vāseṭṭha: Unter den die drei Veden kennenden Brahmanen gibt es nicht einen einzigen Brahmanen, von dem Brahma mit eigenen Augen gesehen wurde; unter den die drei Veden kennenden Brahmanen gibt es nicht einen einzigen Lehrer, von dem Brahma mit eigenen Augen gesehen wurde; unter den die drei Veden kennenden Brahma-

nen gibt es nicht einen einzigen Lehrerslehrer, von dem Brahma mit eigenen Augen gesehen wurde; unter den die drei Veden kennenden Brahmanen gibt es bis in die siebente Lehrergeneration hinauf niemand, von dem Brahma mit eigenen Augen gesehen wurde. Und auch diejenigen, die die einstigen Seher der die drei Veden kennenden Brahmanen waren, die Verfasser der Sprüche, die Verkünder der Sprüche, deren alte Dichtwerke eben jetzt die der drei Veden kundigen Brahmanen, so wie sie gesungen, ausgesprochen, gesammelt wurden, nachsingen, nachsprechen, das Gesagte weitersagen, das Gesprochene weitersprechen – nämlich Aṭṭhaka, Vāmaka, Vāmadeva, Vessāmitta, Yamataggi, Aṅgirasa, Bhāradvāja, Vāseṭṭha, Kassapa, Bhagu –, auch diese haben nicht so gesprochen: ‚Wir wissen das, wir sehen das, wo Brahma ist, wodurch Brahma ist, wann Brahma ist!' Diese die drei Veden kennenden Brahmanen haben (lediglich) so gesprochen: ‚Den wir nicht kennen, den wir nicht sehen, zu dessen Gemeinschaft zeigen wir den Weg: Dies nur ist der gerade Weg, der direkt (aus dem Kreislauf der Wiedergeburten) hinausführend, den, der ihn nutzt, zur Gemeinschaft mit Brahma führt!' Was meinst du, Vāseṭṭha? Da es sich so verhält, ist da nicht von den die drei Veden kennenden Brahmanen etwas Törichtes gesprochen worden?"

„Allerdings, Herr Gotama, ist, da es sich so verhält, von den die drei Veden kennenden Brahmanen etwas Törichtes gesprochen worden."

15. „Also, Vāseṭṭha, wenn die die drei Veden kennenden Brahmanen zu einer Gemeinschaft mit jemand, den sie nicht kennen, den sie nicht sehen, den Weg zeigen wollen, (indem sie behaupten:) ‚Dies nur ist der gerade Weg, der direkt (aus dem Kreislauf der Wiedergeburten) hinausführend, den, der ihn nutzt, zur Gemeinschaft mit Brahma führt!', so ist dieser Standpunkt nicht annehmbar. Gleichsam, o Vāseṭṭha, wie eine Reihe von Blinden, einer mit dem anderen verbunden, (wobei) der vordere nichts sieht, der mittlere nichts sieht, der hintere nichts sieht – ganz genauso, o Vāseṭṭha, ist das von den die drei Veden kennenden Brahmanen Gesagte der Reihe von Blinden vergleichbar, (wobei) der vordere nichts sieht, der mittlere nichts sieht, der hintere nichts sieht. Diese Rede dieser die drei Veden kennenden Brahmanen erweist sich nur als lächerlich, erweist sich nur als gegenstandslos, erweist sich nur als nichtig, erweist sich nur als leer.

16. Was meinst du, Vāseṭṭha? Sehen die die drei Veden kennenden Brahmanen Mond und Sonne, ebenso wie auch die vielen anderen Leute, (sehen sie,) wo Mond und Sonne aufgehen, wo Mond und Sonne untergehen, flehen (sie) an, preisen (sie), verneigen sich mit zusammengelegten Händen (vor ihnen), beten (sie) an?"

„Jawohl, Herr Gotama! Es sehen die die drei Veden kennenden Brahmanen Mond und Sonne, ebenso wie auch die vielen anderen Leute, (sie sehen,) wo Mond und Sonne aufgehen, wo Mond und Sonne untergehen, flehen (sie) an, preisen (sie), verneigen sich mit zusammengelegten Händen (vor ihnen), beten (sie) an."

17. „Was meinst du, Vāseṭṭha? Was sie sehen, die die drei Veden kennenden Brahmanen, Mond und Sonne, ebenso wie auch die vielen anderen Leute, wo Mond und Sonne aufgehen, wo Mond und Sonne untergehen, (die) sie anflehen, preisen, (vor denen) sie sich mit zusammengelegten Händen verneigen, (die) sie anbeten – sind sie imstande, den Weg zur Gemeinschaft mit Mond und Sonne zu zeigen (und zu sagen:) ‚Dies nur ist der gerade Weg, der direkt hinausführend, den, der ihn nutzt, zur Gemeinschaft mit Mond und Sonne führt!'?"

„Nein, das ist nicht so, Herr Gotama!"

18. „Also, Vāseṭṭha: was sie sehen, die die drei Veden kennenden Brahmanen, Mond und Sonne, ebenso wie auch die vielen anderen Leute, wo Mond und Sonne aufgehen, wo Mond und Sonne untergehen, (die) sie anflehen, preisen, (vor denen) sie sich mit zusammengelegten Händen verneigen, (die) sie anbeten – selbst bei diesen sind sie nicht imstande, den Weg zur Gemeinschaft mit Mond und Sonne zu zeigen (und zu sagen:) Dies nur ist der gerade Weg, der direkt hinausführend, den, der ihn nutzt, zur Gemeinschaft mit Mond und Sonne führt!' Was nun? Von den die drei Veden kennenden Brahmanen ist Brahma mit eigenen Augen nicht gesehen worden; von den Lehrern der die drei Veden kennenden Brahmanen ist Brahma mit eigenen Augen auch nicht gesehen worden; von den Lehrerslehrern der die drei Veden kennenden Brahmanen ist Brahma ebenfalls mit eigenen Augen nicht gesehen worden; von den Lehrern der die drei Veden kennenden Brahmanen bis in die siebente Generation zurück ist Brahma gleichfalls mit eigenen Augen nicht gesehen worden. Und auch diejenigen, die

die einstigen Seher der die drei Veden kennenden Brahmanen waren, die Verfasser der Sprüche, die Verkünder der Sprüche, deren alte Dichtwerke eben jetzt die der drei Veden kundigen Brahmanen, so wie sie gesungen, ausgesprochen, gesammelt wurden, nachsingen, nachsprechen, das Gesagte weitersagen, das Gesprochene weitersprechen – nämlich Aṭṭhaka, Vāmaka, Vāmadeva, Vessāmitta, Yamataggi, Aṅgirasa, Bhāradvāja, Vāseṭṭha, Kassapa, Bhagu –, auch diese haben nicht so gesprochen: ‚Wir wissen das, wir sehen das, wo Brahma ist, wodurch Brahma ist, wann Brahma ist!' Diese die drei Veden kennenden Brahmanen haben (lediglich) so gesprochen: ‚Den wir nicht kennen, den wir nicht sehen, zu dessen Gemeinschaft zeigen wir den Weg: Dies nur ist der gerade Weg, der direkt (aus dem Kreislauf der Wiedergeburten) hinausführend, den, der ihn nutzt, zur Gemeinschaft mit Brahma führt!' Was meinst du, Vāseṭṭha? Da es sich so verhält, ist da nicht von den die drei Veden kennenden Brahmanen etwas Törichtes gesprochen worden?"

„Allerdings, Herr Gotama, ist, da es sich so verhält, von den die drei Veden kennenden Brahmanen etwas Törichtes gesprochen worden."

„Gut, Vāseṭṭha! Wenn die die drei Veden kennenden Brahmanen zu einer Gemeinschaft mit jemand, den sie nicht kennen, den sie nicht sehen, den Weg zeigen wollen, (indem sie behaupten:) ‚Dies nur ist der gerade Weg, der direkt (aus dem Kreislauf der Wiedergeburten) hinausführend, den, der ihn nutzt, zur Gemeinschaft mit Brahma führt!', so ist dieser Standpunkt nicht annehmbar.

19. Gleichsam, o Vāseṭṭha, wie wenn ein Mann so sprechen würde: ‚Nach der, die in diesem Land die Schönste des Landes ist, sehne ich mich, sie begehre ich!' Zu diesem würde man so sprechen: ‚Lieber Mann, der du die Schönste des Landes ersehnst und begehrst – weißt du (überhaupt), ob die Schönste im Land von Krieger-, Brahmanen-, Bauern- oder Dienerabkunft ist?' So befragt, würde er ‚Nein!' sagen. Zu diesem würde man so sprechen: ‚Lieber Mann, der du die Schönste des Landes ersehnst und begehrst – weißt du (überhaupt), wie die Schönste des Landes heißt, aus welcher Sippe sie ist, ob sie groß oder klein ist, ob sie schwarz-, braun- oder goldgelbhäutig ist, in welchem Dorf oder Marktflecken oder in welcher Stadt (sie wohnt)?' So befragt, würde er ‚Nein!' sagen. Zu die-

sem würde man so sprechen: ‚Lieber Mann, die du nicht kennst, nicht siehst – die ersehnst und begehrst du?' So befragt, würde er ‚Ja!' sagen. Was meinst du, Vāseṭṭha? Da es sich so verhält, ist da nicht von dem Mann etwas Törichtes gesprochen worden?"

„Allerdings, Herr Gotama, ist, da es sich so verhält, von dem Mann etwas Törichtes gesprochen worden."

20. „Ebenso, o Vāseṭṭha, ist von den die drei Veden kennenden Brahmanen mit eigenen Augen Brahma nicht gesehen worden; auch von den Lehrern der die drei Veden kennenden Brahmanen ist Brahma mit eigenen Augen nicht gesehen worden; von den Lehrerslehrern der die drei Veden kennenden Brahmanen ist Brahma mit eigenen Augen ebenfalls nicht gesehen worden; von den Lehrern der die drei Veden kennenden Brahmanen bis in die siebente Generation zurück ist Brahma gleichfalls mit eigenen Augen nicht gesehen worden. Und auch diejenigen, die die einstigen Seher der die drei Veden kennenden Brahmanen waren, die Verfasser der Sprüche, die Verkünder der Sprüche, deren alte Dichtwerke eben jetzt die der drei Veden kundigen Brahmanen, so wie sie gesungen, ausgesprochen, gesammelt wurden, nachsingen, nachsprechen, das Gesagte weitersagen, das Gesprochene weitersprechen – nämlich Aṭṭhaka, Vāmaka, Vāmadeva, Vessāmitta, Yamataggi, Aṅgirasa, Bhāradvāja, Vāseṭṭha, Kassapa, Bhagu –, auch diese haben nicht so gesprochen: ‚Wir wissen das, wir sehen das, wo Brahma ist, wodurch Brahma ist, wann Brahma ist!' Diese die drei Veden kennenden Brahmanen haben (lediglich) so gesprochen: ‚Den wir nicht kennen, den wir nicht sehen, zu dessen Gemeinschaft zeigen wir den Weg: Dies nur ist der gerade Weg, der direkt (aus dem Kreislauf der Wiedergeburten) hinausführend, den, der ihn nutzt, zur Gemeinschaft mit Brahma führt!' Was meinst du, Vāseṭṭha? Da es sich so verhält, ist da nicht von den die drei Veden kennenden Brahmanen etwas Törichtes gesprochen worden?"

„Allerdings, Herr Gotama, ist, da es sich so verhält, von den die drei Veden kennenden Brahmanen etwas Törichtes gesprochen worden."

„Gut, Vāseṭṭha! Wenn die die drei Veden kennenden Brahmanen zu einer Gemeinschaft mit jemand, den sie nicht kennen, den sie nicht sehen, den Weg zeigen wollen, (indem sie behaupten:) ‚Dies nur ist der gerade Weg, der direkt (aus dem

Kreislauf der Wiedergeburten) hinausführend, den, der ihn nutzt, zur Gemeinschaft mit Brahma führt!', so ist dieser Standpunkt nicht annehmbar.

21. Gleichsam, o Vāseṭṭha, wie wenn ein Mann (auf einem Platz, wo) vier Hauptstraßen (zusammenlaufen), ein Gerüst errichten würde, um einen Turm zu ersteigen. Zu diesem würde man so sprechen: ,Lieber Mann, der Turm, für dessen Besteigung du ein Gerüst errichtest – weißt du (eigentlich), ob dieser Turm in östliche Richtung, in westliche Richtung, in südliche Richtung, in nördliche Richtung (schaut), ob er ein hoher oder ein niedriger oder ein mittlerer ist?' So befragt, würde er ,Nein!' sagen. Zu diesem würde man so sprechen: ,Lieber Mann, was du nicht kennst, nicht siehst – für die Besteigung dieses Turmes errichtest du ein Gerüst?' So befragt, würde er ,Ja!' sagen. Was meinst du, Vāseṭṭha? Da es sich so verhält, ist da nicht von diesem Mann etwas Törichtes gesprochen worden?"

„Allerdings, Herr Gotama, ist, da es sich so verhält, von diesem Mann etwas Törichtes gesprochen worden."

22. „Ebenso, o Vāseṭṭha, ist von den die drei Veden kennenden Brahmanen mit eigenen Augen Brahma nicht gesehen worden; auch von den Lehrern der die drei Veden kennenden Brahmanen ist Brahma mit eigenen Augen nicht gesehen worden; von den Lehrerslehrern der die drei Veden kennenden Brahmanen ist Brahma mit eigenen Augen ebenfalls nicht gesehen worden; von den Lehrern der die drei Veden kennenden Brahmanen bis in die siebente Generation zurück ist Brahma gleichfalls mit eigenen Augen nicht gesehen worden. Und auch diejenigen, die die einstigen Seher der die drei Veden kennenden Brahmanen waren, die Verfasser der Sprüche, die Verkünder der Sprüche, deren alte Dichtwerke eben jetzt die der drei Veden kundigen Brahmanen, so wie sie gesungen, ausgesprochen, gesammelt wurden, nachsingen, nachsprechen, das Gesagte weitersagen, das Gesprochene weitersprechen – nämlich Aṭṭhaka, Vāmaka, Vāmadeva, Vessāmitta, Yamataggi, Aṅgirasa, Bhāradvāja, Vāseṭṭha, Kassapa, Bhagu –, auch diese haben nicht so gesprochen: ,Wir wissen das, wir sehen das, wo Brahma ist, wodurch Brahma ist, wann Brahma ist!' Diese die drei Veden kennenden Brahmanen haben (lediglich) so gesprochen: ,Den wir nicht kennen, den wir nicht sehen, zu dessen Gemeinschaft zeigen wir den Weg: Dies nur ist der gerade Weg, der direkt

(aus dem Kreislauf der Wiedergeburten) hinausführend, den, der ihn nutzt, zur Gemeinschaft mit Brahma führt!' Was meinst du, Vāseṭṭha? Da es sich so verhält, ist da nicht von den die drei Veden kennenden Brahmanen etwas Törichtes gesprochen worden?"

„Allerdings, Herr Gotama, ist, da es sich so verhält, von den die drei Veden kennenden Brahmanen etwas Törichtes gesprochen worden."

23. „Gut, Vāseṭṭha! Wenn die die drei Veden kennenden Brahmanen zu einer Gemeinschaft mit jemand, den sie nicht kennen, den sie nicht sehen, den Weg zeigen wollen, (indem sie behaupten:) ‚Dies nur ist der gerade Weg, der direkt (aus dem Kreislauf der Wiedergeburten) hinausführend, den, der ihn nutzt, zur Gemeinschaft mit Brahma führt!', so ist dieser Standpunkt nicht annehmbar.

24. Gleichsam, o Vāseṭṭha, wie dieser Fluß Aciravatī voll von Wasser ist, das (in der Höhe) dem Ufer gleichkommt, (so daß es) für die Krähen trinkbar (wird), und nun würde ein Mann kommen, der hinüber müßte, übersetzen wollte, ans andere Ufer zu gelangen wünschte. (Gesetzt,) der würde, am diesseitigen Ufer stehend, dem jenseitigen Ufer zurufen: ‚Komm, du drüben, herüber! Komm, du drüben, herüber!' Was meinst du, Vāseṭṭha? Würde dann wohl, weil dieser Mann ruft oder weil er fleht oder weil er bittet oder weil es (ihm) gefallen würde, das jenseitige Ufer des Flusses Aciravatī zum diesseitigen Ufer herüberkommen?"

„Nein, das würde es nicht, Herr Gotama!"

25. „Ebenso nun, o Vāseṭṭha, wandeln die die drei Veden kennenden Brahmanen, indem sie sich von den Dingen, die einen Brahmanen ausmachen, losgesagt haben; sie wandeln, indem sie sich mit Dingen, die keinem Brahmanen anstehen, zusammentun.[69] So sprechen sie: ‚Indra rufen wir, Soma rufen wir, Varuṇa rufen wir, Isāna rufen wir, Pajāpati rufen wir, Brahma rufen wir, Mahiddhi rufen wir, Yama rufen wir!' Daß aber, o Vāseṭṭha, die die drei Veden kennenden Brahmanen, welche wandeln, indem sie sich von den Dingen, die einen Brahmanen ausmachen, losgesagt haben, welche wandeln, indem sie sich mit Dingen, die keinem Brahmanen anstehen, zusammentun, (nur) weil sie (danach) rufen oder weil sie (darum) flehen oder weil sie (darum) bitten oder weil es (ihnen) gefallen würde, nach dem Zerfall des Körpers, nach dem Tode, zur Brahma-

Gemeinschaft eingehen könnten – dieser Standpunkt ist nicht annehmbar.

26. Gleichsam, o Vāseṭṭha, wie dieser Fluß Aciravatī voll von Wasser ist, das (in der Höhe) dem Ufer gleichkommt, (so daß es) für die Krähen trinkbar (wird), und nun würde ein Mann kommen, der hinüber müßte, übersetzen wollte, ans andere Ufer zu gelangen wünschte. (Gesetzt,) der wäre am diesseitigen Ufer mit einer festen Kette, die Arme auf dem Rücken, in feste Fessel geschlagen. Was meinst du, Vāseṭṭha? Würde wohl dieser Mann vom diesseitigen Ufer des Flusses Aciravatī zum jenseitigen Ufer gelangen?"

„Nein, das würde er nicht, Herr Gotama!"

27. „Ebenso nun, o Vāseṭṭha, werden die fünf Arten des Begehrens in der Ordenszucht des Edlen als Kette bezeichnet (oder) auch als Fessel bezeichnet. Welche fünf? Die durch das Auge zu erkennenden Formen, die erwünschten, geliebten, erfreulichen, angenehmen, dem Begehren gemäßen, entzückenden; die durch Gehör zu erkennenden Töne ... *(usw.)*; die durch den Geruch zu erkennenden Düfte ... *(usw.)*; die durch die Zunge zu erkennenden Geschmacksarten ... *(usw.)*; die durch den Körper zu erkennenden Berührungen, die erwünschten, geliebten, erfreulichen, angenehmen, dem Begehren gemäßen, entzückenden. Diese fünf Arten des Begehrens, o Vāseṭṭha, werden in der Ordenszucht des Edlen als Kette bezeichnet (oder) auch als Fessel bezeichnet. Diese fünf Arten des Begehrens, o Vāseṭṭha, genießen die die drei Veden kennenden Brahmanen, (von ihnen) gefesselt, besessen, befallen, nicht das Leid gewahrend, nicht des Auswegs kundig.

28. Daß aber, o Vāseṭṭha, die die drei Veden kennenden Brahmanen, welche wandeln, indem sie sich von den Dingen, die einen Brahmanen ausmachen, losgesagt haben, welche wandeln, indem sie sich mit Dingen, die keinem Brahmanen anstehen, zusammentun, die die fünf Arten des Begehrens genießen, (von ihnen) gefesselt, besessen, befallen, nicht das Leid gewahrend, nicht des Auswegs kundig, vom Anhangen an das Begehren gefesselt, nach dem Zerfall des Körpers, nach dem Tode, zur Brahma-Gemeinschaft eingehen könnten – dieser Standpunkt ist nicht annehmbar.

29. Gleichsam, o Vāseṭṭha, wie dieser Fluß Aciravatī voll von Wasser ist, das (in der Höhe) dem Ufer gleichkommt, (so daß

es) für die Krähen trinkbar (wird), und nun würde ein Mann kommen, der hinüber müßte, übersetzen wollte, ans andere Ufer zu gelangen wünschte. (Gesetzt,) der würde sich am diesseitigen Ufer, (vollständig) unter Einschluß des Kopfes verhüllt, niederlegen. Was meinst du, Vāseṭṭha! Würde wohl dieser Mann vom diesseitigen Ufer des Flusses Aciravatī zum jenseitigen Ufer gelangen?"

„Nein, das würde er nicht, Herr Gotama!"

30. „Ebenso nun, o Vāseṭṭha, werden die fünf Hemmnisse in der Ordenszucht des Edlen als Hemmungen bezeichnet (oder) auch als Hemmnisse bezeichnet (oder) auch als Hüllen bezeichnet (oder) auch als Einengungen bezeichnet. Welche fünf? Die Hemmung durch Sinnengier, die Hemmung durch Bosheit, die Hemmung durch faule Trägheit, die Hemmung durch fahrige Aufgeregtheit, die Hemmung durch Zweifel. Diese fünf Hemmnisse, o Vāseṭṭha, werden in der Ordenszucht des Edlen als Hemmungen bezeichnet (oder) auch als Hemmnisse bezeichnet (oder) auch als Hüllen bezeichnet (oder) auch als Einengungen bezeichnet. In diese fünf Hemmungen, o Vāseṭṭha, sind die die drei Veden kennenden Brahmanen gehüllt, eingebettet, eingefaßt, verwickelt. Daß aber, o Vāseṭṭha, die die drei Veden kennenden Brahmanen, welche wandeln, indem sie sich von den Dingen, die einen Brahmanen ausmachen, losgesagt haben, welche wandeln, indem die sich mit Dingen, die keinem Brahmanen anstehen, zusammentun, die in die fünf Hemmungen gehüllt, eingebettet, eingefaßt, verwickelt sind, nach dem Zerfall des Körpers, nach dem Tode, zur Brahma-Gemeinschaft eingehen könnten – dieser Standpunkt ist nicht annehmbar.

31. Was meinst du, Vāseṭṭha? Hast du wohl Brahmanen, alte, bejahrte, Lehrer und Lehrerslehrer, sprechen hören? Ist Brahma besitzend oder besitzlos?"[70]

„Besitzlos, Herr Gotama!"

„Ist er von feindseligem Gemüt oder von freundlichem Gemüt?"

„Von freundlichem Gemüt, Herr Gotama!"

„Ist er von übelwollendem Gemüt oder von nicht übelwollendem Gemüt?"

„Von nicht übelwollendem Gemüt, Herr Gotama!"

„Ist er von verderbtem Gemüt oder von nicht verderbtem Gemüt?"

„Von nicht verderbtem Gemüt, Herr Gotama!"
„Ist er allmächtig oder nicht allmächtig?"
„Allmächtig, Herr Gotama!"

32. „Was meinst du, Vāseṭṭha? Sind die die drei Veden kennenden Brahmanen besitzend oder besitzlos?"
„Besitzend, Herr Gotama!"
„Von feindseligem Gemüt oder von freundlichem Gemüt?"
„Von feindseligem Gemüt, Herr Gotama!"[71]
„Von übelwollendem Gemüt oder von nicht übelwollendem Gemüt?"
„Von übelwollendem Gemüt, Herr Gotama!"
„Von verderbtem Gemüt oder von nicht verderbtem Gemüt?"
„Von verderbtem Gemüt, Herr Gotama!"
„Allmächtig oder nicht allmächtig?"
„Nicht allmächtig, Herr Gotama!"

33. „Also, Vāseṭṭha, sind die die drei Veden kennenden Brahmanen besitzend; besitzlos (aber) ist Brahma. Kommt da wohl eine Vereinigung der besitzenden, die drei Veden kennenden Brahmanen mit dem besitzlosen Brahma zustande?"
„Nein, das ist nicht so, Herr Gotama!"

34. „Gut, Vāseṭṭha! Daß also die besitzenden, die drei Veden kennenden Brahmanen nach dem Zerfall des Körpers, nach dem Tode, zur Brahma-Gemeinschaft eingehen könnten – dieser Standpunkt ist nicht annehmbar.

35. Also sind, o Vāseṭṭha, die die drei Veden kennenden Brahmanen feindseligen Gemütes; freundlichen Gemütes (aber) ist Brahma ... *(weiter wie oben)* ... Von übelwollendem Gemüt sind die die drei Veden kennenden Brahmanen; von nicht übelwollendem Gemüt ist Brahma ... *(weiter wie oben)* ... Von verderbtem Gemüt sind die die drei Veden kennenden Brahmanen; von nicht verderbtem Gemüt ist Brahma ... *(weiter wie oben)* ... Nicht allmächtig sind die die drei Veden kennenden Brahmanen; allmächtig ist Brahma. Kommt da wohl eine Vereinigung der nicht allmächtigen, die drei Veden kennenden Brahmanen mit dem allmächtigen Brahma zustande?"
„Nein, das ist nicht so, Herr Gotama!"

36. „Gut, Vāseṭṭha! Daß also, o Vāseṭṭha, die nicht allmächtigen, die drei Veden kennenden Brahmanen nach dem Zerfall des Körpers, nach dem Tode, in die Gemeinschaft mit dem all-

mächtigen Brahma eingehen könnten – dieser Standpunkt ist nicht annehmbar. Und somit, Vāseṭṭha, sinken die zusammensitzenden, die drei Veden kennenden Brahmanen (sittlich) in die Tiefe, und indem sie sinken, geraten sie in Verzweiflung, wobei sie (noch) denken, in eine glückliche (Existenz) hinüberzukommen. Daher wird dieses (Leben) der die drei Veden kennenden Brahmanen als Dreivedenwüste bezeichnet; es wird auch als Dreivedenwildnis bezeichnet; es wird auch als Dreivedenverderbnis bezeichnet."

37. Nachdem solches gesagt worden war, sprach Vāseṭṭha, der junge Brahmane, zum Erhabenen dies: „Gehört habe ich dies, Herr Gotama: ‚Der Bettelmönch Gotama kennt den Weg zur Gemeinschaft mit Brahma.'"

„Was meinst du, Vāseṭṭha? Liegt Manasākaṭa nahe von hier, liegt Manasākaṭa nicht weit von hier?"

„So (ist es), Herr Gotama: Manasākaṭa liegt nahe von hier, Manasākaṭa liegt nicht weit von hier."

„Was meinst du, Vāseṭṭha? (Gesetzt,) hier wäre ein Mann, in Manasākaṭa geboren und aufgewachsen. Nun möge man ihn, der zeitlebens nicht von Manasākaṭa fort war, nach dem Weg dorthin fragen. Würde nun, o Vāseṭṭha, dieser in Manasākaṭa geborene und aufgewachsene (und jetzt) nach dem Weg nach Manasākaṭa befragte Mann ein Zaudern oder eine Verlegenheit (aufweisen)?"

„Nein, das würde er nicht, Herr Gotama! Aus welchem Grund (auch)? Es ist doch, Herr Gotama, dieser Mann in Manasākaṭa geboren und aufgewachsen; ihm sind alle Wege um Manasākaṭa wohlbekannt."

38. „Dennoch könnte, o Vāseṭṭha, dieser in Manasākaṭa geborene und aufgewachsene (und jetzt) nach dem Weg nach Manasākaṭa befragte Mann ein Zaudern oder eine Verlegenheit (aufweisen). Aber der nach der Brahma-Welt oder nach dem in die Brahma-Welt führenden Pfad befragte Vollendete könnte kein Zaudern oder Verlegenheit (aufweisen). Ich, o Vāseṭṭha, kenne auch Brahma und die Brahma-Welt und den zur Brahma-Welt führenden Pfad, und wie (Brahma) in die Brahma-Welt gelangt und (dort) erschienen ist, auch das weiß ich!"

39. Nachdem solches gesagt worden war, sprach Vāseṭṭha, der junge Brahmane, zum Erhabenen dies: „Gehört habe ich dies, Herr Gotama: ‚Der Bettelmönch Gotama weist den Weg

zur Gemeinschaft mit Brahma.' Gut wäre es, wenn Herr Gotama den Weg zur Gemeinschaft mit Brahma zeigen würde. Emporhelfen möge Herr Gotama dem Brahmanengeschlecht!"

„Dann also, Vāseṭṭha, höre und sei wohl aufmerksam; ich werde sprechen!"

„So, Herr, (soll es sein)!" stimmte Vāseṭṭha, der junge Brahmane, dem Erhabenen zu. Der Erhabene sprach dies:

40. „Da tritt, o Vāseṭṭha, in der Welt der Vollendete ins Dasein, der Heilige, vollkommen Erwachte, der mit Wissen und (rechtem) Wandel Ausgestattete, recht Wandelnde, der Weltkenner, der unübertreffliche Lenker der zu zähmenden Menschen, der Meister der Götter und Menschen, der Erwachte, der Erhabene. Er erklärt diese Welt mit den Göttern, mit Māra, mit Brahma, mit der Welt der Bettelmönche und Brahmanenpriester, nachdem er sie selbst erfaßt und erfahren hat. Er verkündet die Lehre, die am Anfang heilbringende, die in der Mitte heilbringende, die am Schluß heilbringende, sinn- und buchstabengetreu; er legt den absolut vollkommenen, reinheitdurchdrungenen heiligen Wandel dar.

41. Diese Lehre hört ein Hausvater oder der Sohn eines Hausvaters oder ein in einem anderen Stand Wiedergeborener. Nachdem er die Lehre gehört hat, erlangt er zum Vollendeten Vertrauen. Von diesem Vertrauen erfüllt, überlegt er so: ‚Beengt ist das Hausleben, ein Schmutzplatz; ein freier Raum (dagegen) ist die Pilgerschaft. Nicht ist das durchführbar, wenn man ein Haus bewohnt, einen ganz und gar vollkommenen, ganz und gar reinheitdurchdrungenen, perlmutterglänzenden heiligen Wandel zu führen. Ob ich wohl, Haupthaar und Bart geschoren, mit gelben Gewändern bekleidet, aus der Häuslichkeit in die Hauslosigkeit hinausziehe?' Er verläßt (dann tatsächlich) zu einer späteren Zeit einen geringen Besitz, oder er verläßt einen großen Besitz, oder er verläßt einen kleinen Verwandtenkreis, oder er verläßt einen umfangreichen Verwandtenkreis und zieht mit geschorenem Haupthaar und Bart, mit gelben Gewändern bekleidet, aus der Häuslichkeit in die Hauslosigkeit hinaus.

42. So hinausgezogen, weilt er in Selbstzucht gezügelt, in Verhalten und Wandel vollkommen, (schon) in winzigsten Fehlern Gefahr erblickend, strebt er entsprechend den Regeln, im Tatwerk und im Wortwerk von Heil erfüllt, lebt er vollkom-

men rein, tugendvollendet, als Torhüter der Sinne, von Bewußtsein und Aufmerksamkeit erfüllt, zufrieden.

43.–75. Und wie, o Vāseṭṭha, ist der Mönch tugendvollendet? Da hat es, Vāseṭṭha, ein Mönch aufgegeben, Leben zu vernichten; er enthält sich der Vernichtung von Leben ... *(weiter wie im Dīghanikāya Nr. 2,43–75).*

76. Mit liebeerfülltem Gemüt die eine Himmelsrichtung durchdringend, ebenso die zweite, ebenso die dritte, ebenso die vierte, (so) verweilt er. (So) verweilt er, nach oben, nach unten, quer, allseits, in Vollkommenheit, durchdringt er die ganze Welt mit liebeerfülltem Gemüt, mit weitem, groß gewordenem, unermeßlichem, von Feindschaft und Übelsinn freiem.

77. Gleichsam, o Vāseṭṭha, wie ein kräftiger Trompetenbläser mit nur geringer Mühe in die vier Himmelsrichtungen Signal zu geben vermag, ebenso, Vāseṭṭha, wird eine (derart) veredelte, von Liebe und geistiger Loslösung (vom Weltlichen) umgrenzte Tat hier nicht übrigbleiben, hier nicht übrig sein.[72] Dies aber, Vāseṭṭha, ist der Weg zur Gemeinschaft mit Brahma.

78. Und weiter, Vāseṭṭha, mit mitleidvollem Gemüt ... *(weiter wie in Abschnitten 76–77)* ... mit freuderfülltem Gemüt ... mit gleichmuterfülltem Gemüt die eine Himmelsrichtung durchdringend, ebenso die zweite, ebenso die dritte, ebenso die vierte, (so) verweilt er. (So) verweilt er, nach oben, nach unten, quer, allseits, in Vollkommenheit, durchdringt er die ganze Welt mit liebeerfülltem Gemüt, mit weitem, groß gewordenem, unermeßlichem, von Feindschaft und Übelsinn freiem.

79. Gleichsam, o Vāseṭṭha, wie ein kräftiger Trompetenbläser mit nur geringer Mühe in die vier Himmelsrichtungen Signal zu geben vermag, ebenso, Vāseṭṭha, wird eine (derart) veredelte, von Gleichmut und geistiger Loslösung (vom Weltlichen) umgrenzte Tat hier nicht übrigbleiben, hier nicht übrig sein. Dies aber, Vāseṭṭha, ist der Weg zur Gemeinschaft mit Brahma.

80. Was meinst du, Vāseṭṭha? Ist ein sich so verhaltender Mönch besitzend oder besitzlos?“

„Besitzlos, Herr Gotama!“

„Ist er von feindseligem Gemüt oder von freundlichem Gemüt?“

„Von freundlichem Gemüt, Herr Gotama!“

„Ist er von übelwollendem Gemüt oder von nicht übelwollendem Gemüt?"

„Von nicht übelwollendem Gemüt, Herr Gotama!"

„Ist er von verderbtem Gemüt oder von nicht verderbtem Gemüt?"

„Von nicht verderbtem Gemüt, Herr Gotama!"

„Ist er allmächtig oder nicht allmächtig?"

„Allmächtig, Herr Gotama!"

81. „So also, o Vāseṭṭha, ist der Mönch besitzlos, (und) besitzlos ist (auch) Brahma. Kommt da wohl eine Vereinigung des besitzlosen Mönches mit dem besitzlosen Brahma zustande?"

„Jawohl, Herr Gotama!"

„Gut, Vāseṭṭha! Daß also, o Vāseṭṭha, der besitzlose Mönch nach dem Zerfall des Körpers, nach dem Tode, zur Gemeinschaft mit dem besitzlosen Brahma eingehen wird – dieser Standpunkt gilt! So also, o Vāseṭṭha, ist der Mönch von freundlichem Gemüt, (und) von freundlichem Gemüt ist (auch) Brahma ... *(weiter wie oben)* ... der Mönch ist von nicht übelwollendem Gemüt, (und) von nicht übelwollendem Gemüt ist (auch) Brahma ... der Mönch ist von nicht verderbtem Gemüt, (und) von nicht verderbtem Gemüt ist (auch) Brahma. Allmächtig ist der Mönch, allmächtig ist Brahma. Kommt da wohl eine Vereinigung des allmächtigen Mönches mit dem allmächtigen Brahma zustande?"

„Jawohl, Herr Gotama!"

„Gut, Vāseṭṭha! Daß also, o Vāseṭṭha, der allmächtige Mönch nach dem Zerfall des Körpers, nach dem Tode, zur Gemeinschaft mit dem allmächtigen Brahma eingehen wird – dieser Standpunkt gilt!"

82. Nachdem er so gesprochen hatte, sagten Vāseṭṭha und Bhāradvāja, die jungen Brahmanen, zum Erhabenen dies: „Ausgezeichnet, Herr Gotama; ausgezeichnet, Herr Gotama! Gerade wie, Herr Gotama, Umgestürztes aufgerichtet, Verborgenes enthüllt worden wäre; als wenn man einem Verirrten den Weg weisen oder in die Dunkelheit eine Öllampe bringen würde – ‚wer Augen hat, wird die Formen sehen' –, ebenso hat der Erhabene auf mancherlei Art die Lehre erläutert. Wir nehmen zu Herrn Gotama Zuflucht, zur Lehre und zur Mönchsgemeinde. Als Laienanhänger möge uns Herr Gotama betrachten, (die) von heute an zeitlebens ihre Zuflucht (zu ihm) genommen haben!"

Nr. 22: Das große Lehrgespräch über die Grundzüge des Bewußtseins (Mahāsatipaṭṭhāna-Suttanta)

So habe ich es gehört.

1. Zu einer Zeit weilte der Erhabene unter den Kurus. Kammāssadhamma war der Name eines Marktfleckens der Kurus. Dort nun sprach der Erhabene zu den Mönchen: „Mönche!"

„Ehrwürdiger!" stimmten die Mönche dem Erhabenen zu. Der Erhabene sprach dies:

„Allein zum Ziel führend, o Mönche, ist dieser Weg; (er führt) zur Läuterung der Wesen, zur Überwindung von Kummer und Trübsal, zum Verschwinden von Leid und Unmut, zum Eintritt in den rechten Wandel, zur Verwirklichung der Erlöschung; es sind diese vier Grundzüge des Bewußtseins. Welche vier? Da verharrt, o Mönche, ein Mönch beim Körper über den Körper wachend, eifrig, einsichtig, aufmerksam, nach Aufgabe von Gier und Unmut in der Welt; bei den Gefühlen über die Gefühle wachend, eifrig, einsichtig, aufmerksam, nach Aufgabe von Gier und Unmut in der Welt; beim Gemüt über das Gemüt wachend, eifrig, einsichtig, aufmerksam, nach Aufgabe von Gier und Unmut in der Welt; bei den Gegebenheiten über die Gegebenheiten wachend, eifrig, einsichtig, aufmerksam, nach Aufgabe von Gier und Unmut in der Welt.

2. Und wie, o Mönche, verharrt der Mönch beim Körper über den Körper wachend? Da hat sich, o Mönche, ein Mönch in den Wald begeben oder an das Wurzelwerk eines Baumes begeben oder in eine leere Hütte begeben, setzt sich mit gekreuzten Beinen (und) mit gerade aufgerichtetem Körper nieder (und) errichtet vor (den Sinnesobjekten den Schutzwall seiner) Wachsamkeit.[73] Mit Bewußtsein atmet er ein; mit Bewußtsein atmet er aus. Atmet er lange ein, erkennt er: ‚Ich atme lange ein!'; atmet er lange aus, erkennt er: ‚Ich atme lange aus!'; atmet er kurz ein, erkennt er: ‚Ich atme kurz ein!'; atmet er kurz aus, erkennt er: ‚Ich atme kurz aus!' ‚Den ganzen Körper empfindend, werde ich einatmen!', (so) übt er sich; ‚den ganzen Körper empfindend, werde ich ausatmen!', (so) übt er sich. ‚Die Körperatmung zur Ruhe bringend, werde ich einatmen!', (so) übt er sich. ‚Die Körperatmung zur Ruhe bringend, werde ich ausatmen!', (so) übt er sich. Gerade wie, o Mönche, ein tüchtiger Drechsler oder Drechslergeselle, der lang heran-

zieht, weiß: ,Ich ziehe lang heran!', oder der wenig heranzieht, weiß: ,Ich ziehe wenig heran!' – ebenso nun, o Mönche, weiß ein Mönch, der lange einatmet: ,Ich atme lange ein!', oder der lange ausatmet, weiß: ,Ich atme lange aus!', oder der kurz einatmet, weiß: ,Ich atme kurz ein!', oder der kurz ausatmet, weiß: ,Ich atme kurz aus!' ,Den ganzen Körper empfindend, werde ich einatmen!', (so) übt er sich; ,den ganzen Körper empfindend, werde ich ausatmen!', (so) übt er sich. ,Die Körperatmung zur Ruhe bringend, werde ich einatmen!', (so) übt er sich; ,die Körperatmung zur Ruhe bringend, werde ich ausatmen!', (so) übt er sich. So verharrt er, beim Körper nach innen über den Körper wachend; er verharrt, beim Körper nach außen über den Körper wachend; er verharrt, beim Körper nach innen und außen über den Körper wachend. Er verharrt, indem er die Umstände der Entwicklung im Körper beobachtet; er verharrt, indem er die Umstände des Vergehens im Körper beobachtet; er verharrt, indem er die Umstände der Entwicklung und des Vergehens im Körper beobachtet. ,Es ist der Körper!', dies Bewußtsein ist ihm aufgestiegen, soweit es eben zum Wissen gereicht, zum Besinnen gereicht. Und er verharrt ungestützt, und von nichts in der Welt ist er abhängig. So aber, o Mönche, verharrt der Mönch beim Körper über den Körper wachend.

3. Und weiter, o Mönche: Ein gehender Mönch erkennt: ,Ich gehe!'; ein stehender erkennt: ,Ich stehe!'; ein sitzender erkennt: ,Ich habe mich gesetzt!'; ein liegender erkennt: ,Ich habe mich gelegt!' Wie auch immer sein Körper situiert ist, so erkennt er ihn. So verharrt er, beim Körper nach innen über den Körper wachend; er verharrt, beim Körper nach außen über den Körper wachend; er verharrt, beim Körper nach innen und außen über den Körper wachend. Er verharrt, indem er die Umstände der Entwicklung im Körper beobachtet; er verharrt, indem er die Umstände des Vergehens im Körper beobachtet; er verharrt, indem er die Umstände der Entwicklung und des Vergehens im Körper beobachtet. ,Es ist der Körper!'; dies Bewußtsein ist ihm aufgestiegen, soweit es eben zum Besinnen gereicht. Und er verharrt ungestützt, und von nichts in der Welt ist er abhängig. So aber, o Mönche, verharrt der Mönch beim Körper über den Körper wachend.

4. Und weiter, o Mönche: Ein Mönch ist beim Kommen und Gehen mit Wachsamkeit vorgehend. Beim Hinschauen und

Wegschauen ist er mit Wachsamkeit vorgehend. Beim Bücken und Bewegen ist er mit Wachsamkeit vorgehend. Beim Tragen des Ordensgewandes und der Almosenschale ist er mit Wachsamkeit vorgehend. Beim Essen und Trinken, Kauen und Schmecken ist er mit Wachsamkeit vorgehend. Beim Stuhlgang und beim Urinieren ist er mit Wachsamkeit vorgehend. Beim Gehen, Stehen, Sitzen, Schlafen, Wachen, Sprechen, Schweigen ist er mit Wachsamkeit vorgehend. So verharrt er, beim Körper nach innen über den Körper wachend *(usw. wie im Abschnitt 2 bis zu dessen Schluß).*

5. Und weiter, o Mönche: Ein Mönch betrachtet ebendiesen Körper vom Scheitel bis hinab zu den Fußsohlen, der auf dem Kopf Haare hat, von Haut umkleidet und voll von verschiedenartigem Unreinen ist: ‚Es sind an diesem Körper Kopfhaare, Körperhaare, Nägel, Zähne, Haut, Fleisch, Sehnen, Knochen, Knochenmark, Nieren, Herz, Leber, Brustfell, Milz, Lungen, Eingeweide, Därme, Magen, Kot, Galle, Schleim, Eiter, Blut, Schweiß, Fett, Tränen, Talg, Serum, Nasenschleim, Gelenkfett, Urin.‘ Gerade wie, o Mönche, ein beiderseits offener Behälter voll von verschiedenartigem Korn, nämlich feinem Reis, (gewöhnlichem) Reis, Bohnen, Saubohnen, Sesam, großkörnigem Reis; den würde ein scharfsichtiger Mann aufbinden und betrachten: ‚Das ist feiner Reis, das ist (gewöhnlicher) Reis, das sind Bohnen, das sind Saubohnen, das ist Sesam, das ist großkörniger Reis!‘ – ebenso nun, o Mönche, betrachtet ein Mönch eben diesen Körper vom Scheitel bis hinab zu den Fußsohlen, der auf dem Kopf Haare hat, von Haut umkleidet und voll von verschiedenartigem Unreinen ist: ‚Es sind an diesem Körper Kopfhaare, Körperhaare, Nägel, Zähne, Haut, Fleisch, Sehnen, Knochen, Knochenmark, Nieren, Herz, Leber, Brustfell, Milz, Lungen, Eingeweide, Därme, Magen, Kot, Galle, Schleim, Eiter, Blut, Schweiß, Fett, Tränen, Talg, Serum, Nasenschleim, Gelenkfett, Urin.‘ So verharrt er, beim Körper nach innen über den Körper wachend *(usw. wie im Abschnitt 2 bis zu dessen Schluß).*

6. Und weiter, o Mönche: Ein Mönch betrachtet ebendiesen Körper, wie er steht, wie er aufgerichtet ist, als elementenartig: ‚In diesem Körper ist Erdart, Wasserart, Feuerart, Luftart.‘ Gerade wie, o Mönche, ein tüchtiger Kuhschlächter oder Kuhschlächtergeselle, nachdem er die Kuh geschlachtet hat, sie auf

den Marktplatz bringt, in Stücke zerlegt und sich dann hinsetzen mag – ebenso nun, o Mönche, betrachtet ein Mönch ebendiesen Körper, wie er steht, wie er aufgerichtet ist, als elementenartig: ‚In diesem Körper ist Erdart, Wasserart, Feuerart, Luftart.' So verharrt er, beim Körper nach innen über den Körper wachend *(usw. wie im Abschnitt 2 bis zu dessen Schluß).*

7. Und weiter, o Mönche: Gerade wie ein Mönch einen auf einen Leichenplatz geworfenen Körper sehen würde, einen einen Tag toten oder einen zwei Tage toten oder einen drei Tage toten, aufgeschwollen, schwarzblau verfärbt, in Verwesung übergegangen – so schätzt er diesen (seinen eigenen) Körper ein: ‚Auch dieser Körper hat solches Schicksal, wird so werden, entgeht dem nicht!' So verharrt er, beim Körper nach innen über den Körper wachend *(usw. wie im Abschnitt 2 bis zu dessen Schluß).*

8. Und weiter, o Mönche: Gerade wie ein Mönch einen auf einen Leichenplatz geworfenen Körper sehen würde, von Krähen zerfressen oder von Falken zerfressen oder von Geiern zerfressen oder von Hunden zerfressen oder von Schakalen zerfressen oder von allerlei Lebewesen zerfressen – so schätzt er diesen (seinen eigenen) Körper ein: ‚Auch dieser Körper hat solches Schicksal, wird so werden, entgeht dem nicht!' So verharrt er, beim Körper nach innen über den Körper wachend *(usw. wie im Abschnitt 2 bis zu dessen Schluß).*

9. Und weiter, o Mönche: Gerade wie ein Mönch einen auf einen Leichenplatz geworfenen Körper sehen würde, ein Knochengerippe, behangen mit blutigem Fleisch, (nur noch) von den Sehnen zusammengehalten; ein Knochengerippe mit dahingeschwundenem Fleisch und Blut, (nur noch) von den Sehnen zusammengehalten; Knochen ohne Zusammenhalt, in die Himmelsrichtungen und Zwischenhimmelsrichtungen verstreut: in der einen (Richtung) ein Handknochen, in einer anderen ein Fußknochen, dann wieder ein Schienbeinknochen, ein Schenkelknochen, in anderer (Richtung) ein Hüftknochen, in noch anderer eine Wirbelsäule, in wieder anderer ein Schädel – so schätzt er diesen (seinen eigenen) Körper ein: ‚Auch dieser Körper hat ein solches Schicksal, wird so werden, entgeht dem nicht!' So verharrt er, beim Körper nach innen über den Körper wachend *(usw. wie im Abschnitt 2 bis zu dessen Schluß).*

10. Und weiter, o Mönche: Gerade wie ein Mönch einen auf

einen Leichenplatz geworfenen Körper sehen würde: Knochen, bleich, wie muschelfarben; Knochen, aufgehäuft, über ein Jahr (dort gelegen); Knochen, verwest, zu Staub geworden – so schätzt er diesen (seinen eigenen) Körper ein: ‚Auch dieser Körper hat solches Schicksal, wird so werden, entgeht dem nicht!' So verharrt er, beim Körper nach innen über den Körper wachend *(usw. wie im Abschnitt 2 bis zu dessen Schluß).*

11. Und wie, o Mönche, verharrt der Mönch, bei den Gefühlen über die Gefühle wachend? Da, o Mönche, erkennt ein Mönch, wenn er ein Glücksgefühl empfindet: ‚Ein Glücksgefühl empfinde ich!'; wenn er ein Leidgefühl empfindet, erkennt er: ‚Ein Leidgefühl empfinde ich!'; wenn er kein Glücksgefühl und kein Leidgefühl empfindet, erkennt er: ‚Kein Glücksgefühl und kein Leidgefühl empfinde ich!' Wenn er ein fleischliches Glücksgefühl empfindet, erkennt er: ‚Ich empfinde ein fleischliches Glücksgefühl!' Wenn er ein geistiges Glücksgefühl empfindet, erkennt er: ‚Ich empfinde ein geistiges Glücksgefühl!' Wenn er ein fleischliches Leidgefühl empfindet, erkennt er: ‚Ich empfinde ein fleischliches Leidgefühl!' Wenn er ein geistiges Leidgefühl empfindet, erkennt er: ‚Ich empfinde ein geistiges Leidgefühl!' Wenn er kein fleischliches Glücks- oder Leidgefühl empfindet, erkennt er: ‚Ich empfinde kein fleischliches Glücks- oder Leidgefühl!' Wenn er kein geistiges Glücks- oder Leidgefühl empfindet, erkennt er: ‚Ich empfinde kein geistiges Glücks- oder Leidgefühl!' So verharrt er, bei den Gefühlen nach innen über die Gefühle wachend; er verharrt, bei den Gefühlen nach außen über die Gefühle wachend; er verharrt, bei den Gefühlen nach innen und außen über die Gefühle wachend. Er verharrt, indem er die Umstände der Entwicklung in den Gefühlen beobachtet; er verharrt, indem er die Umstände des Vergehens in den Gefühlen beobachtet; er verharrt, indem er die Umstände der Entwicklung und des Vergehens in den Gefühlen beobachtet. ‚Es ist ein Gefühl!', dies Bewußtsein ist ihm aufgestiegen, soweit es eben zum Wissen gereicht, zum Besinnen gereicht. Und er verharrt ungestützt, und von nichts in der Welt ist er abhängig. So aber, o Mönche, verharrt der Mönch, bei den Gefühlen über die Gefühle wachend.

12. Und wie, o Mönche, verharrt der Mönch, beim Gemüt über das Gemüt wachend? Da, o Mönche, erkennt ein Mönch das leidenschaftliche Gemüt: ‚Es ist ein leidenschaftliches Ge-

müt!'; er erkennt das leidenschaftslose Gemüt: ‚Es ist ein leidenschaftsloses Gemüt!'; er erkennt das gehässige Gemüt: ‚Es ist ein gehässiges Gemüt!'; er erkennt das haßlose Gemüt: ‚Es ist ein haßloses Gemüt!'; er erkennt das verblendete Gemüt: ‚Es ist ein verblendetes Gemüt!'; er erkennt das unverblendete Gemüt: ‚Es ist ein unverblendetes Gemüt!'; er erkennt das aufmerksame Gemüt: ‚Es ist ein aufmerksames Gemüt!'; er erkennt das unaufmerksame Gemüt: ‚Es ist ein unaufmerksames Gemüt!'; er erkennt das hochstrebende Gemüt: ‚Es ist ein hochstrebendes Gemüt!'; er erkennt das gemeine Gemüt: ‚Es ist ein gemeines Gemüt!'; er erkennt das edle Gemüt: ‚Es ist ein edles Gemüt!'; er erkennt das unedle Gemüt: ‚Es ist ein unedles Gemüt!'; er erkennt das gesammelte Gemüt: ‚Es ist ein gesammeltes Gemüt!'; er erkennt das flatterhafte Gemüt: ‚Es ist ein flatterhaftes Gemüt!'; er erkennt das erlöste Gemüt: ‚Es ist ein erlöstes Gemüt!'; er erkennt das unerlöste Gemüt: ‚Es ist ein unerlöstes Gemüt!' So verharrt er, beim Gemüt nach innen über das Gemüt wachend; er verharrt, beim Gemüt nach außen über das Gemüt wachend; er verharrt, beim Gemüt nach innen und außen über das Gemüt wachend. Er verharrt, indem er die Umstände der Entwicklung im Gemüt beobachtet; er verharrt, indem er die Umstände des Vergehens im Gemüt beobachtet; er verharrt, indem er die Umstände der Entwicklung und des Vergehens im Gemüt beobachtet. ‚Es ist das Gemüt!', dies Bewußtsein ist ihm aufgestiegen, soweit es eben zum Wissen gereicht, zum Besinnen gereicht. Und er verharrt ungestützt, und von nichts in der Welt ist er abhängig. So aber, o Mönche, verharrt der Mönch, beim Gemüt über das Gemüt wachend.

13. Und wie, o Mönche, verharrt der Mönch, bei den Gegebenheiten über die Gegebenheiten wachend? Da verharrt, o Mönche, der Mönch, bei den Gegebenheiten über die Gegebenheiten wachend, über die fünf Hindernisse (auf dem Weg zur Erlösung). Und wie, o Mönche, verharrt der Mönch, bei den Gegebenheiten über die Gegebenheiten wachend, über die fünf Hindernisse? Da, o Mönche, erkennt der Mönch, wenn innerlich in ihm der Liebestrieb (entsteht): ‚Innerlich in mir ist Liebestrieb!' Wenn innerlich in ihm kein Liebestrieb ist, erkennt er: ‚Innerlich in mir ist kein Liebestrieb!' Wie der (vorher) nicht entstandene Liebestrieb zur Entstehung kommt, das erkennt er; wie der entstandene Liebestrieb zum Schwinden kommt, das erkennt er; wie es für den geschwundenen Liebes-

trieb künftig keine (erneute) Entstehung gibt, das erkennt er. Wenn innerlich in ihm Böswilligkeit ist, erkennt er: ‚Innerlich in mir ist Böswilligkeit!' Wenn innerlich in ihm keine Böswilligkeit ist, erkennt er: ‚Innerlich in mir ist keine Böswilligkeit!' Wie die (vorher) nicht entstandene Böswilligkeit zum Schwinden kommt, das erkennt er; wie es für die geschwundene Böswilligkeit künftig keine (erneute) Entstehung gibt, das erkennt er. Wenn innerlich in ihm Faulheit und Trägheit ist, erkennt er: ‚Innerlich in mir ist Faulheit und Trägheit!' Wenn innerlich in ihm keine Faulheit und Trägheit ist, erkennt er: ‚Innerlich in mir ist keine Faulheit und Trägheit!' Wie die (vorher) nicht entstandene Faulheit und Trägheit zur Entstehung kommt, das erkennt er; wie die entstandene Faulheit und Trägheit zum Schwinden kommt, das erkennt er; wie es für die geschwundene Faulheit und Trägheit künftig keine (erneute) Entstehung gibt, das erkennt er. Wenn innerlich in ihm Hochmut und Mißvergnügtheit (herrschen), erkennt er: ‚Innerlich in mir (herrschen) Hochmut und Mißvergnügtheit!' Wenn innerlich in ihm Hochmut und Mißvergnügtheit fehlen, erkennt er: ‚Innerlich in mir fehlen Hochmut und Mißvergnügtheit!' Wie (vorher) nicht entstandener Hochmut und Mißvergnügtheit zur Entstehung kommen, das erkennt er; wie entstandener Hochmut und Mißvergnügtheit zum Schwinden kommen, das erkennt er; wie es für geschwundenen Hochmut und Mißvergnügtheit künftig keine (erneute) Entstehung gibt, das erkennt er. Wenn innerlich in ihm Zweifel ist, erkennt er: ‚Innerlich in mir ist Zweifel!' Wenn innerlich in ihm kein Zweifel ist, erkennt er: ‚Innerlich in mir ist kein Zweifel!' Wie (vorher) nicht entstandener Zweifel zur Entstehung kommt, das erkennt er; wie entstandener Zweifel zum Schwinden kommt, das erkennt er; wie es für geschwundenen Zweifel künftig keine (erneute) Entstehung gibt, das erkennt er. So verharrt er, bei den Gegebenheiten nach innen über die Gegebenheiten wachend; er verharrt, bei den Gegebenheiten nach außen über die Gegebenheiten wachend; er verharrt, bei den Gegebenheiten nach innen und außen über die Gegebenheiten wachend. Er verharrt, indem er die Umstände der Entwicklung in den Gegebenheiten beobachtet; er verharrt, indem er die Umstände des Vergehens in den Gegebenheiten beobachtet; er verharrt, indem er die Umstände der Entwicklung und des Vergehens in den Gegebenheiten beobachtet. ‚Es ist eine Gegebenheit!', dies

Bewußtsein ist ihm aufgestiegen, soweit es eben zum Wissen gereicht, zum Besinnen gereicht. Und er verharrt ungestützt, und von nichts in der Welt ist er abhängig. So aber, o Mönche, verharrt der Mönch, bei den Gegebenheiten über die Gegebenheiten wachend, über die fünf Hindernisse.

14. Und weiter, o Mönche, verharrt der Mönch, bei den Gegebenheiten über die Gegebenheiten der fünf Arten des Festhaltens am Sein wachend. Und wie, o Mönche, verharrt der Mönch, bei den Gegebenheiten über die Gegebenheiten der fünf Arten des Festhaltens am Sein wachend? Da, o Mönche, sagt der Mönch: ‚So ist die Form, so ist die Entstehung der Form, so ist das Zugrundegehen der Form; so ist das Gefühl, so ist die Entstehung des Gefühls, so ist das Zugrundegehen des Gefühls; so ist die Wahrnehmung, so ist die Entstehung der Wahrnehmung, so ist das Zugrundegehen der Wahrnehmung; so sind die Grundbedingungen, so ist die Entstehung der Grundbedingungen, so ist das Zugrundegehen der Grundbedingungen; so ist das Bewußtsein, so ist die Entstehung des Bewußtseins, so ist das Zugrundegehen des Bewußtseins. So verharrt er, bei den Gegebenheiten nach innen über die Gegebenheiten wachend; er verharrt, bei den Gegebenheiten nach außen über die Gegebenheiten wachend; er verharrt, bei den Gegebenheiten nach innen und außen über die Gegebenheiten wachend. Er verharrt, indem er die Umstände der Entwicklung in den Gegebenheiten beobachtet; er verharrt, indem er die Umstände des Vergehens in den Gegebenheiten beobachtet; er verharrt, indem er die Umstände der Entwicklung und des Vergehens in den Gegebenheiten beobachtet. ‚Es ist eine Gegebenheit!‘, dies Bewußtsein ist ihm aufgestiegen, soweit es eben zum Wissen gereicht, zum Besinnen gereicht. Und er verharrt ungestützt, und von nichts in der Welt ist er abhängig. So aber, o Mönche, verharrt der Mönch, bei den Gegebenheiten über die Gegebenheiten der fünf Arten des Festhaltens am Sein wachend.

15. Und weiter, o Mönche, verharrt der Mönch, bei den Gegebenheiten über die Gegebenheiten der sechs inneren und äußeren Stätten wachend. Und wie, o Mönche, verharrt der Mönch, bei den Gegebenheiten über die Gegebenheiten der sechs inneren und äußeren Stätten wachend? Da, o Mönche, erkennt der Mönch das Auge, und er erkennt die Formen, die aus beiden[74] hervorgehen, und auch die Verbindung erkennt er; und wie (vorher) nicht entstandene Verbindung zur Entste-

hung kommt, das erkennt er; und wie entstandene Verbindung zum Schwinden kommt, das erkennt er; und wie es für geschwundene Verbindung künftig keine (erneute) Verbindung gibt, das erkennt er. Und er erkennt das Ohr, und er erkennt die Laute … *(weiter wie oben)*. Und er erkennt die Nase, und er erkennt die Gerüche … Und er erkennt die Zunge, und er erkennt die Säfte … Und er erkennt den Körper, und er erkennt die Berührungen … Und er erkennt den Geist, und er erkennt die Gegebenheiten, und was aus den beiden hervorgeht, die Verbindung, auch diese erkennt er; und wie (vorher) nicht entstandene Verbindung zur Entstehung kommt, auch das erkennt er; und wie entstandene Verbindung zum Schwinden kommt, auch das erkennt er; und wie es für geschwundene Verbindung künftig keine (erneute) Verbindung gibt, auch das erkennt er. So verharrt er, bei den Gegebenheiten nach innen über die Gegebenheiten wachend; er verharrt, bei den Gegebenheiten nach außen über die Gegebenheiten wachend; er verharrt, bei den Gegebenheiten nach innen und außen über die Gegebenheiten wachend. Er verharrt, indem er die Umstände der Entwicklung in den Gegebenheiten beobachtet; er verharrt, indem er die Umstände des Vergehens in den Gegebenheiten beobachtet; er verharrt, indem er die Umstände der Entwicklung und des Vergehens in den Gegebenheiten beobachtet. ‚Es ist eine Gegebenheit!', dies Bewußtsein ist ihm aufgestiegen, soweit es eben zum Wissen gereicht, zum Besinnen gereicht. Und er verharrt ungestützt, und von nichts in der Welt ist er abhängig. So aber, o Mönche, verharrt der Mönch, bei den Gegebenheiten über die Gegebenheiten der sechs inneren und äußeren Stätten wachend.

16. Und weiter, o Mönche, verharrt der Mönch, bei den Gegebenheiten über die Gegebenheiten der sieben Geistesvorzüge wachend. Und wie, o Mönche, verharrt der Mönch, bei den Gegebenheiten über die Gegebenheiten der sieben Geistesvorzüge wachend? Da, o Mönche, erkennt der Mönch den innerlich in ihm befindlichen Geistesvorzug der Wachsamkeit: ‚Innerlich in mir ist der Geistesvorzug der Wachsamkeit.' Den ihm innerlich fehlenden Geistesvorzug der Wachsamkeit erkennt er: ‚Innerlich in mir ist kein Geistesvorzug der Wachsamkeit.' Wie der (vorher) nicht entstandene Geistesvorzug der Wachsamkeit zur Entstehung kommt, das erkennt er; wie die Vollendung des entstandenen Geistesvorzugs der Wach-

samkeit zur Gedankenklarheit führt, auch das erkennt er. Den innerlich in ihm befindlichen Geistesvorzug des Eindringens in die Lehre *(weiter wie eben)* ... Den innerlich in ihm befindlichen Geistesvorzug der Energie *(weiter wie eben)* ... Den innerlich in ihm befindlichen Geistesvorzug der (abgeklärten) Heiterkeit *(weiter wie eben)* ... Den innerlich in ihm befindlichen Geistesvorzug der Ruhe *(weiter wie eben)* ... Den innerlich in ihm befindlichen Geistesvorzug der Versenkung *(weiter wie eben)* ... Den innerlich in ihm befindlichen Geistesvorzug des Gleichmuts erkennt er: ‚Innerlich in mir ist der Geistesvorzug des Gleichmuts!' Den ihm innerlich fehlenden Geistesvorzug des Gleichmuts erkennt er: ‚Innerlich in mir ist kein Geistesvorzug des Gleichmuts!' Wie der (vorher) nicht entstandene Geistesvorzug des Gleichmuts zur Entstehung kommt, das erkennt er; wie die Vollendung des entstandenen Geistesvorzugs des Gleichmuts zur Gedankenklarheit führt, auch das erkennt er. So verharrt er, bei den Gegebenheiten nach innen über die Gegebenheiten wachend; er verharrt, bei den Gegebenheiten nach außen über die Gegebenheiten wachend; er verharrt, bei den Gegebenheiten nach innen und außen über die Gegebenheiten wachend. Er verharrt, indem er die Umstände der Entwicklung in den Gegebenheiten beobachtet; er verharrt, indem er die Umstände des Vergehens in den Gegebenheiten beobachtet; er verharrt, indem er die Umstände der Entwicklung und des Vergehens in den Gegebenheiten beobachtet. ‚Es ist eine Gegebenheit!', dies Bewußtsein ist ihm aufgestiegen, soweit es eben zum Wissen gereicht, zum Besinnen gereicht. Und er verharrt ungestützt, und von nichts in der Welt ist er abhängig. So aber, o Mönche, verharrt der Mönch, bei den Gegebenheiten über die Gegebenheiten der sieben Geistesvorzüge wachend.

17. Und weiter, o Mönche, verharrt der Mönch, bei den Gegebenheiten über die Gegebenheiten der vier edlen Wahrheiten wachend.[75] Und wie, o Mönche, verharrt der Mönch, bei den Gegebenheiten über die Gegebenheiten der vier edlen Wahrheiten wachend? Da, o Mönche, erkennt ein Mönch der Realität entsprechend: ‚Das ist das Leiden!' Er erkennt der Realität entsprechend: ‚Das ist die Entstehung des Leidens!' Er erkennt der Realität entsprechend: ‚Das ist die Aufhebung des Leidens!' Er erkennt der Realität entsprechend: ‚Das ist der zur Aufhebung des Leidens führende Pfad!'

18. Und was, o Mönche, ist die edle Wahrheit vom Leiden? Geburt ist Leiden, Alter ist Leiden, Krankheit ist Leiden, Sterben ist Leiden, Kummer, Wehklage, Schmerz, Unmut und Unrast sind Leiden; was man wünscht, nicht zu erlangen, ist Leiden; kurz gesagt, die fünf Arten des Festhaltens am Sein[76] sind Leiden. Und was, o Mönche, ist die Geburt? Der jeweiligen Wesen in der jeweiligen Wesensgattung Geburt, Gebärung, Entstehung, Werden, Erscheinen der (Körper-) Teile, Ergreifen der (Sinnes-) Gebiete, das nennt man, o Mönche, Geburt. Und was, o Mönche, ist das Alter? Der jeweiligen Wesen in der jeweiligen Wesensgattung Alter, Altwerden, Zahnausfall, Grauhaarigkeit, Runzligkeit, Kräfteschwund, Verfall der Sinneskräfte, das nennt man, o Mönche, Alter. Und was, o Mönche, ist das Sterben? Der jeweiligen Wesen in der jeweiligen Wesensgattung Hinschwinden, Verfall, Zersetzung, Verschwinden, Tod, Sterben, (Lebens-) Zeitvollendung, Zerfall der (Körper-) Teile, das Niederlegen der Leiche (auf dem Totenplatz), das nennt man, o Mönche, Sterben. Und was, o Mönche, ist Kummer? Was da, o Mönche, bei dem einen und anderen Verlust, von dem man betroffen wird, bei dem einen oder anderen Unglücksfall, von dem man berührt wird, Kummer ist, Kümmernis, Betrübnis, innerer Kummer, innere Betrübnis ist, das nennt man, o Mönche, Kummer. Und was, o Mönche, ist Wehklage? Was da, o Mönche, bei dem einen und anderen Verlust, von dem man betroffen wird, bei dem einen oder anderen Unglücksfall, von dem man berührt wird, Klage, Wehklage, Klagen, Wehklagen, Beklagen, Bejammern ist, das nennt man, o Mönche, Wehklage. Und was, o Mönche, ist Schmerz? Was da, o Mönche, körperlicher Schmerz, körperliche Unannehmlichkeit ist, eine Körperberührung, die als schmerzhaft, unangenehm empfunden wird, das nennt man, o Mönche, Schmerz. Und was, o Mönche, ist Unmut? Was da, o Mönche, geistiger Schmerz, geistige Unannehmlichkeit ist, eine Einwirkung auf den Geist, die als schmerzhaft, unangenehm empfunden wird, das nennt man, o Mönche, Unmut. Und was, o Mönche, ist Unrast? Was da, o Mönche, bei dem einen und anderen Verlust, von dem man betroffen wird, bei dem einen oder anderen Unglücksfall, von dem man berührt wird, Unruhe, Unrast, Unruhigkeit, Ruhelosigkeit ist, das nennt man, o Mönche, Unrast. Und inwiefern, o Mönche, bedeutet, etwas Gewünschtes nicht zu erlangen, Leiden? In

den der Geburt unterworfenen Wesen, o Mönche, entsteht so der Wunsch: ‚Ach, wären wir doch nicht der Geburt unterworfen; würde doch keine Geburt uns heimsuchen!' Doch durch einen Wunsch ist das nicht zu erlangen. Das aber, was man wünscht, nicht zu erlangen, ist eben Leiden. In den dem Alter unterworfenen Wesen, o Mönche *(weiter wie oben)* ... In den der Krankheit unterworfenen Wesen, o Mönche *(weiter wie oben)* ... In den dem Sterben unterworfenen Wesen, o Mönche *(weiter wie oben)* ... In den dem Kummer, der Wehklage, dem Schmerz, dem Unmut, der Unrast unterworfenen Wesen, o Mönche, entsteht so der Wunsch: ‚Ach, wären wir doch nicht dem Kummer, der Wehklage, dem Schmerz, dem Unmut, der Unrast unterworfen; würden doch Kummer, Wehklage, Schmerz, Unmut und Unrast uns nicht heimsuchen!' Doch durch einen Wunsch ist das nicht zu erlangen. Das aber, was man wünscht, nicht zu erlangen, ist eben Leiden. Und inwiefern, o Mönche, sind, kurz gesagt, die fünf Arten des Festhaltens am Sein Leiden? Das ist nämlich eine Art des Festhaltens an der Form, eine Art des Festhaltens am Gefühl, eine Art des Festhaltens an der Wahrnehmung, eine Art des Festhaltens an den Grundbedingungen, eine Art des Festhaltens am Bewußtsein; diese bezeichnet man, o Mönche, kurz gesagt, als die fünf Arten des Festhaltens am Sein, als Leiden. – Dies, o Mönche, wird die edle Wahrheit vom Leiden genannt.

19. Und was, o Mönche, ist die edle Wahrheit von der Leidensentstehung? Es ist dieser „Durst"[77], der zur Wiedergeburt führt, verbunden mit Vergnügen und Lust, an dem und jenem sich befriedigend, nämlich der Liebestrieb, der Selbsterhaltungstrieb, die Sucht nach Reichtum.[78] Dieser Durst nun aber, o Mönche: Woher entstanden, tritt er zutage; wo eindringend, setzt er sich fest? Was in der Welt von lieber Gestalt, von angenehmer Gestalt ist, daraus entstanden, tritt dieser Durst zutage; dort eindringend, setzt er sich fest. Was in der Welt ist von lieber Gestalt, von angenehmer Gestalt? Das Auge ist in der Welt von lieber Gestalt, von angenehmer Gestalt; daraus entstanden tritt dieser Durst zutage; dort eindringend, setzt er sich fest. Das Ohr ist in der Welt *(weiter wie eben)* ... Die Nase ist in der Welt *(weiter wie eben)* ... Die Zunge ist in der Welt *(weiter wie eben)* ... Der Körper ist in der Welt *(weiter wie eben)* ... Der Geist ist in der Welt von lieber Gestalt, von ange-

nehmer Gestalt; daraus entstanden, tritt dieser Durst zutage; dort eindringend, setzt er sich fest. Die Formen sind in der Welt *(weiter wie oben)*... Die Laute sind in der Welt *(weiter wie oben)* ... Die Gerüche sind in der Welt *(weiter wie oben)*... Die Säfte sind in der Welt *(weiter wie oben)*... Die Berührungen sind in der Welt *(weiter wie oben)*... Die Gegebenheiten sind in der Welt von lieber Gestalt, von angenehmer Gestalt; daraus entstanden, tritt dieser Durst zutage; dort eindringend, setzt er sich fest. Das Sehbewußtsein ist in der Welt *(weiter wie oben)*... Das Hörbewußtsein ist in der Welt *(weiter wie oben)*... Das Riechbewußtsein ist in der Welt *(weiter wie oben)*... Das Schmeckbewußtsein ist in der Welt *(weiter wie oben)* ... Das Körperbewußtsein ist in der Welt *(weiter wie oben)* ... Das Geistesbewußtsein ist in der Welt von lieber Gestalt, von angenehmer Gestalt; daraus entstanden, tritt dieser Durst zutage; dort eindringend, setzt er sich fest. Die Sehberührung ist in der Welt *(weiter wie oben)*... Die Hörberührung ist in der Welt *(weiter wie oben)*... Die Riechberührung ist in der Welt *(weiter wie oben)*... Die Schmeckberührung ist in der Welt *(weiter wie oben)*... Die Körperberührung ist in der Welt *(weiter wie oben)*... Die Geistesberührung ist in der Welt von lieber Gestalt, von angenehmer Gestalt; daraus entstanden, tritt dieser Durst zutage; dort eindringend, setzt er sich fest. Das aus der Sehberührung hervorgegangene Gefühl ist in der Welt *(weiter wie oben)*... Das aus der Hörberührung hervorgegangene Gefühl ist in der Welt *(weiter wie oben)*... Das aus der Riechberührung hervorgegangene Gefühl ist in der Welt *(weiter wie oben)* ... Das aus der Schmeckberührung hervorgegangene Gefühl ist in der Welt *(weiter wie oben)*... Das aus der körperlichen Berührung hervorgegangene Gefühl ist in der Welt *(weiter wie oben)* ... Das aus der Denkberührung hervorgegangene Gefühl ist in der Welt von lieber Gestalt, von angenehmer Gestalt; daraus entstanden, tritt dieser Durst zutage; dort eindringend, setzt er sich fest. Die Wahrnehmung einer Form ist in der Welt *(weiter wie oben)*... Die Wahrnehmung eines Lautes ist in der Welt *(weiter wie oben)*... Die Wahrnehmung eines Duftes ist in der Welt *(weiter wie oben)* ... Die Wahrnehmung eines Geschmacks ist in der Welt *(weiter wie oben)*... Die Wahrnehmung einer Berührung ist in der Welt *(weiter wie oben)*... Die Wahrnehmung einer Gegebenheit ist in der Welt von lieber Gestalt, von angenehmer Gestalt; daraus entstanden, tritt dieser Durst zutage; dort eindringend, setzt er sich fest. Das Nachsinnen über eine Form ist in der Welt *(weiter wie oben)* ... Das Nachsinnen über einen Laut ist in der Welt *(weiter wie oben)* ... Das Nachsinnen über einen Duft ist in der Welt *(weiter wie oben)* ... Das Nachsinnen über einen Geschmack ist in der Welt *(weiter wie oben)* ... Das Nachsinnen über eine Berührung ist in der Welt *(weiter wie oben)* ... Das Nachsinnen über eine Gegebenheit ist in der Welt von lieber Gestalt, von angenehmer Gestalt; daraus entstanden, tritt dieser Durst zutage; dort eindringend, setzt er sich fest. Das Verlangen nach einer Form ist in der Welt *(usw.)*. Das Verlangen nach einem Laut ist in der Welt *(usw.)*. Das Verlangen nach einem Duft ist in der Welt *(usw.)*. Das Verlangen nach einem Geschmack ist in der Welt *(usw.)*. Das Verlangen nach einer Berührung ist in der Welt *(usw.)*. Das Verlangen nach einer Gegebenheit ist in der Welt von lieber Gestalt, von angenehmer Gestalt; daraus entstanden, tritt dieser Durst zutage; dort eindringend, setzt er sich fest. Das Nachdenken über eine Form *(usw.)*. Das Nachdenken über einen Laut *(usw.)*. Das Nachdenken über einen Duft *(usw.)*. Das Nachdenken über einen Geschmack *(usw.)*. Das Nachdenken über eine Berührung *(usw.)*. Das Nachdenken über eine Gegebenheit ist in der Welt von lieber Gestalt, von angenehmer Gestalt; daraus entstanden, tritt dieser Durst zutage; dort eindringend, setzt er sich fest. Die Prüfung einer Form *(usw.)*. Die Prüfung eines Lautes *(usw.)*. Die Prüfung eines Geruches *(usw.)*. Die Prüfung eines Geschmacks *(usw.)*. Die Prüfung einer Berührung *(usw.)*. Die Prüfung einer Gegebenheit ist in der Welt von lieber Gestalt, von angenehmer Gestalt; daraus entstanden, tritt dieser Durst zutage; dort eindringend, setzt er sich fest. – Dies, o Mönche, wird die edle Wahrheit von der Leidensvernichtung genannt.

20. Und was, o Mönche, ist die edle Wahrheit von der Aufhebung des Leidens? Es ist ebendieses Durstes Aufhebung durch (seine) restlose Vernichtung; (es ist) das Aufgeben (des Durstes), der Verzicht (auf ihn), die Loslösung (von ihm, seine) Beseitigung. Dieser Durst nun aber, o Mönche, woraus vertrieben, verschwindet er? Wo zerstört, löst er sich auf? Was in der Welt von lieber Gestalt, von angenehmer Gestalt ist, daraus vertrieben, verschwindet dieser Durst; dort zerstört, löst er sich auf. Was in der Welt ist von lieber Gestalt, von angeneh-

mer Gestalt? Das Auge ist in der Welt von lieber Gestalt, von angenehmer Gestalt; daraus vertrieben, verschwindet dieser Durst; dort zerstört, löst er sich auf *(weiter analog Abschnitt 19)*. – Dies, o Mönche, wird die edle Wahrheit von der Aufhebung des Leidens genannt.

21. Und was, o Mönche, ist die edle Wahrheit von dem zur Aufhebung des Leidens führenden Pfad? Es ist dieser edle achtgliedrige Weg, nämlich: rechte Einsicht, rechter Entschluß, rechte Rede, rechte Tat, rechter Wandel, rechtes Streben, rechte Wachheit, rechte Versenkung.[79] Und was, o Mönche, ist rechte Einsicht? Nun, o Mönche, das Wissen vom Leiden, das Wissen von der Entstehung des Leidens, das Wissen von der Aufhebung des Leidens, das Wissen von dem zur Aufhebung des Leidens führenden Pfad – das nennt man, o Mönche, rechte Einsicht. Und was, o Mönche, ist rechter Entschluß? Der Entschluß zur Entsagung, der Entschluß zur Enthaltung von Bosheit, der Entschluß des Nichtschädigens – das nennt man, o Mönche, rechten Entschluß. Und was, o Mönche, ist rechte Rede? Der Lüge sich enthalten, der Verleumdung sich enthalten, der Grobheit sich enthalten, des Plapperns sich enthalten – das nennt man, o Mönche, rechte Rede. Und was, o Mönche, ist rechte Tat? Des Umbringens von Lebewesen sich enthalten, des Nehmens von Nichtgegebenem sich enthalten, des unsittlichen Liebeslebens sich enthalten – das nennt man, o Mönche, rechte Tat. Und was, o Mönche, ist rechter Wandel? Wenn hier, o Mönche, ein edler Anhänger falschen Wandel aufgegeben hat und ein Leben rechten Wandels führt, so wird das, o Mönche, rechter Wandel genannt. Und was, o Mönche, ist rechtes Streben? Da, o Mönche, spannt ein Mönch den Willen an, um nicht entstandene böse, unheilvolle Dinge nicht (erst) entstehen zu lassen; er müht sich, strengt sich an; er übt das Gemüt, ertüchtigt es. Er spannt seinen Willen an, um entstandene böse, unheilvolle Dinge zum Verschwinden zu bringen; er müht sich, strengt sich an; er übt das Gemüt, ertüchtigt es. Er spannt seinen Willen an, um nicht entstandene heilsame Dinge zum Entstehen zu bringen; er müht sich, strengt sich an; er übt das Gemüt, ertüchtigt es. Er spannt seinen Willen an, um entstandene heilsame Dinge zur Festigung, nicht zur Lockerung, zur Vervielfachung, zur vollen Entwicklung, zur Entfaltung, zur Vollendung (zu bringen); er müht sich, strengt sich an; er übt das Gemüt, ertüchtigt

es. Das nennt man, o Mönche, rechtes Streben. Und was, o Mönche, ist rechte Wachheit? Da, o Mönche, verharrt der Mönch beim Körper über den Körper wachend, eifrig, einsichtig, aufmerksam, nach Aufgabe von Gier und Unmut in der Welt *(weiter wie im Abschnitt 1)* ... bei den Gegebenheiten über die Gegebenheiten wachend, eifrig, einsichtig, aufmerksam, nach Aufgabe von Gier und Unmut in der Welt – das nennt man, o Mönche, rechte Wachheit. Und was, o Mönche, ist rechte Versenkung? Da, o Mönche, verharrt der Mönch fern von Begierden, fern von unheilvollen Gedanken, mit Andacht, mit Überlegung, indem er die einsamkeitsgeborene heitere Glückseligkeit, die erste Schauung, erreicht hat. Nach der Ausbildung von Andacht und Überlegung verharrt er, indem er den persönlichen Frieden, die geistige Konzentration, die von Andacht freie, von Überlegung freie, versenkungsgeborene heitere Glückseligkeit, die zweite Schauung, erreicht hat. In Heiterkeit und Leidenschaftslosigkeit, gleichmütig, verharrt er, aufmerksam und wachsam. Ein Glück empfindet er im Körper, das die Edlen beschreiben: ‚Der gleichmütige Wachsame verharrt glücklich!'; die dritte Schauung erreicht er. Er verharrt nach der Aufgabe des Glückes wie nach der Aufgabe des Leides, nach Überwindung der früheren Wohlgemutheit wie des Unmuts, und erreicht die leidlose, glücklose, gleichmütig-wachsame, vollkommen reine vierte Schauung. Das nennt man, o Mönche, rechte Versenkung. Dies, o Mönche, wird die edle Wahrheit von dem zur Aufhebung des Leidens führenden Pfad genannt. So verharrt er, bei den Gegebenheiten nach innen über die Gegebenheiten wachend; er verharrt, bei den Gegebenheiten nach außen über die Gegebenheiten wachend; er verharrt, bei den Gegebenheiten nach innen und außen über die Gegebenheiten wachend. Er verharrt, indem er die Umstände der Entwicklung in den Gegebenheiten beobachtet; er verharrt, indem er die Umstände des Vergehens in den Gegebenheiten beobachtet; er verharrt, indem er die Umstände der Entwicklung und des Vergehens in den Gegebenheiten beobachtet. ‚Es ist eine Gegebenheit!', dies Bewußtsein ist ihm aufgestiegen, soweit es eben zum Wissen gereicht, zum Besinnen gereicht. Und er verharrt ungestützt, und von nichts in der Welt ist er abhängig. So aber, o Mönche, verharrt der Mönch, bei den Gegebenheiten über die Gegebenheiten der vier edlen Wahrheiten wachend.

22. Wer auch immer, o Mönche, diese vier Grundzüge des Bewußtseins sieben Jahre einhalten kann, für den ist von zwei Früchten die eine Frucht zu erwarten: die eine ist schon in der gegenwärtigen Existenz Erkenntnis oder, wenn ein Rest von Weltlichkeit vorhanden ist, Nichtwiederkehr. Die sieben Jahre, o Mönche, mögen dahingestellt bleiben: Wer auch immer, o Mönche, diese vier Grundzüge des Bewußtseins einhalten kann für sechs Jahre *(usw.; weiter wie eben)* ... für fünf Jahre *(usw.)* ... für vier Jahre *(usw.)* ... für drei Jahre *(usw.)* ... für zwei Jahre *(usw.)* ... für ein Jahr – für den ist von zwei Früchten die eine Frucht zu erwarten: die eine ist schon in der gegenwärtigen Existenz Erkenntnis oder, wenn ein Rest von Weltlichkeit vorhanden ist, Nichtwiederkehr. Das eine Jahr, o Mönche, mag dahingestellt bleiben: Wer auch immer, o Mönche, diese vier Grundzüge des Bewußtseins einhalten kann für sieben Monate, für den ist von zwei Früchten die eine Frucht zu erwarten: Die eine ist schon in der gegenwärtigen Existenz Erkenntnis oder, wenn ein Rest von Weltlichkeit vorhanden ist, Nichtwiederkehr. Die sieben Monate, o Mönche, mögen dahingestellt bleiben: Wer auch immer, o Mönche, diese vier Grundzüge des Bewußtseins einhalten kann für sechs Monate *(usw.)* ... für fünf Monate *(usw.)* ... für vier Monate *(usw.)* ... für drei Monate *(usw.)* ... für zwei Monate *(usw.)* ... für einen Monat *(usw.)* ... für einen halben Monat – für den ist von zwei Früchten die eine Frucht zu erwarten: Die eine ist schon in der gegenwärtigen Existenz Erkenntnis oder, wenn ein Rest von Weltlichkeit vorhanden ist, Nichtwiederkehr. Der halbe Monat, o Mönche, mag dahingestellt bleiben: Wer auch immer, o Mönche, diese vier Grundzüge des Bewußtseins (nur) für sieben Tage einhalten kann, für den ist von zwei Früchten die eine Frucht zu erwarten: Die eine ist schon in der gegenwärtigen Existenz Erkenntnis oder, wenn ein Rest von Weltlichkeit vorhanden ist, Nichtwiederkehr. ‚Allein zum Ziel führend, o Mönche, ist dieser Weg; (er führt) zur Läuterung der Wesen, zur Überwindung von Kummer und Trübsal, zum Verschwinden von Leid und Unmut, zum Eintritt in den rechten Wandel, zur Verwirklichung der Erlöschung; es sind diese vier Grundzüge des Bewußtseins!' – indem dies gesagt wurde, wurde es darum gesagt."

Dies sprach der Erhabene. Mit Wohlgefallen freuten sich diese Mönche an des Erhabenen Rede.

Nr. 22: Das Lehrgespräch mit dem Gleichnis von der Wasserschlange (Alagaddūpama-Sutta)

So habe ich es gehört. Zu einer Zeit weilte der Erhabene zu Sāvatthī, im Jeta-Wald, im Hain des Anāthapiṇḍika. Zu dieser Zeit nun war einem Mönch namens Ariṭṭha, einem vormaligen Geierfänger, eine solche üble Ansicht aufgestiegen: „So verstehe ich die vom Erhabenen dargelegte Lehre, daß die vom Erhabenen als (die Erlösung) hemmend genannten Taten diejenigen, die sie begehen, nicht unbedingt (auf dem Weg zur Erlösung) hemmen!" Nun hörten zahlreiche Mönche: „Da ist doch einem Mönch namens Ariṭṭha, einem vormaligen Geierfänger, eine solche üble Ansicht aufgestiegen: ‚So verstehe ich die vom Erhabenen dargelegte Lehre, daß die vom Erhabenen als (die Erlösung) hemmend genannten Taten diejenigen, die sie begehen, nicht unbedingt (auf dem Weg zur Erlösung) hemmen!'" Da begaben sich diese Mönche dorthin, wo sich der Mönch Ariṭṭha, der einstige Geierfänger, (aufhielt), und nachdem sie sich (dorthin) begeben hatten, sprachen sie zu dem Mönch Ariṭṭha, dem einstigen Geierfänger, dies:
„Ist es wohl wahr, Bruder Ariṭṭha, daß dir eine solche üble Ansicht aufgestiegen ist: ‚So (verstehe) ich die vom Erhabenen ... *(weiter wie eben)* ... hemmen!'?"
„So (ist es); allerdings, o Brüder, (verstehe) ich die vom Erhabenen ... *(weiter wie oben)* ... hemmen!'?"
Da wollten nun diese Mönche den Mönch Ariṭṭha, den vormaligen Geierfänger, von dieser üblen Auffassung abbringen und setzten (ihm) zu, befragten (ihn), sprachen zu (ihm):
„Sprich nicht so, Bruder Ariṭṭha, verleumde nicht den Erhabenen! Denn das Verleumden des Erhabenen ist nicht gut; der Erhabene würde nämlich nicht so sprechen. Auf verschiedene Weise wurden doch, Bruder Ariṭṭha, vom Erhabenen die (die Erlösung) hemmenden Taten bezeichnet, und (sie gereichen) dem, der sie begeht, unbedingt zur Hemmung. Als unheilvoll wurden die Begierden vom Erhabenen bezeichnet, als viel Leid, viel Mühsal bringend und noch mehr Elend. Als Knochengerippen vergleichbar sind die Begierden vom Erhabenen bezeichnet worden, als Fleischfetzen vergleichbar sind die Be-

gierden vom Erhabenen bezeichnet worden, als einem Grasfeuer vergleichbar, als glühenden Kohlen vergleichbar, als Träumen vergleichbar, als Betteleien vergleichbar, als Baumfrüchten (die man nicht bekommt) vergleichbar, als Schwertschneiden vergleichbar, als Speerspitzen vergleichbar, als Schlangenköpfen vergleichbar sind die Begierden vom Erhabenen bezeichnet worden, als viel Leid, viel Mühsal bringend und noch mehr Elend."

Doch obwohl der Mönch Ariṭṭha, der vormalige Geierfänger, so von diesen Mönchen angegangen, befragt, angesprochen wurde, blieb er an seiner üblen Auffassung starrsinnig hängen und haften: „So (verstehe) ich, o Brüder, die vom Erhabenen ... *(weiter wie oben)* ... hemmen!'?"

Da nun diese Mönche den Mönch Ariṭṭha, den vormaligen Geierfänger, nicht von dieser üblen Auffassung abbringen konnten, begaben sie sich dorthin, wo sich der Erhabene (aufhielt), und als sie sich (dorthin) begeben hatten, begrüßten sie den Erhabenen und setzten sich an einer Seite nieder. Nachdem sie sich an einer Seite niedergesetzt hatten, sprachen diese Mönche zum Erhabenen dies:

„Einem Mönch namens Ariṭṭha, o Herr, einem vormaligen Geierfänger, ist eine solche üble Ansicht aufgestiegen: ‚So (verstehe) ich die vom Erhabenen ... *(weiter wie oben)* ... hemmen!' Nun hörten wir, o Herr: ‚Da ist doch einem Mönch namens Ariṭṭha, einem vormaligen Geierfänger, eine solche üble Ansicht aufgestiegen: »So (verstehe) ich die vom Erhabenen ... *(weiter wie oben)* ... hemmen!«' Da haben wir uns, o Herr, dorthin begeben, wo sich der Mönch Ariṭṭha, der einstige Geierfänger, (aufhielt), und nachdem wir uns (dorthin) begeben hatten, haben wir zu dem Mönch Ariṭṭha, dem einstigen Geierfänger, dies gesagt: ‚Ist es wohl wahr, Bruder Ariṭṭha, daß dir eine solche üble Ansicht aufgestiegen ist: »So (verstehe) ich die vom Erhabenen ... *(weiter wie oben)* ... hemmen!«?' Nachdem dies gesagt worden war, o Herr, hat der Mönch Ariṭṭha, der einstige Geierfänger, zu uns dies gesagt: ‚So (ist es); allerdings, o Brüder, (verstehe) ich die vom Erhabenen ... *(weiter wie oben)* ... hemmen!' Da wollten wir, o Herr, den Mönch Ariṭṭha, den vormaligen Geierfänger, von dieser üblen Auffassung abbringen und haben (ihm) zugesetzt und (ihn) befragt und zu (ihm) gesprochen: ‚Sprich nicht so, Bruder Ariṭṭha, verleumde nicht den Erhabenen! Denn das Verleumden des Erhabenen ist nicht gut; der Erhabene würde nämlich nicht so sprechen. Auf verschiedene Weise wurden doch, Bruder Ariṭṭha, vom Erhabenen die (die Erlösung) hemmenden Taten bezeichnet, und (sie gereichen) dem, der sie begeht, unbedingt zur Hemmung. Als unheilvoll wurden die Begierden vom Erhabenen bezeichnet, als viel Leid, viel Mühsal bringend und noch mehr Elend. Als Knochengerippen vergleichbar sind die Begierden vom Erhabenen bezeichnet worden ... *(weiter wie oben)* ... als Schlangenköpfen vergleichbar sind die Begierden vom Erhabenen bezeichnet worden, als viel Leid, viel Mühsal bringend und noch mehr Elend.' Doch obwohl, o Herr, der Mönch Ariṭṭha, der vormalige Geierfänger, so von uns angegangen, befragt, angesprochen wurde, blieb er an seiner üblen Auffassung starrsinnig hängen und haften: ‚So (verstehe) ich, o Brüder, die vom Erhabenen ... *(weiter wie oben)* ... hemmen!' Da nun wir, o Herr, den Mönch Ariṭṭha, den vormaligen Geierfänger, nicht von dieser üblen Auffassung abbringen konnten, möchten wir diese Sache dem Erhabenen mitteilen."

Da wandte sich der Erhabene an einen der Mönche: „Geh du, o Mönch, und benachrichtige in meinem Namen den Mönch Ariṭṭha, den einstigen Geierfänger: ‚Der Meister läßt dich, Bruder Ariṭṭha, rufen!'"

„So (sei es), o Herr!" stimmte dieser Mönch dem Erhabenen zu, begab sich dorthin, wo sich der Mönch Ariṭṭha, der vormalige Geierfänger, (aufhielt), und nachdem er sich (dorthin) begeben hatte, sprach er zu dem Mönch Ariṭṭha, dem vormaligen Geierfänger, dies: „Der Meister läßt dich, Bruder Ariṭṭha, rufen!" – „So (sei es), Bruder!" stimmte der Mönch Ariṭṭha, der einstige Geierfänger, diesem Mönch zu, begab sich dorthin, wo sich der Erhabene (aufhielt), und nachdem er sich (dorthin) begeben hatte, begrüßte er den Erhabenen und ließ sich an einer Seite nieder. Zu dem an einer Seite niedergesessenen Mönch Ariṭṭha, dem einstigen Geierfänger, sprach der Erhabene dies: „Ist es wohl wahr, daß dir, Ariṭṭha, eine solche üble Ansicht aufgestiegen ist: ‚So (verstehe) ich die vom Erhabenen ... *(weiter wie oben)* ... hemmen!'?"

„So (ist es); allerdings, o Herr, (verstehe) ich die vom Erhabenen ... *(weiter wie oben)* ... hemmen!"

„Von wem hast denn du, törichter Mann, erfahren, daß so von mir die Lehre verkündet worden wäre? Sind denn nicht, törichtter Mann, von mir auf verschiedene Weise die (die Erlösung) hemmenden Taten bezeichnet worden und daß sie dem, der sie begeht, unbedingt zur Hemmung (gereichen)? Als unheilvoll wurden die Begierden von mir bezeichnet, als viel Leid, viel Mühsal bringend und noch mehr Elend. Als Knochengerippen vergleichbar sind die Begierden von mir bezeichnet worden, als Fleischfetzen sind die Begierden von mir bezeichnet worden, als einem Grasfeuer vergleichbar, als glühenden Kohlen vergleichbar, als Träumen vergleichbar, als Betteleien vergleichbar, als Baumfrüchten (die man nicht bekommt) vergleichbar, als Schwertschneiden vergleichbar, als Speerspitzen vergleichbar, als Schlangenköpfen vergleichbar sind die Begierden von mir bezeichnet worden, als viel Leid, viel Mühsal bringend und noch mehr Elend. Aber du, törichter Mann, willst, indem du es selbst falsch aufgefaßt hast, uns verleumden und begräbst dich selbst und bewirkst Schuld. Denn das wird dir, törichter Mann, für lange Zeit zu Unheil und Leid gereichen!"

Danach wandte sich der Erhabene an die Mönche: „Was meint ihr, o Mönche? Ist nicht der Mönch Ariṭṭha, der einstige Geierfänger, ein Brandstifter in dieser Lehre und Ordenszucht?"

„Wie könnte das sein, o Herr? Nein, das ist nicht so, o Herr!"[80]

Nachdem (vom Erhabenen) so gesprochen worden war, setzte sich der Mönch Ariṭṭha, der vormalige Geierfänger, stumm geworden, verstört geworden, mit gebeugtem Rumpf und gesenktem Haupt, niedergeschlagen, widerspruchslos nieder. Als der Erhabene den Mönch Ariṭṭha, den vormaligen Geierfänger, stumm geworden, verstört geworden, mit gebeugtem Rumpf und gesenktem Haupt, niedergeschlagen, widerspruchslos, gewahrte, sprach er zu dem Mönch Ariṭṭha, dem vormaligen Geierfänger, dies: „Es wird dir klarwerden, törichter Mann, als deine eigene üble Auffassung; jetzt werde ich die Mönche befragen!"

Darauf wandte sich der Erhabene an die Mönche: „Versteht auch ihr, meine Mönche, die (von mir) dargelegte Lehre so, wie dieser Mönch Ariṭṭha, der einstige Geierfänger, der, indem er sie selbst falsch aufgefaßt hat, uns verleumdet und sich selbst begräbt und Schuld bewirkt?"

„Aber nein, o Herr! Auf verschiedene Weise sind ja uns, o Herr, vom Erhabenen die (die Erlösung) hemmenden Taten bezeichnet worden und daß sie dem, der sie begeht, unbedingt zur Hemmung (gereichen). Als unheilvoll wurden die Begierden vom Erhabenen bezeichnet, als viel Leid, viel Mühsal bringend und noch mehr Elend. Als Knochengerippen vergleichbar wurden die Begierden vom Erhabenen bezeichnet ... *(weiter wie oben)* ... als Schlangenköpfen vergleichbar wurden die Begierden vom Erhabenen bezeichnet, als viel Leid, viel Mühsal bringend und noch mehr Elend."

„Gut, o Mönche, gut habt ihr, meine Mönche, die so dargelegte Lehre verstanden. Auf verschiedene Weise sind ja euch, o Mönche, von mir die (die Erlösung) hemmenden Taten bezeichnet worden, und daß sie dem, der sie begeht, unbedingt zur Hemmung (gereichen). Als unheilvoll sind die Begierden von mir bezeichnet worden, als viel Leid, viel Mühsal bringend und noch mehr Elend. Als Knochengerippen vergleichbar sind von mir die Begierden bezeichnet worden ... *(weiter wie oben)* ... als Schlangenköpfen vergleichbar sind die Begierden von mir bezeichnet worden, als viel Leid, viel Mühsal bringend und noch mehr Elend. Aber nun verleumdet uns dieser Mönch Ariṭṭha, der einstige Geierfänger, indem er es selbst falsch aufgefaßt hat, begräbt sich selbst und bewirkt Schuld, (die) diesem törichten Mann für lange Zeit zu Unheil und Leid gereichen wird. Daß er aber, o Mönche, anderen als eben den Begierden, anderen als den unter (dem Begriff) Begierde verstandenen, anderen als den unter (dem Begriff) Begierde gedachten Lüsten frönen könnte – dieser Standpunkt ist nicht annehmbar.

Da erfassen (auch) einige törichte Menschen die Lehre.[81] Indem sie die Lehre erfaßt haben, untersuchen sie (aber) nicht mit Weisheit den Sinn dieser Lehrsätze. Da der Sinn (der Lehrsätze) von ihnen nicht mit Weisheit untersucht wurde, finden sie an den Lehrsätzen keinen Gefallen. Sie befassen sich mit der Lehre nur zu dem Zweck, um (sie) bekritteln und (über sie) schwatzen (zu können). Den (eigentlichen) Zweck, um dessentwillen man die Lehre studiert, diesen Zweck nehmen sie nicht wahr. Diesen (Leuten) gereichen die falsch aufgefaßten Lehrsätze für lange Zeit zu Unheil und Leid. Aus welchem Grund? Wegen des falschen Auffassens der Lehrsätze, o Mönche! Gleichsam wie wenn, o Mönche, ein Mann, (der) nach (Wasser-) Schlangen trachtet, auf Schlangen ausgeht, nach Schlangen sucht, eine große Schlange sehen und diese an einer

Windung oder am Schwanz greifen würde, und die Schlange wendet sich (gegen ihn und würde ihn) in die Hand oder in den Arm oder in ein anderes der Gliedmaßen beißen, dann würde er dadurch zu Tode oder in todesgleiches Leiden kommen. Aus welchem Grund? Wegen des falschen Anfassens der Schlange, o Mönche! Ebenso, o Mönche, erfassen hier (auch) einige törichte Menschen die Lehre ... *(weiter wie eben)* ... wegen des falschen Auffassens der Lehrsätze, o Mönche!
Wiederum, o Mönche, erfassen (auch) einige Söhne aus (guter) Familie die Lehre. Indem sie die Lehre erfaßt haben, untersuchen sie mit Weisheit den Sinn der Lehrsätze. Da der Sinn (der Lehrsätze) von ihnen mit Weisheit untersucht wurde, finden sie an den Lehrsätzen Gefallen. Sie befassen sich mit der Lehre nicht zu dem Zweck, um (sie) zu bekritteln und (über sie) schwatzen (zu können). Sie nehmen den (eigentlichen) Zweck, um dessentwillen man die Lehre studiert, diesen Zweck nehmen sie wahr. Diesen (Leuten) gereichen die wohl aufgefaßten Lehrsätze für lange Zeit zu Heil und Glück. Aus welchem Grund? Wegen des richtigen Auffassens der Lehrsätze, o Mönche! Gleichsam wie wenn, o Mönche, ein Mann, der nach (Wasser-) Schlangen trachtet, auf Schlangen ausgeht, nach Schlangen sucht, eine große Schlange sehen und (sie) mit einem ziegenfußähnlichen Stock, gut gegriffen, niederhalten und mit richtigen Griffen ihren Hals packen würde: Wenn auch, o Mönche, die Schlange dieses Mannes Hand oder Arm oder ein anderes Körperglied mit (ihren) Windungen umringeln würde, so würde er dadurch doch nicht zu Tode oder in todesgleiches Leiden kommen. Aus welchem Grund? Wegen des richtigen Ergreifens der Schlange, o Mönche! Ebenso, o Mönche, erfassen hier (auch) einige Söhne aus (guter) Familie die Lehre ... *(weiter wie eben)* ... wegen des richtigen Auffassens der Lehrsätze, o Mönche! Darum also sollt ihr, o Mönche, was ihr von meiner Rede als Sinn versteht, so bewahren; was ihr aber von meiner Rede nicht als Sinn versteht, darüber muß ich euch befragen, damit die Mönche gebildet seien.
Als verglichen mit einem Floß werde ich euch, o Mönche, die Lehre darlegen, mit dem Ziel des Entrinnens (aus dem Geburtenkreislauf), nicht mit dem Ziel des Festhaltens.[82] Dies höret, seid wohl aufmerksam; ich werde sprechen!"
„So (sei es), o Herr!" stimmten diese Mönche dem Erhabenen zu. Der Erhabene sprach dies:

„Gleichsam wie wenn, o Mönche, ein auf dem Reiseweg befindlicher Mann eine große Wassermasse sehen würde, das diesseitige Ufer schreckensvoll, gefährlich; das jenseitige geschützt, ungefährlich; und es gäbe kein hinüberfahrendes Schiff und keine Brücke, um zum anderen Ufer zu kommen. Da wäre sein (Gedanke) so: ‚Dies ist eine große Wassermasse, das diesseitige Ufer schreckensvoll, gefährlich; das jenseitige Ufer geschützt, ungefährlich; und es gibt kein hinüberfahrendes Schiff und keine Brücke, um zum anderen Ufer zu kommen. Wenn ich nun Rohr, Holz, Zweige und Laub sammle, ein Floß zusammenbinde und mit Hilfe des Floßes, mit Händen und Füßen mich anstrengend, wohlbehalten ans andere Ufer übersetzen würde?' Dann würde, o Mönche, dieser Mann Rohr, Holz, Zweige und Laub sammeln, ein Floß zusammenbinden und mit Hilfe des Floßes, mit Händen und Füßen sich anstrengend, wohlbehalten ans andere Ufer übersetzen. Des Übergesetzten, Hinübergelangten (Gedanke) wäre so: ‚Sehr hilfreich ist fürwahr mir dieses Floß; mit Hilfe dieses Floßes bin ich, mit Händen und Füßen mich anstrengend, wohlbehalten ans andere Ufer übergesetzt. Wenn ich nun dieses Floß auf den Kopf heben oder auf die Schultern stellen und (damit) gehen würde, wohin ich möchte?' Was meint ihr, o Mönche: würde, o Mönche, dieser Mann, so handelnd, gegenüber dem Floß richtig handeln?"

„Nein, das würde er nicht, o Herr!"

„Wie, o Mönche, würde dieser Mann gegenüber dem Floß richtig handeln? Da wäre, o Mönche, des Übergesetzten, Hinübergelangten (Gedanke) so: ‚Sehr hilfreich ist fürwahr mir dieses Floß; mit Hilfe dieses Floßes bin ich, mit Händen und Füßen mich anstrengend, wohlbehalten ans andere Ufer übergesetzt. Wenn ich nun dieses Floß an Land (ziehe und) festmache oder (es) ins Wasser versenke und (dann) hingehe, wohin ich möchte?' So handelnd, o Mönche, würde dieser Mann gegenüber dem Floß richtig handeln. Ebenso, o Mönche, ist die von mir mit einem Floß verglichene Lehre mit dem Ziel des Entrinnens, nicht mit dem Ziel des Festhaltens, dargelegt worden. Von euch, o Mönche, die ihr das Gleichnis vom Floß verstanden habt, sind die rechten (Taten) zu meiden[83] und schon gar die unrechten.

Sechs (an der Zahl), o Mönche, sind diese Irrlehren. Welche sechs? Da, o Mönche, betrachtet der ungebildete Durch-

schnittsmensch, die Edlen nicht gewahrend, der edlen Lehre unkundig, in der edlen Lehre unausgebildet, gute Menschen nicht gewahrend, der Lehre guter Menschen unkundig, in der Lehre guter Menschen unausgebildet, den Körper: ‚Das ist mein; der bin ich; das ist mein Selbst!' Er betrachtet die Wahrnehmung: ‚Das ist mein ...' *(weiter wie eben).* Er betrachtet das Bewußtsein: ‚Das ist mein ...' *(weiter wie eben).* Er betrachtet die Geistestätigkeit: ‚Das ist mein ...' *(weiter wie eben).* Auch was gesehen, gehört, gefühlt, erkannt, erreicht, untersucht, vom Geist erforscht wurde, auch das betrachtet er: ‚Das ist mein ...' *(weiter wie eben).* Und auch diese Lehrmeinung: ‚Das ist die Welt, das ist das Selbst; das werde ich, dahingegangen, sein: unvergänglich, beständig, ewig, unveränderlich, immerdar derselbe, ebenso werde ich bleiben!' betrachtet er: ‚Das ist mein; der bin ich; das ist mein Selbst!'
(Aber) der gebildete, edle Anhänger, o Mönche, die Edlen gewahrend, der edlen Lehre kundig, in der edlen Lehre ausgebildet, gute Menschen gewahrend, der Lehre guter Menschen kundig, in der Lehre guter Menschen ausgebildet, betrachtet den Körper: ‚Das ist nicht mein; der bin ich nicht; das ist nicht mein Selbst!' Er betrachtet die Wahrnehmung: ‚Das ist nicht mein ...' *(weiter wie eben).* Er betrachtet das Bewußtsein: ‚Das ist nicht mein ...' *(weiter wie eben).* Er betrachtet die Geistestätigkeit: ‚Das ist nicht mein ...' *(weiter wie eben).* Auch was gesehen, gehört, gefühlt, erkannt, erreicht, untersucht, vom Geist erforscht wurde, auch das betrachtet er: ‚Das ist nicht mein ...' *(weiter wie eben).* Und auch diese Lehrmeinung ‚Das ist die Welt, das ist das Selbst; das werde ich, dahingegangen, sein: unvergänglich, beständig, ewig, unveränderlich, immerdar derselbe, ebenso werde ich bleiben!' betrachtet er: ‚Das ist nicht mein; der bin ich nicht; das ist nicht mein Selbst!' Indem er es so betrachtet, bleibt er unverstört."
Nachdem dies gesagt worden war, sprach einer der Mönche zum Erhabenen dies: „Könnte wohl, o Herr, (durch Einwirkung) von außen Verstörtheit entstehen?"
„Es könnte sein, o Mönch!" sprach der Erhabene. „Da wäre, o Mönch, jemandes (Gedanke) so: ‚Ich hatte es, ach! Ich habe es nicht (mehr)! Hätte ich es doch (wieder)! Ich bekomme es bestimmt nicht!' Er trauert, ist bekümmert, jammert, schlägt sich wehklagend gegen die Brust, gerät in Verzweiflung. So, o

Mönch, entsteht (durch Einwirkung) von außen Verstörtheit."
„Könnte wiederum, o Herr, (durch Einwirkung) von außen keine Verstörtheit entstehen?"
„Es könnte sein, o Mönch!" sprach der Erhabene. „Da wäre, o Mönch, jemandes (Gedanke) nicht so: ‚Ich hatte es, ach! Ich habe es nicht (mehr)! Hätte ich es doch (wieder)! Ich bekomme es bestimmt nicht!' Er trauert nicht, ist nicht bekümmert, jammert nicht, schlägt sich nicht wehklagend gegen die Brust, gerät nicht in Verzweiflung. So, o Mönch, entsteht (durch Einwirkung) von außen keine Verstörtheit."
„Könnte wohl, o Herr, von innen her Verstörtheit entstehen?"
„Es könnte sein, o Mönch!" sprach der Erhabene. „Da kommt jemandem solche Ansicht: ‚Das ist die Welt, das ist das Selbst; das werde ich, dahingegangen, sein: unvergänglich, beständig, ewig, unveränderlich, immerdar derselbe, ebenso werde ich bleiben!' Der hört vom Vollendeten oder von einem Anhänger des Vollendeten die Lehre verkünden, die das Anhängen und Haften an (falschen) Lehrmeinungen, die Neigung und Vorliebe (für solche) vollständig ausrottet, alle Geistestätigkeit zur Ruhe bringt, alles Anhaften beseitigt, zum Schwinden des Lebensdurstes, zur Wahnvernichtung, zur Auflösung, zum Erlöschen (führt). Dessen (Gedanke) wäre so: ‚Vernichtet, fürwahr, werde ich werden; zugrunde, fürwahr, werde ich gehen; nicht (mehr), fürwahr, werde ich existieren!' Er trauert, ist bekümmert, jammert, schlägt sich wehklagend gegen die Brust, gerät in Verzweiflung. So, o Mönch, entsteht von innen her Verstörtheit."
„Könnte wiederum, o Herr, von innen her keine Verstörtheit entstehen?"
„Es könnte sein, o Mönch!" sprach der Erhabene. „Da kommt jemandem nicht solche Ansicht: ‚Das ist die Welt, das ist das Selbst; das werde ich, dahingegangen, sein: unvergänglich, beständig, ewig, unveränderlich, immerdar derselbe, ebenso werde ich bleiben!' Der hört vom Vollendeten oder von einem Anhänger des Vollendeten die Lehre verkünden, die das Anhängen und Haften an (falschen) Lehrmeinungen, die Neigung und Vorliebe (für solche) vollständig ausrottet, alle Geistestätigkeit zur Ruhe bringt, alles Anhaften beseitigt, zum Schwinden des Lebensdurstes, zur Wahnvernichtung, zur Auf-

lösung, zum Erlöschen (führt). Dessen (Gedanke) wäre nicht so: ,Vernichtet, fürwahr, werde ich werden; zugrunde, fürwahr, werde ich gehen; nicht (mehr), fürwahr, werde ich existieren!' Er trauert nicht, ist nicht bekümmert, jammert nicht, schlägt sich nicht wehklagend gegen die Brust, gerät nicht in Verzweiflung. So, o Mönch, entsteht von innen her keine Verstörtheit.
Könntet ihr, o Mönche, ein Gut erlangen, dessen Besitz unvergänglich, beständig, ewig, unveränderlich wäre und immerdar derselbe bliebe? Seht ihr, o Mönche, ein Gut, dessen Besitz ... *(weiter wie eben)* ... immerdar derselbe bliebe?"
„Nein, das gibt es nicht, o Herr!"
„Gut, o Mönche! Auch ich, o Mönche, gewahre kein Gut, dessen Besitz unvergänglich, beständig, ewig, unveränderlich wäre und immerdar derselbe bliebe. Huldigt ihr wohl, o Mönche, dem Glauben an eine (ewige) Seele, durch welchen diejenigen, die dem Glauben an eine (ewige) Seele huldigen, nicht in Kummer, Jammer, Leid, Verzweiflung und Mühsal geraten sollen? Seht ihr, o Mönche, einen Glauben an eine (ewige) Seele, durch welchen ... *(weiter wie eben)* ... Kummer, Jammer, Leid, Verzweiflung und Mühsal (geraten sollen)?"
„Nein, das gibt es nicht, o Herr!"
„Gut, o Mönche! Auch ich, o Mönche, gewahre keinen Glauben an eine (ewige) Seele, durch welchen diejenigen, die dem Glauben an eine (ewige) Seele huldigen, nicht in Kummer, Jammer, Leid, Verzweiflung und Mühsal geraten sollen. Hängt ihr wohl, o Mönche, an einer Lehrmeinung, durch welche diejenigen, die an (dieser) Lehrmeinung hängen, nicht in Kummer, Jammer, Leid, Verzweiflung und Mühsal geraten sollen? Seht ihr, o Mönche, eine Lehrmeinung, durch welche ... *(weiter wie eben)* ... Kummer, Jammer, Leid, Verzweiflung und Mühsal (geraten sollen)?"
„Nein, das gibt es nicht, o Herr!"
„Gut, o Mönche! Auch ich, o Mönche, gewahre keine Lehrmeinung, durch welche diejenigen, die an (dieser) Lehrmeinung hängen, nicht in Kummer, Jammer, Leid, Verzweiflung und Mühsal geraten sollen.
Wenn es, o Mönche, ein Selbst gäbe – würde es (auch) ein ,Mir zu eigen' geben?"
„Ja, o Herr!"
„Wenn es, o Mönche, ein Eigen gäbe – würde es (auch) ein ,Mir selbst' geben?"

„Ja, o Herr!"
„Da, o Mönche, weder das Selbst noch das Eigen wahrhaftig und tatsächlich erlangt werden kann, was (gilt) da dieser Standpunkt: ‚Das ist die Welt, das ist das Selbst; das werde ich, dahingegangen, sein: unvergänglich, beständig, ewig, unveränderlich, immerdar derselbe, ebenso werde ich bleiben!'? Ist das nicht, o Mönche, eine ausschließliche, vollständige Narrenlehre?"
„Was sollte es denn (anderes) sein, o Herr, als eine ausschließliche, vollständige Narrenlehre!"
„Was meint ihr, o Mönche? Ist der Körper unvergänglich oder vergänglich?"
„Vergänglich, o Herr!"
„Was aber vergänglich ist, ist dies Leid oder Glück?"
„Leid, o Herr!"
„Was aber vergänglich, leidvoll, veränderlich ist, ist das wohl rechtens zu betrachten: ‚Das ist mein; der bin ich; das ist mein Selbst!'?"
„Nein, das ist nicht so, o Herr!"
„Was meint ihr, o Mönche? Sind die Empfindungen unvergänglich oder vergänglich?"
„Vergänglich, o Herr!"
„Was aber vergänglich ist, ist dies Leid oder Glück?"
„Leid, o Herr!"
„Was aber vergänglich, leidvoll, veränderlich ist, ist das wohl rechtens zu betrachten: ‚Das ist mein; der bin ich; das ist mein Selbst!'?"
„Nein, das ist nicht so, o Herr!"
„Was meint ihr, o Mönche? Ist die Wahrnehmung unvergänglich oder vergänglich?"
„Vergänglich, o Herr!"
„Was aber vergänglich ist, ist dies Leid oder Glück?"
„Leid, o Herr!
„Was aber vergänglich, leidvoll, veränderlich ist, ist das wohl rechtens zu betrachten: ‚Das ist mein; der bin ich; das ist mein Selbst!'?"
„Nein, das ist nicht so, o Herr!"
„Was meint ihr, o Mönche? Sind die Geisteskräfte unvergänglich oder vergänglich?"
„Vergänglich, o Herr!"
„Was aber vergänglich ist, ist dies Leid oder Glück?"

„Leid, o Herr!"
„Was aber vergänglich, leidvoll, veränderlich ist, ist das wohl rechtens zu betrachten: ‚Das ist mein; der bin ich; das ist mein Selbst!'?"
„Nein, das ist nicht so, o Herr!"
„Was meint ihr, o Mönche? Ist das Bewußtsein unvergänglich oder vergänglich?"
„Vergänglich, o Herr!"
„Was aber vergänglich ist, ist dies Leid oder Glück?"
„Leid, o Herr!"
„Was aber vergänglich, leidvoll, veränderlich ist, ist das wohl rechtens zu betrachten: ‚Das ist mein; der bin ich; das ist mein Selbst!'?"
„Nein, das ist nicht so, o Herr!"
„Darum also, o Mönche: was auch immer Körper ist, vergangen, gegenwärtig, zukünftig, innerlich oder äußerlich, grob oder fein, niedrig oder erhaben, in der Ferne oder in der Nähe – alles, (was) Körper ist, ist den Tatsachen entsprechend mit vollkommener Weisheit so zu betrachten: ‚Das ist nicht mein; der bin ich nicht; das ist nicht mein Selbst!' Was auch immer Empfindungen sind ... *(weiter wie eben)* ... Was auch immer Wahrnehmung ist ... Was auch immer Geisteskräfte sind ... Was auch immer Bewußtsein ist, vergangen, gegenwärtig, zukünftig, innerlich oder äußerlich, grob oder fein, niedrig oder erhaben, in der Ferne oder in der Nähe – alles, (was) Bewußtsein ist, ist den Tatsachen entsprechend mit vollkommener Weisheit zu betrachten: ‚Das ist nicht mein; das bin ich nicht; das ist nicht mein Selbst!'
Indem er (es) so sieht, o Mönche, wird der gebildete, edle Anhänger des Körpers überdrüssig, wird er der Empfindungen überdrüssig, wird er der Wahrnehmung überdrüssig, wird er der Geisteskräfte überdrüssig, wird er des Bewußtseins überdrüssig. (Ihrer) überdrüssig (geworden), entsagt er (ihnen). Durch die Entsagung wird er erlöst. ‚Im Erlösten ist Erlösung!', dieses Wissen entsteht (in ihm). ‚Beseitigt ist die Geburt, vollendet der heilige Wandel, getan das Werk; nicht gibt es etwas auf diese Existenz Folgendes!'; (das) erkennt er. Ein solcher Mönch, o Mönche, wird auch Hindernisbeseitiger genannt, auch Grabenfüller, auch Wunschzerstörer, auch Unbehinderter, auch Edler, Flaggensenker, Bürdeloser, Jochbefreiter.

Und wie, o Mönche, wird der Mönch ein Hindernisbeseitiger? Da ist, o Mönche, von einem Mönch das Nichtwissen beseitigt worden, mit der Wurzel ausgerissen, einem Palmstumpf gleichgemacht, zum Nichtwerden gebracht, künftig ohne Entwicklung (bleibend). So, o Mönche, wird der Mönch ein Hindernisbeseitiger. Und wie, o Mönche, wird der Mönch ein Grabenfüller? Da ist, o Mönche, von einem Mönch der zu (ständig) erneutem Werden führende Geburtenkreislauf beseitigt worden, mit der Wurzel ausgerissen, einem Palmstumpf gleichgemacht, zum Nichtwerden gebracht, künftig ohne Entwicklung (bleibend). So, o Mönche, wird der Mönch ein Grabenfüller. Und wie, o Mönche, wird der Mönch ein Wunschzerstörer? Da ist, o Mönche, von einem Mönch der Lebensdurst beseitigt worden, mit der Wurzel ausgerissen, einem Palmstumpf gleichgemacht, zum Nichtwerden gebracht, künftig ohne Entwicklung (bleibend). So, o Mönche, wird der Mönch ein Wunschzerstörer. Und wie, o Mönche, wird der Mönch ein Unbehinderter? Da sind, o Mönche, von einem Mönch die fünf weltlichen Fesseln[84] beseitigt worden, mit der Wurzel ausgerissen, einem Palmstumpf gleichgemacht, zum Nichtwerden gebracht, künftig ohne Entwicklung (bleibend). So, o Mönche, wird der Mönch ein Unbehinderter. Und wie, o Mönche, wird der Mönch ein Edler, Flaggensenker, Bürdeloser, Jochbefreiter? Da ist, o Mönche, von einem Mönch der Ich-Wahn beseitigt worden, mit der Wurzel ausgerissen, einem Palmstumpf gleichgemacht, zum Nichtwerden gebracht, künftig ohne Entwicklung (bleibend). So, o Mönche, wird der Mönch ein Edler, Flaggensenker, Bürdeloser, Jochbefreiter.
Einen solcherart gemütserlösten Mönch, o Mönche, erreichen (selbst) die Inda-, Brahma- und Pajāpati-Götter nicht (mehr, indem sie wissen:) ‚Fest gegründet ist des Vollendeten Bewußtsein!' Aus welchem Grund? Schon in dieser Welt, o Mönche, nenne ich den Vollendeten unerfaßbar. Indem ich so spreche, o Mönche, indem ich solches lehre, verleumden mich einige Bettelmönche und Priester grundlos, gegenstandslos, lügnerisch, fälschlich: ‚Ein Verneiner ist der Bettelmönch Gotama; des wirklichen Seins Vernichtung, Untergang, Vergehen verkündet er!' Wie ich nicht bin, o Mönche, wie ich nicht spreche, dessen bezichtigen mich diese ehrwürdigen Bettelmönche und Priester grundlos, gegenstandslos, lügnerisch, fälschlich: ‚Ein Verneiner ist der Bettelmönch Gotama;

des wirklichen Seins Vernichtung, Untergang, Vergehen verkündet er!' (In Wahrheit) verkünde ich früher wie auch jetzt, o Mönche, nur das Leiden und des Leidens Vernichtung.
Wenn da, o Mönche, andere den Vollendeten beschimpfen, tadeln, belästigen, (dann) wird, o Mönche, der Vollendete nicht böse, nicht unzufrieden, nicht zornigen Gemütes. Wenn da, o Mönche, andere den Vollendeten wertschätzen, hochschätzen, achten, verehren, (dann) wird, o Mönche, der Vollendete nicht freudvoll, nicht fröhlich, nicht gehobener Stimmung. Wenn da, o Mönche, andere den Vollendeten wertschätzen, hochschätzen, achten, verehren, dann, o Mönche, ist (der Gedankengang) des Vollendeten so: ‚Da dies einst (von mir) voll erkannt worden ist, erweist man mir hier solche Ehre!'
Darum also, o Mönche: Wenn euch auch andere beschimpfen, tadeln, belästigen sollten, sollt ihr da nicht böse, nicht unzufrieden, nicht zornigen Gemütes werden. Darum also, o Mönche: Wenn euch auch andere wertschätzen, hochschätzen, achten, verehren sollten, sollt ihr da nicht freudvoll, nicht fröhlich, nicht gehobener Stimmung werden. Darum also, o Mönche: Wenn euch auch andere wertschätzen, hochschätzen, achten, verehren sollten, soll euer (Gedankengang) so sein: ‚Da dies einst voll erkannt worden ist, erweist man uns hier solche Ehre!'
Darum also, o Mönche, (gilt:) Was nicht euch (angehört), das gebet auf! Das von euch Aufgegebene wird euch lange Zeit zum Segen, zum Glück gereichen. Und was, o Mönche, (gehört) euch nicht (an)? Der Körper, o Mönche, (gehört) euch nicht (an); ihn gebet auf; der von euch Aufgegebene wird euch lange Zeit zum Segen, zum Glück gereichen. Die Empfindung, o Mönche, (gehört) euch nicht (an); sie gebet auf; die von euch Aufgegebene wird euch lange Zeit zum Segen, zum Glück gereichen. Die Wahrnehmung, o Mönche, (gehört) euch nicht (an); sie gebet auf; die von euch Aufgegebene wird euch lange Zeit zum Segen, zum Glück gereichen. Die Geisteskräfte, o Mönche, (gehörten) euch nicht (an); sie gebet auf; die von euch Aufgegebenen werden euch lange Zeit zum Segen, zum Glück gereichen. Das Bewußtsein, o Mönche, (gehört) euch nicht (an); gebt es auf; das von euch Aufgegebene wird euch lange Zeit zum Segen, zum Glück gereichen. Was meint ihr, o Mönche: Wenn ein Mensch das in in diesem Jeta-Hain (befindliche) Gras, Holz, Astwerk und Laub wegnehmen oder

verbrennen oder (sonstwie) nach Belieben damit verfahren würde – würde euch da wohl dieser (Gedanke) kommen: ‚Uns nimmt der Mensch weg oder verbrennt er oder verfährt (sonstwie) nach Belieben damit!'?"

„Nein, das ist nicht so, o Herr!"

„Aus welchem Grund?"

„Nicht ist ja dies, o Herr, unser Selbst oder Eigen!"

„Ebenso, o Mönche, gebet auf, was euch nicht (angehört)! Das von euch Aufgegebene wird euch lange Zeit zum Segen, zum Glück gereichen. Und was, o Mönche, (gehört) euch nicht (an)? Der Körper, o Mönche, (gehört) euch nicht (an); ihn gebet auf; der von euch Aufgegebene wird euch lange Zeit zum Segen, zum Glück gereichen. Die Empfindung, o Mönche ... *(weiter wie oben)* ... Die Wahrnehmung, o Mönche ... Die Geisteskräfte, o Mönche ... Das Bewußtsein, o Mönche, (gehört) euch nicht (an); gebt es auf; das von euch Aufgegebene wird euch lange Zeit zum Segen, zum Glück gereichen.

So wurde wohlverkündet, o Mönche, von mir die Lehre, klar, unverhüllt, geklärt, unverschleiert. Diejenigen Mönche, die (zu Lebzeiten) Heilige geworden sind, die die Geburt beseitigt, den heiligen Wandel vollendet, das Werk getan, die Bürde niedergelegt haben, zum Heil gelangt sind, die Daseinsfesseln vernichtet haben und in vollkommener Weisheit erlöst sind – für diese gibt es keine Rückkehr zum Wiedererscheinen. So wurde wohlverkündet, o Mönche, von mir die Lehre ... *(weiter wie eben)* ... unverschleiert. So ist, o Mönche, wohlverkündet worden von mir die Lehre: Diejenigen Mönche, die die fünf weltlichen Fesseln beseitigt haben – sie alle werden spontan wiedergeboren, um dort zu erlöschen, ohne Wiederkehr in diese Welt. So wurde wohlverkündet, o Mönche, von mir die Lehre ... *(weiter wie eben)* ... unverschleiert. So ist, o Mönche, wohlverkündet worden von mir die Lehre: Diejenigen Mönche, die die drei Fesseln beseitigt haben und von Leidenschaft, Bosheit, Verblendung erleichtert wurden – sie alle sind (solche, die nur noch) einmal wiederkehren; indem sie nur (noch) einmal in diese Welt kommen, werden sie dem Leiden ein Ende machen. So wurde wohlverkündet, o Mönche, von mir die Lehre ... *(weiter wie eben)* ... unverschleiert. So ist, o Mönche, wohlverkündet worden von mir die Lehre: Diejenigen Mönche, die die drei Fesseln beseitigt haben – sie alle sind in den Strom (der Erlösung) gelangt, dem Untergang entronnen, ent-

schlossen zur Erwachung strebend. So wurde wohlverkündet, o Mönche, von mir die Lehre ... *(weiter wie eben)* ... unverschleiert. So ist, o Mönche, wohlverkündet worden von mir die Lehre: Diejenigen Mönche, die gemäß der Lehre, gemäß dem Glauben leben – sie alle streben zur Erwachung. So wurde wohlverkündet, o Mönche, von mir die Lehre, klar, unverhüllt, geklärt, unverschleiert. So ist, o Mönche, wohlverkündet worden von mir die Lehre, klar, unverhüllt, geklärt, unverschleiert: Diejenigen, in denen Vertrauen und Liebe zu mir sind, sie alle streben zum Himmel!"
Dies sprach der Erhabene. Mit Wohlgefallen freuten sich diese Mönche an des Erhabenen Rede.

Nr. 63: Das kleine Lehrgespräch mit dem Sohn der Māluṅkyā (Cūḷa-Māluṅkyā-Sutta)

So habe ich es gehört. Zu einer Zeit weilte der Erhabene zu Sāvatthī, im Jeta-Wald, im Hain des Anāthapiṇḍika. Damals entstand im Sinn des ehrwürdigen Māluṅkyāputta, der ins Verborgene gegangen war (und) einsam (weilte), eine solche Überlegung: „Da sind diese Ansichten vom Erhabenen nicht mitgeteilt, umgangen, zurückgewiesen worden: ‚Ewig ist die Welt!', ‚Nicht ewig ist die Welt!', ‚Endlich ist die Welt!', ‚Unendlich ist die Welt!', ‚Leben und Körper sind dasselbe!', ‚Das Leben ist das eine, der Körper ist das andere!', ‚Der Vollendete wird (auch) nach dem Tode sein!', ‚Der Vollendete wird nach dem Tode nicht sein!', ‚Der Vollendete wird nach dem Tode sowohl sein als auch nicht sein!', ‚Der Vollendete wird nach dem Tode weder sein noch nicht sein!'. Diese (Fragen) hat mir der Erhabene nicht mitgeteilt. Das gefällt mir nicht, das befriedigt mich nicht. Ich werde zum Erhabenen mich begeben und nach der Sache fragen. Wenn mir der Erhabene mitteilen wird: ‚Ewig ist die Welt!' oder ‚Nicht ewig ist die Welt!', ‚Endlich ist die Welt!' oder ‚Unendlich ist die Welt!', ‚Leben und Körper sind dasselbe!' oder ‚Das Leben ist das eine, der Körper ist das andere!', ‚Der Vollendete wird (auch) nach dem Tode sein!' oder ‚Der Vollendete wird nach dem Tode nicht sein!' oder ‚Der Vollendete wird nach dem Tode sowohl sein als auch nicht sein!' oder ‚Der Vollendete wird nach dem Tode weder sein noch nicht sein!' – dann werde ich beim Erhabenen den heiligen

Wandel führen. Aber wenn mir der Erhabene nicht mitteilen wird: ‚Ewig ist die Welt!' oder ‚Nicht ewig ist die Welt!' ... *(weiter wie eben)* ... ‚Der Vollendete wird nach dem Tode weder sein noch nicht sein!' – dann werde ich die Schülerschaft aufgeben und zum Geringeren (= *weltlichen Leben*) zurückkehren!"
Als nun der ehrwürdige Mālunkyāputta die Abendandacht einsam verbracht hatte, begab er sich zum Erhabenen, grüßte und ließ sich an einer Seite nieder. Nachdem er sich an einer Seite niedergelassen hatte, sprach der ehrwürdige Mālunkyāputta zum Erhabenen dies:
„Da ist mir, o Herr, als ich ins Verborgene gegangen war (und) einsam (weilte), eine solche Überlegung in den Sinn gekommen: ‚Da sind diese Ansichten vom Erhabenen nicht mitgeteilt, umgangen, zurückgewiesen worden: »Ewig ist die Welt!«, »Nicht ewig ist die Welt!« ... *(weiter wie oben)* ... »Der Vollendete wird nach dem Tode weder sein noch nicht sein!« Diese (Fragen) hat mir der Erhabene nicht mitgeteilt. Das gefällt mir nicht, das befriedigt mich nicht. Ich werde zum Erhabenen mich begeben und nach der Sache fragen. Wenn mir der Erhabene mitteilen wird: »Ewig ist die Welt!« oder »Nicht ewig ist die Welt!« ... *(weiter wie oben)* ... »Der Vollendete wird nach dem Tode weder sein noch nicht sein!« – dann werde ich beim Erhabenen den heiligen Wandel führen. Aber wenn mir der Erhabene nicht mitteilen wird: »Ewig ist die Welt!« oder »Nicht ewig ist die Welt!« ... *(weiter wie oben)* ... »Der Vollendete wird nach dem Tode weder sein noch nicht sein!« – dann werde ich die Schülerschaft aufgeben und zum Geringeren zurückkehren!' Wenn der Erhabene weiß: ‚Ewig ist die Welt!', dann soll mir der Erhabene mitteilen: ‚Ewig ist die Welt!', Wenn der Erhabene weiß: ‚Nicht ewig ist die Welt!', dann soll mir der Erhabene mitteilen: ‚Nicht ewig ist die Welt!' Aber wenn der Erhabene nicht weiß: ‚Ewig ist die Welt' oder ‚Nicht ewig ist die Welt!', dann ist es für einen, der es nicht weiß und nicht sieht, angemessen (zu sagen:) ‚Ich weiß es nicht; ich sehe es nicht!' Wenn der Erhabene weiß: ‚Endlich ist die Welt!', dann soll mir der Erhabene mitteilen: ‚Endlich ist die Welt!' Wenn der Erhabene weiß: ‚Unendlich ist die Welt!', dann soll mir der Erhabene mitteilen: ‚Unendlich ist die Welt!' Aber wenn der Erhabene nicht weiß: ‚Endlich ist die Welt!' oder ‚Unendlich ist die Welt!', dann ist es für einen, der es nicht weiß und nicht sieht, angemessen (zu sagen:) ‚Ich weiß es

nicht; ich sehe es nicht!' Wenn der Erhabene weiß: ,Leben und Körper sind dasselbe!', dann soll mir der Erhabene mitteilen: ,Leben und Körper sind dasselbe!' Wenn der Erhabene weiß: ,Das Leben ist das eine, der Körper ist das andere!', dann soll mir der Erhabene mitteilen: ,Das Leben ist das eine, der Körper ist das andere!' Aber wenn der Erhabene nicht weiß: ,Leben und Körper sind dasselbe!' oder ,Das Leben ist das eine, der Körper ist das andere!', dann ist es für einen, der es nicht weiß und nicht sieht, angemessen (zu sagen:) ,Ich weiß es nicht; ich sehe es nicht!' Wenn der Erhabene weiß: ,Der Vollendete wird (auch) nach dem Tode sein!', dann soll mir der Erhabene mitteilen: ,Der Vollendete wird (auch) nach dem Tode sein!' Wenn der Erhabene weiß: ,Der Vollendete wird nach dem Tode nicht sein!', dann soll mir der Erhabene mitteilen: ,Der Vollendete wird nach dem Tode nicht sein!' Aber wenn der Erhabene nicht weiß: ,Der Vollendete wird (auch) nach dem Tode sein!' oder ,Der Vollendete wird nach dem Tode nicht sein!', dann ist es für einen, der es nicht weiß und nicht sieht, angemessen (zu sagen:) ,Ich weiß es nicht; ich sehe es nicht!' Wenn der Erhabene weiß: ,Der Vollendete wird nach dem Tode sowohl sein als auch nicht sein!', dann soll mir der Erhabene mitteilen: ,Der Vollendete wird nach dem Tode sowohl sein als auch nicht sein!' Wenn der Erhabene weiß: ,Der Vollendete wird nach dem Tode weder sein noch nicht sein!', dann soll mir der Erhabene mitteilen: ,Der Vollendete wird nach dem Tode weder sein noch nicht sein!' Aber wenn der Erhabene nicht weiß: ,Der Vollendete wird nach dem Tode sowohl sein als auch nicht sein!' oder ,Der Vollendete wird nach dem Tode weder sein noch nicht sein!', dann ist es für einen, der es nicht weiß und nicht sieht, angemessen (zu sagen:) ,Ich weiß es nicht; ich sehe es nicht!'"

„Habe ich denn zu dir, Māluṅkyāputta, so gesprochen: ,Komm, o Māluṅkyāputta, führe bei mir den heiligen Wandel! Ich werde dir mitteilen: »Ewig ist die Welt!« oder »Nicht ewig ist die Welt!« … *(weiter wie oben)* … »Der Vollendete wird nach dem Tode weder sein noch nicht sein!«!'?"

„Nein, das nicht, o Herr!"

„Es ist also so, Māluṅkyāputta, daß ich nicht zu dir gesagt habe: ,Komm, o Māluṅkyāputta, führe bei mir den heiligen Wandel! Ich werde dir mitteilen: »Ewig ist die Welt!« oder »Nicht ewig ist die Welt!« … *(weiter wie oben)* … »Der Vollendete wird nach dem Tode weder sein noch nicht sein!«!' Und ebenso hast du nicht zu mir gesagt: ,Ich, o Herr, will beim Erhabenen den heiligen Wandel führen. Der Erhabene wird mir mitteilen: »Ewig ist die Welt!« oder »Nicht ewig ist die Welt!« ... *(weiter wie oben)* ... »Der Vollendete wird nach dem Tode weder sein noch nicht sein!«' Indem das so ist, törichter Mann: Wer bist du? Wen lehnst du ab?

Wenn, o Mālunkyāputta, jemand so sprechen würde: ,Ich will so lange nicht beim Erhabenen den heiligen Wandel führen, als mir der Erhabene nicht mitteilen wird: »Ewig ist die Welt!« oder »Nicht ewig ist die Welt!« ... *(weiter wie oben)* ... »Der Vollendete wird nach dem Tode weder sein noch nicht sein!«' – unaufgeklärt vom Vollendeten, o Mālunkyāputta, würde da dieser Mensch das Zeitliche segnen.

Gerade wie, o Mālunkyāputta, wenn ein Mann von einem Pfeil durchbohrt würde, dessen Spitze mit Gift bestrichen wäre. Dessen Freunde, Gefährten und Blutsverwandten würden einen pfeil(gift)kundigen Arzt bestellen. Jener (Mann) würde (nun) sprechen: ,So lange werde ich den Pfeil nicht herausziehen, als ich den Mann nicht kenne, von dem ich getroffen wurde: ob es ein Krieger oder ein Brahmane oder ein Bauer oder ein Dienender (war)!' (Oder) er würde sprechen: ,So lange werde ich den Pfeil nicht herausziehen, als ich den Mann nicht kenne, von dem ich getroffen wurde: wie sein Name ist, zu welcher Sippe (er gehört)!' (Oder) er würde sprechen: ,So lange werde ich den Pfeil nicht herausziehen, als ich den Mann nicht kenne, von dem ich getroffen wurde: ob er groß oder klein oder mittelgroß ist!' (Oder) er würde sprechen: ,So lange werde ich den Pfeil nicht herausziehen, als ich den Mann nicht kenne, von dem ich getroffen wurde: ob er schwarz oder braun oder gelbhäutig ist!' (Oder) er würde sprechen: ,So lange werde ich den Pfeil nicht herausziehen, als ich den Mann nicht kenne, von dem ich getroffen wurde: in welchem Dorf oder Marktflecken oder Stadt (er wohnt)!' (Oder) er würde sprechen: ,So lange werde ich den Pfeil nicht herausziehen, als ich den Bogen nicht kenne, von dem ich getroffen wurde: ob es der Cāpa-Bogen oder der Kodaṇḍa-Bogen war!' (Oder) er würde sprechen: ,So lange werde ich den Pfeil nicht herausziehen, als ich die Sehne nicht kenne, von der ich getroffen wurde: ob sie aus dem Akka[85] oder aus Rohr oder aus einer Flechse oder aus Hanf oder aus einem Milchsaftgewächs war!' (Oder) er würde sprechen: ‚So lange werde ich den Pfeil nicht herausziehen, als ich den Pfeilschaft nicht kenne, von dem ich getroffen wurde: ob er aus Röhricht oder aus Binsen war!' (Oder) er würde sprechen: ‚So lange werde ich den Pfeil nicht herausziehen, als ich den Pfeilschaft nicht kenne, von dem ich getroffen wurde: mit wessen Federn er befiedert war, ob vom Geier oder vom Reiher oder vom Falken oder vom Pfau oder von einer Schnepfe!' (Oder) er würde sprechen: ‚So lange werde ich den Pfeil nicht herausziehen, als ich den Pfeilschaft nicht kenne, von dem ich getroffen wurde: mit wessen Sehne er ausgestattet war, ob vom Rind oder vom Büffel oder vom Hirsch oder vom Affen!' (Oder) er würde sprechen: ‚So lange werde ich den Pfeil nicht herausziehen, als ich die Art des Pfeils nicht kenne, von dem ich durchbohrt wurde: ob es ein (gewöhnlicher) Pfeil oder ein Khurappa- oder ein Vekaṇḍa- oder ein Nārāca- oder ein »Kälberzahn«- oder ein »Oleanderblatt«-Pfeil war!' Unaufgeklärt von dem (anderen) Mann, o Māluṅkyāputta, würde dieser Mann das Zeitliche segnen. Ebenso (handelt), o Māluṅkyāputta, wer so sprechen würde: ‚So lange werde ich nicht beim Erhabenen den heiligen Wandel führen, als mir der Erhabene nicht mitteilen wird: »Ewig ist die Welt!« oder »Nicht ewig ist die Welt!« ... *(weiter wie oben)* ... »Der Vollendete wird nach dem Tode weder sein noch nicht sein!«' – unaufgeklärt vom Vollendeten, o Māluṅkyāputta, würde da dieser Mann das Zeitliche segnen.

Wenn (man meint), o Māluṅkyāputta, beim Vorhandensein der Ansicht ‚Ewig ist die Welt!' könne es heiligen Wandel geben, so ist das nicht so. Wenn (man meint), o Māluṅkyāputta, beim Vorhandensein der Ansicht ‚Nicht ewig ist die Welt!' könne es heiligen Wandel geben, so ist das ebenfalls nicht so. Ob, o Māluṅkyāputta, die Ansicht ‚Ewig ist die Welt!' oder die Ansicht ‚Nicht ewig ist die Welt!' herrscht – vorhanden ist Geburt, vorhanden ist Alter, vorhanden ist Tod, vorhanden sind Kummer, Jammer, Leid, Trübsinn, Mühsal, deren Vernichtung (bereits) in dieser Welt ich lehre.

Wenn (man meint), o Māluṅkyāputta, beim Vorhandensein der Ansicht ‚Endlich ist die Welt!' könne es heiligen Wandel geben, so ist das nicht so. Wenn (man meint), o Māluṅkyāputta, beim Vorhandensein der Ansicht ‚Unendlich ist die Welt!' könne es heiligen Wandel geben, so ist das ebenfalls nicht so. Ob, o Māluṅkyāputta, die Ansicht ‚Endlich ist die

Welt!' oder die Ansicht ,Unendlich ist die Welt!' herrscht – vorhanden ist Geburt, vorhanden ist Alter, vorhanden ist Tod, vorhanden sind Kummer, Jammer, Leid, Trübsinn, Mühsal, deren Vernichtung (bereits) in dieser Welt ich lehre.
Wenn (man meint), o Māluṅkyāputta, beim Vorhandensein der Ansicht ,Leben und Körper sind dasselbe!' könne es heiligen Wandel geben, so ist das nicht so. Wenn (man meint), o Māluṅkyāputta, beim Vorhandensein der Ansicht ,Das Leben ist das eine, der Körper ist das andere!' könne es heiligen Wandel geben, so ist das ebenfalls nicht so. Ob, o Māluṅkyāputta, die Ansicht ,Leben und Körper sind dasselbe!' oder die Ansicht ,Das Leben ist das eine, der Körper ist das andere!' herrscht – vorhanden ist Geburt, vorhanden ist Alter, vorhanden ist Tod, vorhanden sind Kummer, Jammer, Leid, Trübsinn, Mühsal, deren Vernichtung (bereits) in dieser Welt ich lehre.
Wenn (man meint), o Māluṅkyāputta, beim Vorhandensein der Ansicht ,Der Vollendete wird (auch) nach dem Tode sein!' könne es heiligen Wandel geben, so ist das nicht so. Wenn (man meint), o Māluṅkyāputta, beim Vorhandensein der Ansicht ,Der Vollendete wird nach dem Tode nicht sein!' könne es heiligen Wandel geben, so ist das ebenfalls nicht so. Ob, o Māluṅkyāputta, die Ansicht ,Der Vollendete wird (auch) nach dem Tode sein!' oder die Ansicht ,Der Vollendete wird nach dem Tode nicht sein!' herrscht – vorhanden ist Geburt, vorhanden ist Alter, vorhanden ist Tod, vorhanden sind Kummer, Jammer, Leid, Trübsinn, Mühsal, deren Vernichtung (bereits) in dieser Welt ich lehre.
Wenn (man meint), o Māluṅkyāputta, beim Vorhandensein der Ansicht ,Der Vollendete wird nach dem Tode sowohl sein als auch nicht sein!' könne es heiligen Wandel geben, so ist das nicht so. Wenn (man meint), o Māluṅkyāputta, beim Vorhandensein der Ansicht ,Der Vollendete wird nach dem Tode weder sein noch nicht sein!' könne es heiligen Wandel geben, so ist das ebenfalls nicht so. Ob, o Māluṅkyāputta, die Ansicht ,Der Vollendete wird nach dem Tode sowohl sein als auch nicht sein!' oder die Ansicht ,Der Vollendete wird nach dem Tode weder sein noch nicht sein!' herrscht – vorhanden ist Geburt, vorhanden ist Alter, vorhanden ist Tod, vorhanden sind Kummer, Jammer, Leid, Trübsinn, Mühsal, deren Vernichtung (bereits) in dieser Welt ich lehre.
Darum, o Māluṅkyāputta, möget ihr das von mir nicht Mitge-

teilte als nicht mitgeteilt halten, und das von mir Mitgeteilte möget ihr als mitgeteilt halten. Und was, o Māluṅkyāputta, ist von mir nicht mitgeteilt worden? ‚Ewig ist die Welt!' ist, o Māluṅkyāputta, von mir nicht mitgeteilt worden. ‚Nicht ewig ist die Welt!' ist von mir nicht mitgeteilt worden. ‚Endlich ist die Welt!' ist von mir nicht mitgeteilt worden. ‚Unendlich ist die Welt!' ist von mir nicht mitgeteilt worden. ‚Leben und Körper sind dasselbe!' ist von mir nicht mitgeteilt worden. ‚Das Leben ist das eine, der Körper ist das andere!' ist von mir nicht mitgeteilt worden. ‚Der Vollendete wird (auch) nach dem Tode sein!' ist von mir nicht mitgeteilt worden. ‚Der Vollendete wird nach dem Tode nicht sein!' ist von mir nicht mitgeteilt worden. ‚Der Vollendete wird nach dem Tode sowohl sein als auch nicht sein!' ist von mir nicht mitgeteilt worden. ‚Der Vollendete wird nach dem Tode weder sein noch nicht sein!' ist von mir nicht mitgeteilt worden. Und warum ist dies, o Māluṅkyāputta, von mir nicht mitgeteilt worden? Weil eben dies, o Māluṅkyāputta, nicht mit dem Heil verknüpft ist, weil es nicht zu den Grundlagen des heiligen Wandels gehört; es führt nicht hin zum Gleichmut, zur Leidenschaftslosigkeit, zur Ausrottung (des Daseinsdurstes), zum Frieden, zur rechten Einsicht, zum Erwachen, zum Nirvāṇa. Daher ist dies von mir nicht mitgeteilt worden.

Und was, o Māluṅkyāputta, ist von mir mitgeteilt worden? ‚Das ist das Leiden!', dies, o Māluṅkyāputta, ist von mir mitgeteilt worden. ‚Das ist die Entstehung des Leidens!', dies, o Māluṅkyāputta, ist von mir mitgeteilt worden. ‚Das ist die Vernichtung des Leidens!', dies, o Māluṅkyāputta, ist von mir mitgeteilt worden. ‚Das ist der zur Vernichtung des Leidens führende Pfad!', dies, o Māluṅkyāputta, ist von mir mitgeteilt worden. Und warum ist dies, o Māluṅkyāputta, von mir mitgeteilt worden? Weil dies, o Māluṅkyāputta, mit dem Heil verknüpft ist, weil es zu den Grundlagen des heiligen Wandels gehört; es führt zum Gleichmut, zur Leidenschaftslosigkeit, zur Ausrottung (des Daseinsdurstes), zum Frieden, zur rechten Einsicht, zum Erwachen, zum Nirvāṇa. Daher ist dies von mir mitgeteilt worden. Darum, o Māluṅkyāputta, möget ihr das von mir nicht Mitgeteilte als nicht mitgeteilt halten, und das von mir Mitgeteilte möget ihr als mitgeteilt halten."

Dies sprach der Erhabene. Mit Wohlgefallen freute sich der ehrwürdige Māluṅkyāputta an des Erhabenen Rede.

Nr. 82: Das Lehrgespräch mit Raṭṭhapāla (Raṭṭhapāla-Sutta)

So habe ich es gehört. Zu einer Zeit war der Erhabene bei den Kuru auf Wanderschaft; zusammen mit einer großen Mönchsschar machte er in einem Marktflecken der Kuru namens Thullakoṭṭhita Rast. Da hörten die Brahmanen und Hausväter von Thullakoṭṭhita: „Der Bettelmönch, der Herr Gotama, der Sakya-Sohn, der aus der Sakya-Familie (in die Heimatlosigkeit) hinausgezogen ist, ist auf der Wanderschaft bei den Kuru zusammen mit einer großen Mönchsschar in Thullakoṭṭhita angekommen. Nun hat sich ein diesen erhabenen Gotama (betreffender) heilbringender Ruhmesruf erhoben, nämlich: ‚So ist der Erhabene, Heilige, vollkommen Erwachte, der mit Wissen und (rechtem) Wandel Ausgestattete, recht Wandelnde, der Weltkenner, der unübertreffliche Lenker der zu zähmenden Menschen, der Meister der Götter und Menschen, der Erwachte, der Erhabene!' Er erklärt diese Welt mit den Göttern, mit Māra, mit Brahma, mit der Welt der Bettelmönche und Brahmanenpriester, nachdem er sie selbst erfaßt und erfahren hat. Er verkündet die Lehre, die am Anfang heilbringende, die in der Mitte heilbringende, die am Schluß heilbringende, sinn- und buchstabengetreu; er legt den absolut vollkommenen, reinheitdurchdrungenen heiligen Wandel dar. Gut, wenn (einem) der Anblick solcher Heiliger zuteil wird!"

Daraufhin begaben sich die Brahmanen und Hausväter von Thullakoṭṭhita dorthin, wo (sich) der Erhabene (aufhielt), und als sie sich dorthin begeben hatten, grüßten die einen den Erhabenen und ließen sich an einer Seite nieder; andere wechselten mit dem Erhabenen freundlichen, höflichen Gruß und ließen sich an einer Seite nieder; wieder andere verbeugten sich mit zusammengelegten Händen vor dem Erhabenen und ließen sich an einer Seite nieder; noch andere ließen vor dem Erhabenen Namen und Sippe vernehmen und ließen sich an einer Seite nieder; außerdem ließen sich einige schweigend an einer Seite nieder. Und die Brahmanen und Hausväter von Thullakoṭṭhita, die sich an einer Seite niedergelassen hatten, belehrte, ermunterte, erhob und erfreute der Erhabene durch (sein) Lehrgespräch.

Zu der damaligen Zeit nun hatte sich ein Sohn aus (guter) Familie, namens Raṭṭhapāla, der der Sproß einer in Thullakoṭṭhita führenden Familie war, in der Versammlung der drei[86] niedergelassen. Da kam Raṭṭhapāla, dem Sohn aus (guter) Familie, dieser (Gedanke): „Wie ich die vom Erhabenen dargelegte Lehre verstehe, ist es nicht gut durchführbar, durch das Wohnen im Haus den ganz und gar vollkommenen, ganz und gar geläuterten, perlmutterglänzenden heiligen Wandel zu führen. Ob ich wohl, Haupthaar und Bart geschoren, mit gelben Gewändern bekleidet, aus der Häuslichkeit in die Hauslosigkeit hinausziehe?"

Und die Brahmanen und Hausväter von Thullakoṭṭhita, vom Erhabenen durch (sein) Lehrgespräch belehrt, ermuntert, erhoben und erfreut, freuten sich und fanden Gefallen an der Rede des Erhabenen, erhoben sich von den Sitzen, grüßten den Erhabenen, umwandelten (ihn, ihn) zur Rechten habend, und gingen fort.

Da begab sich Raṭṭhapāla, der Sohn aus (guter) Familie, nicht lange, nachdem die Brahmanen und Hausväter von Thullakoṭṭhita fortgegangen waren, dorthin, wo (sich) der Erhabene (aufhielt), und nachdem er sich dorthin begeben hatte, begrüßte er den Erhabenen und ließ sich an einer Seite nieder. Nachdem er sich an einer Seite niedergelassen hatte, sprach Raṭṭhapāla, der Sohn aus (guter) Familie, zum Erhabenen dies: „Wie ich die vom Erhabenen dargelegte Lehre verstehe, ist es nicht gut durchführbar, durch das Wohnen im Haus den ganz und gar vollkommenen, ganz und gar geläuterten, perlmutterglänzenden heiligen Wandel zu führen. (Daher) wünsche ich, o Herr, mit geschorenem Haupthaar und Bart, mit gelben Gewändern bekleidet, aus der Häuslichkeit in die Hauslosigkeit hinauszuziehen. Erlangen möchte ich, o Herr, vom Erhabenen die Aufnahme, erlangen möchte ich (auch) die (höhere) Ordensweihe!"

„Ist denn dir, o Raṭṭhapāla, von Mutter und Vater erlaubt worden, aus der Häuslichkeit in die Hauslosigkeit hinauszuziehen?"

„Nicht ist mir, o Herr, von Mutter und Vater erlaubt worden, aus der Häuslichkeit in die Hauslosigkeit hinauszuziehen."

„Nicht lassen, o Raṭṭhapāla, Vollendete (Minderjährige) ohne Erlaubnis von Mutter und Vater (als Mönch) hinausgehen."

„Dann werde ich, o Herr, so handeln, daß mir Mutter und Vater das Hinausziehen aus der Häuslichkeit in die Hauslosigkeit erlauben werden."

Darauf erhob sich Raṭṭhapāla, der Sohn aus (guter) Familie, von (seinem) Sitz, grüßte den Erhabenen, umwandelte (ihn, ihn) zur Rechten habend, und begab sich dorthin, wo (seine) Eltern (sich aufhielten). Nachdem er sich dorthin begeben hatte, sprach er zu den Eltern dies:

„Liebe Mutter und lieber Vater! Wie ich die vom Erhabenen dargelegte Lehre verstehe, ist es nicht gut durchführbar, durch das Wohnen im Haus den ganz und gar vollkommenen, ganz und gar geläuterten, perlmutterglänzenden heiligen Wandel zu führen. (Daher) wünsche ich, mit geschorenem Haupthaar und Bart, mit gelben Gewändern bekleidet, aus der Häuslichkeit in die Hauslosigkeit hinauszuziehen. Erlaubt mir, aus der Häuslichkeit in die Hauslosigkeit hinauszuziehen!"

Nachdem dies gesprochen worden war, sprachen die Eltern Raṭṭhapālas, des vornehmen Jünglings, zu Raṭṭhapāla, dem vornehmen Jüngling, dies: „Du, Sohn Raṭṭhapāla, bist unser einziger, lieber, wohlgefälliger Sohn, im Glück lebend, im Glück aufgewachsen. Nichts weißt du, lieber Raṭṭhapāla, vom Leiden. Komm, lieber Raṭṭhapāla, iß und trink und vergnüge dich! Essend, trinkend, dich vergnügend, nach Lust genießend, gute Taten verrichtend, sollst du zufrieden sein. Wir erlauben dir nicht, aus der Häuslichkeit in die Hauslosigkeit hinauszuziehen. Selbst wenn durch den Tod (du uns entrissen würdest), wollten wir ohne dich nicht sein. Wie sollten wir da dir als Lebendem erlauben, aus der Häuslichkeit in die Hauslosigkeit hinauszuziehen?"

Und zum zweitenmal ... *(weiter wie oben)* ... Und zum drittenmal sprach Raṭṭhapāla, der Sohn aus (guter) Familie, zu den Eltern dies: „Liebe Muter und lieber Vater! Wie ich die vom Erhabenen dargelegte Lehre verstehe, ist es nicht gut durchführbar, durch das Wohnen im Haus den ganz und gar vollkommenen, ganz und gar geläuterten, perlmutterglänzenden heiligen Wandel zu führen. (Daher) wünsche ich, mit geschorenem Haupthaar und Bart, mit gelben Gewändern bekleidet, aus der Häuslichkeit in die Hauslosigkeit hinauszuziehen. Erlaubt mir, aus der Häuslichkeit in die Hauslosigkeit hinauszuziehen!" Und zum drittenmal sprachen die Eltern Raṭṭhapālas, des vornehmen Jünglings, zu Raṭṭhapāla, dem vornehmen Jüngling, dies: „Du, Sohn Raṭṭhapāla, bist unser einziger, lieber, wohlgefälliger Sohn, im Glück lebend, im Glück aufgewachsen. Nichts weißt du, lieber Raṭṭhapāla, vom Leiden.

Komm, lieber Raṭṭhapāla, iß und trink und vergnüge dich! Essend, trinkend, dich vergnügend, nach Lust genießend, gute Taten verrichtend, sollst du zufrieden sein. Wir erlauben dir nicht, aus der Häuslichkeit in die Hauslosigkeit hinauszuziehen. Selbst wenn durch den Tod (du uns entrissen würdest), wollten wir ohne dich nicht sein. Wie sollten wir da dir als Lebendem erlauben, aus der Häuslichkeit in die Hauslosigkeit hinauszuziehen?“

Als nun Raṭṭhapāla, der Sohn aus (guter) Familie, von den Eltern (die Zustimmung zum) Hinauszug (als Mönch) nicht erlangte, warf er sich auf die bloße Erde nieder (und sprach:) „Eben hier wird mir der Tod werden oder (die Erlaubnis) zum Hinauszug!“[87]

Da sprachen die Eltern Raṭṭhapālas, des vornehmen Jünglings, zu Raṭṭhapāla, dem vornehmen Jüngling, dies: „Du, Sohn Raṭṭhapāla, bist unser einziger, lieber, wohlgefälliger Sohn, im Glück lebend, im Glück aufgewachsen. Nichts weißt du, lieber Raṭṭhapāla, vom Leiden. Steh auf, lieber Raṭṭhapāla, iß und trink und vergnüge dich! Essend, trinkend, dich vergnügend, nach Lust genießend, gute Taten verrichtend, sollst du zufrieden sein. Wir erlauben dir nicht, aus der Häuslichkeit in die Hauslosigkeit hinauszuziehen. Selbst wenn durch den Tod (du uns entrissen würdest), wollten wir ohne dich nicht sein. Wie sollten wir da dir als Lebendem erlauben, aus der Häuslichkeit in die Hauslosigkeit hinauszuziehen?“

Nachdem dies gesprochen worden war, verfiel Raṭṭhapāla, der Sohn aus (guter) Familie, in Schweigen. Und ein zweites Mal ... *(weiter wie oben)* ... Und ein drittes Mal sprachen die Eltern Raṭṭhapālas, des vornehmen Jünglings, zu Raṭṭhapāla, dem vornehmen Jüngling, dies: „Du, Sohn Raṭṭhapāla, bist unser einziger, lieber, wohlgefälliger Sohn, im Glück lebend, im Glück aufgewachsen. Nichts weißt du, lieber Raṭṭhapāla, vom Leiden. Steh auf, lieber Raṭṭhapāla, iß und trink und vergnüge dich! Essend, trinkend, dich vergnügend, nach Lust genießend, gute Taten verrichtend, sollst du zufrieden sein. Wir erlauben dir nicht, aus der Häuslichkeit in die Hauslosigkeit hinauszuziehen. Selbst wenn durch den Tod (du uns entrissen würdest), wollten wir ohne dich nicht sein. Wie sollten wir da dir als Lebendem erlauben, aus der Häuslichkeit in die Hauslosigkeit hinauszuziehen?“ Und zum drittenmal verfiel Raṭṭhapāla, der vornehme Jüngling, in Schweigen.

Nun begaben sich Raṭṭhapālas, des vornehmen Jünglings, Eltern dorthin, wo (sich) die Gefährten von Raṭṭhapāla, des vornehmen Jünglings, (aufhielten), und als sie sich dorthin begeben hatten, sprachen sie zu des Raṭṭhapāla, des vornehmen Jünglings, Gefährten dies: „Ihr Lieben! Dieser Raṭṭhapāla, Sohn aus (guter) Familie, hat sich auf die bloße Erde niedergeworfen (und gesagt:) ‚Eben hier wird mir der Tod werden oder (die Erlaubnis) zum Hinauszug!' Kommt, ihr Lieben; begebt euch dorthin, wo Raṭṭhapāla, der vornehme Jüngling, (sich aufhält); und wenn ihr euch dorthin begeben habt, dann möget ihr zu Raṭṭhapāla, dem vornehmen Jüngling, sagen: ‚Du, lieber Raṭṭhapāla, bist der Eltern einziger, lieber, wohlgefälliger Sohn, im Glück lebend, im Glück aufgewachsen. Nichts weißt du, lieber Raṭṭhapāla, vom Leiden. Steh auf, lieber Raṭṭhapāla, iß und trink und vergnüge dich! Essend, trinkend, dich vergnügend, nach Lust genießend, gute Taten verrichtend, sollst du zufrieden sein. Die Eltern erlauben dir nicht, aus der Häuslichkeit in die Hauslosigkeit hinauszuziehen. Selbst wenn durch den Tod (du ihnen entrissen würdest), wollten sie ohne dich nicht sein. Wie sollten sie da dir als Lebendem erlauben, aus der Häuslichkeit in die Hauslosigkeit hinauszuziehen?'"

Da begaben sich des Raṭṭhapāla, des vornehmen Jünglings, Gefährten, nachdem sie Raṭṭhapālas, des vornehmen Jünglings, Eltern zugestimmt hatten, dorthin, wo Raṭṭhapāla, der vornehme Jüngling, (sich aufhielt), und nachdem sie sich dorthin begeben hatten, sprachen sie zu Raṭṭhapāla, dem vornehmen Jüngling, dies: „Du, lieber Raṭṭhapāla, bist der Eltern einziger, lieber, wohlgefälliger Sohn, im Glück lebend, im Glück aufgewachsen. Nichts weißt du, lieber Raṭṭhapāla, vom Leiden. Steh auf, lieber Raṭṭhapāla, iß und trink und vergnüge dich! Essend, trinkend, dich vergnügend, nach Lust genießend, gute Taten verrichtend, sollst du zufrieden sein. Die Eltern erlauben dir nicht, aus der Häuslichkeit in die Hauslosigkeit hinauszuziehen. Selbst wenn durch den Tod (du ihnen entrissen würdest), wollten sie ohne dich nicht sein. Wie sollten sie da dir als Lebendem erlauben, aus der Häuslichkeit in die Hauslosigkeit hinauszuziehen?"

Nachdem dies gesprochen worden war, verfiel Raṭṭhapāla, der vornehme Jüngling, in Schweigen. Und ein zweites Mal ... *(weiter wie oben)* ... Und ein drittes Mal sprachen des vornehmen Jünglings Raṭṭhapāla Freunde zu Raṭṭhapāla, dem vor-

nehmen Jüngling, dies: „Du, lieber Raṭṭhapāla, bist der Eltern einziger, lieber, wohlgefälliger Sohn, im Glück lebend, im Glück aufgewachsen. Nichts weißt du, lieber Raṭṭhapāla, vom Leiden. Steh auf, lieber Raṭṭhapāla, iß und trink und vergnüge dich! Essend, trinkend, dich vergnügend, nach Lust genießend, gute Taten verrichtend, sollst du zufrieden sein. Die Eltern erlauben dir nicht, aus der Häuslichkeit in die Hauslosigkeit hinauszuziehen. Selbst wenn durch den Tod (du ihnen entrissen würdest), wollten sie ohne dich nicht sein. Wie sollten sie da dir als Lebendem erlauben, aus der Häuslichkeit in die Hauslosigkeit hinauszuziehen?" Und zum drittenmal verfiel Raṭṭhapāla, der vornehme Jüngling, in Schweigen.
Da begaben sich Raṭṭhapālas, des vornehmen Jünglings, Gefährten dorthin, wo (sich) die Eltern Raṭṭhapālas, des vornehmen Jünglings, (aufhielten), und als sie sich dorthin begeben hatten, sprachen sie zu Raṭṭhapālas, des vornehmen Jünglings, Eltern dies: „Mutter und Vater! Dieser Raṭṭhapāla, der vornehme Jüngling, hat sich wirklich auf die bloße Erde niedergeworfen (und spricht:) ‚Eben hier wird mir der Tod werden oder (die Erlaubnis) zum Hinauszug!' Wenn ihr dem vornehmen Jüngling Raṭṭhapāla nicht erlauben werdet, aus der Häuslichkeit in die Hauslosigkeit hinauszuziehen, so wird (ihn) der Tod ereilen. Wenn ihr aber dem vornehmen Jüngling Raṭṭhapāla erlauben werdet, aus der Häuslichkeit in die Hauslosigkeit hinauszuziehen, so werdet ihr ihn doch (wenigstens) als Pilger sehen. Wenn der vornehme Jüngling Raṭṭhapāla (aber vielleicht) keinen Gefallen daran finden wird, aus der Häuslichkeit in die Hauslosigkeit hinauszuziehen,[88] welches wird sonst sein Weg sein (wenn nicht zu euch)? Hierher eben wird er zurückkehren. Ihr solltet Raṭṭhapāla, dem vornehmen Jüngling, erlauben, aus der Häuslichkeit in die Hauslosigkeit hinauszuziehen!"
„Wir erlauben (also), ihr Lieben, Raṭṭhapāla, dem vornehmen Jüngling, aus der Häuslichkeit in die Hauslosigkeit hinauszuziehen, doch sind (wir als) Eltern von (ihm als) Pilger zu besuchen."
Daraufhin begaben sich des vornehmen Jünglings Raṭṭhapāla Gefährten dorthin, wo der vornehme Jüngling Raṭṭhapāla (sich aufhielt), und nachdem sie sich dorthin begeben hatten, sprachen sie zu Raṭṭhapāla, dem vornehmen Jüngling, dies:

„Dir ist von Mutter und Vater gestattet worden, aus der Häuslichkeit in die Hauslosigkeit hinauszuziehen, doch sind deine Eltern von (dir als) Pilger zu besuchen!“
Da erhob sich Raṭṭhapāla, Sohn aus (guter) Familie, kam (wieder) zu Kräften, begab sich dorthin, wo der Erhabene (sich aufhielt), und nachdem er sich dorthin begeben hatte, begrüßte er den Erhabenen und ließ sich an einer Seite nieder. Nachdem er sich an einer Seite niedergelassen hatte, sprach Raṭṭhapāla, der vornehme Jüngling, zum Erhabenen dies:
„Gestattet wurde mir, o Herr, von Mutter und Vater, aus der Häuslichkeit in die Hauslosigkeit hinauszuziehen. Es möge mich der Erhabene aufnehmen!“ Aufgenommen wurde da Raṭṭhapāla, der vornehme Jüngling, vom Erhabenen; (später wurde er auch) angenommen zur Ordensweihe.
Nicht lange, nachdem der ehrwürdige Raṭṭhapāla die Ordensweihe erhalten hatte, einen halben Monat nach der Ordensweihe, begab sich der Erhabene, als er in Thullakoṭṭhita nach Gefallen geweilt hatte, auf die Wanderschaft nach Sāvatthī. Allmählich gelangte er auf der Wanderung dorthin, wo Sāvatthī (liegt). Dort, in Sāvatthī, weilte der Erhabene im Jeta-Wald, im Hain des Anāthapiṇḍika.
Da hatte der ehrwürdige Raṭṭhapāla, einsam, abgesondert, unermüdlich, eifrig, sich selbst beherrschend verharrend, in Bälde das Ziel, um dessentwillen die Söhne aus (guter) Familie vollkommen aus der Häuslichkeit in die Hauslosigkeit hinausziehen, die unübertreffliche Vollendung des heiligen Wandels (schon) in dieser Welt erkannt, sich vergegenwärtigt, erlangt und verwirklicht. „Beseitigt ist die Geburt, vollendet der heilige Wandel, getan das Werk, nicht gibt es etwas auf diese Existenz Folgendes!“, (das) erkannte er.
Nun begab sich der ehrwürdige Raṭṭhapāla dorthin, wo der Erhabene (sich aufhielt), und nachdem er sich dorthin begeben hatte, begrüßte er den Erhabenen und ließ sich an einer Seite nieder. Und als er sich an einer Seite niedergelassen hatte, sprach der ehrwürdige Raṭṭhapāla zum Erhabenen dies: „Ich wünsche, o Herr, Mutter und Vater zu besuchen, wenn es mir der Erhabene gestattet.“
Und der Erhabene nahm des ehrwürdigen Raṭṭhapāla Überlegung mit dem Geist wahr; dabei merkte der Erhabene: „Unmöglich ist es, daß Raṭṭhapāla, der Sohn aus (guter) Familie, von der Lehre abtrünnig wird und ins Weltleben zurückkehrt.“

Und der Erhabene sprach zu dem ehrwürdigen Raṭṭhapāla dies: „Wie dir, o Raṭṭhapāla, die Zeit jetzt recht ist!"
Da erhob sich der ehrwürdige Raṭṭhapāla von (seinem) Sitz, grüßte den Erhabenen, umwandelte (ihn, ihn) zur Rechten habend, legte seine Schlafmatte zusammen, nahm Almosenschale und Ordensgewand und begab sich auf die Wanderschaft nach Thullakoṭṭhita. Allmählich gelangte er auf der Wanderung dorthin, wo Thullakoṭṭhita (liegt). Dort, in Thullakoṭṭhita, weilte der ehrwürdige Raṭṭhapāla im Gazellenpark des Königs Koravya. Und der ehrwürdige Raṭṭhapāla kleidete sich zur Morgenzeit an, nahm Almosenschale und Ordensgewand und betrat Thullakoṭṭhita auf (seinem) Almosengang. Ohne den Almosengang in Thullakoṭṭhita zu unterbrechen, gelangte er zum Haus seines Vaters. Um diese Zeit nun ließ sich der Vater des ehrwürdigen Raṭṭhapāla im mittleren Torhaus rasieren. Da sah des ehrwürdigen Raṭṭhapāla Vater den ehrwürdigen Raṭṭhapāla von fern herankommen, (und) indem er (ihn) gewahrte, sprach er dies: „Von solchen kahlgeschorenen Bettelmönchen ist uns der einzige, liebe, wohlgefällige Sohn (als Mönch) hinausgeführt worden!" Und es empfing der ehrwürdige Raṭṭhapāla in seines Vaters Haus weder eine Gabe noch eine (begründete) Zurückweisung; ausschließlich Beschimpfung empfing er.
Zu dieser Zeit wollte des ehrwürdigen Raṭṭhapāla Kindermädchen vom Vorabend (übriggebliebenen) Fruchtschleim wegschütten. Da sprach der ehrwürdige Raṭṭhapāla zu dem Kindermädchen dies: „Wenn dies, o Schwester, eine wegzuschüttende Sache ist, so gieße es hier in meine Almosenschale!"
Und als des ehrwürdigen Raṭṭhapāla Kindermädchen den vom Vorabend (übriggeliebenen) Fruchtschleim in die Almosenschale schüttete, erkannte sie (ihn) an den Händen, an den Füßen und an der Stimme. Daraufhin begab sich des ehrwürdigen Raṭṭhapāla (einstiges) Kindermädchen dorthin, wo des ehrwürdigen Raṭṭhapāla Mutter (sich aufhielt), und nachdem sie sich dorthin begeben hatte, sprach sie zu des ehrwürdigen Raṭṭhapāla Mutter dies: „O Herrin, mögest du zur Kenntnis nehmen: Der edle Sohn Raṭṭhapāla ist angekommen!"
„Wenn du die Wahrheit sprichst, sollst du keine Sklavin (mehr) sein!"
Und nun begab sich des ehrwürdigen Raṭṭhapāla Mutter dort-

hin, wo des ehrwürdigen Raṭṭhapāla Vater (sich aufhielt), und nachdem sie sich dorthin begeben hatte, sprach sie zu des ehrwürdigen Raṭṭhapāla Vater dies: „O Hausvater, mögest du zur Kenntnis nehmen: Der edle Sohn Raṭṭhapāla soll angekommen sein!"

Während dieser Zeit verzehrte der ehrwürdige Raṭṭhapāla, an eine Hauswand gelehnt, den vom Vorabend (übriggebliebenen) Fruchtschleim. Da begab sich des ehrwürdigen Raṭṭhapāla Vater dorthin, wo der ehrwürdige Raṭṭhapāla (sich aufhielt), und nachdem er sich dorthin begeben hatte, sprach er zu dem ehrwürdigen Raṭṭhapāla dies: „Ist das wirklich so, Sohn Raṭṭhapāla, daß du den vom Vorabend (übriggebliebenen) Fruchtschleim verzehrst? Ist denn, Sohn Raṭṭhapāla, dein eigenes Haus nicht (mehr von dir) zu betreten?"

„Woher (sollte) uns, o Hausvater, ein eigenes Haus (kommen), die wir aus der Häuslichkeit in die Hauslosigkeit hinausgezogen sind? Hauslos sind wir, o Hausvater! Gekommen sind wir, o Hausvater, zu deinem Haus; dort aber haben wir weder eine Gabe noch eine (begründete) Zurückweisung, sondern ausschließlich Beschimpfung empfangen!"

„Komm, Sohn Raṭṭhapāla, wir wollen ins Haus gehen!"

„Genug, Hausvater! Für mich ist heute das Speisebedürfnis erledigt."

„Dann also, Sohn Raṭṭhapāla, stimme einem morgigen Mahl (bei mir) zu!"

Und es stimmte der ehrwürdige Raṭṭhapāla schweigend zu.

Nachdem des ehrwürdigen Raṭṭhapāla Vater des ehrwürdigen Raṭṭhapāla Zustimmung zur Kenntnis genommen hatte, begab er sich zu seinem Wohnsitz, und nachdem er sich dorthin begeben hatte, ließ er einen großen Haufen von Gold und Goldschmuck herrichten und mit Matten bedecken; dann wandte er sich an des ehrwürdigen Raṭṭhapāla frühere Frauen: „Kommt, ihr Frauen! Mit dem Schmuck, mit welchem geschmückt ihr einst dem vornehmen Jüngling Raṭṭhapāla lieb und wohlgefällig wart, mit diesem Schmuck sollt ihr euch (jetzt wieder) schmücken!" Und nachdem die Nacht vergangen war, ließ des ehrwürdigen Raṭṭhapāla Vater vorzügliche harte und weiche Speise zubereiten und (dann) dem ehrwürdigen Raṭṭhapāla die Zeit mitteilen: „Es ist Zeit, Sohn Raṭṭhapāla, aufgetragen ist das Mahl!" Der ehrwürdige Raṭṭhapāla kleidete sich zur Morgenzeit an, nahm Almosenschale und Ordensgewand und

begab sich an seines Vaters Wohnsitz. Nachdem er sich dorthin begeben hatte, ließ er sich auf dem (ihm) bezeichneten Sitz nieder. Da ließ des ehrwürdigen Raṭṭhapāla Vater den Haufen von Gold und Goldschmuck enthüllen und sprach zu dem ehrwürdigen Raṭṭhapāla dies: „Dies, Sohn Raṭṭhapāla, ist dein mütterliches Erbteil; ein anderes (noch) ist das väterliche, ein anderes das großväterliche. Möglich ist es, Sohn Raṭṭhapāla, den Reichtum zu genießen und gute Taten zu verrichten. Komm, Sohn Raṭṭhapāla, wende dich von der Lehre ab, kehre in die Weltlichkeit zurück, genieße den Reichtum und verrichte gute Taten!"
„Wenn du, o Hausvater, nach meiner Rede handeln würdest, (dann) würdest du diesen Haufen von Gold und Goldschmuck auf Karren laden, wegfahren und in der Strommitte des Gangesflusses versenken lassen. Aus welchem Grund? Weil nämlich dir, o Hausvater, daraus (nur) Kummer, Jammer, Leid, Verzweiflung, Mühsal entstehen werden."
Da ergriffen die früheren Frauen des ehrwürdigen Raṭṭhapāla jede einen seiner Füße und sprachen zu dem ehrwürdigen Raṭṭhapāla dies: „Edler Sohn, was sind das nur für himmlische Nymphen, um derentwillen du einen (solchen) frommen Wandel führst?"
„Nicht führen wir, o Schwester, um himmlischer Nymphen willen frommen Wandel!"
„Mit dem Wort ‚Schwester' redet uns der edle Sohn Raṭṭhapāla an!" (wehklagten sie und) fielen bewußtlos (zu Boden).
Nun sprach der ehrwürdige Raṭṭhapāla zu (seinem) Vater dies: „Wenn, o Hausvater, Speise darzureichen ist, reiche (sie) dar, daß es uns nicht verdrieße!"
„Iß, Sohn Raṭṭhapāla; bereitet ist das Mahl!"
Und des ehrwürdigen Raṭṭhapāla Vater versorgte und bediente den ehrwürdigen Raṭṭhapāla eigenhändig mit vorzüglicher harter und weicher Speise.
Als nun der ehrwürdige Raṭṭhapāla gespeist und die Almosenschale aus der Hand gelegt hatte, sprach er diese Verse:

„Sieh den geputzten Balg, den wundenbedeckten Körper,
den kranken, dennoch von Willen ganz (erfüllten), der keinen festen Stand hat!
Sieh die geputzte Gestalt mit Geschmeide und Ohrringen;

die Knochen mit Haut bespannt, prunkt sie mit den Kleidern.
Der rotgefärbte Fuß, der gepuderte, geschminkte Mund,
genügen zu des Toren Verblendung – und keiner, der zum jenseitigen Ufer (der Erlösung) strebt!
Das achtfach gelegte Haar, die mit Salbe gefärbten Augen,
genügen zu des Toren Verblendung – und keiner, der zum jenseitigen Ufer (der Erlösung) strebt!
Als ob man (etwas) neu färbt, so wird der faulende Leib geschmückt;
er genügt zu des Toren Verblendung – und keiner, der zum jenseitigen Ufer (der Erlösung) strebt!
Es legte der Jäger eine Schlinge aus; nicht ging ins Netz die Gazelle.
Das dargereichte Essen verzehrt habend, gehe ich, dieweil der Gazellenfänger jammert."[89]

Nachdem der ehrwürdige Raṭṭhapāla stehend diese Verse gesprochen hatte, begab er sich in des Königs Koravya Gazellenpark. Nachdem er sich dorthin begeben hatte, ließ er sich am Fuß eines Baumes zur Tagesruhe nieder.
Da befahl König Koravya (seinem) Wildheger: „Laß, lieber Wildheger, den Gazellenpark, das Vergnügungsgelände, säubern; wir wollen gehen, um das hübsche Land zu sehen!" – „Jawohl, o Herrscher!" stimmte der Wildheger dem König Koravya zu. Er ließ den Gazellenpark säubern und gewahrte (dabei) den ehrwürdigen Raṭṭhapāla, der sich am Fuß eines Baumes zur Tagesruhe niedergelassen hatte. Als er ihn gesehen, begab er sich dorthin, wo König Koravya (weilte), und nachdem er sich dorthin begeben hatte, sprach er zum König Koravya dies: „Gesäubert, o Herrscher, ist der Gazellenpark. Doch ist dort ein vornehmer Jüngling namens Raṭṭhapāla, der Sohn einer der führenden Familien hier in Thullakoṭṭhita, den du oft gerühmt hast; er hat sich am Fuß eines Baumes zur Tagesruhe niedergelassen."
„Also dann, lieber Wildheger: genug für heute mit (der Fahrt zum) Vergnügungsgelände; wir wollen jetzt dem Herrn Raṭṭhapāla unsere Verehrung darbringen!" Und König Koravya (befahl): „Was hier an harter und weicher Speise vorbereitet ist, das alles sollt ihr verteilen!" Er ließ viele schöne Wagen an-

spannen, bestieg (selbst) einen schönen Wagen und fuhr mit den vielen schönen Wagen aus Thullakoṭṭhita hinaus mit großem Königsgefolge, um den ehrwürdigen Raṭṭhapāla zu sehen. Indem er mit dem Wagen so weit fuhr, wie der Erdboden für einen Wagen (befahrbar war), stieg er vom Wagen ab und begab sich unter Zurücklassung des Gefolges zu Fuß dorthin, wo der ehrwürdige Raṭṭhapāla (sich aufhielt), und nachdem er sich dorthin begeben hatte, wechselte er mit dem ehrwürdigen Raṭṭhapāla freundlichen, höflichen Gruß und stellte sich an einer Seite hin. An der einen Seite stehend, sprach der König Koravya zu dem ehrwürdigen Raṭṭhapāla dies: „Herr Raṭṭhapāla möge sich hier auf die Elefantendecke niedersetzen!"
„Genug, o Großkönig! Sitze du; ich habe mich auf meinem eigenen Platz niedergelassen!"
Da ließ sich der König auf dem bezeichneten Sitz nieder, und nachdem er sich niedergelassen hatte, sprach König Koravya zu dem ehrwürdigen Raṭṭhapāla dies: „Vier Arten, Herr Raṭṭhapāla, von Verfall (gibt es). Von den von diesen Verfallsarten Betroffenen ziehen hier manche, Haupthaar und Bart geschoren, mit gelben Gewändern bekleidet, aus der Häuslichkeit in die Hauslosigkeit hinaus. Welche vier (Arten sind das)? Altersverfall, Krankheitsverfall, Reichtumsschwund, Verlust von Verwandten. Und was, Herr Raṭṭhapāla, ist Altersverfall? Da ist, Herr Raṭṭhapāla, jemand gealtert, alt geworden, hochbetagt, hat die Lebensbahn durchschritten, hat (hohes) Alter erreicht. Dieser überlegt so: ‚Ich bin jetzt gealtert, alt geworden, hochbetagt, habe die Lebensbahn durchschritten, habe (hohes) Alter erreicht. Da ist es doch nicht recht von mir, nicht erworbene Reichtümer (jetzt noch) zu erwerben oder erworbene Reichtümer zu vermehren. Ob ich wohl, Haupthaar und Bart geschoren, mit gelben Gewändern bekleidet, aus der Häuslichkeit in die Hauslosigkeit hinausziehe?' Er, von diesem Altersverfall betroffen, zieht (also), Haupthaar und Bart geschoren, mit gelben Gewändern bekleidet, aus der Häuslichkeit in die Hauslosigkeit hinaus. Dies, Herr Raṭṭhapāla, wird Altersverfall genannt. Doch Herr Raṭṭhapāla ist jetzt jung, ein Jüngling, ein dunkelhaariger junger Mann, mit glücklicher Jugend gesegnet, im ersten Lebensalter. Einen Altersverfall hat Herr Raṭṭhapāla nicht. Was hat Herr Raṭṭhapāla erfahren oder gesehen oder gehört, (daß) er aus der Häuslichkeit in die Hauslosigkeit hinausgezogen ist?

Und was, Herr Raṭṭhapāla, ist Krankheitsverfall? Da ist, Herr Raṭṭhapāla, jemand elend, leidend, schwerkrank. Dieser überlegt so: ‚Ich bin jetzt elend, leidend, schwerkrank. Da ist es doch nicht recht von mir, nicht erworbene Reichtümer (jetzt noch) zu erwerben oder erworbene Reichtümer zu vermehren. Ob ich wohl, Haupthaar und Bart geschoren, mit gelben Gewändern bekleidet, aus der Häuslichkeit in die Hauslosigkeit hinausziehe?‘ Er, von diesem Krankheitsverfall betroffen, zieht (also), Haupthaar und Bart geschoren, mit gelben Gewändern bekleidet, aus der Häuslichkeit in die Hauslosigkeit hinaus. Dies, Herr Raṭṭhapāla, wird Krankheitsverfall genannt. Doch Herr Raṭṭhapāla ist jetzt nicht elend, frei von Krankheit, hat eine gute Verdauung, weder zu kühl noch zu heiß. Einen Krankheitsverfall hat Herr Raṭṭhapāla nicht. Was hat Herr Raṭṭhapāla erfahren oder gesehen oder gehört, (daß) er aus der Häuslichkeit in die Hauslosigkeit hinausgezogen ist?

Und was, Herr Raṭṭhapāla, ist Reichtumsschwund? Da ist, Herr Raṭṭhapāla, jemand reich, hat viel Geld, großen Reichtum; dessen Reichtümer geraten allmählich ins Schwinden. Dieser überlegt so: ‚Einstmals war ich reich, hatte viel Geld, großen Reichtum. Allmählich sind (aber) meine Reichtümer ins Schwinden geraten. Da ist es doch nicht recht von mir, nicht erworbene Reichtümer (jetzt noch) zu erwerben oder erworbene Reichtümer zu vermehren. Ob ich wohl, Haupthaar und Bart geschoren, mit gelben Gewändern bekleidet, aus der Häuslichkeit in die Hauslosigkeit hinausziehe?‘ Er, von diesem Reichtumsschwund betroffen, zieht (also), Haupthaar und Bart geschoren, aus der Häuslichkeit in die Hauslosigkeit hinaus. Dies, Herr Raṭṭhapāla, wird Reichtumsschwund genannt. Doch Herr Raṭṭhapāla ist hier in Thullakoṭṭhita der Sohn einer führenden Familie. Einen Reichtumsschwund hat Herr Raṭṭhapāla nicht. Was hat Herr Raṭṭhapāla erfahren oder gesehen oder gehört, (daß) er aus der Häuslichkeit in die Hauslosigkeit hinausgezogen ist?

Und was, Herr Raṭṭhapāla, ist der Verlust von Verwandten? Da hat jemand, Herr Raṭṭhapāla, viele Freunde, Gefährten und Blutsverwandte. Diese seine Verwandten sterben allmählich dahin. Er überlegt so: ‚Einstmals hatte ich viele Freunde, Gefährten und Blutsverwandte. Diese meine Verwandten sind allmählich dahingestorben. Da ist es doch nicht recht von mir,

nicht erworbene Reichtümer (jetzt noch) zu erwerben oder erworbene Reichtümer zu vermehren. Ob ich wohl, Haupthaar und Bart geschoren, mit gelben Gewändern bekleidet, aus der Häuslichkeit in die Hauslosigkeit hinausziehe?‘ Er, von diesem Verwandtenverlust betroffen, zieht (also), Haupthaar und Bart geschoren, mit gelben Gewändern bekleidet, aus der Häuslichkeit in die Hauslosigkeit hinaus. Dies, Herr Raṭṭhapāla, wird Verlust von Verwandten genannt. Doch Herr Raṭṭhapāla hat hier in Thullakoṭṭhita viele Freunde, Gefährten und Blutsverwandte. Verlust von Verwandten hat Herr Raṭṭhapāla nicht. Was hat Herr Raṭṭhapāla erfahren oder gesehen oder gehört, (daß) er aus der Häuslichkeit in die Hauslosigkeit hinausgezogen ist?
Dies sind, Herr Raṭṭhapāla, die vier Arten von Verfall. Von den von diesen Verfallsarten Betroffenen ziehen hier manche, Haupthaar und Bart geschoren, mit gelben Gewändern bekleidet, aus der Häuslichkeit in die Hauslosigkeit hinaus. Solche (Verfallsarten) hat aber Herr Raṭṭhapāla nicht (aufzuweisen). Was hat Herr Raṭṭhapāla erfahren oder gesehen oder gehört, daß er hinausgezogen ist?“
„Es sind, o Großkönig, vom Erhabenen, Wissenden, Sehenden, Heiligen, vollkommen Erwachten vier Lehrsätze dargelegt worden. Nachdem ich diese erfahren und gesehen und gehört habe, bin ich aus der Häuslichkeit in die Hauslosigkeit hinausgezogen. Welche vier (Lehrsätze) sind das? ‚Zu Ende gebracht wird die Welt, die unbeständige!‘; das ist, o Großkönig, vom Erhabenen, Wissenden, Sehenden, Heiligen, vollkommen Erwachten als erster Lehrsatz dargelegt worden. Nachdem ich diesen erfahren und gesehen und gehört habe, bin ich aus der Häuslichkeit in die Hauslosigkeit hinausgezogen. ‚Hilflos ist die Welt, ohne Beschützer!‘; das ist, o Großkönig, vom Erhabenen, Wissenden, Sehenden, Heiligen, vollkommen Erwachten als zweiter Lehrsatz dargelegt worden. Nachdem ich diesen erfahren und gesehen und gehört habe, bin ich aus der Häuslichkeit in die Hauslosigkeit hinausgezogen. ‚Arm ist die Welt; alles verlassend, muß man gehen!‘; das ist, o Großkönig, vom Erhabenen, Wissenden, Sehenden, Heiligen, vollkommen Erwachten als dritter Lehrsatz dargelegt worden. Nachdem ich diesen erfahren und gesehen und gehört habe, bin ich aus der Häuslichkeit in die Hauslosigkeit hinausgezogen. ‚Mangelhaft ist die Welt, unzufrieden, Spiegel des

Lebensdurstes!'; das ist, o Großkönig, vom Erhabenen, Wissenden, Sehenden, Heiligen, vollkommen Erwachten als vierter Lehrsatz dargelegt worden. Nachdem ich diesen erfahren und gesehen und gehört habe, bin ich aus der Häuslichkeit in die Hauslosigkeit hinausgezogen. Diese vier Lehrsätze, o Großkönig, sind vom Erhabenen, Wissenden, Sehenden, Heiligen, vollkommen Erwachten dargelegt worden; nachdem ich diese erfahren und gesehen und gehört habe, bin ich aus der Häuslichkeit in die Hauslosigkeit hinausgezogen."

„‚Zu Ende gebracht wird die Welt, die unbeständige!' hat Herr Raṭṭhapāla gesagt; wie aber, Herr Raṭṭhapāla, ist der Sinn dieser Rede einzusehen?"

„Was meinst du, o Großkönig? Warst du im Alter von zwanzig oder im Alter von fünfundzwanzig Jahren imstande, auf einem Elefanten (zu reiten), imstande, auf einem Pferd (zu reiten), imstande, einen Kriegswagen (zu lenken), imstande, einen Bogen (zu spannen), imstande, ein Schwert (zu führen), schenkelkräftig, armkräftig, ausreichend geeignet zur Schlacht?"

„Ich war, Herr Raṭṭhapāla, im Alter von zwanzig oder im Alter von fünfundzwanzig Jahren imstande, auf einem Elefanten (zu reiten), auf einem Pferd (zu reiten), imstande, einen Kriegswagen (zu lenken), imstande, einen Bogen (zu spannen), imstande, ein Schwert (zu führen), schenkelkräftig, armkräftig, ausreichend geeignet zur Schlacht. Manchmal, Herr Raṭṭhapāla, meinte ich, übermächtig zu sein. Einen mir an Stärke Gleichen habe ich nicht gekannt!"

„Was meinst du, o Großkönig? Bist du auch jetzt noch schenkelkräftig, armkräftig, ausreichend geeignet zur Schlacht?"

„Nein, das ist nicht so, Herr Raṭṭhapāla! Jetzt bin ich gealtert, alt geworden, hochbetagt, habe die Lebensbahn durchschritten, habe (hohes) Alter erreicht; das achtzigste Jahr ist gekommen. Manchmal, Herr Raṭṭhapāla, will ich hierhin den Fuß setzen, setze ihn aber woanders hin."

„Ebendies betreffend, o Großkönig, ist vom Erhabenen, Wissenden, Sehenden, Heiligen, vollkommen Erwachten gesagt worden: ‚Zu Ende gebracht wird die Welt, die unbeständige!' Nachdem ich dies erfahren und gesehen und gehört habe, bin ich aus der Häuslichkeit in die Hauslosigkeit hinausgezogen."

„Wunderbar, Herr Raṭṭhapāla, wundervoll, Herr Raṭṭhapāla, ist es, was da vom Erhabenen, Wissenden, Sehenden, Heiligen,

vollkommen Erwachten mit ‚Zu Ende gebracht wird die Welt, die unbeständige!' (so) gut ausgedrückt wurde. Ja, zu Ende gebracht wird, Herr Raṭṭhapāla, die Welt, die unbeständige.
Nun findet man, Herr Raṭṭhapāla, in dieser Königsburg Elefantentruppen und auch Reiterei und auch Streitwagenverbände und auch Fußtruppen, die uns bei Gefahren für die Verteidigung zur Verfügung stehen. ‚Hilflos ist die Welt, ohne Beschützer!' hat Herr Raṭṭhapāla gesagt. Wie aber, Herr Raṭṭhapāla, ist der Sinn dieser Rede einzusehen?"
„Was meinst du, o Großkönig? Hast du irgendeine chronische Krankheit?"
„Ich habe, Herr Raṭṭhapāla, andauernde Blähungen. Manchmal, Herr Raṭṭhapāla, umstehen mich die Freunde, Gefährten und Blutsverwandten (und sagen): ‚Jetzt wird König Koravya das Zeitliche segnen; jetzt wird König Koravya das Zeitliche segnen!'"
„Was meinst du, o Großkönig? Gelingt dir das, wenn du zu den Freunden, Gefährten und Blutsverwandten (sagst): ‚Herkommen sollen meine lieben Freunde, Gefährten und Blutsverwandten; alle Anwesenden sollen sich diesen Schmerz aufteilen, damit ich den Schmerz weniger fühle!'? Oder wirst du den Schmerz allein fühlen?"
„Nicht gelingt mir das, Herr Raṭṭhapāla, wenn ich zu meinen Freunden, Gefährten und Blutsverwandten (sage): ‚Herkommen sollen alle meine lieben Freunde, Gefährten und Blutsverwandten; alle Anwesenden sollen sich diesen Schmerz aufteilen, damit ich den Schmerz weniger fühle!' Vielmehr werde ich den Schmerz allein fühlen!"
„Eben dies betreffend, o Großkönig, ist vom Erhabenen, Wissenden, Sehenden, Heiligen, vollkommen Erwachten gesagt worden: ‚Hilflos ist die Welt, ohne Beschützer!' Nachdem ich dies erfahren und gesehen und gehört habe, bin ich aus der Häuslichkeit in die Hauslosigkeit hinausgezogen."
„Wunderbar, Herr Raṭṭhapāla, wundervoll, Herr Raṭṭhapāla, ist es, was da vom Erhabenen, Wissenden, Sehenden, Heiligen, vollkommen Erwachten mit ‚Hilflos ist die Welt, ohne Beschützer!' (so) gut ausgedrückt wurde. Ja, hilflos, Herr Raṭṭhapāla, ist die Welt, ohne Beschützer.
Nun findet sich, Herr Raṭṭhapāla, in dieser Königsburg viel Gold und Goldschmuck, sowohl in der Erde versteckt als auch offen stehend. ‚Arm ist die Welt; alles verlassend, muß man ge-

hen!' hat Herr Raṭṭhapāla gesagt. Wie aber, Herr Raṭṭhapāla, ist der Sinn dieser Rede einzusehen?"
„Was meinst du, o Großkönig? Wie du jetzt mit den Annehmlichkeiten der fünf Sinne ausgestattet, versehen, wandelst, wirst du auch im Jenseits erlangen können: ‚So möchte ich, mit den Annehmlichkeiten der fünf Sinne ausgestattet, versehen, wandeln!'? Oder werden andere an diesen Reichtum gelangen, du aber entsprechend deinem Tatenverdienst (zur Wiedergeburt) kommen?"
„Wie ich jetzt, Herr Raṭṭhapāla, mit den Annehmlichkeiten der fünf Sinne ausgestattet, versehen, wandele, werde ich im Jenseits nicht erlangen können: ‚So möchte ich, mit den Annehmlichkeiten der fünf Sinne ausgestattet, versehen, wandeln!' Dann werden andere an diesen Reichtum gelangen; ich aber werde entsprechend meinem Tatenverdienst (zur Wiedergeburt) kommen."
„Ebendies betreffend, o Großkönig, ist vom Erhabenen, Wissenden, Sehenden, Heiligen, vollkommen Erwachten gesagt worden: ‚Arm ist die Welt; alles verlassend, muß man gehen!' Nachdem ich dies erfahren und gesehen und gehört habe, bin ich aus der Häuslichkeit in die Hauslosigkeit hinausgezogen."
„Wunderbar, Herr Raṭṭhapāla, wundervoll, Herr Raṭṭhapāla, ist es, was da vom Erhabenen, Wissenden, Sehenden, Heiligen, vollkommen Erwachten mit ‚Arm ist die Welt; alles verlassend, muß man gehen!' (so) gut ausgedrückt wurde. Ja, arm, Herr Raṭṭhapāla, ist die Welt; alles verlassend, muß man gehen.
‚Mangelhaft ist die Welt, unzufrieden, Spiegel des Lebensdurstes!' hat Herr Raṭṭhapāla gesagt. Wie aber, Herr Raṭṭhapāla, ist der Sinn dieser Rede einzusehen?"
„Was meinst du, o Großkönig? Bewohnst du ein blühendes Kuru-Land?"
„So (ist es), Herr Raṭṭhapāla, ein blühendes Kuru-Land bewohne ich."
„Was meinst du, o Großkönig? Wenn da ein Mann zu dir käme aus der östlichen Richtung, glaubwürdig, vertrauenswürdig, und der würde, nachdem er sich zu dir begeben hätte, so sprechen: ‚O Großkönig, mögest du zur Kenntnis nehmen: Ich komme aus der östlichen Richtung; da habe ich ein großes Reich gesehen, gedeihend und blühend, volkreich, voller Menschen; dort (gibt es) viele Elefantentruppen, Reiterei, Streitwa-

genverbände und Fußtruppen; dort (gibt es) viel Elfenbein und Felle; dort (gibt es) viel Gold und Goldschmuck, unbearbeitet und bearbeitet; dort (gibt es) einen großen Reichtum an Frauen; es ist möglich, (dieses Reich) mit einer bestimmten Streitmacht zu erobern; erobere (es), o Großkönig!' – was würdest du da tun?"

„Wir würden auch dieses (Land), Herr Raṭṭhapāla, erobern und bewohnen."

„Was meinst du, o Großkönig? Wenn da ein Mann zu dir käme aus der westlichen Richtung ... *(weiter wie eben)* ... aus der nördlichen Richtung, aus der südlichen Richtung, von jenseits des Meeres, glaubwürdig, vertrauenswürdig, und der würde, nachdem er sich zu dir begeben hätte, so sprechen: ‚O Großkönig, mögest du zur Kenntnis nehmen: ich komme von jenseits des Meeres; da habe ich ein großes Reich gesehen, gedeihend und blühend, volkreich, voller Menschen; dort (gibt es) viele Elefantentruppen, Reiterei, Streitwagenverbände und Fußtruppen; dort (gibt es) viel Elfenbein und Felle; dort (gibt es) viel Gold und Goldschmuck, unbearbeitet und bearbeitet; dort (gibt es) einen großen Reichtum an Frauen; es ist möglich, (dieses Reich) mit einer bestimmten Streitmacht zu erobern; erobere (es), o Großkönig!' – was würdest du da tun?"

„Wir würden auch dieses (Land), Herr Raṭṭhapāla, erobern und bewohnen."

„Ebendies betreffend, o Großkönig, ist vom Erhabenen, Wissenden, Sehenden, Heiligen, vollkommen Erwachten gesagt worden: ‚Mangelhaft ist die Welt, unzufrieden, Spiegel des Lebensdurstes!' Nachdem ich dies erfahren und gesehen und gehört habe, bin ich aus der Häuslichkeit in die Hauslosigkeit hinausgezogen."

„Wunderbar, Herr Raṭṭhapāla, wundervoll, Herr Raṭṭhapāla, ist es, was da vom Erhabenen, Wissenden, Sehenden, Heiligen, vollkommen Erwachten mit ‚Mangelhaft ist die Welt, unzufrieden, Spiegel des Lebensdurstes!' (so) gut ausgedrückt wurde. Ja, mangelhaft, Herr Raṭṭhapāla, ist die Welt, unzufrieden, Spiegel des Lebensdurstes!"

Dies sprach der ehrwürdige Raṭṭhapāla. Nachdem er das gesagt hatte, sprach er noch Folgendes:

„Ich sehe in der Welt reiche Menschen,
die Reichtum erlangt haben, (aber) nicht geben, die Toren.

Haben sie Geld erlangt, häufen sie es auf;
immer mehr Lüste streben sie an.

Hätte ein König sich der Erde bemächtigt,
die Erde erobert und würde bis zur Meeresküste herrschen,
mit dem Diesseits des Meeres unzufrieden,
würde er auch nach dem anderen Ufer des Ozeans streben.

Der König und viele andere Menschen gehen
mit ungestilltem Durst dem Tod entgegen;
auch unzulänglich geworden, verzichten sie nicht
auf den Leib, (aber) durch Lüste gibt es auf der Welt keine Befriedigung.

Es jammern die Verwandten, raufen sich die Haare;
‚weh uns, die wir nicht tot sind!' sagen sie;[90]
den in Tuch gewickelten (Leichnam) werfen sie hinaus,
bringen ihn auf den Scheiterhaufen, (wo) sie ihn anzünden.

Er brennt, auf Spießen geschüttelt, mit einem Tuch (bedeckt);
aufgegeben sind die Genüsse;
nicht gibt es für Verstorbene Schutz,
Verwandte, Freunde oder Gefährten.

Die Erben streiten sich um seinen Besitz;
(sein) Wesen aber geht entsprechend dem Tatverdienst.
Nicht folgt dem Verstorbenen Besitz,
(auch) keine Söhne, Frauen, Geld und Herrschaft.

Nicht erlangt man langes Leben durch Geld,
und auch das Alter verscheucht man nicht durch Reichtum.
Armselig ist dieses Leben, sagen die Weisen,
unbeständig, der Veränderung unterworfen.

An Reiche und Arme rührt die Berührung;[91]
der Tor wie auch der Weise wird so berührt.
Doch liegt der Tor, von der Torheit erschlagen;
der Weise aber, von Berührung ergriffen, zittert nicht.

Daher ist Weisheit besser als Geld,
führt sie doch zur Vollendung.
Unvollkommen[92] in diesem und jenem Leben
begehen böse Taten die Betörten.

Man kommt in einen Mutterschoß und in die jenseitige Welt,
gerät von einem Wandel in den anderen.
Der darauf bauende Nichtweise
kommt in einen Mutterschoß und in die jenseitige Welt.

Wie der von der Falle gefangene Dieb
wird die Bosheit von der eigenen Tat gerichtet;
so ist es bei den Wesen: beim Verstorbenen wird Bosheit
in jener Welt von der eigenen Tat gerichtet.

Die bunten, süßen, sinnesbetörenden Lüste
erschüttern vielfältig das Gemüt.
Das in den Sinnesbegierden (liegende) Elend habe ich gesehen
und bin deshalb (als Mönch) hinausgezogen, o König!

Wie vom Baum die Früchte, fallen die Menschen,
junge und alte, der Körperauflösung anheim.
Da ich auch dies gesehen habe, bin ich (als Mönch)
hinausgezogen, o König; sicheres Bettelmönchleben ist das Bessere!“

Nr. 93: Das Lehrgespräch mit Assalāyana (Assalāyana-Sutta)

So habe ich es gehört. Zu einer Zeit weilte der Erhabene zu Sāvatthī, im Jeta-Wald, im Hain des Anāthapiṇḍika. Zu dieser Zeit nun hielten sich fünfhundert Brahmanen aus verschiedenen Provinzen in Sāvatthī um irgendeiner Angelegenheit willen auf. Da kam diesen Brahmanen dieser (Gedanke): „Dieser Bettelmönch Gotama verkündet die Reinheit (aller) vier Stände. Wer könnte wohl mit dem Bettelmönch Gotama über diese Aussage disputieren?“

Zu dieser Zeit nun hielt sich Assalāyana, ein junger Brahmane, in Sāvatthī auf, mit frisch geschorenem Haupt(haar), sechzehn Jahre alt, vollkommen bewandert in den drei Veden mitsamt den Worterklärungen, den Ritualvorschriften, der Lautlehre, der (Kenntnis von der) Wörterherkunft und den Legenden als fünftem, ein Kenner der Versviertel (des Veda), ein Erläuterer, versehen mit den Merkmalen eines großen Vertreters der Naturlehre. Da entstand bei diesen Brahmanen dieser (Gedanke): „Da hält sich dieser Assalāyana, ein junger Brahmane, in Sāvatthī auf, mit frisch geschorenem Haupt(haar), sechzehn Jahre alt, vollkommen bewandert in den drei Veden mitsamt den Worterklärungen, den Ritualvorschriften, der Lautlehre, der (Kenntnis von der) Wörterherkunft und den Legenden als fünftem, ein Kenner der Versviertel (des Veda), ein Erläuterer, versehen mit den Merkmalen eines großen Vertreters der Naturlehre. Der kann mit dem Bettelmönch Gotama über diese Aussage disputieren!"
Daraufhin begaben sich diese Brahmanen dorthin, wo Assalāyana, der junge Brahmane, (sich aufhielt), und nachdem sie sich (dorthin) begeben hatten, sprachen sie zu Assalāyana, dem jungen Brahmanen, dies: „Dieser Bettelmönch Gotama, Herr Assalāyana, verkündet die Reinheit (aller) vier Stände. Kommen möge Herr Assalāyana und mit dem Bettelmönch Gotama über diese Aussage disputieren!"
Nachdem so gesprochen worden war, sprach Assalāyana, der junge Brahmane, zu den Brahmanen dies: „Der Bettelmönch fürwahr, der Herr Gotama, ist ein Wahrheitssprecher, und Wahrheitssprechern ist schwer etwas dawiderzureden. Ich kann (daher) mit dem Bettelmönch Gotama über diese Aussage nicht disputieren!"
Und ein zweites Mal sprachen die Brahmanen zu Assalāyana, dem jungen Brahmanen, dies: „Dieser Bettelmönch Gotama, Herr Assalāyana, verkündet die Reinheit (aller) vier Stände. Kommen möge Herr Assalāyana und mit dem Bettelmönch Gotama über diese Aussage disputieren; vertraut ist doch Herr Assalāyana mit dem Wandermönchwesen!" Und zum zweitenmal sprach Assalāyana, der junge Brahmane, zu den Brahmanen dies: „Der Bettelmönch fürwahr, der Herr Gotama, ist ein Wahrheitsprecher, und Wahrheitsprechern ist schwer etwas dawiderzureden. Ich kann (daher) mit dem Bettelmönch Gotama über diese Aussage nicht disputieren!"

Und ein drittes Mal sprachen die Brahmanen zu Assalāyana, dem jungen Brahmanen, dies: „Dieser Bettelmönch Gotama, Herr Assalāyana, verkündet die Reinheit (aller) vier Stände. Kommen möge Herr Assalāyana und mit dem Bettelmönch Gotama über diese Aussage disputieren; vertraut ist doch Herr Assalāyana mit dem Wandermönchwesen; möge Herr Assalāyana nicht, ohne im Kampf besiegt worden zu sein, unterliegen!"

Nachdem so gesprochen worden war, sprach Assalāyana, der junge Brahmane, zu den Brahmanen dies: „Wohlan, ihr Herren, ich überzeuge euch nicht: ‚Der Bettelmönch fürwahr, der Herr Gotama, ist ein Wahrheitsprecher, und Wahrheitsprechern ist schwer etwas dawiderzureden. Ich kann (daher) mit dem Bettelmönch Gotama über diese Aussage nicht disputieren!' Also werde ich im Namen der Herren gehen!"

Danach begab sich Assalāyana, der junge Brahmane, zusammen mit einer großen Brahmanenschar dorthin, wo der Erhabene (sich aufhielt), und nachdem er sich (dorthin) begeben hatte, wechselte er mit dem Erhabenen freundlichen, höflichen Gruß und ließ sich an einer Seite nieder. Nachdem er sich an einer Seite niedergelassen hatte, sprach Assalāyana, der junge Brahmane, zum Erhabenen dies: „Die Brahmanen, Herr Gotama, sprechen so: ‚Die Brahmanen nur sind der höchste Stand; minderwertig sind die anderen Stände. Die Brahmanen nur sind der hell(farbige) Stand; schwarz sind die anderen Stände. Die Brahmanen nur werden rein, nicht die Nichtbrahmanen. Die Brahmanen nur sind Brahmas Söhne, aus der Brust, aus dem Mund entsprossen, von Brahma geboren, in Brahma geformt, Brahmas Erben.' Was sagt Herr Gotama dazu?"

„Man sieht doch, o Assalāyana, unter den Brahmanen Brahmanenfrauen, fruchtbare, schwangere, gebärende und säugende. Aber jene Brahmanen, die doch aus einem Mutterschoß geboren wurden, sprechen so: ‚Die Brahmanen nur sind der höchste Stand; minderwertig sind die anderen Stände. Die Brahmanen nur sind der hell(farbige) Stand; schwarz sind die anderen Stände. Die Brahmanen nur werden rein, nicht die Nichtbrahmanen. Die Brahmanen nur sind Brahmas Söhne, aus der Brust, aus dem Mund entsprossen, von Brahma geboren, in Brahma geformt, Brahmas Erben!'"

„Wenn auch Herr Gotama so spricht, so meinen die Brahmanen dennoch eben dies: ‚Die Brahmanen nur sind der höchste Stand; minderwertig sind die anderen Stände ... *(weiter wie eben)* ... Brahmas Erben!'"

„Was meinst du, Assalāyana? Hast du gehört: ‚Bei den Ioniern und Kambojas sowie bei anderen an der Grenze (Indiens wohnenden) Völkerschaften (gibt es nur) zwei Stände: den Herrn und den Sklaven, und ein Herr wird (manchmal) zum Sklaven, ein Sklave (manchmal) zum Herrn!'?"

„So ist es, o Herr, (tatsächlich) von mir vernommen worden: ‚Bei den Ioniern und Kambojas sowie bei anderen an der Grenze (Indiens wohnenden) Völkerschaften (gibt es nur) zwei Stände: den Herrn und den Sklaven, und ein Herr wird (manchmal) zum Sklaven, ein Sklave (manchmal) zum Herrn!'"

„Nun, Assalāyana, worin besteht dann also die Kraft und Zuversicht der Brahmanen, daß die Brahmanen da so sprechen: ‚Die Brahmanen nur sind der höchste Stand; minderwertig sind die anderen Stände ... *(weiter wie oben)* ... Brahmas Erben!'?"

„Wenn auch Herr Gotama so spricht, so meinen die Brahmanen dennoch eben dies: ‚Die Brahmanen nur sind der höchste Stand; minderwertig sind die anderen Stände ... *(weiter wie oben)* ... Brahmas Erben!'"

„Was meinst du, Assalāyana? Ein Krieger, der ein Mörder ist, ein Dieb, ein in Liebesdingen übel Handelnder, ein Lügner, ein Verleumder, ein Grobian, ein Schwätzer, ein Gieriger, ein böswillig Gesinnter, ein Anhänger falscher Lehre – wird er nach dem Zerfall des Körpers, nach dem Tode, auf den Weg nach unten, auf üblen Pfad, in den Untergang, in die Hölle geraten, ein Brahmane aber nicht? Und wird ein Angehöriger des dritten, des vierten Standes, der ein Mörder ist, ein Dieb, ein in Liebesdingen übel Handelnder, ein Lügner, ein Verleumder, ein Grobian, ein Schwätzer, ein Gieriger, ein böswillig Gesinnter, ein Anhänger falscher Lehre, nach dem Zerfall des Körpers, nach dem Tode, auf den Weg nach unten, auf üblen Pfad, in den Untergang, in die Hölle geraten, ein Brahmane aber nicht?"

„Nein, das ist nicht so, Herr Gotama! Denn auch ein Krieger, Herr Gotama, der ein Mörder ist, ein Dieb, ein in Liebesdingen übel Handelnder, ein Lügner, ein Verleumder, ein Grobian, ein Schwätzer, ein Gieriger, ein böswillig Gesinnter, ein Anhänger falscher Lehre, wird nach dem Zerfall des Körpers, nach dem Tode, auf den Weg nach unten, auf üblen Pfad, in den Untergang, in die Hölle geraten. Auch ein Brahmane, Herr Gotama, auch ein Angehöriger des dritten Standes, Herr Gotama, auch ein Angehöriger des vierten Standes, Herr Gotama, also (die Angehörigen) aller vier Stände, Herr Gotama, die Mörder sind, Diebe, in Liebesdingen übel Handelnde, Lügner, Verleumder, Grobiane, Schwätzer, Gierige, böswillig Gesinnte, Anhänger falscher Lehre, werden nach dem Zerfall des Körpers, nach dem Tode, auf den Weg nach unten, auf üblen Pfad, in den Untergang, in die Hölle geraten."

„Nun, Assalāyana, worin besteht dann also die Kraft und Zuversicht der Brahmanen, daß die Brahmanen da so sprechen: ‚Die Brahmanen nur sind der höchste Stand; minderwertig sind die anderen Stände ... *(weiter wie oben)* ... Brahmas Erben!'?"

„Wenn auch Herr Gotama so spricht, so meinen die Brahmanen dennoch ebendies: ‚Die Brahmanen nur sind der höchste Stand; minderwertig sind die anderen Stände ... *(weiter wie oben)* ... Brahmas Erben!'"

„Was meinst du, Assalāyana? Ein Brahmane, der sich des Mordens enthält, sich des Stehlens enthält, sich des üblen Handelns in Liebesdingen enthält, sich des Lügens enthält, sich der Verleumdung enthält, sich der Grobheit enthält, sich der Geschwätzigkeit enthält, der nicht gierig, nicht böswillig ist und der rechten Lehre folgt – wird nur er nach dem Zerfall des Körpers, nach dem Tode, auf guten Pfad, in die Himmelswelt gelangen, aber kein Krieger, kein Angehöriger des dritten und kein Angehöriger des vierten Standes?"

„Nein, das ist nicht so, Herr Gotama! Denn auch ein Krieger, der sich des Mordens enthält, sich des Stehlens enthält, sich des üblen Handelns in Liebesdingen enthält, sich des Lügens enthält, sich der Verleumdung enthält, sich der Grobheit enthält, sich der Geschwätzigkeit enthält, der nicht gierig, nicht böswillig ist und der rechten Lehre folgt, wird nach dem Zerfall des Körpers, nach dem Tode, auf guten Pfad, in die Himmelswelt gelangen. Und auch ein Brahmane, Herr Gotama, und auch ein Angehöriger des dritten Standes, Herr Gotama, und auch ein Angehöriger des vierten Standes, Herr Gotama, also (die Angehörigen) aller vier Stände, Herr Gotama, die sich des Mordens enthalten, sich des Stehlens enthalten, sich des üblen Handelns in Liebesdingen enthalten, sich des Lügens enthalten, sich der Verleumdung enthalten, sich der Grobheit enthalten, sich der Geschwätzigkeit enthalten, die nicht gierig, nicht böswillig sind und der rechten Lehre folgen, werden nach dem Zerfall des Körpers, nach dem Tod, auf guten Pfad, in die Himmelswelt gelangen."

„Nun, Assalāyana, worin besteht dann also die Kraft und die Zuversicht der Brahmanen, daß die Brahmanen da so sprechen: ‚Die Brahmanen nur sind der höchste Stand; minderwertig sind die anderen Stände ... *(weiter wie oben)* ... Brahmas Erben!'?"

„Wenn auch Herr Gotama so spricht, so meinen die Brahmanen dennoch ebendies: ‚Die Brahmanen nur sind der höchste Stand; minderwertig sind die anderen Stände ... *(weiter wie oben)* ... Brahmas Erben!'"

„Was meinst du, Assalāyana? Kann denn nur ein Brahmane in diesem Land ein freundliches, wohlwollendes, liebevolles Gemüt ausbilden, nicht aber der Krieger, nicht aber der Angehörige des dritten Standes, nicht aber der Angehörige des vierten Standes?"

„Nein, das ist nicht so, Herr Gotama! Denn auch der Krieger, Herr Gotama, kann in diesem Land ein freundliches, wohlwollendes, liebevolles Gemüt ausbilden. Auch der Brahmane, Herr Gotama, auch der Angehörige des dritten Standes, Herr Gotama, auch der Angehörige des vierten Standes, Herr Gotama, also (die Angehörigen) aller vier Stände, Herr Gotama, können in diesem Land ein freundliches, wohlwollendes, liebevolles Gemüt ausbilden."

„Nun, Assalāyana, worin besteht dann also die Kraft und die Zuversicht der Brahmanen, daß die Brahmanen da so sprechen: ‚Die Brahmanen nur sind der höchste Stand; minderwertig sind die anderen Stände ... *(weiter wie oben)* ... Brahmas Erben!'?"

„Wenn auch Herr Gotama so spricht, so meinen die Brahmanen dennoch ebendies: ‚Die Brahmanen nur sind der höchste Stand; minderwertig sind die anderen Stände ... *(weiter wie oben)* ... Brahmas Erben!'"

„Was meinst du, Assalāyana? Kann nur ein Brahmane mit Schwamm und Seife zum Fluß gehen und Staub und Schmutz beseitigen, nicht auch ein Krieger, nicht auch ein Angehöriger des dritten Standes, nicht auch ein Angehöriger des vierten Standes?"

„Nein, das ist nicht so, Herr Gotama! Denn auch ein Krieger, Herr Gotama, kann mit Schwamm und Seife zum Fluß gehen und Staub und Schmutz beseitigen. Und auch ein Brahmane, Herr Gotama, ... *(weiter wie oben)* ... und auch ein Angehöriger des dritten Standes, Herr Gotama, und auch ein Angehöriger des vierten Standes, Herr Gotama, also (die Angehörigen) aller vier Stände, Herr Gotama, können mit Schwamm und Seife zum Fluß gehen und Staub und Schmutz beseitigen."

„Nun, Assalāyana, worin besteht denn dann die Kraft und die Zuversicht der Brahmanen, daß die Brahmanen da so sprechen: ‚Die Brahmanen nur sind der höchste Stand; minderwertig sind die anderen Stände ... *(weiter wie oben)* ... Brahmas Erben!'?"

„Wenn auch Herr Gotama so spricht, so meinen die Brahmanen dennoch ebendies: ‚Die Brahmanen nur sind der höchste Stand; minderwertig sind die anderen Stände ... *(weiter wie oben)* ... Brahmas Erben!'"

„Was meinst du, Assalāyana? (Angenommen,) der König, der (oberste) Krieger, dessen Haupt (für die Königswürde) gesalbt ist, ließe hundert aus verschiedenen Ständen stammende Männer sich versammeln (und zu ihnen sagen:) ‚Kommt, ihr Guten,[93] die ihr da aus einer Kriegerfamilie, aus einer Brahmanenfamilie, aus einer Herrscherfamilie entsprossen seid, nehmt ein Reibholz vom Sāla-Baum oder vom Salaḷa-Baum oder vom Sandel-Baum oder von einem lotusartigen Baum und erzeugt Feuer, laßt Licht entstehen! Kommt auch ihr Guten, die ihr da aus einer Caṇḍāla-Familie, aus einer Nesāda-Familie, aus einer Flechterfamilie, aus einer Familie von Streitwagenbauern, aus einer Familie von Müllabfahrern entsprossen seid, nehmt ein Reibholz von einem Hundetrog oder von einem Schweinetrog oder von einem Waschtrog oder aus dem Holz eines Rhizinus-Baumes und erzeugt Feuer, laßt Licht entstehen!' Was meinst du, Assalāyana? Wenn da so von denen, die aus einer Kriegerfamilie, aus einer Brahmanenfamilie, aus einer Herrscherfamilie entsprossen sind, mit einem Reibholz vom Sāla-Baum oder vom Salaḷa-Baum oder vom Sandel-Baum oder von einem lotusartigen Baum Feuer erzeugt, Licht entstehen gelassen wird, ist dann wohl dieses Feuer flammend und glänzend und leuchtkräftig, und kann man mit diesem Feuer das von Feuer zu Bewerkstelligende ausführen? Wenn andererseits von denen, die aus einer Caṇḍāla-Familie, aus einer Nesāda-Familie, aus einer Flechterfamilie, aus einer Familie von Streitwagenbauern, aus einer Familie von Müllabfahrern entsprossen sind, mit einem Reibholz von einem Hundetrog oder von einem Schweinetrog oder von einem Waschtrog oder aus dem Holz eines Rhizinus-Baumes Feuer erzeugt, Licht entstehen gelassen wird, ist dann wohl dieses Feuer nicht flammend, nicht glänzend, nicht leuchtkräftig, und kann man mit diesem Feuer nicht das von Feuer zu Bewerkstelligende ausführen?"

„Nein, das ist nicht so, Herr Gotama! Wenn, Herr Gotama, von denen, die aus einer Kriegerfamilie, aus einer Brahmanenfamilie, aus einer Herrscherfamilie entsprossen sind, mit einem Reibholz vom Sāla-Baum oder vom Salaḷa-Baum oder vom Sandel-Baum oder von einem lotusartigen Baum Feuer erzeugt, Licht entstehen gelassen wurde, dann ist dieses Feuer flammend und glänzend und leuchtkräftig, und man kann mit diesem Feuer das von Feuer zu Bewerkstelligende ausführen. Und auch wenn von denen, die aus einer Caṇḍāla-Familie, aus einer Nesāda-Familie, aus einer Flechterfamilie, aus einer Familie von Streitwagenbauern, aus einer Familie von Müllabfahrern entsprossen sind, mit einem Reibholz von einem Hundetrog oder von einem Schweinetrog oder von einem Waschtrog oder aus dem Holz eines Rhizinus-Baumes Feuer erzeugt, Licht entstehen gelassen wurde, so ist auch dieses Feuer flammend und glänzend und leuchtkräftig, und man kann mit diesem Feuer das von Feuer zu Bewerkstelligende ausführen. Denn, Herr Gotama, ein jedes Feuer ist flammend und glänzend und leuchtkräftig, und man kann mit jedem Feuer das von Feuer zu Bewerkstelligende ausführen."

„Nun, Assalāyana, worin besteht dann also die Kaft und die Zuversicht der Brahmanen, daß die Brahmanen da so sprechen: ‚Die Brahmanen nur sind der höchste Stand; minderwertig sind die anderen Stände. Die Brahmanen nur sind der hell(farbige) Stand; schwarz sind die anderen Stände. Die Brahmanen nur werden rein, nicht die Nichtbrahmanen. Die Brahmanen nur sind Brahmas Söhne, aus der Brust, aus dem Mund entsprossen, von Brahma geboren, in Brahma geformt, Brahmas Erben!'?"

„Wenn auch Herr Gotama so spricht, so meinen die Brahmanen dennoch ebendies: ‚Die Brahmanen nur sind der höchste Stand; minderwertig sind die anderen Stände ... *(weiter wie oben)* ... Brahmas Erben!'"
„Was meinst du, Assalāyana? Wenn da ein junger Krieger mit der Tochter eines Brahmanen den Beischlaf vollzöge und aus dem Beischlaf dieser (beiden) ginge ein Sohn hervor – dieser Sohn, der (aus dem Beischlaf) eines jungen Kriegers mit einer Brahmanentochter hervorginge, der der Mutter ähnlich wie auch dem Vater ähnlich wäre, ist er nun als Krieger zu bezeichnen oder ist er als Brahmane zu bezeichnen?"
„Wenn, Herr Gotama, (aus dem Beischlaf) eines jungen Kriegers mit der Tochter eines Brahmanen ein Sohn hervorgeht, der der Mutter ähnlich wie auch dem Vater ähnlich ist, so ist dieser sowohl als Krieger zu bezeichnen als auch als Brahmane zu bezeichnen."
„Was meinst du, Assalāyana? Wenn da ein junger Brahmane mit der Tochter eines Kriegers den Beischlaf vollzöge und aus dem Beischlaf dieser (beiden) ginge ein Sohn hervor – dieser Sohn, der (aus dem Beischlaf) eines jungen Brahmanen mit der Tochter eines Kriegers hervorginge, der der Mutter ähnlich wie auch dem Vater ähnlich wäre, ist er nun als Krieger zu bezeichnen oder ist er als Brahmane zu bezeichnen?"
„Wenn, Herr Gotama, (aus dem Beischlaf) eines jungen Brahmanen mit der Tochter eines Kriegers ein Sohn hervorgeht, der der Mutter ähnlich wie auch dem Vater ähnlich ist, so ist dieser sowohl als Krieger zu bezeichnen als auch als Brahmane zu bezeichnen."
„Was meinst du, Assalāyana? Wenn man da eine Stute mit einem Esel sich kreuzen ließe und aus deren Kreuzung ginge ein Füllen hervor – dieses Füllen, das (aus der Kreuzung) einer Stute mit einem Esel hervorginge, das der Mutter ähnlich wie auch dem Vater ähnlich wäre, ist das nun als Pferd zu bezeichnen oder ist es als Esel zu bezeichnen?"
„Infolge der Kreuzung, Herr Gotama, ist es doch ein Maultier. Hier, Herr Gotama, sehe ich ja einen Unterschied, aber bei den anderen (Beispielen) sehe ich keinen Unterschied."
„Was meinst du, Assalāyana? Da seien zwei junge Brahmanen, leibliche Brüder, der eine ausgebildet, unterwiesen, der andere unausgebildet, nicht unterwiesen. Wen würden da die Brahmanen zuerst versorgen mit Mehlspeise oder mit Milch-

reis oder mit Opferspeise oder mit einer (anderen) Gastspeise?"

„Herr Gotama, der ausgebildete, unterwiesene junge Brahmane, den würden da die Brahmanen zuerst versorgen mit Mehlspeise oder mit Milchreis oder mit Opferspeise oder mit einer (anderen) Gastspeise. Wie sollte auch, Herr Gotama, etwas einem Unausgebildeten, Nichtunterwiesenen Gegebenes großen Nutzen bringen?"

„Was meinst du, Assalāyana? Da seien zwei junge Brahmanen, leibliche Brüder, der eine ausgebildet, unterwiesen, (aber) von schlechtem Charakter und übler Art, der andere unausgebildet, nicht unterwiesen, (aber) von gutem Charakter und edler Art. Wen würden da die Brahmanen zuerst versorgen mit Mehlspeise oder mit Milchreis oder mit Opferspeise oder mit einer (anderen) Gastspeise?"

„Herr Gotama, der unausgebildete, nicht unterwiesene junge Brahmane, der (aber) von gutem Charakter und edler Art (ist), den würden da die Brahmanen zuerst versorgen mit Mehlspeise oder mit Milchreis oder mit Opferspeise oder mit einer (anderen) Gastspeise. Wie sollte auch, Herr Gotama, etwas einem von schlechtem Charakter und übler Art Gegebenes großen Nutzen bringen?"

„Als erstes bist du, o Assalāyana, also zuerst auf die Geburt gekommen. Auf die Geburt gekommen, bist du zu den Sprüchen gelangt. Zu den Sprüchen gelangt, bist du auf ebendiese Reinheit (aller) vier Stände zurückgekommen, welche ich verkünde!"

Nachdem (vom Erhabenen) so gesprochen worden war, setzte sich Assalāyana, der junge Brahmane, stumm geworden, verstört geworden, mit gebeugtem Rumpf und gesenktem Haupt, niedergeschlagen, widerspruchslos nieder.[94] Als der Erhabene den jungen Brahmanen Assalāyana stumm gworden, verstört geworden, mit gebeugtem Rumpf und gesenktem Haupt, niedergeschlagen, widerspruchslos, gewahrte, sprach er zu Assalāyana, dem jungen Brahmanen, dies:

„Als in der Vorzeit, o Assalāyana, die sieben brahmanischen Weisen[95] in der Waldeinsamkeit in Blätterhütten beratschlagten, kam (ihnen) solcherart üble, falsche Ansicht: ‚Die Brahmanen nur sind der höchste Stand; minderwertig sind die anderen Stände ...*(weiter wie oben)* ... Brahmas Erben!' Da hörte, o Assalāyana, der Seher Asita Devala: ‚Den sieben in der Waldeinsamkeit in Blätterhütten beratschlagenden brahmanischen Weisen ist solcherart üble, falsche Ansicht gekommen: »Die Brahmanen nur sind der höchste Stand; minderwertig sind die anderen Stände ... *(weiter wie oben)* ... Brahmas Erben!« Da brachte, o Assalāyana, der Seher Asita Devala Haar und Bart in Ordnung, legte ein hellrotes Obergewand an, zog feste Schuhe an, ergriff einen goldfarbenen Stab und erschien in der Einsiedelei der sieben brahmanischen Weisen. Und indem, o Assalāyana, der Seher Asita Devala in der Einsiedelei der sieben brahmanischen Weisen hin und her schritt, sprach er so: ‚Wohlan, ihr brahmanischen Weisen, wer wird wohl gehen? Wohlan, ihr brahmanischen Weisen, wer wird wohl gehen?' Und da, o Assalāyana, kam den sieben brahmanischen Weisen dieser (Gedanke): ‚Wer ist das, der wie ein Ochse auf dem Dreschplatz in der Einsiedelei der sieben brahmanischen Weisen hin und her läuft und spricht: »Wohlan, ihr brahmanischen Weisen, wer wird wohl gehen? Wohlan, ihr brahmanischen Weisen, wer wird wohl gehen?« Wohlan, wir wollen ihn verfluchen!' Und da, o Assalāyana, haben die sieben brahmanischen Weisen den Seher Asita Devala verflucht: ‚Asche sei, Elender!' Doch je mehr, o Assalāyana, die sieben brahmanischen Weisen den Seher Asita Devala verfluchten, desto schöner wurde der Seher Asita Devala, desto ansehnlicher und glänzender. Da kam, o Assalāyana, den sieben brahmanischen Weisen dieser (Gedanke): ‚O weh, zwecklos ist unsere Askese, fruchtlos der fromme Wandel! Wenn wir früher jemand verflucht haben: »Asche sei, Elender!«, wurde ein jeder zu Asche; aber je mehr wir diesen verfluchen, desto schöner wird er, desto ansehnlicher und glänzender!' ‚Nicht ist zwecklos eure Askese, und nicht ist fruchtlos der fromme Wandel. Aber was ihr gegen mich Böses im Sinn habt, das gebt auf!' ‚Was wir Böses im Sinn haben, das geben wir auf. Wer aber ist der Herr?' ‚Habt ihr von Asita Devala, dem Seher, gehört?' ‚Jawohl, Herr!' ‚Eben der bin ich!'

Da nahten sich, o Assalāyana, die sieben brahmanischen Weisen, um Asita Devala, den Seher, zu begrüßen. Und es sprach, o Assalāyana, Asita Devala, der Seher, zu den sieben brahmanischen Weisen dies:

‚Vernommen wurde von mir dies, o Herren: »Den sieben in der Waldeinsamkeit in Blätterhütten beratschlagenden brahmanischen Weisen ist solcherart üble, falsche Ansicht gekommen: ›Die Brahmanen nur sind der höchste Stand; minderwertig sind die anderen Stände. Die Brahmanen nur sind der hell(farbige) Stand; schwarz sind die anderen Stände. Die Brahmanen nur werden rein, nicht die Nichtbrahmanen. Die Brahmanen nur sind Brahmas Söhne, aus der Brust, aus dem Mund entsprossen, von Brahma geboren, in Brahma geformt, Brahmas Erben!‹«' – ‚Jawohl, o Herr!' ‚Wissen aber die Herren, ob (ihre) Großmutter sich ausschließlich einem Brahmanen hingegeben hat und nicht einem Nichtbrahmanen?' ‚Nein, das nicht, o Herr!' ‚Wissen aber die Herren, ob die Mutter (ihrer) Großmutter bis hinauf zur Mutter in der siebenten Generation sich ausschließlich einem Brahmanen hingegeben hat und nicht einem Nichtbrahmanen?' ‚Nein, das nicht, o Herr!' ‚Wissen aber die Herren, ob (ihr) Großvater ausschließlich einer Brahmanenfrau beigewohnt hat und nicht einer Nichtbrahmanenfrau?' – ‚Nein, das nicht, o Herr!' ‚Wissen aber die Herren, ob der Vater (ihres) Großvaters bis hinauf zum Vater in der siebenten Generation ausschließlich einer Brahmanenfrau beigewohnt hat und nicht einer Nichtbrahmanenfrau?' – ‚Nein, das nicht, o Herr!' ‚Wissen aber die Herren, wie die Entstehung einer Leibesfrucht erfolgt?' ‚Wir wissen, o Herr, wie die Entstehung einer Leibesfrucht erfolgt. Da kommen Mutter und Vater zusammen; die Mutter ist in der empfängnisbereiten Zeit;[96] der Genius der Zeugung ist zur Stelle; wenn so die drei (Umstände) zusammentreffen, erfolgt die Entstehung einer Leibesfrucht.' ‚Wissen aber die Herren, ob der Genius der Zeugung ein Krieger ist oder ein Brahmane oder ein Angehöriger des dritten oder des vierten Standes?' ‚Nicht wissen wir, o Herr, ob der Genius der Zeugung ein Krieger ist oder ein Brahmane oder ein Angehöriger des dritten oder des vierten Standes.' ‚Wenn es so ist, wißt ihr (dann überhaupt), wer ihr seid?' ‚Da es so ist, o Herr, wissen wir (tatsächlich) nicht, wer wir sind!'

So also, o Assalāyana, waren selbst die sieben brahmanischen Weisen, von Asita Devala, dem Seher, hinsichtlich ihrer Ansicht über die Geburt zur Rede gestellt, befragt, bedrängt, nicht zu einer Entgegnung imstande. Wie willst du da jetzt, von mir hinsichtlich deiner Ansicht über die Geburt zur Rede gestellt, befragt, bedrängt, zu einer Entgegnung imstande sein, der du mitsamt deinem Lehrer von deren (Wissen) nicht einen Löffel voll hast?"

Nachdem solches gesagt war, sprach Assalāyana, der junge Brahmane, zum Erhabenen dies: „Ausgezeichnet, Herr Gotama! Ausgezeichnet, Herr Gotama! Als Laienanhänger möge mich Herr Gotama betrachten, (der) von heute an zeitlebens (seine) Zuflucht (zu ihm) genommen hat."

Nr. 96: Das Lehrgespräch mit Esukāri (Esukāri-Sutta)

So habe ich es gehört. Zu einer Zeit weilte der Erhabene zu Sāvatthī, im Jeta-Wald, im Hain des Anāthapiṇḍika. Da begab sich der Brahmane Esukāri dorthin, wo der Erhabene (sich aufhielt), und nachdem er sich (dorthin) begeben hatte, wechselte er mit dem Erhabenen freundlichen, höflichen Gruß und ließ sich an einer Seite nieder. Nachdem er sich an einer Seite niedergelassen hatte, sprach der Brahmane Esukāri zum Erhabenen dies:

„Die Brahmanen, Herr Gotama, verkünden die vier Dienstpflichten: Sie verkünden die Dienstpflicht des Brahmanen, sie verkünden die Dienstpflicht des Kriegers, sie verkünden die Dienstpflicht eines Angehörigen des dritten Standes, sie verkünden die Dienstpflicht eines Angehörigen des vierten Standes. Und zwar, Herr Gotama, verkünden die Brahmanen als Dienstpflicht des Brahmanen: Ein Brahmane soll dem Brahmanen dienen; ein Krieger soll dem Brahmanen dienen; ein Angehöriger des dritten Standes soll dem Brahmanen dienen; ein Angehöriger des vierten Standes soll dem Brahmanen dienen. Dies, Herr Gotama, verkünden die Brahmanen als Dienstpflicht des (und am) Brahmanen. Und das, Herr Gotama, verkünden die Brahmanen als Dienstpflicht des Kriegers: Ein Krieger soll dem Krieger dienen; ein Angehöriger des dritten Standes soll dem Krieger dienen; ein Angehöriger des vierten Standes soll dem Krieger dienen. Dies, Herr Gotama, verkünden die Brahmanen als Dienstpflicht des Kriegers (und an ihm). Und das, Herr Gotama, verkünden die Brahmanen als Dienstpflicht des Angehörigen des dritten Standes: Ein Angehöriger des dritten Standes soll einem Angehörigen des dritten Standes dienen; ein Angehöriger des vierten Standes soll einem Angehörigen des dritten Standes dienen. Dies, Herr Gotama, verkünden die Brahmanen als Dienstpflicht eines Angehörigen des dritten Standes (und an ihm). Und das, Herr Gotama, verkünden die Brahmanen als Dienstpflicht des Angehörigen des vierten Standes: Einem Angehörigen des vierten Standes soll nur ein Angehöriger des vierten Standes dienen. Wer sollte auch sonst einem Angehörigen des vierten Standes dienen? Dies, Herr Gotama, verkünden die Brahmanen als Dienstpflicht eines Angehörigen des vierten Standes. Die Brahmanen, Herr Gotama, verkünden diese vier Dienstpflichten. Was sagt Herr Gotama dazu?"

„Wie ist das, o Brahmane? Gesteht die ganze Welt es den Brahmanen zu, daß sie diese vier Dienstpflichten verkünden sollen?"

„Nein, das nicht, Herr Gotama!"

„Gerade wie wenn, o Brahmane, da ein Mann (wäre), arm, unselbständig, elend, und man würde gegen seinen Willen ihm einen Bissen hineinzwingen (und sagen:) ‚Da, lieber Mann, hast du Fleisch zu essen, und (nun) bezahle den Preis!' – ebenso, o Brahmane, haben sich die Brahmanen mit diesen (anderen) Bettelmönchen und Priestern[97] nicht verständigt, sondern verkünden (ohne deren Einverständnis) diese vier Dienstpflichten. Nicht sage ich, o Brahmane, daß man jedem dienen soll. Wiederum, o Brahmane, sage ich nicht, daß man keinem dienen soll. Wenn man nämlich von dem, o Brahmane, dem man dient, durch den Dienst schlechter und nicht besser wird, so sage ich, daß dieser nicht zu bedienen ist. Wenn man aber von dem, o Brahmane, dem man dient, durch den Dienst besser wird und nicht schlechter, so sage ich, daß dieser zu bedienen ist. Wenn man einen Krieger, o Brahmane, so befragt: ‚Wenn man von dem, dem man dient, durch den Dienst schlechter und nicht besser wird, und wenn man von einem (anderen), dem man dient, durch den Dienst besser und nicht schlechter wird, – wem möchtest du da dienen?', so würde doch wohl, o Brahmane, der Krieger die richtige Antwort so geben: ‚Wenn man von dem, dem man dient, durch den Dienst schlechter wird und nicht besser, so möchte ich diesen nicht bedienen. Wenn man aber durch den, dem man dient, besser wird und nicht schlechter, so möchte ich diesen bedienen.' Auch wenn man einen Brahmanen, o Brahmane ... *(weiter wie eben)* ... Auch wenn man einen Angehörigen des dritten Standes, o Brahmane, auch wenn man einen Angehörigen des vierten Standes, o Brahmane, so befragt: ‚Wenn man von dem, dem man dient, durch den Dienst schlechter und nicht besser wird, und wenn man von einem (anderen), dem man dient, durch den Dienst besser und nicht schlechter wird – wem möchtest du da dienen?', so würde, o Brahmane, selbst der Angehörige des vierten Standes die richtige Antwort so geben: ,Wenn man von dem, dem man dient, durch den Dienst schlechter wird und nicht besser, so möchte ich diesen nicht bedienen. Wenn man aber durch den, dem man dient, besser wird und nicht schlechter, so möchte ich diesen bedienen.' Nicht sage ich, o Brahmane, daß vornehme Abkunft besser (macht). Doch sage ich auch nicht, o Brahmane, daß vornehme Abkunft schlechter (macht). Nicht sage ich, o Brahmane, daß große Schönheit besser (macht). Doch sage ich auch nicht, o Brahmane, daß große Schönheit schlechter (macht). Nicht sage ich, o Brahmane, daß großer Reichtum besser (macht). Doch sage ich auch nicht, o Brahmane, daß großer Reichtum schlechter (macht). Auch von vornehmer Abkunft, o Brahmane, ist hier nämlich mancher, (der) ein Mörder ist, ein Dieb ist, ein in Liebesdingen übel Handelnder ist, ein Lügner ist, ein Verleumder ist, ein Schwätzer ist, gierig ist, böswillig gesinnt ist, ein Anhänger falscher Lehre ist. Darum sage ich, daß vornehme Abkunft nicht besser (macht). Doch ist wiederum, o Brahmane, von vornehmer Abkunft hier mancher, der sich des Mordens enthält, sich des Stehlens enthält, sich des üblen Handelns in Liebesdingen enthält, sich des Lügens enthält, sich des Verleumdens enthält, sich des Geschwätzes enthält, sich der Grobheit enthält, nicht gierig, nicht böswillig ist und der rechten Lehre folgt. Darum sage ich, daß vornehme Abkunft nicht schlechter (macht). Auch von großer Schönheit, o Brahmane, ist nämlich ... *(weiter wie eben)* ... Auch von großem Reichtum, o Brahmane, ist nämlich hier mancher, (der) ein Mörder ist ... *(weiter wie eben)* ... ein Anhänger falscher Lehre ist. Darum sage ich, daß großer Reichtum nicht besser (macht). Doch ist wiederum, o Brahmane, von großem Reichtum hier mancher, der sich des Mordens enthält, ... *(weiter wie eben)* ... und der rechten Lehre folgt. Darum sage ich, daß großer Reichtum nicht schlechter (macht). Nicht sage ich, o Brahmane, daß man jedem dienen soll. Wiederum, o Brahmane, sage ich nicht, daß man keinem dienen soll. Wenn nämlich von dem, o Brahmane, dem man dient, durch den Dienst der Glauben zunimmt, die Tugend zunimmt, das (bei Belehrung) Gehörte zunimmt, die

Entsagung zunimmt, die Weisheit zunimmt, dem soll man dienen, sage ich!"
Nachdem so gesprochen worden war, sprach der Brahmane Esukāri zum Erhabenen dies: „Die Brahmanen, Herr Gotama, verkünden die vier Besitztümer: das Besitztum des Brahmanen verkünden sie; das Besitztum des Kriegers verkünden sie; das Besitztum des Angehörigen des dritten Standes verkünden sie; das Besitztum des Angehörigen des vierten Standes verkünden sie. Und zwar, Herr Gotama, verkünden die Brahmanen als Besitztum des Brahmanen den Almosengang. Ein Brahmane aber, der sich über den Almosengang als Besitztum erhaben dünkt, begeht ein Unrecht wie ein Hüter, der etwas Nichtgegebenes nimmt. Dies, Herr Gotama, verkünden die Brahmanen als Besitztum des Brahmanen. Und das, Herr Gotama, verkünden die Brahmanen als Besitztum des Kriegers: Bogen und Köcher. Ein Krieger aber, der sich über Bogen und Köcher als Besitztum erhaben dünkt, begeht ein Unrecht wie ein Hüter, der etwas Nichtgegebenes nimmt. Dies, Herr Gotama, verkünden die Brahmanen als Besitztum des Kriegers. Und das, Herr Gotama, verkünden die Brahmanen als Besitztum eines Angehörigen des dritten Standes: Ackerbau und Viehzucht. Ein Angehöriger des dritten Standes aber, der sich über Ackerbau und Viehzucht als Besitztum erhaben dünkt, begeht ein Unrecht wie ein Hüter, der etwas Nichtgegebenes nimmt. Dies, Herr Gotama, verkünden die Brahmanen als Besitztum eines Angehörigen des dritten Standes. Und das, Herr Gotama, verkünden die Brahmanen als Besitztum eines Angehörigen des vierten Standes: Sichel und Tragstock. Ein Angehöriger des vierten Standes aber, der sich über Sichel und Tragstock als Besitztum erhaben dünkt, begeht ein Unrecht wie ein Hüter, der etwas Nichtgegebenes nimmt. Dies, Herr Gotama, verkünden die Brahmanen als Besitztum eines Angehörigen des vierten Standes. Die Brahmanen, Herr Gotama, verkünden diese vier Besitztümer. Was sagt Herr Gotama dazu?"
„Wie ist das, o Brahmane? Gesteht die ganze Welt den Brahmanen zu, daß sie diese vier Besitztümer verkünden sollen?"
„Nein, das nicht, Herr Gotama!"
„Gerade wie wenn, o Brahmane, da ein Mann (wäre), arm, unselbständig, elend, und man würde gegen seinen Willen ihm einen Bissen hineinzwingen (und sagen:) ‚Da, lieber Mann, hast du Fleisch zu essen, und (nun) bezahle den Preis!' – ebenso, o

Brahmane, haben sich die Brahmanen mit diesen (anderen) Bettelmönchen und Priestern nicht verständigt, sondern verkünden (ohne deren Einverständnis) diese vier Besitztümer. Ich aber, o Brahmane, verkünde ein heiliges, überweltliches Recht als Besitztum des Menschen, auch wenn sich jemand der einstigen mütterlichen und väterlichen Abstammung erinnern mag, wie er da und dort ins Dasein getreten ist und je nachdem eine (Standes)bezeichnung erhalten hat. Wer in einer Kriegerfamilie ins Dasein getreten ist, wird eben als Krieger bezeichnet. Wer in einer Brahmanenfamilie ins Dasein getreten ist, wird eben als Brahmane bezeichnet. Wer in einer Familie des dritten Standes ins Dasein getreten ist, wird eben als Angehöriger des dritten Standes bezeichnet. Wer in einer Familie des vierten Standes ins Dasein getreten ist, wird eben als Angehöriger des vierten Standes bezeichnet. Gerade wie, o Brahmane, ein Feuer, je nachdem auf welcher Grundlage es brennt, eine Bezeichnung erhält – wenn das Feuer auf der Grundlage von Holzscheiten brennt, wird es als Holzfeuer bezeichnet; wenn das Feuer auf der Grundlage von Spänen brennt, wird es als Spanfeuer bezeichnet; wenn das Feuer auf der Grundlage von Gras brennt, wird es als Grasfeuer bezeichnet; wenn das Feuer auf der Grundlage von Dung brennt, wird es als Dungfeuer bezeichnet – ebenso, o Brahmane, verkünde ich ein heiliges, überweltliches Recht als Besitztum des Menschen, auch wenn sich jemand der einstigen mütterlichen und väterlichen Abstammung erinnern mag, wie er da und dort ins Dasein getreten ist und je nachdem eine (Standes)bezeichnung erhalten hat. Wer in einer Kriegerfamilie ins Dasein getreten ist, wird eben als Krieger bezeichnet. Wer in einer Brahmanenfamilie ins Dasein getreten ist, wird eben als Brahmane bezeichnet. Wer in einer Familie des dritten Standes ins Dasein getreten ist, wird eben als Angehöriger des dritten Standes bezeichnet. Wer in einer Familie des vierten Standes ins Dasein getreten ist, wird eben als Angehöriger des vierten Standes bezeichnet. Wenn jemand in einer Kriegerfamilie, o Brahmane, aus der Häuslichkeit in die Hauslosigkeit (als Mönch) hinauszieht, wenn er zu der vom Vollendeten dargelegten Lehre und Ordenszucht gelangt ist, sich des Mordens enthält, sich des Stehlens enthält, sich des unfrommen Wandels enthält, sich des Lügens enthält, sich der Verleumdung enthält, sich der Grobheit enthält, sich des Geschwätzes enthält, nicht gierig, nicht böswillig ist und der rechten Lehre folgt, geht er erfolgreich den rechten Weg (und führt er) heilsamen Wandel. Wenn jemand in einer Brahmanenfamilie, o Brahmane, aus der Häuslichkeit in die Hauslosigkeit hinauszieht, wenn er zu der vom Vollendeten dargelegten Lehre und Ordenszucht gelangt ist, sich des Mordens enthält ... *(weiter wie oben)* ... der rechten Lehre folgt, geht er erfolgreich den rechten Weg (und führt er) heilsamen Wandel. Wenn jemand in einer Familie des dritten Standes, o Brahmane, aus der Häuslichkeit in die Hauslosigkeit hinauszieht, wenn er zu der vom Vollendeten dargelegten Lehre und Ordenszucht gelangt ist, sich des Mordens enthält ... *(weiter wie oben)* ... der rechten Lehre folgt, geht er erfolgreich den rechten Weg (und führt er) heilsamen Wandel. Wenn jemand in einer Familie des vierten Standes, o Brahmane, aus der Häuslichkeit in die Hauslosigkeit hinauszieht, wenn er zu der vom Vollendeten dargelegten Lehre und Ordenszucht gelangt ist, sich des Mordens enthält ... *(weiter wie oben)* ... heilsamen Wandel. Was meinst du, Brahmane? Kann denn nur ein Brahmane in diesem Land ein freundliches, wohlwollendes, liebevolles Gemüt ausbilden, nicht aber der Krieger, nicht aber der Angehörige des dritten Standes, nicht aber der Angehörige des vierten Standes?"

„Nein, das ist nicht so, Herr Gotama! Denn auch der Krieger, Herr Gotama, kann in diesem Land ein freundliches, wohlwollendes, liebevolles Gemüt ausbilden. Auch der Brahmane, Herr Gotama, auch der Angehörige des dritten Standes, Herr Gotama, auch der Angehörige des vierten Standes, Herr Gotama, also (die Angehörigen) aller vier Stände, Herr Gotama, können in diesem Land ein freundliches, wohlwollendes, liebevolles Gemüt ausbilden."

„Ebenso, o Brahmane, (gilt): Wenn jemand in einer Kriegerfamilie aus der Häuslichkeit in die Hauslosigkeit hinauszieht, wenn er zu der vom Vollendeten dargelegten Lehre und Ordenszucht gelangt ist, sich des Mordens enthält ... *(weiter wie oben)* ... heilsamen Wandel. Auch wenn jemand in einer Brahmanenfamilie, o Brahmane ... *(weiter wie oben)* ... Auch wenn jemand in einer Familie des dritten Standes, o Brahmane, auch wenn jemand in einer Familie des vierten Standes, o Brahmane, aus der Häuslichkeit in die Hauslosigkeit hinauszieht, wenn er zu der vom Vollendeten dargelegten Lehre und Ordenszucht gelangt ist ... *(weiter wie oben)* ... heilsamen Wandel. Was

meinst du, Brahmane? Kann nur ein Brahmane mit Schwamm und Seife zum Fluß gehen und Staub und Schmutz beseitigen, nicht auch ein Krieger, nicht auch ein Angehöriger des dritten Standes, nicht auch ein Angehöriger des vierten Standes?"
„Nein, das ist nicht so, Herr Gotama! Denn auch ein Krieger, Herr Gotama, kann mit Schwamm und Seife zum Fluß gehen und Staub und Schmutz beseitigen. Und auch ein Brahmane, Herr Gotama, und auch ein Angehöriger des dritten Standes, Herr Gotama, und auch ein Angehöriger des vierten Standes, Herr Gotama, also (die Angehörigen) aller vier Stände, Herr Gotama, können mit Schwamm und Seife zum Fluß gehen und Staub und Schmutz beseitigen."
„Ebenso, o Brahmane, (gilt): Wenn jemand in einer Kriegerfamilie aus der Häuslichkeit in die Hauslosigkeit hinauszieht, wenn er zu der vom Vollendeten dargelegten Lehre und Ordenszucht gelangt ist, sich des Mordens enthält ... *(weiter wie oben)* ... heilsamen Wandel. Auch wenn jemand in einer Brahmanenfamilie, Brahmane ... *(weiter wie oben)* ... Auch wenn jemand in einer Familie des dritten Standes, o Brahmane, auch wenn jemand in einer Familie des vierten Standes, o Brahmane, aus der Häuslichkeit in die Hauslosigkeit hinauszieht, wenn er zu der vom Vollendeten dargelegten Lehre und Ordenszucht gelangt ist, sich des Mordens enthält ... *(weiter wie oben)* ... heilsamen Wandel. Was meinst du, Brahmane? (Angenommen,) der König, der (oberste) Krieger, dessen Haupt (für die Königswürde) gesalbt ist, ließe hundert aus verschiedenen Ständen stammende Männer sich versammeln ..." *(weiter wie im Majjhimanikāya Nr. 93)* „... man kann mit jedem Feuer das von Feuer zu Bewerkstelligende ausführen."
„Ebenso, o Brahmane, (gilt): Wenn jemand in einer Kriegerfamilie aus der Häuslichkeit in die Hauslosigkeit hinauszieht, wenn er zu der vom Vollendeten dargelegten Lehre und Ordenszucht gelangt ist, sich des Mordens enthält ... *(weiter wie oben)* ... heilsamen Wandel. Auch wenn jemand in einer Brahmanenfamilie, o Brahmane ... *(weiter wie oben)* ... Auch wenn jemand in einer Familie des dritten Standes, o Brahmane, auch wenn jemand in einer Familie des vierten Standes, o Brahmane, aus der Häuslichkeit in die Hauslosigkeit hinauszieht, wenn er zu der vom Vollendeten dargelegten Lehre und Ordenszucht gelangt ist, sich des Mordens enthält ... *(weiter wie oben)* ... heilsamen Wandel."

Nachdem solches gesagt war, sprach der Brahmane Esukāri zum Erhabenen dies: „Ausgezeichnet, Herr Gotama! Ausgezeichnet, Herr Gotama! Als Laienanhänger möge mich Herr Gotama betrachten, (der) von heute an zeitlebens (seine) Zuflucht (zu ihm) genommen hat."

Nr. 135: Das Lehrgespräch von der Einteilung der Tatfruchtursachen (Cūḷakammavibhaṅga-Sutta)

So habe ich es gehört. Zu einer Zeit weilte der Erhabene zu Sāvatthī, im Jeta-Wald, im Hain des Anāthapiṇḍika. Da nahte sich Subha, ein junger Brahmane, der Sohn des Todeyya, dem Erhabenen, und nachdem er sich ihm genaht hatte, wechselte er mit dem Erhabenen freundlichen, höflichen Gruß und ließ sich zur Seite nieder. Zur Seite niedergelassen, redete Subha, der junge Brahmane, der Sohn des Todeyya, den Erhabenen folgendermaßen an: „Was ist nun eigentlich, Herr Gotama, der Grund, was ist die Ursache, daß es selbst unter den Menschen, unter als Menschen geborenen Wesen, Niedrigkeit und Vorzüglichkeit gibt? Man sieht,[98] Herr Gotama, kurzlebige Menschen, man sieht langlebige; man sieht schwerkranke, man sieht wenig leidende; man sieht häßliche, man sieht schöne; man sieht (solche) von geringer Kraft, man sieht (solche) von großer Kraft; man sieht wenig besitzende, man sieht viel besitzende; man sieht (solche) von niedriger Abkunft, man sieht (solche) von hoher Abkunft; man sieht (solche) von wenig Weisheit, man sieht (solche) von (großer) Weisheit. Was ist nun eigentlich, Herr Gotama, der Grund, was ist die Ursache, daß es selbst unter den Menschen, unter als Menschen geborenen Wesen, Niedrigkeit und Vorzüglichkeit gibt?"

„Eigner der Taten, o Brahmane, sind die Wesen, Erben der Taten, die Taten sind für sie der Schoß (der Wiedergeburt), mit den Taten sind sie verwandt, die Taten sind ihr Schutz. Die Tat unterscheidet die Wesen jeweils nach Niedrigkeit und Vorzüglichkeit."

„Ich verstehe den Sinn des von Herrn Gotama kurz Gesagten, nicht ausführlich dem Sinn nach Erklärten, nicht vollständig. Gut wäre es, wenn mir Herr Gotama die Lehre so aufzeigen würde, daß ich den Sinn des von Herrn Gotama kurz Gesag-

ten, nicht ausführlich dem Sinn nach Erklärten, vollständig dem Sinn nach verstehen würde."
„Dann also, Brahmane, höre gut zu, sei aufmerksam, ich werde sprechen!"
„Jawohl, Herr!" stimmte Subha, der junge Brahmane, der Sohn des Todeyya, dem Erhabenen zu. Der Erhabene sprach dies:
„Da bringt, o Brahmane, irgendeine Frau oder ein Mann Lebewesen um, grausam, blutgierig, an Mord und Totschlag gewöhnt, nichts Freundliches den Lebewesen erzeigend. Dieser gelangt durch solche Tat, so vollbracht, so vollzogen, beim Zerfall des Körpers, nach dem Tode, auf den Weg nach unten, auf üblen Pfad, zum Sturz in die Hölle. Wenn er aber beim Zerfall des Körpers, nach dem Tode, nicht auf den Weg nach unten, auf üblen Pfad, zum Sturz in die Hölle gerät, sondern (wieder) Menschwerdung erlangt, wird er, wo er auch wiedergeboren wird, kurzlebig sein. Dies, o Brahmane, ist die zu Kurzlebigkeit führende Art und Weise, indem man Lebewesen umbringt, grausam, blutgierig, an Mord und Totschlag gewöhnt ist, nichts Freundliches den Lebewesen erzeigend.
Da hingegen, o Brahmane, hat irgendeine Frau oder ein Mann das Töten von Lebewesen aufgegeben, enthält sich des Tötens von Lebewesen, hat den Stock niedergelegt, hat das Schwert niedergelegt und verharrt bescheiden, Freundliches erzeigend, zu allen Lebewesen voller Liebe und Mitleid. Dieser gelangt durch solche Tat, so vollbracht, so vollzogen, beim Zerfall des Körpers, nach dem Tode, auf den guten Pfad in die Himmelswelt. Wenn er aber beim Zerfall des Körpers, nach dem Tode, nicht auf den guten Pfad in die Himmelswelt gelangt, sondern (wieder) Menschwerdung erlangt, wird er, wo er auch wiedergeboren wird, langlebig sein. Dies, o Brahmane, ist die zu Langlebigkeit führende Art und Weise, indem man das Töten von Lebewesen aufgibt, sich des Tötens von Lebewesen enthält, den Stock niederlegt, das Schwert niederlegt, und bescheiden, Freundliches erzeigend, zu allen Lebewesen liebevoll und mitleidig verharrt.
Da ist, o Brahmane, irgendeine Frau oder ein Mann ein Quäler der Wesen mit der Hand oder mit Erdklumpen oder mit dem Stock oder mit dem Schwert. Dieser gelangt durch eine solche Tat, so vollbracht, so vollzogen, beim Zerfall des Körpers, nach dem Tode, auf den Weg nach unten, auf üblen Pfad, zum

Sturz in die Hölle. Wenn er aber beim Zerfall des Körpers, nach dem Tode, nicht auf den Weg nach unten, auf üblen Pfad, zum Sturz in die Hölle gerät, sondern (wieder) Menschwerdung erlangt, wird er, wo er auch wiedergeboren wird, schwerkrank werden. Dies, o Brahmane, ist die zu Schwerkrankheit führende Art und Weise, indem man ein Quäler der Wesen mit der Hand oder mit Erdklumpen oder mit dem Stock oder mit dem Schwert ist.

Da hingegen, o Brahmane, ist irgendeine Frau oder ein Mann kein Quäler der Wesen mit der Hand oder mit Erdklumpen oder mit dem Stock oder mit dem Schwert. Dieser gelangt durch solche Tat, so vollbracht ... *(weiter wie oben)* ... auf guten Pfad ... er wird wenig leidend sein. Dies ... ist die zu wenig Leiden führende ... kein Quäler ... oder mit dem Schwert.[99]

Da ist, o Brahmane, irgendeine Frau oder ein Mann, zornig, voll Aufregung; auch wenn ihm nur wenig gesagt wird, wird er wütend, zürnt, erregt sich, widersetzt sich, legt Zorn, Haß und Unzufriedenheit an den Tag. Dieser gelangt durch solche Tat, so vollbracht ... auf den Weg nach unten ... er wird häßlich. Dies, o Brahmane, ist die zu Häßlichkeit führende Art und Weise, indem man zornig ist ... und Unzufriedenheit an den Tag legt.

Da hingegen, o Brahmane, ist irgendeine Frau oder ein Mann nicht zornig, frei von Aufregung; selbst wenn ihm viel gesagt wird, wird er nicht wütend, zürnt nicht, erregt sich nicht, widersetzt sich nicht, legt nicht Zorn, Haß oder Unzufriedenheit an den Tag. Dieser gelangt durch solche Tat, so vollbracht ... auf guten Pfad ... er wird liebenswert sein. Dies, o Brahmane, ist die zu Liebenswertheit führende Art und Weise, indem man nicht zornig ist ... keine Unzufriedenheit an den Tag legt.

Da ist, o Brahmane, irgendeine Frau oder ein Mann neidisch; wenn andere Gewinn, Ehre, Verehrung, Würdigung, Hochschätzung, Werthaltung, Preisung erfahren, ist er neidisch, mißgünstig, hängt dem Neid an. Dieser gelangt durch solche Tat, so vollbracht ... auf den Weg nach unten ... er wird arm an Kraft. Dies, o Brahmane, ist die zu Kraftmangel führende Art und Weise, indem man neidisch ist ... dem Neid anhängt.

Da hingegen, o Brahmane, ist irgendeine Frau oder ein Mann nicht neidisch; und wenn andere Gewinn, Ehre, Verehrung, Würdigung, Hochschätzung, Werthaltung, Preisung erfahren, ist er nicht neidisch, mißgünstig, hängt nicht dem Neid an. Dieser gelangt durch solche Tat, so vollbracht ... auf guten

Pfad … er wird kraftvoll sein. Zur Kraftfülle führend … dem Neid nicht anhängt.

Da ist, o Brahmane, irgendeine Frau oder ein Mann für Bettelmönche oder Priester kein Spender von Speise, Trank, Kleidung, Wagen, Schmuck, Wohlgerüchen, Salbe, Lagerstatt, Obdach, Lampe. Dieser gelangt durch solche Tat … auf den Weg nach unten … er wird wenig besitzen. Die zur Besitzarmut führende … Lagerstatt, Obdach, Lampe. Da hingegen, o Brahmane, ist irgendeine Frau oder ein Mann für Bettelmönche oder Priester ein Spender von Speise und Trank … Lagerstatt, Obdach, Lampe. Dieser gelangt durch solche Tat … auf guten Pfad … er wird viel besitzen. Die zu großem Besitz führende … Lagerstatt, Obdach, Lampe.

Da ist, o Brahmane, irgendeine Frau oder ein Mann verhärtet, hochmütig; einen zu Grüßenden grüßt er nicht; vor einem, vor dem man sich erheben muß, erhebt er sich nicht; einem, der würdig ist, sich zu setzen, gibt er keinen Sitz; einem, dem der Weg gebührt, gibt er den Weg nicht (frei); einen Ehrwürdigen ehrt er nicht; einen zu Verehrenden verehrt er nicht; einen zu Würdigenden würdigt er nicht; einen zu Preisenden preist er nicht. Dieser gelangt durch solche Tat … auf den Weg nach unten … von niedriger Abkunft wird er sein. Die zu niedriger Abkunft führende … einen zu Preisenden preist er nicht.

Da hingegen, o Brahmane, ist irgendeine Frau oder ein Mann nicht trotzig, nicht hochmütig; einen zu Grüßenden grüßt er … einen zu Preisenden preist er. Dieser gelangt durch solche Tat … auf guten Pfad … von hoher Abkunft wird er sein. Die zu hoher Abkunft führende … einen zu Preisenden preist er.

Da ist, o Brahmane, irgendeine Frau oder ein Mann, der, wenn er sich einem Bettelmönch oder einem Priester genaht hat, nicht fragt: ‚Was, o Herr, ist heilsam? Was ist unheilvoll? Was ist tadelnswert? Was ist tadelsfrei? Was ist zu betreiben? Was ist nicht zu betreiben? Was gereicht mir, wenn ich es tue, lange Zeit zu Unheil und Unglück? Was wiederum gereicht mir, wenn ich es tue, lange Zeit zu Heil und Glück?‘ Dieser gelangt durch solche Tat … auf den Weg nach unten … wenig weise wird er sein. Die zu wenig Weisheit führende … zu Heil und Glück?

Da hingegen, o Brahmane, ist irgendeine Frau oder ein Mann, der, wenn er sich einem Bettelmönch oder einem Priester genaht hat, fragt: ‚Was, o Herr, ist heilsam? … zu Heil und Glück?‘ Dieser gelangt durch solche Tat … auf guten Pfad …

von großer Weisheit wird er sein. Die zu großer Weisheit führende ... zu Heil und Glück?
So also, o Brahmane, leitet die zu Kurzlebigkeit führende Art und Weise zu Kurzlebigkeit, die zu Langlebigkeit führende Art und Weise leitet zu Langlebigkeit; die zu Schwerkrankheit führende Art und Weise leitet zu Schwerkrankheit, die zu wenig Leiden führende Art und Weise leitet zu wenig Leiden; die zu Häßlichkeit führende Art und Weise leitet zu Häßlichkeit, die zu Liebenswertheit führende Art und Weise leitet zu Liebenswertheit; die zu Kraftmangel führende Art und Weise leitet zu Kraftmangel, die zu Kraftfülle führende Art und Weise leitet zu Kraftfülle; die zu Besitzarmut führende Art und Weise leitet zu Besitzarmut, die zu großem Besitz führende Art und Weise leitet zu großem Besitz; die zu niedriger Abkunft führende Art und Weise leitet zu niedriger Abkunft, die zu hoher Abkunft führende Art und Weise leitet zu hoher Abkunft; die zu wenig Weisheit führende Art und Weise leitet zu wenig Weisheit, die zu großer Weisheit führende Art und Weise leitet zu großer Weisheit. Eigner der Taten, o Brahmane, sind die Wesen, Erben der Taten, die Taten sind für sie der Schoß (der Wiedergeburt), mit den Taten sind sie verwandt, die Taten sind ihr Schutz. Die Tat unterscheidet die Wesen jeweils nach Niedrigkeit und Vorzüglichkeit."
Nachdem dies gesagt war, sprach Subha, der junge Brahmane, der Sohn des Todeyya, zum Erhabenen dies: „Ausgezeichnet, Herr Gotama; ausgezeichnet, Herr Gotama! Gerade wie, Herr Gotama, Umgestürztes aufgerichtet, Verborgenes enthüllt worden wäre; als wenn man einem Verirrten den Weg weisen oder in die Dunkelheit eine Öllampe bringen würde – ‚wer Augen hat, wird die Formen sehen' –, ebenso hat der Erhabene auf mancherlei Art die Lehre erläutert. Ich nehme zum erhabenen Gotama meine Zuflucht, zur Lehre und zur Mönchsgemeinde. Als einen Laienanhänger möge mich der erhabene Gotama betrachten, (der) von heute an zeitlebens seine Zuflucht (zu ihm) genommen hat."

Nr. 144: Die Unterredung mit Channa (Channovāda-Sutta)

So habe ich es gehört. Zu einer Zeit weilte der Erhabene zu Rājagaha, im Veḷu-Hain, an der Futterstelle der Eichhörnchen. Zu dieser Zeit nun weilten der ehrwürdige Sāriputta und der ehrwürdige Mahācunda sowie der ehrwürdige Channa am Berg Geierspitze. Und zu dieser Zeit war der ehrwürdige Channa siech, leidend, schwerkrank. Da erhob sich der ehrwürdige Sāriputta zur Abendzeit aus der Zurückgezogenheit, begab sich dorthin, wo der ehrwürdige Mahācunda (sich aufhielt), und nachdem er sich (dorthin) begeben hatte, sprach er zu dem ehrwürdigen Mahācunda dies: „Wir wollen gehen, Bruder Cunda, wir wollen uns dorthin begeben, wo der ehrwürdige Channa (sich aufhält und ihn nach seiner) Krankheit fragen."

„So (sei es), o Bruder!" stimmte der ehrwürdige Mahācunda dem ehrwürdigen Sāriputta zu. Daraufhin begaben sich der ehrwürdige Sāriputta und der ehrwürdige Mahācunda dorthin, wo der ehrwürdige Channa (sich aufhielt), und nachdem sie sich (dorthin) begeben hatten, wechselten sie mit dem ehrwürdigen Channa freundlichen, höflichen Gruß und ließen sich an einer Seite nieder. An einer Seite niedergelassen, sprach der ehrwürdige Sāriputta zu dem ehrwürdigen Channa dies: „Ist es dir, Bruder Channa, schon besser, fühlst du dich wohler, nehmen Leiden und Schmerz ab und nicht zu, spürt man ihre Abnahme und nicht Zunahme?"

„Nicht fühle ich mich, Bruder Sāriputta, wohler; nicht geht es mir besser; heftig nehmen meine Leiden und Schmerzen zu und nicht ab; man spürt ihre Zunahme und nicht ihre Abnahme. Zum Schwert, Bruder Sāriputta, werde ich greifen;[100] nicht begehre ich (länger) das Leben!"

„Der ehrwürdige Channa möge nicht zum Schwert greifen! Es möge sich der ehrwürdige Channa aufrecht halten; wir wünschen dem ehrwürdigen Channa, daß er sich aufrecht hält. Wenn es dem ehrwürdigen Channa an geeigneten Nahrungsmitteln fehlt, werde ich mich für den ehrwürdigen Channa nach geeigneten Nahrungsmitteln umsehen. Wenn es dem ehrwürdigen Channa an geeigneten Heilmitteln fehlt, werde ich mich für den ehrwürdigen Channa nach geeigneten Heilmitteln umsehen. Wenn es dem ehrwürdigen Channa an entsprechender Pflege fehlt, werde ich den ehrwürdigen Channa pflegen. Nicht möge der ehrwürdige Channa zum Schwert greifen! Es möge sich der ehrwüdige Channa aufrecht halten; wir wünschen dem ehrwürdigen Channa, daß er sich aufrecht hält."

„Nicht fehlt es mir, Bruder Sāriputta, an geeigneten Nahrungsmitteln; es fehlt mir auch nicht an geeigneten Heilmitteln, und es fehlt mir ferner nicht an entsprechender Pflege. Doch ist, Bruder Sāriputta, der Meister von mir (nun) lange Zeit verehrt worden, gefällig, nicht ungefällig. Das ist ja das, Bruder Sāriputta, was einem Jünger zukommt: daß er den Meister verehrt, gefällig, nicht ungefällig. ‚Untadelhaft hat Channa, der Mönch, zum Schwert gegriffen!'; ebendies, Bruder Sāriputta, behalte im Gedächtnis!"

„Wir möchten den ehrwürdigen Channa noch über eine Sache befragen, wenn der ehrwürdige Channa bereit ist, auf die Frage eine Aufklärung zu geben."

„Frage, Bruder Sāriputta; (die Frage) gehört habend, wollen wir sehen!"

„Bezüglich des Auges, Bruder Channa, der Sehwahrnehmung und der durch die Sehwahrnehmung erfaßten Dinge – faßt du das so auf: ‚Das ist mein, das bin ich, das ist mein Selbst!'? Bezüglich des Ohres, Bruder Channa, der Hörwahrnehmung … *(weiter wie eben)* … Bezüglich der Nase, Bruder Channa, der Geruchswahrnehmung, bezüglich der Zunge, Bruder Channa, der Geschmackswahrnehmung, bezüglich des Körpers, Bruder Channa, der Körperwahrnehmung, bezüglich des Geistes, Bruder Channa, der Denkwahrnehmung und der durch die Denkwahrnehmung erfaßten Dinge – faßt du das so auf: ‚Das ist mein, das bin ich, das ist mein Selbst!'?"

„Bezüglich des Auges, Bruder Sāriputta, der Sehwahrnehmung und der durch die Sehwahrnehmung erfaßten Dinge fasse ich das so auf: ‚Das ist nicht mein, das bin ich nicht, das ist nicht mein Selbst.' Bezüglich des Ohres, Bruder Sāriputta, der Hörwahrnehmung, bezüglich der Nase, Bruder Sāriputta, der Geruchswahrnehmung, bezüglich der Zunge, Bruder Sāriputta, der Geschmackswahrnehmung, bezüglich des Körpers, Bruder Sāriputta, der Körperwahrnehmung, bezüglich des Geistes, Bruder Sāriputta, der Denkwahrnehmung und der durch die Denkwahrnehmung erfaßten Dinge fasse ich das so auf: ‚Das ist nicht mein, das bin ich nicht, das ist nicht mein Selbst!'"

„Bezüglich des Auges, Bruder Channa, der Sehwahrnehmung und der durch die Sehwahrnehmung erfaßten Dinge – was hast du gesehen? Was erkannt? Faßt du bezüglich des Auges, der Sehwahrnehmung und der durch die Sehwahrnehmung erfaßten Dinge das so auf: ‚Das ist nicht mein, das bin ich nicht, das ist nicht mein Selbst!'? Bezüglich des Ohres, Bruder Channa, der Hörwahrnehmung, bezüglich der Nase, Bruder Channa, der Geruchswahrnehmung, bezüglich der Zunge, Bruder Channa, der Geschmackswahrnehmung, bezüglich des Körpers, Bruder Channa, der Körperwahrnehmung, bezüglich des Geistes, Bruder Channa, der Denkwahrnehmung und der durch die Denkwahrnehmung erfaßten Dinge – was hast du gesehen? Was erkannt? Faßt du bezüglich des Geistes, der Denkwahrnehmung und der durch die Denkwahrnehmung erfaßten Dinge das so auf: ‚Das ist nicht mein, das bin ich nicht, das ist nicht mein Selbst!'?"

„Bezüglich des Auges, Bruder Sāriputta, der Sehwahrnehmung und der durch die Sehwahrnehmung erfaßten Dinge habe ich Vernichtung gesehen, Vernichtung erkannt, und fasse (daher) bezüglich des Auges, der Sehwahrnehmung und der durch die Sehwahrnehmung erfaßten Dinge das so auf: ‚Das ist nicht mein, das bin ich nicht, das ist nicht mein Selbst!' Bezüglich des Ohres, Bruder Sāriputta, der Hörwahrnehmung, bezüglich der Nase, Bruder Sāriputta, der Geruchswahrnehmung, bezüglich der Zunge, Bruder Sāriputta, der Geschmackswahrnehmung, bezüglich des Körpers, Bruder Sāriputta, der Körperwahrnehmung, bezüglich des Geistes, Bruder Sāriputta, der Denkwahrnehmung und der durch die Denkwahrnehmung erfaßten Dinge habe ich Vernichtung gesehen, Vernichtung erkannt, und fasse (daher) bezüglich des Geistes, der Denkwahrnehmung und der durch die Denkwahrnehmung erfaßten Dinge das so auf: ‚Das ist nicht mein, das bin ich nicht, das ist nicht mein Selbst!'"

Nachdem solches gesagt worden war, sprach der ehrwürdige Mahācunda zu dem ehrwürdigen Channa dies: „Daher ist hier, Bruder Channa, ebendiese Lehre des Erhabenen ständig im Geist zu bewahren: ‚Für den Anhaftenden gibt es (nur) Zittern, für den nicht Anhaftenden gibt es kein Zittern; gibt es kein Zittern, (herrscht) Ruhe; wenn Ruhe herrscht, gibt es kein Sichbeugen; gibt es kein Sichbeugen, gibt es kein Kommen und Gehen; gibt es kein Kommen und Gehen, gibt es keinen Geburtenkreislauf; gibt es keinen Geburtenkreislauf, gibt es kein Diesseits, kein Jenseits und nichts zwischen den beiden: Das eben ist das Ende des Leidens.'"

Nachdem der ehrwürdige Sāriputta und der ehrwürdige Mahācunda dem ehrwürdigen Channa mit diesem Zuspruch zugesprochen hatten, standen sie von (ihrem) Sitz auf und gingen fort. Und da griff der ehrwürdige Channa, nicht lange, nachdem der ehrwürdige Sāriputta und der ehrwürdige Mahācunda fortgegangen waren, zum Schwert. Daraufhin begab sich der ehrwürdige Sāriputta dorthin, wo der Erhabene (sich aufhielt), und nachdem er sich (dorthin) begeben hatte, begrüßte er den Erhabenen und ließ sich an einer Seite nieder. Nachdem er sich an einer Seite niedergelassen hatte, sprach der ehrwürdige Sāriputta zum Erhabenen dies: „Vom ehrwürdigen Channa, o Herr, ist zum Schwert gegriffen worden. Welches ist sein Weg, welches sein Schicksal nach dem Tod?"

„Ist denn dir, o Sāriputta, nicht von Channa, dem Mönch, persönlich (seine) Untadelhaftigkeit erklärt worden?"

„Es gibt, o Herr, ein Pubbajira genanntes Vajji-Dorf. Die dortigen Freundes- und Gefährtenfamilien des ehrwürdigen Channa (bezeichnen sein Verhalten als) tadelnswert."

„Ja, es gibt dort, o Sāriputta, die Freundes- und Gefährtenfamilien des Mönches Channa, (die sein Verhalten als) tadelnswert (bezeichnen). Ich, o Sāriputta, sage nicht, daß man durch derartiges (Verhalten) tadelnswert ist. Wer, o Sāriputta, diesen Körper abwirft und einen anderen Körper anlegt, den nenne ich tadelnswert. Das ist bei Channa, dem Mönch, nicht (der Fall); untadelhaft hat Channa, der Mönch, zum Schwert gegriffen!"

Dies sprach der Erhabene. Mit Wohlgefallen freute sich der ehrwürdige Sāriputta an des Erhabenen Rede.

Nr. 145: Die Unterredung mit Puṇṇa (Puṇṇovāda-Sutta)

So habe ich es gehört. Zu einer Zeit weilte der Erhabene zu Sāvatthī, im Jeta-Wald, im Hain des Anāthapiṇḍika. Da erhob sich der ehrwürdige Puṇṇa zur Abendzeit aus der Zurückgezogenheit, begab sich dorthin, wo der Erhabene (sich aufhielt), und nachdem er sich (dorthin) begeben hatte, begrüßte er den Erhabenen und ließ sich an einer Seite nieder. Nachdem er sich an einer Seite niedergelassen hatte, sprach der ehrwürdige Puṇṇa zum Erhabenen dies: „Gut (wäre es) für mich, o Herr, wenn der Erhabene in einer zusammengefaßten Darlegung mir klarmachen würde, wie ich, nachdem ich vom Erhabenen die Lehre vernommen habe, allein, abgesondert, unermüdlich mich anstrengend, mit gezügeltem Selbst verweilen möge."

„Dann also, Puṇṇa, höre gut zu, sei aufmerksam; ich werde sprechen!"

„So (sei es), o Herr!" stimmte der ehrwürdige Puṇṇa dem Erhabenen zu. Der Erhabene sprach dies:

„Es gibt, o Puṇṇa, durch das Auge wahrzunehmende Formen, erwünschte, geliebte, angenehme, wohlgefällige, dem Begehren entsprechende, entzückende. Wenn der Mönch sich über sie freut, sie begrüßt, sich ihnen zuneigt, entsteht in ihm, dem sich Freuenden, (sie) Begrüßenden, (ihnen) Zugeneigten Lust. (Aber) aus der Entstehung von Lust (entspringt) die Entstehung von Leid, o Puṇṇa; so sage ich. Es gibt, o Puṇṇa, durch das Ohr wahrzunehmende Laute, durch die Nase wahrzunehmende Düfte, durch die Zunge wahrzunehmende Geschmacksarten, durch den Körper wahrzunehmende Berührungen, durch den Geist wahrzunehmende Dinge, erwünschte, geliebte, angenehme, wohlgefällige, dem Begehren entsprechende, entzückende. Wenn der Mönch sich über sie freut, sie begrüßt, sich ihnen zuneigt, entsteht in ihm, dem sich Freuenden, (sie) Begrüßenden, (ihnen) Zugeneigten Lust. (Aber) aus der Entstehung von Lust (entspringt) die Entstehung von Leid, o Puṇṇa; so sage ich. Und es gibt, o Puṇṇa, durch das Auge wahrzunehmende Formen, erwünschte, geliebte, angenehme, wohlgefällige, dem Begehren entsprechende, entzückende. Wenn der Mönch sich über sie nicht freut, sie nicht begrüßt, sich ihnen nicht zuneigt, wird in ihm, dem sich nicht Freuenden, (sie) nicht Begrüßenden, (ihnen) nicht Zugeneigten die Lust ausgerottet. Ausrottung der Lust (aber) ist Ausrottung des Leides, o Puṇṇa; so sage ich. Es gibt, o Puṇṇa, durch das Ohr wahrzunehmende Laute, durch die Nase wahrzunehmende Düfte, durch die Zunge wahrzunehmende Geschmacksarten, durch den Körper wahrzunehmende Berührungen, durch den Geist wahrzunehmende Dinge, erwünschte, geliebte, angenehme, wohlgefällige, dem

Begehren entsprechende, entzückende. Wenn der Mönch sich über sie nicht freut, sie nicht begrüßt, sich ihnen nicht zuneigt, wird in ihm, dem sich nicht Freuenden, (sie) nicht Begrüßenden, (ihnen) nicht Zugeneigten, die Lust ausgerottet. Ausrottung der Lust (aber) ist Ausrottung des Leides, o Puṇṇa; so sage ich.
Nachdem du, o Puṇṇa, von mir in einer zusammenfassenden Darlegung belehrt wurdest – in welchem Land wirst du dich aufhalten?"
„Nachdem ich, o Herr, vom Erhabenen in einer zusammengefaßten Darlegung belehrt wurde – es gibt ein Land, das der westlichen Suna; dort werde ich mich aufhalten."
„Wild sind, o Puṇṇa, die westlichen Suna-Leute; roh sind, o Puṇṇa, die westlichen Suna-Leute. Wenn dich, o Puṇṇa, die westlichen Suna-Leute beschimpfen werden, schmähen werden, wie wird es da dir, o Puṇṇa, (zumute) sein?"
„Wenn mich, o Herr, die westlichen Suna-Leute beschimpfen werden, schmähen werden, dann wird mir so (zumute) sein: Lieb fürwahr sind diese westlichen Suna-Leute, sehr lieb fürwahr sind diese westlichen Suna-Leute, daß sie mir nicht mit der Hand einen Schlag erteilen. So wird es, o Erhabener, da sein; so wird es, o Wohlwandelnder, da sein!"
„Wenn dir aber, o Puṇṇa, die westlichen Suna-Leute (nun doch) mit der Hand einen Schlag erteilen werden, wie wird es da dir, o Puṇṇa, (zumute) sein?"
„Wenn mir, o Herr, die westlichen Suna-Leute mit der Hand einen Schlag erteilen werden, dann wird mir so (zumute) sein: Lieb fürwahr sind diese westlichen Suna-Leute, sehr lieb fürwahr sind diese westlichen Suna-Leute, daß sie mir den Schlag nicht mit einem Erdklumpen erteilen. So wird es, o Erhabener, da sein; so wird es, o Wohlwandelnder, da sein!"
„Wenn dir aber, o Puṇṇa, die westlichen Suna-Leute (nun doch) einen Schlag mit einem Erdklumpen erteilen werden, wie wird es da dir, o Puṇṇa, (zumute) sein?"
„Wenn mir, o Herr, die westlichen Suna-Leute einen Schlag mit einem Erdklumpen erteilen werden, dann wird mir so (zumute) sein: Lieb fürwahr sind diese westlichen Suna-Leute, sehr lieb fürwahr sind diese westlichen Suna-Leute, daß sie mir den Schlag nicht mit einem Knüppel erteilen. So wird es, o Erhabener, da sein; so wird es, o Wohlwandelnder, da sein!"

„Wenn dir aber ... *(weiter wie eben)* ... mit einem Knüppel ...*(weiter wie eben)* ... wie wird es (dir zumute) sein?"
„Wenn mir, o Herr, die westlichen Suna-Leute mit einem Knüppel ... *(weiter wie oben)* ... daß sie mich nicht mit einem Schwert schlagen ... *(weiter wie oben)* ... o Wohlwandelnder, da sein!"
„Wenn dir aber ... mit einem Schwert ... wie wird es (dir zumute) sein?"
„Wenn mir ... mit einem Schwert ... daß sie mich nicht mit einem scharfen Schwert des Lebens berauben ... o Wohlwandelnder, da sein!"
„Wenn sie aber dich ... des Lebens berauben, wie wird es (dir zumute) sein?"
Wenn sie mich ... des Lebens berauben, dann wird mir so (zumute) sein: Es gibt Jünger des Erhabenen, die durch Körper und Leben Belästigung und Abscheu empfinden und nach einem, der das Schwert (gegen sie) ergreift, auf der Suche sind. Einen solchen, der das Schwert gegen mich ergreift, hätte ich dann, ohne gesucht zu haben, gefunden. So wird es, o Erhabener, da sein; so wird es, o Wohlwandelnder, da sein!"
„Gut, gut, o Puṇṇa! Imstande sein wirst du, o Puṇṇa, mit (sich selbst) zügelnder Geduld ausgestattet, im westlichen Suna-Land dich aufzuhalten, wenn dir, o Puṇṇa, also jetzt die Zeit recht ist."
Da erhob sich der ehrwürdige Puṇṇa, von des Erhabenen Rede erfreut und erhoben, vom Sitz, grüßte den Erhabenen, umwandelte (ihn, ihn) zur Rechten habend, brach (sein) Lager ab, nahm Almosenschale und Ordensgewand und begab sich nach dem Land der westlichen Suna auf die Wanderschaft. Allmählich voran wandernd, machte er (schließlich) im Land der westlichen Suna halt. Nun weilte der ehrwürdige Puṇṇa im Land der westlichen Suna. Und der ehrwürdige Puṇṇa gewann schon zwischen den (ersten) Regenzeiten fünfhundert Anhänger, gewann schon zwischen den (ersten) Regenzeiten fünfhundert Anhängerinnen und verwirklichte schon zwischen den (ersten) Regenzeiten das dreifache Wissen. Und der ehrwürdige Puṇṇa ging nach einer weiteren Zeit in das Nirvāṇa ein.
Da begaben sich mehrere Mönche dorthin, wo der Erhabene (sich aufhielt), und nachdem sie sich (dorthin) begeben hatten, begrüßten sie den Erhabenen und ließen sich an einer Seite nie-

der. Nachdem sie sich an einer Seite niedergelassen hatten, sprachen diese Mönche zum Erhabenen dies: „Dieser aus (guter) Familie stammende Mönch Puṇṇa, o Herr, der vom Erhabenen mit einer zusammengefaßten Darlegung belehrt wurde, der hat das Zeitliche gesegnet. Welches ist sein Weg, welches sein Schicksal nach dem Tod?"

„Weise, o Mönche, ist der aus (guter) Familie stammende Puṇṇa (gewesen); nachgefolgt ist er der Lehre gemäß der Lehre; nicht hat er sich von meiner Darlegung der Lehre abgestoßen gefühlt. Vollkommen erloschen ist, o Mönche, der aus (guter) Familie stammende Puṇṇa!"

Dies sprach der Erhabene. Mit Wohlgefallen freuten sich diese Mönche an des Erhabenen Rede.

Nr. 147: Das kurze Lehrgespräch mit Rāhula (Cūḷarāhulovāda-Sutta)

So habe ich es gehört. Zu einer Zeit weilte der Erhabene zu Sāvatthī, im Jeta-Wald, im Hain des Anāthapiṇḍika. Da entstand in des Erhabenen, der in die Einsamkeit gegangen war und in der Abgeschiedenheit (verweilte), Gemüt (folgende) Überlegung: „Herangereift sind bei Rāhula die Dinge, die die Erlösung heranreifen lassen. Wie, wenn ich nun Rāhula (noch) höher zum Schwinden der (für die Erlösung) schädlichen Einflüsse führen würde?"

Und der Erhabene kleidete sich zu früher Stunde an, nahm Almosenschale und Ordensgewand und begab sich nach Sāvatthī zum Almosengang. Nachdem er in Sāvatthī nach Almosen gegangen und nach dem Mahl zurückgekehrt war, wandte er sich an den ehrwürdigen Rāhula: „Ergreife, o Rāhula, (deine) Sitzmatte; wir wollen uns (dorthin), wo der Dunkle Wald (liegt), begeben zur Tagesrast!"

„So (sei es), o Herr!" stimmte der ehrwürdige Rāhula dem Erhabenen zu, nahm (seine) Strohmatte und folgte dem Erhabenen Schritt für Schritt nach.

Zu dieser Zeit aber folgten dem Erhabenen (auch) einige tausend Gottheiten nach (und sprachen:) „Heute wird der Erhabene den ehrwürdigen Rāhula (noch) höher zum Schwinden der schädlichen Einflüsse führen!"

Und der Erhabene betrat den Dunklen Wald und ließ sich am

Fuß eines Baumes auf einem passenden Sitz nieder. Und der ehrwürdige Rāhula grüßte den Erhabenen und ließ sich an einer Seite nieder. Als sich der ehrwürdige Rāhula an einer Seite niedergelassen hatte, sprach der Erhabene zu ihm dies: „Was meinst du, Rāhula? Ist das Auge ewig oder vergänglich?"
„Vergänglich, o Herr!"
„Was aber vergänglich ist, ist dies Leid oder Glück?"
„Leid, o Herr!"
„Was aber vergänglich, leidvoll, der Veränderung unterworfen ist – geht es wohl an, das (so) zu betrachten: ‚Das ist mein, das bin ich, das ist mein Selbst!'?"
„Nein, das geht nicht, o Herr!"
„Was meinst du, Rāhula? Ist die Sehwahrnehmung ewig oder vergänglich?"
„Vergänglich, o Herr!"
„Was aber vergänglich ist, ist dies Leid oder Glück?"
„Leid, o Herr!"
„Was aber vergänglich, leidvoll, der Veränderung unterworfen ist ... *(weiter wie oben)* ‚... Selbst!'?"
„Nein, das geht nicht, o Herr!"
„Was meinst du, Rāhula? Ist die Berührung des Auges (mit der Außenwelt durch das Sehen) ewig oder vergänglich?"
„Vergänglich, o Herr!"
„... *(weiter wie oben)* ..."
„Nein, das geht nicht, o Herr!"
„Was meinst du, Rāhula? Was da in Abhängigkeit von der Sehberührung an Empfindung entsteht, an Wahrnehmung, an Vorstellung, an Bewußtsein – ist das nun ewig oder vergänglich?"
„Vergänglich, o Herr!"
„... *(weiter wie oben)* ..."
„Nein, das geht nicht, o Herr!"
„Was meinst du, Rāhula? Ist das Gehör ewig oder vergänglich?"
„Vergänglich, o Herr!" ... *(weiter wie oben)* ...
„Ist der Geruch ewig oder vergänglich?"
„Vergänglich, o Herr!" ... *(weiter wie oben)* ...
„Ist der Geschmack ewig oder vergänglich?"
„Vergänglich, o Herr!" ... *(weiter wie oben)* ...
„Ist der Körper ewig oder vergänglich?"
„Vergänglich, o Herr!" ... *(weiter wie oben)* ...

„Ist der Geist ewig oder vergänglich?"
„Vergänglich, o Herr!"
„Was aber vergänglich ..." *(weiter wie oben)* ...
„Nein, das geht nicht, o Herr!"
„Was meinst du, Rāhula? Sind die Gegebenheiten ewig oder vergänglich?"
„Vergänglich, o Herr!" ... *(weiter wie oben)* ...
„Nein, das geht nicht, o Herr!"
„Was meinst du, Rāhula? Ist das Geistesbewußtsein ewig oder vergänglich?"
„Vergänglich, o Herr!" ... *(weiter wie oben)* ...
„Nein, das geht nicht, o Herr!"
„Was meinst du, Rāhula? Ist die Berührung des Denkens (mit der Außenwelt) ewig oder vergänglich?"
„Vergänglich, o Herr!" ... *(weiter wie oben)* ...
„Nein, das geht nicht, o Herr!"
„Was meinst du, Rāhula? Was da in Abhängigkeit von der Berührung des Denkens (mit der Außenwelt) an Empfindung entsteht, an Wahrnehmung, an Vorstellung, an Bewußtsein – ist das nun ewig oder vergänglich?"
„Vergänglich, o Herr!" ... *(weiter wie oben)* ...
„Nein, das geht nicht, o Herr!"
„(Es) so sehend, o Rāhula, wird der gebildete, edle Jünger des Auges überdrüssig; er wird der Formen überdrüssig; er wird des Sehbewußtseins überdrüssig; er wird der Sehberührung überdrüssig; was da in Abhängigkeit von der Sehberührung entsteht an Empfindung, an Wahrnehmung, an Vorstellung, an Bewußtsein – dessen wird er ebenfalls überdrüssig. Des Ohres wird er überdrüssig; der Laute wird er überdrüssig; der Nase wird er überdrüssig; der Düfte wird er überdrüssig; der Zunge wird er überdrüssig; der Geschmacksarten wird er überdrüssig; des Körpers wird er überdrüssig; der Berührungen wird er überdrüssig; des Geistes wird er überdrüssig; der Gegebenheiten wird er überdrüssig; des Geistesbewußtseins wird er überdrüssig; der Denkberührung wird er überdrüssig. Und was da in Abhängigkeit von der Denkberührung entsteht, an Empfindung, an Wahrnehmung, an Vorstellung, an Bewußtsein – auch dessen wird er überdrüssig. Überdrüssig macht er sich (davon) frei. Frei gemacht findet er Erlösung. ‚Im Erlösten ist Erlösung!', dieses Wissen ersteht (in ihm). ‚Beseitigt ist die Geburt, vollendet der heilige Wandel, getan das

Werk; nicht gibt es etwas auf dieses Dasein Folgendes!'; (das) erkennt er."

Dies sprach der Erhabene. Der ehrwürdige Rāhula freute sich an des Erhabenen Rede.

Und als nun diese Darlegung stattfand, hat sich des ehrwürdigen Rāhula Gemüt, ohne (noch länger irgendwo) anzuhaften, von den (für die Erlösung) schädlichen Einflüssen gelöst. Und diesen einigen tausend Gottheiten erstand das staublose, unbefleckte Auge für die Lehre:

„Was immer auch dem Entstehen angehört,
alles gehört auch der Vernichtung an!"

SAṀYUTTANIKĀYA

XII,2: Die Lehrrede von den Ursachen (Nidāna-Sutta)

1. In Sāvatthī weilt er *(usw.)*.[101]

2. „Die ursächliche Entstehung, o Mönche, werde ich euch aufzeigen, werde ich zergliedern. Hört gut zu, seid aufmerksam; ich werde sprechen!"

„Jawohl, Herr!" stimmten diese Mönche dem Erhabenen zu.

3. Der Erhabene sprach dies: „Was, o Mönche, ist die ursächliche Entstehung? Aus dem Nichtwissen als Ursache, o Mönche, (entstehen) die Gestaltungen; aus den Gestaltungen als Ursache (entsteht) das Bewußtsein; aus dem Bewußtsein als Ursache (entstehen) Name und Form; aus Name und Form als Ursache (entstehen) die sechs (Sinnes-) Bereiche; aus den sechs Bereichen als Ursache (entsteht) Berührung;[102] aus der Berührung als Ursache (entsteht) Empfindung; aus der Empfindung als Ursache (entsteht) der Durst;[103] aus dem Durst als Ursache (entsteht) das Ergreifen; aus dem Ergreifen als Ursache (entsteht) das Werden; aus dem Werden als Ursache (entsteht) die Geburt; aus der Geburt als Ursache entstehen Alter, Sterben, Kummer, Wehklage, Schmerz, Unmut und Unrast. So ist dieser ganzen Leidensmasse Ursprung.

4. Und was, o Mönche, sind Alter und Sterben? Der jeweiligen

Wesen in der jeweiligen Wesensgattung Alter, Altwerden, Zahnausfall, Grauhaarigkeit, Runzligkeit, Kräfteschwund, Verfall der Sinneskräfte, das nennt man Alter. Der jeweiligen Wesen in der jeweiligen Wesensgattung Hinschwinden, Verfall, Zersetzung, Verschwinden, Tod, Sterben, (Lebens-) Zeitvollendung, Zerfall der (Körper-) Teile, das Niederlegen der Leiche (auf dem Totenplatz), das nennt man Sterben. So ist dies das Alter und dies das Sterben. Das nennt man, o Mönche, Alter und Sterben.

5. Und was, o Mönche, ist die Geburt? Der jeweiligen Wesen in der jeweiligen Wesensgattung Geburt, Gebärung, Entstehung, Werden, Erscheinen der (Körper-) Teile, Ergreifen der (Sinnes-) Gebiete: das nennt man, o Mönche, Geburt.

6. Und was, o Mönche, ist das Werden? Dies sind die drei (Arten), o Mönche, des Werdens: Werden in der Sinnlichkeit, Werden in der Form, Werden in der Nichtform.[104] Das nennt man, o Mönche, Werden.

7. Und was, o Mönche, ist das Ergreifen? Dies sind die viererlei (Arten), o Mönche, des Ergreifens: das Ergreifen der Sinnesbegierde, das Ergreifen der falschen Ansicht, das Ergreifen von Ritus und Zeremonie,[105] das Ergreifen der Lehre vom Ich. Das nennt man, o Mönche, Ergreifen.

8. Und was, o Mönche, ist der Durst? Dies, o Mönche, sind die sechs Durstarten: Durst nach Gestalt, Durst nach Ton, Durst nach Geruch, Durst nach Geschmack, Durst nach Berührung, Durst nach Gegebenheiten. Das nennt man, o Mönche, Durst.

9. Und was, o Mönche, ist die Empfindung? Dies, o Mönche, sind die sechs (Arten) der Empfindung: die durch Sehberührung erzeugte Empfindung, die durch Hörberührung erzeugte Empfindung, die durch Riechberührung erzeugte Empfindung, die durch Schmeckberührung erzeugte Empfindung, die durch Körperberührung erzeugte Empfindung, die durch Geistesberührung erzeugte Empfindung. Das nennt man, o Mönche, Empfindung.

10. Und was, o Mönche, ist Berührung? Dies, o Mönche, sind die sechs Arten der Berührung: Sehberührung, Hörberührung, Geruchsberührung, Schmeckberührung, Körperberührung, Geistesberührung. Das nennt man, o Mönche, Berührung.

11. Und welches, o Mönche, sind die sechs (Sinnes-) Bereiche? Der Bereich der Augen, der Bereich der Ohren, der Bereich

der Nase, der Bereich der Zunge, der Bereich des Körpers, der Bereich des Geistes. Das nennt man, o Mönche, die sechs (Sinnes-) Bereiche.

12. Und was, o Mönche, sind Name und Form? Empfindung, Vorstellung, Denken, Berührung, Überlegung, das nennt man Name. Die vier großen Elemente[106] und die von den vier großen Elementen abhängige Form, das nennt man Form. So ist dies der Name und dies die Form. Das nennt man Name und Form.

13. Und was, o Mönche, ist das Bewußtsein? Dies, o Mönche, sind die sechs (Arten) des Bewußtseins: Sehbewußtsein, Hörbewußtsein, Geruchsbewußtsein, Geschmacksbewußtsein, Fühlbewußtsein, Denkbewußtsein. Das nennt man, o Mönche, Bewußtsein.

14. Und was, o Mönche, sind die Gestaltungen? Dies, o Mönche, sind die drei Gestaltungen: die Gestaltung der körperlichen Tätigkeit, die Gestaltung der Sprache, die Gestaltung des Denkens. Das nennt man, o Mönche, die Gestaltungen.

15. Und was, o Mönche, ist das Nichtwissen? Es ist dies, o Mönche, das Nichtwissen vom Leiden, das Nichtwissen von der Leidensentstehung, das Nichtwissen von der Aufhebung des Leidens, das Nichtwissen von dem zur Aufhebung des Leidens führenden Pfad. Das nennt man, o Mönche, Nichtwissen.

16. So also, o Mönche, (entstehen) aus dem Nichtwissen als Ursache die Gestaltungen, aus den Gestaltungen als Ursache (entsteht) das Bewußtsein *(usw.; weiter wie im Abschnitt 3)*. So ist dieser ganzen Leidensmasse Ursprung. Aber eben aus der restlosen Aufhebung und Vernichtung des Nichtwissens (folgt) die Vernichtung der Gestaltungen; aus der Vernichtung der Gestaltungen (folgt) die Vernichtung des Bewußtseins *(usw.)*. So erfolgt dieser gesamten Leidensmasse Vernichtung.

LVI,11: Die Lehrrede vom Antrieb des Rades der Lehre (Dhammacakkappavattana-Sutta)

1. So habe ich es gehört. Zu einer Zeit weilte der Erhabene zu Benares, im Tierpark von Isipatana.

2. Dort redete der Erhabene die Fünferschar der Mönche an: „Diesen zwei Extremen, o Mönche, darf von einem, der (als

Mönch) hinausgezogen ist, nicht gefrönt werden. Welche zwei sind das?
3. Da ist einmal die Hingabe an die Lust der Sinnesfreuden, niedrig, gemein, weltlich, unedel, nicht zum Ziel führend. Da ist zum anderen die Hingabe an die Selbstpeinigung, leidvoll, unedel, nicht zum Ziel führend.[107] Ohne diesen beiden Extremen, o Mönche, zu folgen, ist ein mittlerer Pfad vom Vollendeten entdeckt worden, der Sehen bewirkt, Wissen bewirkt, zur Beruhigung, zur Einsicht, zur Erleuchtung, zum Erlöschen hinführt.
4. Und welches, o Mönche, ist dieser mittlere Pfad, der vom Vollendeten entdeckt worden ist und der Sehen bewirkt, Wissen bewirkt, zur Beruhigung, zur Einsicht, zur Erleuchtung, zum Erlöschen hinführt? Es ist dieser edle achtgliedrige Weg, nämlich: rechte Einsicht, rechter Entschluß, rechte Rede, rechte Tat, rechter Wandel, rechtes Streben, rechte Wachheit, rechte Versenkung.[79] Dieses, o Mönche, ist dieser mittlere Pfad, der vom Vollendeten entdeckt worden ist und der Sehen bewirkt, Wissen bewirkt, zur Beruhigung, zur Einsicht, zur Erleuchtung, zum Erlöschen hinführt.
5. Dies nun, o Mönche, ist die edle Wahrheit vom Leiden. Geburt ist Leiden, Alter ist Leiden, Krankheit ist Leiden, Sterben ist Leiden, Kummer, Wehklage, Schmerz, Unmut und Unrast sind Leiden; die Vereinigung mit Unliebem ist Leiden; die Trennung von Liebem ist Leiden; was man wünscht, nicht zu erlangen, ist Leiden; kurz gesagt, die fünf Arten des Festhaltens am Sein[108] sind Leiden.
6. Dies nun, o Mönche, ist die edle Wahrheit von der Leidensentstehung. Es ist dieser „Durst"[77], der zur Wiedergeburt führt, verbunden mit Vergnügen und Lust, an dem und jenem sich befriedigend, nämlich der Liebestrieb, der Selbsterhaltungstrieb, die Sucht nach Reichtum.[78]
7. Dies nun, o Mönche, ist die edle Wahrheit von der Aufhebung des Leidens. Es ist ebendieses Durstes Aufhebung durch (seine) restlose Vernichtung; (es ist) das Aufgeben (des Durstes), der Verzicht (auf ihn), die Loslösung (von ihm, seine) Beseitigung.
8. Dies nun, o Mönche, ist die edle Wahrheit von dem zur Aufhebung des Leidens führenden Pfad. Es ist dieser edle achtgliedrige Weg, nämlich: rechte Einsicht … *(weiter wie im Abschnitt 4)* … rechte Versenkung.

9. ‚Das ist die edle Wahrheit vom Leiden!', so, o Mönche, ging mir über diese zuvor nicht gehörten Dinge das Auge auf; es ging das Verständnis auf; es ging das Erkennen auf; es ging das Wissen auf; es ging das Schauen auf. ‚Ebendieses Leiden ist als edle Wahrheit zu erkennen!', so, o Mönche, ging mir über diese zuvor ... *(weiter wie eben).*

10. ‚Das ist die edle Wahrheit von der Leidensentstehung!', so, o Mönche, ging mir über diese zuvor nicht gehörten Dinge das Auge auf; es ging das Verständnis auf; es ging das Erkennen auf; es ging das Wissen auf; es ging das Schauen auf. ‚Ebendiese Leidensentstehung als edle Wahrheit ist zu vermeiden!', so, o Mönche, ging mir über diese zuvor ... *(weiter wie oben).*

11. ‚Das ist die edle Wahrheit von der Aufhebung des Leidens!', so, o Mönche, ging mir über diese zuvor nicht gehörten Dinge das Auge auf; es ging das Verständnis auf; es ging das Erkennen auf; es ging das Wissen auf; es ging das Schauen auf. ‚Ebendiese Aufhebung des Leidens als edle Wahrheit ist zu verwirklichen!', so, o Mönche, ging mir über diese zuvor ... *(weiter wie oben).*

12. ‚Das ist die edle Wahrheit von dem zur Aufhebung des Leidens führenden Pfad!', so, o Mönche, ging mir über diese zuvor nicht gehörten Dinge das Auge auf; es ging das Verständnis auf; es ging das Erkennen auf; es ging das Wissen auf; es ging das Schauen auf. ‚Ebendieser zur Aufhebung des Leidens führende Pfad als edle Wahrheit ist zu üben!', so, o Mönche, ging mir über diese zuvor ... *(weiter wie oben).*

13. Solange mir, o Mönche, über diese vier edlen Wahrheiten, dreifach geordnet, zwölffach gegliedert, Wissen und Schauen (noch) nicht vollkommen klar waren, solange, o Mönche, gab ich nicht vor: ‚Ich habe in der Welt mit (ihren) Göttern, Todesgöttern, Brahmagöttern, Bettelmönchen und Priestern, Geschöpfen, Göttern und Menschen (allein) die höchste, vollkommene Erleuchtung entdeckt!'

14. Seit mir aber, o Mönche, über diese vier edlen Wahrheiten, dreifach geordnet, zwölffach gegliedert, Wissen und Schauen vollkommen klargeworden sind, behaupte ich nun: ‚Ich, o Mönche, habe in der Welt mit (ihren) Göttern, Todesgöttern, Brahmagöttern, Bettelmönchen und Priestern, Geschöpfen, Göttern und Menschen (allein) die höchste, vollkommene Erleuchtung entdeckt. Wissen und Schauen gingen mir auf: Un-

erschütterlich ist die Befreiung meines Geistes; dies ist die letzte Geburt; nicht gibt es jetzt (noch) eine Wiedergeburt!'"

15. Dies sprach der Erhabene. Mit Wohlgefallen freute sich die Fünferschar der Mönche an des Erhabenen Rede. Und nachdem diese Darlegung geäußert worden war, ging dem ehrwürdigen Koṇḍañña das staubfreie, unbefleckte Auge für die Lehre auf: „Was immer auch eine zur Entstehung (führende) Gegebenheit hat, hat auch die zum Untergang (führende) Gegebenheit!"

16. Nachdem so durch den Erhabenen das Rad der Lehre in Bewegung gesetzt worden war, ließen die Erdgötter das Wort vernehmen: „Durch den Erhabenen ist zu Benares, im Tierpark von Isipatana, das höchste Rad der Lehre in Bewegung gesetzt worden; zurückzurollen ist es weder durch einen Bettelmönch noch durch einen Priester, nicht durch einen Gott und durch keinen Teufel, nicht durch Brahma noch durch irgend jemand in der Welt."

17. Der Erdgötter Wort vernommen habend, ließen die Götter der vier Großkönige[109] das Wort vernehmen: „Durch den Erhabenen ist zu Benares, im Tierpark von Isipatana, das höchste Rad der Lehre in Bewegung gesetzt worden; zurückzurollen ist es weder durch einen Bettelmönch noch durch einen Priester, nicht durch einen Gott und durch keinen Teufel, nicht durch Brahma noch durch irgend jemand in der Welt."

18. Der Götter der vier Großkönige Wort vernommen habend, ließen die Götter...[110]

19. So fürwahr, in diesem Moment, in dieser Sekunde, in diesem Augenblick, stieg bis zur Brahmawelt das Wort empor. Und dieses zehntausendfache Weltsystem erbebte, erzitterte, wankte. Und ein unermeßlicher, prachtvoller Lichtschein erschien in der Welt, selbst die himmlische Macht der Götter übertreffend.

20. Danach tat der Erhabene die feierliche Äußerung: „Verstanden fürwahr hat es Koṇḍañña; verstanden fürwahr hat es Koṇḍañña." So wurde dem ehrwürdigen Koṇḍañña der Name „Koṇḍañña, der es verstanden hat" zuteil.

Khuddakapāṭha

Nr. 4: Die Fragen des Novizen (Kumārapañhā)

Was ist wohl das eine (Prinzip)?
Alle Wesen existieren durch Nahrung.

Was sind wohl die zwei?
Zwei sind Name[111] und Gestalt.

Was sind wohl die drei?
Drei sind die drei Empfindungen.[112]

Was sind wohl die vier?
Vier sind die edlen Wahrheiten.

Was sind wohl die fünf?
Fünf sind die Gruppen des Ergreifens.[113]

Was sind wohl die sechs?
Sechs sind die mit dem Selbst verbundenen Bereiche.[114]

Was sind wohl die sieben?
Sieben sind die zur Erleuchtung führenden Faktoren.[115]

Was sind wohl die acht?
Der edle achtgliedrige Weg.[116]

Was sind wohl die neun?
Neun sind die Reiche der Wesen.[117]

Was sind wohl die zehn?
Ein mit den zehn Gliedern Ausgestatteter wird Heiliger genannt.[118]

Nr. 5: Die Lehrrede vom Heil (Maṅgala-Sutta)

So habe ich es gehört. Zu einer Zeit weilte der Erhabene zu Sāvatthī, im Jeta-Wald, im Hain des Anāthapiṇḍika. Da begab sich, als die Nacht vorgerückt war, eine gewisse Gottheit von großer Schönheit, die den ganzen Jeta-Wald erstrahlen ließ, dorthin, wo der Erhabene (sich aufhielt). Nachdem sie sich (dorthin) begeben hatte, grüßte sie den Erhabenen und stellte sich auf die eine Seite. Auf die eine Seite getreten, redete diese Gottheit den Erhabenen in Versform an:

1. „Viele Götter und Menschen haben an die Heilswege gedacht,
indem sie streben nach Wohlfahrt. Nenne du das höchste Heil!"

2. „Kein[119] Dienst für die Törichten, doch Dienst für die Weisen,
Verehrung der Verehrungswürdigen – das ist das höchste Heil.

3. Das Wohnen in einem geeigneten Land,
in früherem (Dasein) erworbenes Verdienst,
und rechtes Streben des Selbst –
das ist das höchste Heil.

4. Reich an Wahrheit, Tüchtigkeit
und wohlgeübter Zucht,
und Worte wohlgesprochen –
das ist das höchste Heil.

5. Die Unterstützung von Mutter und Vater,
Freundlichkeit zu Kind und Weib,
eine ungestörte Arbeit –
das ist das höchste Heil.

6. Wohltätigkeit und frommer Wandel,
Freundlichkeit zu den Verwandten,
untadelhafte Werke –
das ist das höchste Heil.

7. Enthaltsamkeit und Abstehen vom Bösen
und Zügelung beim Rauschtrank,
unermüdlich bei den Pflichten –
das ist das höchste Heil.

8. Ehrerbietung und Demut,
Zufriedenheit und Dankbarkeit,
zur rechten Zeit das Hören der Lehre –
das ist das höchste Heil.

9. Geduld und Milde,
das Treffen mit Bettelmönchen,
zur rechten Zeit ein Gespräch über die Lehre –
das ist das höchste Heil.

10. Askese und heiliger Wandel,
der edlen Wahrheiten Erkenntnis,
und die Verwirklichung der Erlöschung –
das ist das höchste Heil.

11. Eines von den Gegebenheiten der Welt
Berührten Gemüt, das nicht erzittert,
kummerlos, frei von Leidenschaft und friedvoll ist –
das ist das höchste Heil.

12. Die so Dargelegtes getan haben,
sind überall unüberwindlich,
überall gelangen sie zu Wohlfahrt;
ihrer ist das höchste Heil!“

Dhammapada (Auszüge)

5. Nicht wird hienieden zu irgendeiner Zeit
Feindschaft durch Feindschaft geschlichtet.
Doch durch Nichtfeindschaft wird sie geschlichtet!
Das ist ein Gesetz von alters her.

21. Wachsamkeit[120] ist der Pfad der Unsterblichkeit,
Nachlässigkeit der Pfad des Todes.
Die Wachsamen sterben nicht;
die Nachlässigen sind (bereits) gleichsam tot.

38. Für jemand, der kein gefestigtes Gemüt hat,
die wahre Lehre nicht kennt,
und dessen Seelenfrieden gestört ist,
gibt es keine Wissensvollendung.

43. Nicht die Mutter, der Vater kann das tun
noch andere Verwandte;
ein wohlgefügter Geist
tut uns Besseres als dies(e).

61. Wenn ein Wanderer keinen trifft,
der besser ist als er oder ihm gleich,
soll fest beim Alleingang bleiben:
Mit einem Toren gibt es keine Gesellschaft.

78. Du sollst keine Bösewichter zu Freunden nehmen;
du sollst dich nicht niedrigen Menschen zugesellen!
Haltet Freundschaft mit Heilbringenden;
den besten Menschen gesellt euch zu!

90. Von dem, der seinen Weg gegangen ist,
von dem Kummerlosen, von dem allenthalben Befreiten,
von dem, der alle Fesseln abgeworfen hat,
wird Pein nicht (mehr) gekannt.

103. (s. S. 211)–105. Wenn man tausend mal
tausend Mann in der Schlacht besiegt
und jemand besiegt sich selbst,
so ist dieser der höchste Schlachtensieger.
Fürwahr, das Selbst besiegt zu haben,
ist besser, als (der Sieg) über andere Wesen.
Bei einem Mann, der sich selbst bezwungen hat
und stets gezügelt lebt,
könnte nicht einmal ein Gott,
nicht ein Halbgott, nicht der Teufel mit Brahma
aus dem Sieg eine Niederlage machen –
bei einem solchen Menschen!

126. Die einen gehen in einen Mutterschoß ein,[121]
in die Hölle kommen die Übeltäter,
die guten Wandels sind, zum Himmel.
Es verlöschen, die ohne weltliche Gedanken sind.

130. Alle fürchten den Stock,
allen ist das Leben lieb;
vergegenwärtige dir, daß du ihnen ähnlich bist:
Töte nicht (und) laß nicht töten![122]

133. Nicht sprich zu irgend jemand barsch!
Die Angeredeten werden dir (ebenso) antworten.
Leid ist ja verletzende Rede;
Gegenschläge werden dich treffen![123]

163. Leicht zu tun sind böse Taten
und solche, die gegen das Selbst unheilsam sind;

Heilsames und Gutes,
das ist äußerst schwer zu tun.

165. Durch das Selbst wird Böses getan,
durch das Selbst verunreinigt man sich;
durch das Selbst wird Böses getan,
durch das Selbst reinigt man sich.

178. Besser als die Alleinherrschaft über die Erde
oder als der Gang zum Himmel,
(besser) als die Oberherrschaft über alle Welten
ist der Lohn für das Beschreiten des Erlösungsweges!

211. Darum halte man nichts lieb,
denn Verlust des Lieben ist übel.
Fesseln kennen diejenigen nicht,
die weder Liebes noch Unliebes haben.

231.–233. Vor körperlichem Zorn hüte dich,
sei körperlich gezügelt!
Den bösen Wandel des Körpers aufgegeben habend,
übe mit dem Körper guten Wandel!
Vorm Zorn der Rede hüte dich,
sei in der Rede gezügelt!
Den bösen Gebrauch der Rede aufgegeben habend,
mach von der Rede guten Gebrauch!
Vorm Zorn im Denken hüte dich,
sei im Denken gezügelt!
Die bösen Wege des Denkens aufgegeben habend,
geh mit dem Denken gute Wege!

246.–247. Wer Leben vernichtet
und Lügenreden spricht,
in der Welt Nichtgegebenes nimmt
und zur Frau eines anderen geht;
und der Mann, der sich dem Trunk
von Branntwein und Rum hingibt,
der gräbt schon hier in dieser Welt
die Wurzel seines Selbst aus.

280. Wer, (obwohl) es Zeit zum Aufstehen ist, nicht aufsteht;
wer, (obwohl) jung und stark, von Faulheit erfüllt ist,
dessen Willenskraft erschöpft ist, schwach,
ein (solcher) Faulpelz findet den Weg zur Erkenntnis nicht.

348. Gib auf, was vorher ist; gib auf, was nachher ist;
gib auf das Mittlere, wenn du
an das andere Ufer des Seins dich begibst!
Ist dein Geist allenthalben befreit,
erfährst du nie wieder Geburt und Alter.

372. Für einen Unwissenden gibt es keine Versenkung;
für einen, der sich nicht in Versenkung übt, gibt es keine Erkenntnis.
Aber wem Versenkung und Wissen zuteil sind,
der ist dem Erlöschen nahe.

396. Ich nenne niemand einen Brahmanen
wegen des Mutterschoßes, in dem er geboren ist.
Hochfahrend spricht er ja,
und er haftet (der Weltlichkeit) an.
Den Nichtanhaftenden, Neigungslosen,
den nenne ich einen Brahmanen.

Udāna

VI,5

So habe ich es gehört. Zu einer Zeit weilte der Erhabene zu Sāvatthī, im Jeta-Wald, im Hain des Anāthapiṇḍika. Zu dieser Zeit nun hielten sich[124] viele Bettelmönche und Priester, Wandermönche von verschiedener Anschauung, in Sāvatthī auf, von verschiedener Ansicht, verschiedenem Glauben, sich an verschiedenem begeisternd, verschiedenen Ansichten als Stütze zugeneigt. Da waren einige Bettelmönche und Priester, so sprechend, von solcher Ansicht: „Ewig sind das Selbst und die Welt; dies nur ist wahr, (alles) andere ist töricht!" Wiederum gab es einige Bettelmönche und Priester, so sprechend, von solcher Ansicht: „Nicht ewig sind das Selbst und die Welt; dies nur ist wahr, (alles) andere ist töricht!" Wiederum gab es einige Bettelmönche und Priester, so sprechend, von solcher Ansicht: „Ewig und nicht ewig sind das Selbst und die Welt; dies nur ist wahr, (alles) andere ist töricht!" Wiederum gab es einige Bettelmönche und Priester, so sprechend, von solcher Ansicht: „Weder ewig noch nicht ewig sind das Selbst und die

Welt; dies nur ist wahr, (alles) andere ist töricht!“ Wiederum gab es einige Bettelmönche und Priester, so sprechend, von solcher Ansicht: „Aus sich selbst geschaffen wurden das Selbst und die Welt; dies nur ist wahr, (alles) andere ist töricht!“ Wiederum gab es einige Bettelmönche und Priester, so sprechend, von solcher Ansicht: „Von einem anderen geschaffen wurden das Selbst und die Welt; dies nur ist wahr, (alles) andere ist töricht!“ Wiederum gab es einige Bettelmönche und Priester, so sprechend, von solcher Ansicht: „Aus sich selbst geschaffen und von einem anderen geschaffen wurden das Selbst und die Welt; dies nur ist wahr, (alles) andere ist töricht!“ Wiederum gab es einige Bettelmönche und Priester, so sprechend, von solcher Ansicht: „Weder aus sich selbst geschaffen noch von einem anderen geschaffen, ursachlos entstanden sind das Selbst und die Welt; dies nur ist wahr, (alles) andere ist töricht!“ Wiederum gab es einige Bettelmönche und Priester, so sprechend, von solcher Ansicht: „Ewiges Glück und Leid sind das Selbst und die Welt; dies nur ist wahr, (alles) andere ist töricht!“ Wiederum gab es einige Bettelmönche und Priester, so sprechend, von solcher Ansicht: „Nicht ewiges Glück und Leid sind das Selbst und die Welt; dies nur ist wahr, (alles) andere ist töricht!“ Wiederum gab es einige Bettelmönche und Priester, so sprechend, von solcher Ansicht: „Ewiges und nicht ewiges Glück und Leid sind das Selbst und die Welt; dies nur ist wahr, (alles) andere ist töricht!“ Wiederum gab es einige Bettelmönche und Priester, so sprechend, von solcher Ansicht: „Weder ewiges noch nicht ewiges Glück und Leid sind das Selbst und die Welt; dies nur ist wahr, (alles) andere ist töricht!“ Wiederum gab es einige Bettelmönche und Priester, so sprechend, von solcher Ansicht: „Aus sich selbst geschaffenes Glück und Leid sind das Selbst und die Welt; dies nur ist wahr, (alles) andere ist töricht!“ Wiederum gab es einige Bettelmönche und Priester, so sprechend, von solcher Ansicht: „Von einem anderen geschaffenes Glück und Leid sind das Selbst und die Welt; dies nur ist wahr, (alles) andere ist töricht!“ Wiederum gab es einige Bettelmönche und Priester, so sprechend, von solcher Ansicht: „Aus sich selbst geschaffenes und von einem anderen geschaffenes Glück und Leid sind das Selbst und die Welt; dies nur ist wahr (alles) andere ist töricht!“ Wiederum gab es einige Bettelmönche und Priester, so sprechend, von solcher Ansicht: „Weder aus sich selbst geschaffenes noch von einem anderen geschaffenes, (sondern) ursachelos

entstandenes Glück und Leid sind das Selbst und die Welt; dies nur ist wahr, (alles) andere ist töricht!"
Diese hadernden, streitenden, in Zwist geratenen (Mönche) verharrten, indem sie einander mit durchbohrenden Worten verletzten: „So ist die Wahrheit, nicht so ist die Wahrheit; nicht so ist die Wahrheit, so ist die Wahrheit!"
Da nun kleideten sich viele Mönche zur Vormittagszeit an, gingen mit Almosenschalen und Ordensgewand zum Betteln nach Sāvatthī, und nachdem sie in Sāvatthī zum Betteln umhergegangen waren, begaben sie sich, nach dem Mahl vom Bettelgang zurückgekehrt, dorthin, wo der Erhabene (weilte), und nachdem sie den Erhabenen begrüßt hatten, ließen sie sich zur Seite nieder. Zur Seite niedergelassen, redeten diese Mönche den Erhabenen folgendermaßen an: „Hier, Ehrwürdiger, halten sich viele Bettelmönche und Priester, Wandermönche von verschiedener Anschauung in Sāvatthī auf, von verschiedener Ansicht ... *(weiter wie oben)* ... zugeneigt. Da sind einige ... *(weiter wie oben)* ... so ist die Wahrheit!'"
„Die Wandermönche verschiedener Anschauung, o Mönche, erkennen als Blinde, Augenlose nicht, was nützlich ist; sie erkennen nicht, was unnütz ist; sie erkennen nicht die Wahrheit; sie erkennen nicht das Nichtwahre. Diese (Mönche), das, was nützlich ist, nicht erkennend, das, was unnütz ist, nicht erkennend, die Wahrheit nicht erkennend, das Nichtwahre nicht erkennend – diese hadernden ... *(weiter wie oben)* ... so ist die Wahrheit!'"
Und nachdem der Erhabene diesen Sinn aufgefunden hatte, tat er bei dieser Gelegenheit diesen feierlichen Ausspruch[125]:
„Fürwahr, an solche (Fragen) klammern sich einige Bettelmönche und Priester, und in (diesen) gehen sie unter, indem sie das Eintauchen (ins Nirvāṇa) nicht erlangt haben!"

Itivuttaka

Sutta 27

Gesagt wurde fürwahr dies vom Erhabenen, gesagt vom Heiligen; so habe ich es gehört:
„Was es auch immer, o Mönche, für Dinge gibt, die im Rahmen des Geburtenkreislaufs Verdienst an Tugend bewirken[126]

– alle diese haben nicht den Wert eines Sechzehntels der Liebe[127], der Gemütserlösung; die Liebe, die Gemütserlösung eben umfaßt diese, leuchtet und flammt und strahlt. Wie nun so, o Mönche, aller Sternenglanz nicht den Wert eines Sechzehntels des Mondscheins hat, der Mondschein ebendiese umfaßt, leuchtet und flammt und strahlt – ebenso nun, o Mönche, (gilt:) Was es auch immer, o Mönche, für Dinge gibt, die im Rahmen des Geburtenkreislaufs Verdienst an Tugend bewirken – alle diese haben nicht den Wert eines Sechzehntels der Liebe, der Gemütserlösung; die Liebe, die Gemütserlösung eben umfaßt diese, leuchtet und flammt und strahlt. Wie nun so, o Mönche, im Schlußmonat der Regenzeit, zur Herbstzeit, am reinen, von Regenwolken befreiten Himmel die Sonne, am Himmel aufsteigend, alle den Luftraum erfüllende Finsternis vertreibt, leuchtet und flammt und strahlt – ebenso nun, o Mönche, (gilt:) Was es auch immer, o Mönche, für Dinge gibt, die im Rahmen des Geburtenkreislaufs Verdienst an Tugend bewirken – alle diese haben nicht den Wert eines Sechzehntels der Liebe, der Gemütserlösung; die Liebe, die Gemütserlösung eben umfaßt diese, leuchtet und flammt und strahlt. Wie nun so, o Mönche, nachts, zur Zeit vor der Morgendämmerung, der Heilung (bringende) Stern leuchtet und flammt und strahlt, ebenso nun, o Mönche, (gilt:) Was es auch immer, o Mönche, für Dinge gibt, die im Rahmen des Geburtenkreislaufs Verdienst und Tugend bewirken – alle diese haben nicht den Wert eines Sechzehntels der Liebe, der Gemütserlösung; die Liebe, die Gemütserlösung eben umfaßt diese, leuchtet und flammt und strahlt."
In diesem Sinne sprach der Erhabene; darauf (bezogen) wird so gesagt:

„Wer Liebe entstehen läßt,
unermeßliche, mit Bedacht –
dünn werden die Bande ihm,
der das Versiegen des Anhaftens schaut.
Nur e i n e m Lebewesen mit einer arglosen Gesinnung
Liebe erweisend, wird er dadurch tugendhaft.
Mit allen Wesen im Geist mitleidig,
erwirkt der Edle reichen Verdienst.
Die nach der Ersiegung der Erde
mit ihren Menschenscharen

als königliche Weise,
als Opferveranstalter, umherzogen,
gegenüber einem liebevollen, wohlgefügten Gemüt
haben sie nicht ein Sechzehntel des Wertes.
Wer nicht tötet, nicht töten läßt,
nicht unterdrückt, nicht unterdrücken läßt,
Liebe erzeigt allen Wesen,
Feindschaft (droht) ihm von niemandem."

Auch dieser Sinn ist vom Erhabenen geäußert worden; so habe ich es gehört.

Sutta 107

„Sehr hilfreich, o Mönche, sind die brahmanischen Hausväter für euch, die sie mit den erforderlichen (Dingen, wie) Kleidung, (gefüllter) Almosenschale, Lager und im Krankheitsfall Arznei versehen. Auch ihr, o Mönche, seid sehr hilfreich für die brahmanischen Hausväter, indem ihr ihnen die Lehre aufzeigt, die am Anfang heilsam ist, in der Mitte heilsam ist, am Schluß heilsam ist, und indem ihr nach Geist und Buchstaben den absolut vollkommenen, vollständig reinen, heiligen Wandel erläutert. So, o Mönche, wird, indem sich einer auf den anderen stützt, der heilige Wandel geführt, um die Flut (der Begierden) zu überwinden, um vollständig dem Leid ein Ende zu machen."

„Häusliche und Hauslose,
beide aufeinandergestützt,
gelangen zur wahren Lehre,
zu höchster Sicherheit und Frieden.
Bei den Häuslichen Kleidung
und, wie erforderlich, Lager und Sitz
erhalten die Hauslosen,
zur Abwehr von Gefahren.
Auf den gut Wandelnden wiederum stützen sich
die Häuslichen, die Häuslichkeit wünschen,
vertrauend auf die Heiligen,
über die edle Erkenntnis nachsinnend.
Hienieden gemäß der Lehre gewandelt

den zu gutem Ziele führenden Weg –
wonnevoll in der Götterwelt
freuen sie sich der Erfüllung aller Wünsche."[128]

Suttanipāta

I,4: Das Lehrgespräch mit Kasibhāradvāja (Kasibhāradvāja-Sutta)

So habe ich es gehört. Zu einer Zeit weilte der Erhabene im Magadha-Lande, am Südberg, in Ekanāḷā, einem Brahmanendorf. Zu dieser Zeit aber wurden fünfhundert Pflüge des Brahmanen Kasibhāradvāja angespannt zur Zeit der Aussaat. Da nun nahte sich, angekleidet und mit Almosenschale und Ordensgewand (versehen), der Erhabene dem Ort, wo die Arbeit des Brahmanen Kasibhāradvāja (vonstatten ging). Gerade zu dieser Zeit fand die Essensausgabe des Brahmanen Kasibhāradvāja statt. Da nun nahte sich der Erhabene dem Ort, wo die Essensausgabe (stattfand), und nachdem er herangekommen war, stellte er sich zur Seite. Nun sah der Brahmane Kasibhāradvāja den Erhabenen zum Almosen(empfang bereit)stehen; als er (ihn) gesehen hatte, sprach er zum Erhabenen dies:
„Ich, o Bettelmönch, pflüge sowohl als ich säe, und wenn ich gepflügt und gesät habe, esse ich. Du auch, o Bettelmönch, solltest pflügen und solltest säen, und (erst) wenn du gepflügt und gesät hast, solltest du essen!"
„Auch ich, o Brahmane, pflüge sowohl als ich säe, und wenn ich gepflügt und gesät habe, esse ich!"
„Wir sehen doch aber nicht des Herrn Gotama Joch oder den Pflug oder die Pflugschar oder den Treibstock oder die Pflugochsen; dennoch aber spricht der Herr Gotama so: ‚Auch ich, o Brahmane, pflüge sowohl als ich säe, und wenn ich gepflügt und gesät habe, esse ich!'"
Und der Brahmane Kasibhāradvāja redete den Erhabenen mit einer Strophe an:

1. „Als Pflüger gibst du dich aus,
doch sehen wir dein Pflügen nicht.
Nach dem Pflügen befragt, sprich zu uns,
damit wir dein Pflügen kennenlernen!"

2. „Vertrauen ist die Saat, Askese der Regen,
Erkenntnis mein Joch und Pflug,
Bescheidenheit die Deichsel, Geist das Band,
Wachsamkeit meine Pflugschar und Treibstock.

3. Am Körper bewacht, in der Sprache bewacht,
an Nahrung im Magen gezügelt,
mache ich die Beseitigung (des Anhaftens) wahr;
Sanftmut ist meine Äußerung.

4. Energie ist mein angeschirrter Ochse,
zu Sicherheit und Frieden geleitend,
geht er, ohne zurückzukehren, dorthin,
wo man, angelangt, nicht leidet.

5. So ist dies Pflügen gepflügt;
es ergibt die Frucht der Unsterblichkeit;
wer dieses Pflügen gepflügt hat,
ist von allem Leid befreit!"

Da füllte der Brahmane Kasibhāradvāja ein großes Bronzegefäß mit Milchreis und bot es dem Erhabenen dar, (wobei er sprach:) „Verzehren möge Herr Gotama den Milchreis; ein Pflüger ist der Herr (tatsächlich), denn Herr Gotama pflügt ein Pflügen, das als Frucht Unsterblichkeit ergibt!"
(Buddha antwortet:)

6. „Was ersungen wird durch Strophen,
mag ich nicht genießen;
der Schauenden, o Brahmane,
Tugendart ist dies nicht!
Was ersungen wird durch Strophen,
weisen zurück die Erwachten[129];
solange die Lehre existiert,
o Brahmane, ist dies Gepflogenheit.

7. Einen vollendeten großen Weisen,
dessen Begierde geschwunden und dessen Bosheit gewichen ist,
sollst du mit anderer Speise und Trank versehen,
denn das ist das Feld für jemand, der nach Tugend ausschaut."

„Wem aber, Herr Gotama, soll ich dann diesen Milchreis geben?“

„Nicht sehe ich, o Brahmane, in der Welt mit (ihren) Gottheiten, mit Teufeln, mit Brahma, mit Bettelmönchen und Priestern, mit göttlichen und menschlichen Geschöpfen, jemand, der nach Genuß (dieses) Milchreises (ihn) richtig verdauen könnte, außer dem Vollendeten oder einem Schüler des Vollendeten. Daher, o Brahmane, wirf du diesen Milchreis dort weg, wo wenig Gras ist, oder versenke ihn im Wasser (dort), wo es keine Lebewesen gibt!“

Daraufhin versenkte der Brahmane Kasibhāradvāja diesen Milchreis im Wasser (dort), wo es keine Lebewesen gab. Und der Milchreis, ins Wasser geworfen, zischte, sprudelte, rauchte, dampfte. Gerade wie eine am Tag erhitzte Pflugschar, ins Wasser geworfen, zischt, sprudelt, raucht, dampft, ebenso auch zischte, sprudelte, rauchte, dampfte der ins Wasser geworfene Milchreis. Da begab sich der Brahmane Kasibhāradvāja, verstört, mit gesträubten Körperhärchen, dorthin, wo der Erhabene (weilte), und als er sich dorthin begeben hatte, fiel er zu Füßen des Erhabenen mit dem Kopf nieder und sprach zum Erhabenen dies: „Ausgezeichnet, Herr Gotama; ausgezeichnet, Herr Gotama! Gerade wie, Herr Gotama, Umgestürztes aufgerichtet, Verborgenes enthüllt worden wäre; als wenn man einem Verirrten den Weg weisen oder in die Dunkelheit eine Öllampe bringen würde – ‚wer Augen hat, wird die Formen sehen‘ –, ebenso hat Herr Gotama auf mancherlei Art die Lehre erläutert. Ich nehme zu Herrn Gotama, zur Lehre und zur Mönchsgemeinde meine Zuflucht; erlangen möchte ich in Gegenwart von Herrn Gotama die Zulassung zum Ordensleben, erlangen möchte ich die Aufnahme als Mönch!“

Und es erlangte der Brahmane Kasibhāradvāja in Gegenwart des Erhabenen die Zulassung zum Ordensleben, erlangte die Aufnahme als Mönch. Noch nicht lange aufgenommen, weilte der ehrwürdige Bhāradvāja allein, abgesondert, unermüdlich, eifrig, mit entschiedenem Willen, und innerhalb kurzer Zeit verweilte er, das, um dessentwillen die Söhne aus (guten) Familien aus der Häuslichkeit in die Hauslosigkeit hinausziehen – diese höchste Vervollkommnung des heiligen Wandels –, schon in dieser Welt selbst erkennend, verwirklichend, erlangend. ‚Zerstört ist die Geburt, vollbracht der heilige Wandel, getan das zu Tuende, nichts weiter (blieb übrig) für das Sein hienieden', erkannte er. Und so wurde der ehrwürdige Bhāradvāja einer der Heiligen.

II, 7: Die Lehrrede von der Brahmanenweise (Brāhmaṇadhammika-Sutta)

So habe ich es gehört. Zu einer Zeit weilte der Erhabene zu Sāvatthī, im Jeta-Wald, im Hain des Anāthapiṇḍika. Da begaben sich viele wohlhabende Brahmanen aus Kosala – gealterte, alte, altehrwürdige, die Lebensbahn durchschritten habende, altgewordene – dorthin, wo der Erhabene (weilte). Nachdem sie sich genaht hatten, wechselten sie mit dem Erhabenen freundlichen, höflichen Gruß und ließen sich zur Seite nieder. Zur Seite niedergelassen, redeten diese wohlhabenden Brahmanen den Erhabenen folgendermaßen an: „Sieht man eigentlich, Herr Gotama, auch heutzutage die Brahmanen in der Brahmanenweise der alten Brahmanen (leben)?"
„Nicht sieht man, o Brahmanen, auch heutzutage die Brahmanen in der Brahmanenweise der alten Brahmanen (leben)."
„Herr Gotama möge zu uns bitte über die Brahmanenweise der alten Brahmanen sprechen, wenn es Herrn Gotama nicht ungelegen ist."
„Dann also, Brahmanen, hört gut zu, seid aufmerksam; ich werde sprechen!"
„Jawohl, Herr!" stimmten diese wohlhabenden Brahmanen dem Erhabenen zu. Der Erhabene sprach:

1. „Die alten Weisen waren
selbstgezügelt, Askese übend;
die Begierden der fünf Sinne hatten sie aufgegeben
und lebten für das Selbst.

2. Keine Viehherden gab es für Brahmanen,
kein Gold, kein Geld;[130]
Meditation war (ihr) Geld und Geldeswert;
das Brahma hüteten sie als Schatz.

3. Das, was (an Nahrung) bereitet
und vor der Tür hingelegt wurde,
betrachteten sie als, vom Glauben bereitet,
für sie gegeben.

4. Mit bunten Gewändern,
Liegestätten und Wohnsitzen,
verehrten die reichen Bewohner
und Länder die Brahmanen.

5. Untötbar waren die Brahmanen,[131]
unbesiegbar, vom (eigenen) Tugendwandel beschützt.
Niemand wies irgendwo
sie von den Hoftoren.

6. Achtundvierzig Jahre lang führten sie
einen keuschen Lebenswandel;
Nach Wissen und (rechtem) Wandel auf Suche
wandelten die Brahmanen vormals.

7. Nicht suchten die Brahmanen (eine Frau)
von anderem (Stand); auch kauften sie keine Frau.
Nach dem Zusammenkommen
ein Zusammenleben in Liebe gefiel ihnen.

8. Außerhalb der Zeit um die
Enthaltsamkeit (gebietende) Menstruation,
nicht innerhalb (derselben), begaben
zum Geschlechtsverkehr sich die Brahmanen.

9. Frommen Wandel, Tugend,
Redlichkeit, Milde, Askese,
Güte, Freundlichkeit
und Geduld priesen sie.

10. Der von ihnen der Beste war,
fest, entschlossen als Brahmane,
beging auch im Schlafe
keine Wollust.

11. Von seinem Wandel lernend, priesen
hienieden etliche Weisheitsgeborene
frommen Wandel,
Tugend und Geduld.

12. Um Reis, Lagerstatt, Kleidung,
Butterschmalz, Öl nachgesucht,
und ordnungsgemäß (das) gesammelt habend,
vollzogen sie damit das Opfer.
Beim Vollziehen des Opfers
töteten sie keine Rinder.

13. ‚Wie Mutter, Vater, Bruder
und auch die anderen Verwandten,
so sind uns Rinder die besten Freunde,
in welchen Heilkräfte entstehen –

14. welche Nahrungsspender, Kraftspender,
Anmutspender wie auch Glücksspender sind!',
diesen Sachverhalt kennend,
töteten sie keine Rinder.

15. Anmutig, hochgewachsen,
ansehnlich, ruhmvoll,
(waren sie) Brahmanen durch ihre Lebensgesetze,
nach (der Erfüllung) aller Pflichten strebend.
Solange sie auf Erden weilten,
gediehen in Glück die Geschöpfe.

16. (Dann) gab es bei ihnen einen Wandel (zum Schlechten).
Nachdem sie allmählich gewahrten
des Königs Pracht
und die geschmückten Frauen –

17. wohlgebaute Kriegswagen
und angeschirrte edle Rosse, bunte Teppiche,
Paläste und Wohnsitze,
eingeteilt in Räume (und) ausgemessen –

18. von Rinderherden umgeben,
von Scharen schöner Frauen eingenommen,
herausragenden menschlichen Reichtum –,
(da) wurden die Brahmanen gierig.

19. Da dichteten sie Hymnen,
begaben sich zu Okkāka (und sprachen):
‚Viel Geld und Geldeswert hast du;
Opfere! Groß ist dein Besitz. Opfere! Groß ist dein Reichtum.'

20. Und da brachte der König,
der von den Brahmanen überzeugte Herr der Kriegswagen,
das Roßopfer, das Menschenopfer,[132]
den Stockwurfritus, den Krafttrunk,
der reichen Ertrag gibt, dar.
Nachdem er diese Opfer dargebracht hatte,
gab er den Brahmanen Reichtum:

21. Rinder und Lagerstätten und Gewänder
und geschmückte Frauen,
wohlgebaute Kriegswagen
und angeschirrte edle Rosse, bunte Teppiche –

22. schöne Paläste,
wohl eingeteilt in Räume,
mit vielem Korn gefüllt;
(so) gab er den Brahmanen Reichtum.

23. Indem sie so Reichtum erlangt hatten,
fanden sie am Raffen Gefallen;
der von Habsucht Gepackten Gier
wuchs immer mehr.
Da dichteten sie Hymnen,
begaben sich erneut zu Okkāka (und sprachen):

24. ‚Wie Wasser, Erde, Gold,
Geld und Geldeswert,
so (wertvoll) sind Rinder für die Menschen;
ein notwendiges Gut für die Wesen sind sie.
Opfere! Groß ist dein Besitz. Opfere! Groß ist dein Reichtum.‘

25. Und da ließ der König,
der von den Brahmanen überzeugte Herr der Kriegswagen,
einige hunderttausend Rinder
beim Opfer schlachten.

26. Nicht mit dem Fuß, nicht mit einem Horn
verletzen ja irgend jemand
die Rinder, den Schafen gleich;
zahm (sind sie), eimer(voll) milchend –
(doch) am Horn sie packend,
ließ der König sie mit dem Schwert töten.

27. Da schrien die Götter, die Ahnen,
Indra, Dämonen, Halbgötter
‚Unrecht!‘ auf,
weil das Schwert die Rinder niederwarf.

28. Drei Krankheiten hatte man zuvor:
Gier, Hunger, Gebrechlichkeit.
Aber seit dem Schlachten der Tiere
kamen achtundneunzig.

29. Dieses Unrecht der Knüppel
war (schon) in alter Zeit erfolgt:
Unschuldige werden getötet;
vom Tugendpfad fallen ab die Opferer.

30. So wird dieses alte Unrecht
von den Weisen verdammt;
wo man einen solchen sieht,
verdammt den Opferer das Volk.

31. Nachdem so das Recht untergegangen war,
wurden zerstreut die Leute des vierten und des dritten Standes;[133]
vielfach zerstreut wurden die Krieger;
den Gatten verachtete die Gattin.

32. Die (adligen) Krieger, die Brahmanen
und die anderen von Geburt(sprivilegien) Geschützten
verfielen, das Gespräch über die Abstammung
vernachlässigend, in der Begierden Gewalt."

Nachdem so gesprochen worden war, sagten diese wohlhabenden Brahmanen zum Erhabenen dies: „Ausgezeichnet, Herr Gotama; ausgezeichnet, Herr Gotama! Gerade wie, Herr Gotama, Umgestürztes aufgerichtet, Verborgenes enthüllt worden wäre; als wenn man einem Verirrten den Weg weisen oder in die Dunkelheit eine Öllampe bringen würde – ‚wer Augen hat, wird die Formen sehen' –, ebenso wurde vom Herrn Gotama auf mancherlei Art die Lehre erläutert. Wir nehmen zu Herrn Gotama, zur Lehre und zur Mönchsgemeinde unsere Zuflucht; als Laienanhänger möge uns Herr Gotama betrachten, (die) von heute an zeitlebens (ihre) Zuflucht (zu ihm) genommen haben."

III,1: Die Unterredung über den Hinauszug ins Asketenleben (Pabbajjā-Sutta)

1. Das Hinausziehen (ins Asketenleben) will ich rühmen,
wie hinauszog der Sehende[134],
wie nachdenkend er das Hinausziehen guthieß.

2. „Eine Fessel ist dieses häusliche Leben,
eine Schmutzstätte!“;
„Freie Luft ist das Hinausziehen!“[134] –
es so betrachtend, zog er hinaus.

3. Umherziehend, vermied er
mit dem Körper böse Tat;
nach Aufgabe bösen Wandels (auch) der Sprache
reinigte er (sein) Leben.

4. Es kam nach Rājagaha der Buddha,
zu den Magadhern nach Giribbaja,
Almosen sammelte er,
übersät mit den besten Kennzeichen.

5. Ihn gewahrte Bimbisāra,
in (seinem) Palast stehend;
den mit (diesen) Kennzeichen Ausgestatteten
gesehen habend, sprach er dies:

6. „Auf diesen, ihr Herren, hört!
(Er ist) wohlgestaltet, groß, rein;
mit (gutem) Wandel bedacht;
er schaut (nur so weit, wie) die Länge eines Joches[135] –

7. mit niedergeschlagenen Augen gedankenvoll;
nicht ist dieser wie (jemand) von niederer Herkunft.
Die Königsboten sollen ausschwärmen
(und sich erkundigen), wohin der Mönch gehen wird.“

8. Die ausgesandten Königsboten
folgten ihm auf dem Fuße:
„Wohin wird der Mönch gehen?
Wo wird seine Wohnstatt sein?“

9. Ständig (nach Almosen) gehend,
mit gehüteten Pforten (der Sinne), wohl gezügelt,
schnell füllte er die Almosenschale,
bewußt, aufmerksam.

10. Auf dem Bettelgang wandelnd, begab
nach dem Verlassen der Stadt der Weise
sich zum Paṇḍava:
„Hier wird der Wohnsitz sein!“

11. Gewahrend, daß er den Wohnsitz betrat,
kamen die Boten näher;
einer der Boten aber kehrte zurück
und berichtete dem König:

12. „Dieser Mönch, o Großkönig,
hat sich an des Paṇḍava Osthang
niedergelassen wie ein Tiger (oder) Stier,
wie ein Löwe in der Bergeshöhle."

13. Nach dem Anhören der Nachricht des Boten
begab sich auf prächtigem Wagen der Fürst
eilig hinaus dorthin,
wo der Paṇḍava-Berg (liegt).

14. So weit, wie der Boden für den Wagen befahrbar war,
(gekommen), stieg vom Wagen der Fürst,
und nachdem er zu Fuß herangekommen war,
begab er sich nahe zu ihm (Buddha).

15. Nachdem er sich niedergelassen hatte,
sprach, nachdem freundlicher, höflicher Gruß
gewechselt worden war,
der König dies:

16. „Jung wie auch zart bist du,
ein in der ersten Entwicklung stehender Jüngling,
mit großer Schönheit ausgestattet,
wie ein wohlgeborener Krieger –

17. aufstellen lassend das stattliche Heer,
die Elefantenschar vornan.
Ich gebe Reichtum, genieße (ihn)
und erzähle, befragt, von deiner Herkunft!"

18. „Ein aufrechtes Volk, o König,
an den Hängen des Himālaya,
ist mit Reichtum und Kraft begabt:
die Bewohner von Kosala –

19. Abkömmlinge der Sonnendynastie der Sippe nach,
Sākiya nach dem Geschlecht;
von dieser Familie bin ich hinweggezogen,
ohne nach Sinneslust zu begehren.

20. In den Sinnesgelüsten Elend erblickend,
Wunschlosigkeit betrachtend als den Frieden,
fahre fort ich im Streben.
Daran findet Wohlgefallen mein Geist!“

III,2: Die Unterredung über das geistige Streben (Padhāna-Sutta)

1. Zu mir, der ich dem Streben
mit entschlossenem Willen am Nerañjarā-Flusse (oblag),
mit aller Kraft für die Erlangung
von Ruhe und Sicherheit meditierend –

2. begab sich Namuci,
eine mitleidige Rede führend:
„Mager bist du, krank aussehend,
in deiner Nähe ist der Tod.

3. Tausend Teile (von dir sind schon) des Todes,
(nur) ein Teil von dir ist Leben.
Lebe, Herr! Leben ist besser!
Lebend kannst du gute Taten verrichten.

4. Wenn du einen frommen Wandel führst,
das Feueropfer darbringst,
großes Verdienst wird (dann) aufgehäuft.
Was willst du da mit Anstrengung?

5. Schwer begehbar ist der Weg der Anstrengung,
beschwerlich, schwer zu durchschreiten!“
Diese Verse sprechend,
stand Māra in Buddhas Nähe.

6. Den solches sprechenden Māra
redete der Erhabene so an:
„Du Gefährte der Trägen, du Böser!
Warum bist du hergekommen?

7. Durch geringfügigen Tugendverdienst
wird mir kein Nutzen.
Denen (erst) durch Tugendverdienst ein Nutzen wird,
zu denen sollte Māra sprechen.

8. Glaube und auch Kraft
und Erkenntnis findet man bei mir.
So mein Selbst anspannend –
was fragst du da nach (meinem) Leben?

9. Selbst der Flüsse Lauf
trocknet dieser Wind aus;
wie soll mein, dessen Selbst angespannt ist,
Blut nicht austrocknen?

10. Wenn das Blut austrocknet,
trocknen auch Galle und Schleim aus;
wenn die Fleischteile schwinden,
wird das Gemüt immer mehr ruhig;
immer festigen sich meine Wachsamkeit,
Erkenntnis und Versenkung.

11. So verweile ich,
der ich höchstes Empfinden erlangt habe;
nicht verlangt nach Sinnesfreuden (mein) Gemüt.
Schau eines Wesens Reinheit!

12. Sinneslust ist dein erstes Heer,
das zweite heißt Unzufriedenheit,
dein drittes ist Hunger und Durst,
das vierte heißt Gier –

13. dein fünftes ist Trägheit und Faulheit,
das sechste wird Furchtsamkeit genannt,
dein siebentes ist Zweifel,
Heuchelei und Verstocktheit sind dein achtes;

14. Gewinn, Ehre, Ansehen
und fälschlich erlangter Ruhm,
und wer sich selbst lobhudelt
und andere verachtet.

15. Dies, Namuci, ist dein,
des Schwarzen, angreifendes Heer.
Niemand als ein Held besiegt es
(und) nach dem Sieg erlangt er Glück.

16. Soll ich verzweifeln?[136]
Pfui über das Leben hier!
In der Schlacht getötet (zu werden,
wäre) für mich besser, als zu leben (und) besiegt (zu sein).

17. Versenkt ins Diesseits, werden einige
Bettelmönche und Priester nicht (mehr als solche) gesehen.
Sie kennen nicht den Weg, den sie beschreiten,
die guten Wandels sind.

18. Von allen Seiten eine (kampf)bereite Armee (anrücken)
gewahrend mit Māra auf dem Reitelefanten,
trete ich (ihr) entgegen zum Kampf.
Nicht möge mich er von der Stelle treiben!

19. Dieses dein Heer,
das Welt und Götter nicht überwältigen,
zerbreche[137] ich durch Wissen
wie ein irdenes Gefäß mit einem Stein.

20. Nach der Unterwerfung (meiner) Entschlußkraft
und der Festigung der Wachsamkeit
werde ich von Reich zu Reich ziehen
und die Schüler recht in Zucht (nehmen).

21. Unermüdlich, mit entschlossenem Willen,
werden sie meine Gesetze befolgen,
(die Gesetze) eines Begierdelosen; sie werden
dahin gehen, wo sie, angelangt, nicht trauern."

22. „Sieben[138] Jahre lang bin ich
dem Erhabenen auf Schritt und Tritt gefolgt,
(doch) fand ich keinen Fehltritt
des wachsamen vollkommen Erwachten.

23. Um einen wie Fett aussehenden Fels
hüpfte eine Krähe herum (und dachte:)
‚Finden wir hier wohl etwas Weiches?
Ob es wohl süß ist?'

24. Nachdem sie dort nichts Süßes erbeutet hatte,
flog die Krähe von dort fort.
Wie die Krähe auf dem Fels
verlassen wir (jetzt) Gotama!"

25. Des von Kummer Heimgesuchten
Lautenband fiel nieder,
und der übelgesinnte
Unhold verschwand.

III,5: Das Lehrgespräch mit Māgha (Māgha-Sutta)

So habe ich es gehört. Zu einer Zeit weilte der Erhabene zu Rājagaha am Gijjhakūṭa-Berg. Da nahte sich Māgha, ein junger Brahmane, dem Erhabenen, und nachdem er sich ihm genaht hatte, wechselte er mit dem Erhabenen freundlichen, höflichen Gruß und ließ sich zur Seite nieder. Zur Seite niedergelassen, redete Māgha, der junge Brahmane, den Erhabenen folgendermaßen an: „Ich, Herr Gotama, bin ein Geber, ein Gabenspender, ansprechbar, für Bitten zugänglich. Auf rechtem Wege strebe ich nach Reichtum, und wenn ich auf rechtem Wege nach Reichtum gestrebt habe, dann gebe ich von den rechtens erlangten, rechtens erworbenen Reichtümern an einen, ich gebe an zwei, ich gebe an drei, ich gebe an vier, ich gebe an fünf, ich gebe an sechs, ich gebe an sieben, ich gebe an acht, ich gebe an neun, ich gebe an zehn, ich gebe an zwanzig, ich gebe an dreißig, ich gebe an vierzig, ich gebe an fünfzig, ich gebe an hundert, ich gebe an noch mehr (Menschen davon ab). Ob ich wohl, Herr Gotama, indem ich so gebe, indem ich so opfere, viel Tugendverdienst erwirke?"

„Gewiß erwirkst du, junger Brahmane, indem du so gibst, indem du so opferst, viel Tugendverdienst. Wer, junger Brahmane, ein Geber ist, ein Gabenspender ... an einen gibt ... *(weiter wie oben)* ... an hundert gibt, an noch mehr (Menschen davon ab)gibt, der erwirkt viel Tugendverdienst."

Da redete Māgha, der junge Brahmane, den Erhabenen mit einer Strophe an:

1. „Ich frage Herrn Gotama, den zugänglichen,
den Gelbgewandeten, hauslos Wandernden:
Der ein Bitten zugänglicher, gabenreicher Hausvater ist,
um des Tugendverdienstes willen
in Erwartung des Tugendverdienstes opfert,
spendend den anderen hienieden Speise und Trank –
wo mag das von einem Opferer Dargebrachte vollkommen
sein?"[139]

2. „Der ein Bitten zugänglicher, gabenreicher Hausvater ist,
um des Tugendverdienstes willen
in Erwartung des Tugendverdienstes opfert,
spendend den anderen hienieden Speise und Trank –
der wird gedeihen mit denen, die der Gaben wert sind."

3. „Der ein Bitten zugänglicher, gabenreicher Hausvater ist,
um des Tugendverdienstes willen
in Erwartung des Tugendverdienstes opfert,
spendend den anderen hienieden Speise und Trank –
erkläre mir, Erhabener, (was es bedeutet),
der Gaben wert (zu sein)!“[140]

4. „Fürwahr, die, ohne anzuhangen, in der Welt umherwandern,
nichts besitzend, vollkommen, gezügelt –
zur (rechten) Zeit reiche man diesen die Opferspende;
ein Brahmane, der Tugendverdienst erstrebt, möge opfern.

5. Die alle Bande und Fesseln durchschnitten haben,
die gezügelt, befreit, unverstört, wunschlos sind –
zur (rechten) Zeit reiche man diesen die Opferspende;
ein Brahmane, der Tugendverdienst erstrebt, möge opfern.

6. Die von allen Banden befreit,
gezügelt, befreit, unverstört, wunschlos sind –
zur (rechten) Zeit ... *(weiter wie im Vers 4).*

7. Die Leidenschaft, Bosheit wie Verblendung aufgegeben,
deren Begierden getilgt sind
und die einen frommen Wandel führen –
zur (rechten) Zeit ...

8. In denen kein Trug wohnt und kein Hochmut,
die frei sind von Gier, von Selbstsucht, wunschlos –
zur (rechten) Zeit ...

9. Fürwahr, die nicht in Begierden verfallen sind
und die nach Überquerung des Stroms (der Wiedergeburten)
frei von Selbstsucht wandeln –
zur (rechten) Zeit ...

10. In denen kein Durst ist nach irgend etwas auf der Welt,
nach irgendeiner Form der Existenz
hienieden und im Jenseits –
zur (rechten) Zeit ...

11. Die nach Aufgabe der Sinnesgelüste als Hauslose wandern,
wohlgezügelt, aufrecht wie ein Weberschiff –
zur (rechten) Zeit ...

12. Die, deren Leidenschaften vergangen
und deren Sinne wohlgefügt sind,
die wie der Mond von Rāhus Zugriff befreit sind –
zur (rechten) Zeit ...

13. Die beruhigt sind, deren Leidenschaft
geschwunden ist, die zornlos sind,
für die es keine Wiedergeburt gibt,
wenn sie von hier geschieden sind –
zur (rechten) Zeit ...

14. Die Geburt und Tod restlos aufgegeben
(und) allen Zweifel überwunden haben –
zur (rechten) Zeit ...

15. Die als Selbstleuchtende[141] in der Welt umherwandern,
nichts besitzen, in jeglicher Hinsicht befreit sind –
zur (rechten) Zeit ...

16. Die hienieden richtig dies verstehen:
‚Dies ist die letzte (Existenz),
nicht gibt es eine Wiedergeburt!' –
zur (rechten) Zeit ...

17. Wer höchste Kenntnis hat,
Meditation schätzt und das Denken übt,
wer höchste Erleuchtung erlangt hat
und eine Zuflucht für viele ist –
zur (rechten) Zeit reiche man diesem die Opferspende;
ein Brahmane, der Tugendverdienst erstrebt, möge opfern!"

18. „Fürwahr, nicht vergeblich ist meine Frage gestellt worden;
der Erhabene hat mir erklärt,
(was es bedeutet), der Gaben wert (zu sein).
Du kennst hienieden ja dies gut,
eben wie dir diese Lehre bekannt ist.

19. Der ein Bitten zugänglicher, gabenreicher Hausvater ist,
um des Tugendverdienstes willen
in Erwartung des Tugendverdienstes opfert,
spendend den anderen hienieden Speise und Trank –
erkläre mir, Erhabener, den Segen des Opfers!"

20. „Opfere! Und als Opferer, o Māgha,
bring zur Ruhe allseits das Gemüt!
Die Beziehung des Opferers ist das Opfer;
indem er darin fest gegründet ist,
gibt er die Bosheit auf.

21. Der, dessen Leidenschaft gewichen ist,
kann die Bosheit vertreiben,
ein unendlich gütiges Gemüt erstehen lassend;
Tag und Nacht andauernd unermüdlich,
breitet er in alle Himmelsrichtungen
unermeßliche Güte aus."

22. „Wer ist gereinigt? – Erlöst? – Oder gebunden?
Wie gelangt man durch sich selbst in die Brahmawelt?
Mir, dem Unwissenden, o Weiser,
sage (das, danach) gefragt!
Der Erhabene ist mein Zeuge:
Brahma wurde heute (von mir) gesehen,
du bist ja für uns dem Brahma gleich,
so ist die Wahrheit!
Wie (also) gelangt man zur Brahmawelt, o Lichtvoller?"

23. „Wer den dreifachen Opfersegen darbringt,
wird gedeihen durch die, die der Gaben wert sind.[142]
Wer so recht geopfert hat, den Bitten zugänglich,
gelangt zur Brahmawelt. So spreche ich!"

Nachdem dies gesagt war, sprach Māgha, der junge Brahmane, zum Erhabenen dies: „Ausgezeichnet, Herr Gotama; ausgezeichnet, Herr Gotama! Gerade wie, Herr Gotama, Umgestürztes aufgerichtet, Verborgenes enthüllt worden wäre; als wenn man einem Verirrten den Weg weisen oder in die Dunkelheit eine Öllampe bringen würde – ‚wer Augen hat, wird die Formen sehen' –, ebenso hat der Erhabene auf mancherlei Art die Lehre erläutert. Ich nehme zum erhabenen Gotama meine Zuflucht, zur Lehre und zur Mönchsgemeinde. Als einen Laienanhänger möge mich der erhabene Gotama betrachten, (der) von heute an zeitlebens seine Zuflucht (zu ihm) genommen hat."

Petavatthu

I,2

1. „Dein[143] Körper ist vollkommen golden;
alle Himmelsrichtungen erstrahlen (davon).
Dein Mund ist (aber) eben wie der eines Schweines.
Welche Tat hast du vormals[144] begangen?"

2. „Mit dem Körper war ich gezügelt,
mit der Rede (aber) war ich ungezügelt.
Dadurch bin ich von solchem Aussehen,
wie du es schaust, o Nārada!

3. So sage ich dir, o Nārada,
was von dir selbst hier erblickt wurde:
Nicht begehe mit dem Munde Böses,
damit du kein Schweinsmaul wirst!"

Theragāthā

Nr. 20: Ajita

„Beim Tod ist für mich keine Furcht;
es gibt (auch) keine Lust am Leben.
Den Körper werde ich ablegen,
vollkommen weise, gedankenvoll."

Nr. 195–196: Nisabha

„Die fünf Arten der Sinnesgelüste habe ich aufgegeben,
die angenehmen Formen, die dem Geist erfreulich sind.
Aus dem Glauben heraus habe ich entsagt;
des Leidens Beendiger will ich sein.
Ich freue mich nicht über den Tod;
ich freue mich (auch) nicht über das Leben.
Die Zeit erwarte ich vollkommen weise, gedankenvoll."

Therīgāthā

Nr. 11: Muttā

„Wohl erlöst, recht erlöst bin ich,
von drei Widrigkeiten befreit:
vom Mörser, vom Stößel und vom buckligen Gatten.
Erlöst bin ich von Geburt und Tod;
was zu (erneutem) Werden führt, ist beseitigt."

Nr. 18: Saṅghā

„Das Haus habe ich verlassen und bin hinausgezogen;
den Sohn und das liebe Vieh habe ich verlassen.
Aufgegeben habe ich Leidenschaft und Bosheit,
das Nichtwissen verbannt.
Mit der Wurzel ist der Durst ausgerottet;
friedvoll bin ich geworden, zur Ruhe gekommen."

Jātaka

Nr. 2: Die Geschichte vom Sandweg (Vaṇṇupatha-Jātaka)

„Als unermüdlich ..."[145] Diese Lehrgeschichte erzählte der Erhabene, als er in Sāvatthī weilte. Wen betreffend? Einen Mönch, der sein Streben (nach Erlösung) aufgegeben hatte. Als nämlich der Vollendete in Sāvatthī weilte, begab sich ein in Sāvatthī wohnender Sohn aus (guter) Familie zum Jeta-Hain, hörte beim Meister die Darlegung der Lehre, erkannte befriedigten Gemütes die in den Sinnesgelüsten (liegende) Sünde, zog (als Mönch) hinaus, war (Novize für) fünf Jahre (zur Vorbereitung) auf die Weihe, erfaßte die beiden Zusammenfassungen (der Lehre), erlernte den Wandel in Einsicht, erhielt vom Meister eine seinem Gemüt angepaßte Meditationsaufgabe, begab sich in einen Wald, verbrachte (dort) die Regenzeit, (aber) indem er sich drei Monate lang abmühte, konnte er

nicht einmal das Maß eines Schimmers oder eines Hinweises herausfinden. Da kam ihm dieser (Gedanke): „Vom Meister sind die vier Persönlichkeitsarten[146] dargelegt worden; von diesen muß ich zur untersten zählen. Ich glaube, daß es für mich in dieser Existenz weder Weg noch Frucht gibt. Was werde ich durch den Aufenthalt im Wald erreichen? Zum Meister werde ich gehen, den höchste Schönheit besitzenden Körper des Buddha anschauen, die süße Darlegung der Lehre anhören (und so) werde ich verweilen!"
So begab er sich wieder zum Jeta-Hain. Da sprachen zu ihm die Bekannten und Freunde: „Verehrter, du hast vom Meister eine Meditationsaufgabe erhalten und bist (mit den Worten) ‚Die Pflicht eines Bettelmönches werde ich ausführen!' gegangen; jetzt bist du wiedergekommen und verweilst, indem sich (dein) Geist an der Gesellschaft freut; hast du also den Gipfel des Mönchswandels erreicht, bist du ein (in den Geburtenkreislauf) Nichtzurückkehrender geworden?"
„Verehrter, ich habe weder Weg noch Frucht erlangt; ‚zur unfähigen Persönlichkeitsart muß ich zählen!' (dachte ich), gab das Streben auf und bin zurückgekehrt."
„Ein Unrecht, Verehrter, ist von dir begangen worden, der du, nachdem du im (Namen der) Lehre des starkmächtigen Meisters hinausgezogen warst, das Streben aufgegeben hast. Komm, wir wollen es dem Vollendeten mitteilen!"
Mit ihm zusammen gingen sie zum Meister. Der Meister sah (die Mönche und) sprach so: „O Mönche, ihr seid gekommen zusammen mit diesem sich sträubenden Mönch; was ist von ihm begangen worden?"
„Herr, dieser Mönch hat, nachdem er (im Namen) dieser (aus dem Geburtenkreislauf) hinausführenden Lehre hinausgezogen war und die Pflichten eines Bettelmönches erfüllt hatte, das Streben aufgegeben und ist zurückgekehrt."
Da sprach der Meister zu ihm: „Ist es wohl wahr, daß von dir, o Mönch, das Streben aufgegeben wurde?"
„Es ist wahr, Erhabener!"
„Wie kommt es aber, o Mönch, daß du, nachdem du (im Namen) dieser Lehre hinausgezogen bist, dich nicht wunschlos oder zufrieden oder zurückgezogen oder voller Energie zeigst, (sondern daß) du dich als Mönch zeigst, der das Streben aufgegeben hat? Warst du nicht einst kraftvoll? Durch die von dir als einzelnem getätigte Kraft haben (einst) in der Wü-

ste von fünfhundert Wagen die Menschen und Ochsen zu trinken erhalten und wurden (wieder) froh. Warum gibst du jetzt das Streben auf?"

Dadurch wurde der Mönch (wieder) aufgerichtet. Als die Mönche diese Rede gehört hatten, baten sie den Erhabenen: „Herr, die jetzt (erfolgte) Aufgabe des Strebens durch diesen Mönch ist uns bekannt, doch daß durch die von ihm als einzelnem getätigte Kraft in der Wüste Ochsen und Menschen zu trinken erhielten und froh wurden, ist (uns) verborgen; dir nur, der du alles Wissen erfaßt hast, ist es bekannt; erzähle auch uns diese Begebenheit!"

„Dann also, o Mönche, hört!" (sprach) der Erhabene. Als er die Aufmerksamkeit dieser Mönche bemerkt hatte, machte er die durch die zwischen den Existenzen (liegende Spanne) verhüllte Begebenheit bekannt:

„Als vorzeiten im Reich Kāsi, in Benares, Brahmadatta die Herrschaft ausübte, erfuhr der Bodhisatta in der Familie eines Handelskarawanenherrn (seine) Wiedergeburt. Als er das (erforderliche) Alter erreicht hatte, trieb er mit fünfhundert Wagen Handel. Einmal gelangte er zu einer Wüste, die sechzig Yojanas ausgedehnt war. In dieser Wüste hält sich der mit der Faust gefaßte feine Sand nicht in der Hand. Von Sonnenaufgang an ist sie glühend wie ein Kohlenhaufen; unmöglich ist es, darauf zu gehen. Darum nehmen die, die in diese (Wüste) gelangen, Holz, Wasser, Öl, Reis und so weiter auf Wagen mit, reisen nur nachts, bilden bei Sonnenaufgang aus den Wagen einen Kreis, stellen an einem Ende ein Zelt auf und legen sich nach der Beendigung der Nahrungsaufnahme in den Schatten. Wenn man den Tag verbracht hat, die Sonne untergegangen ist und man das Abendessen verzehrt hat, spannt man die Wagen an und zieht auf dem kühl gewordenen Erdboden (weiter). Der Fahrt auf dem Ozean ist (diese Wüsten-) Reise ähnlich: Ein Kapitän zu Lande ist heranzuziehen; dieser geleitet durch (seine) Kenntnis der Gestirne die Karawane hinüber.

Als nun der Handelskarawanenherr auf diese Weise durch die Wüste zog und neunundfünfzig Yojanas zurückgelegt hatte, (dachte er:) ‚Jetzt werden wir in einer Nacht das Herauskommen aus der Wüste schaffen!' Nachdem man das Abendessen verzehrt hatte, ließ er alles Holz und Wasser wegwerfen, die Wagen anspannen und brach auf. Der Führer, der auf dem vordersten Wagen ein Lager hatte bereiten lassen, betrachtete die Sterne am Himmel, sprach ‚Ziehet dorthin!' und legte sich nieder. Durch den auf der langen Reise (erlittenen) Mangel an Schlaf ermüdet, versank er in Schlaf. So erkannte er nicht, daß die Ochsen gewendet hatten und auf dem Weg gingen, auf dem sie hergekommen waren. Die Ochsen gingen die ganze Nacht. Der zur Zeit des Sonnenaufgangs erwachte Führer betrachtete den Sternenhimmel und sprach: ‚Die Wagen haltet an, haltet an!' Als die Wagen angehalten hatten und eine Reihe bildeten, war gerade Sonnenaufgang. Die Leute (sprachen:) ‚Das war doch gestern die Raststelle, wo wir uns niedergelassen hatten. Holz und Wasser sind uns ausgegangen; jetzt sind wir verloren!' Sie machten die Wagen los, stellten sie im Kreis auf, errichteten an einem Ende ein Zelt, und ein jeder legte sich jammernd unter seinem Wagen nieder. Der Bodhisatta (überlegte:) ‚Wenn in mir die Kraftanspannung aufhört, werden alle verloren sein!' Früh, zur kühlen Zeit, umherstreifend, gewahrte er ein Dickicht aus Gras und Buschwerk und dachte: ‚Diese Gräser werden durch von unten (kommende) Wasserfeuchtigkeit aufgesprossen sein.' Er ließ einen Spaten ergreifen und das Landstück aufgraben. Sechzig Hände (tief) gruben sie die Stelle auf. Nachdem sie die Stelle so weit aufgegraben hatten, trafen sie (auf etwas, und) der Spaten zerbrach unten an einem Stein. Nach dem Aufprall gaben alle ihr Bemühen auf. Der Bodhisatta aber (überlegte:) ‚Unter diesem Stein muß Wasser sein!' Er begab sich hinunter, stellte sich auf den Stein und lauschte auf die Wahrnehmung eines Geräusches. Nachdem er unten das Geräusch sich bewegenden Wassers gehört hatte, stieg er (wieder) hinauf und sprach zu seinem persönlichen Diener:

‚Lieber, wenn du dein Bemühen aufgibst, werden wir alle verloren sein. Wenn du (aber) dein Bemühen nicht aufgibst, dann nimm diesen Eisenhammer, steig in die Grube hinab und versetze mit diesem Hammer dem Stein einen Schlag!'

Der Diener nahm des (Bodhisatta) Hinweis an. Während alle ihr Bemühen aufgegeben hatten (und herum)standen, erteilte er, der sein Bemühen nicht aufgegeben hatte, dem Stein einen Schlag. Der Stein spaltete sich in der Mitte, fiel nach unten und stand, nachdem er (vordem) den (Wasser-) Strom aufgehalten hatte. Ein Wasserstrahl vom Ausmaß eines Palmstammes stieg empor. Nachdem alle getrunken hatten, wuschen sie sich. Die

überflüssigen Achsen, Joche und so weiter zerhackten sie, kochten und verzehrten Reisschleimspeise und fütterten die Ochsen. Als die Sonne untergegangen war, befestigten sie nahe dem Wasserloch ein Zeichen und begaben sich zum gewünschten (Ziel-) Ort. Dort verkauften sie (ihre) Ware, erzielten dafür den doppelten (bis) vierfachen Preis und begaben sich (wieder) zu ihrem eigenen Wohnsitz. Dort blieben sie ihr Leben lang und gingen (dann in eine neue Existenz ein), wie es ihren Taten (entsprach). Auch der Bodhisatta ging, nachdem er sich durch Gaben und so weiter Verdienste geschaffen hatte, (in eine neue Existenz) entsprechend seinen Taten."
Nachdem der vollkommen Erwachte diese Lehrgeschichte dargelegt hatte, sprach der Erwachte diesen Vers:

„Als unermüdlich auf dem Sandweg Grabende
fanden sie auf offenem Land Trinkwasser.
So findet der Weise, von Anspannung und Kraft erfüllt,
unermüdlich (strebend) des Herzens Frieden."

Nachdem er so diese Lehrgeschichte dargelegt hatte, verkündete er die vier (edlen) Wahrheiten. Am Ende (der Verkündung) der Wahrheit gelangte der Mönch, der sein Streben aufgegeben hatte, zur höchsten Frucht, zur Heiligkeit.
Nachdem der Meister die beiden Begebenheiten erzählt hatte, stellte er ihre Beziehung her und verband das Jātaka (mit der aktuellen Angelegenheit), indem er darlegte: „Zu dieser Zeit war dieser Mönch, der sein Streben aufgegeben hatte, der persönliche Diener, der sein Bemühen nicht aufgegeben hatte, den Stein spaltete und Wasserspende für eine Menge Menschen wurde; die übrige Schar ist jetzt als Buddhaschar geboren; das Haupt der Handelskarawanenherren aber war ich!"
So beendete er die Geschichte.

Nr. 4: Die Geschichte vom Kaufmann Cullaka (Cullakaseṭṭhi-Jātaka)

„Auch mit geringem Aufwand (kann) der Weise ..." Diese Lehrgeschichte erzählte der Erhabene, als er bei Rājagaha im Mangohain des Jīvaka weilte, in bezug auf den Mönchsältesten[147] Cullapanthaka. Da ist von des Cullapanthaka Wiedergeburt zu erzählen. Es war nämlich in Rājagaha die Tochter aus einer reichen Kaufmannsfamilie zusammen mit einem Sklaven intim geworden. Indem sie fürchtete: „Auch andere könnten von meiner Tat erfahren!", sprach sie so: „Für uns gibt es keine Möglichkeit, (länger) an diesem Ort zu wohnen. Wenn meine Eltern dieses (mein) Vergehen erführen, würden sie (mich) zu Stücken machen. Wir wollen ins Ausland gehen und (dort) wohnen."

Sie nahmen (ihr) Handgepäck, schritten zum Haupttor hinaus, und beide gingen los, (wobei sie dachten:) „Hierhin oder dorthin, an einen den anderen unbekannten Ort wollen wir gehen und (dort) wohnen." Als sie an einem Ort verweilten, entstand durch das Zusammenleben in des (Mädchens) Schoß eine Leibesfrucht. Als die Frucht zur vollen Reife gelangt war, sprach (das Mädchen) zum Gatten: „Meine Leibesfrucht ist zur vollen Reife gelangt. Die Entbindung an einem von den vater- und mutterseitlichen Verwandten entfernten Ort wäre aber für uns beide ein Unglück. Wir wollen uns zum Haus (meiner) Familie begeben!" Er (aber sagte:) „Heute gehen wir, morgen gehen wir!" und ließ (so) die Tage verstreichen. Sie dachte: „Dieser Narr wagt wegen der Größe seiner Schuld nicht zu gehen, doch sind die Eltern die besten Freunde. Ob er nun geht oder nicht – ich (jedenfalls) habe zu gehen!" Sie verließ das Haus, und nachdem sie die Wohnungseinrichtung in Ordnung gebracht und den Bewohnern des Nachbarhauses mitgeteilt hatte, daß sie sich ins Haus ihrer Familie begeben werde, machte sie sich auf den Weg. Als nun der Mann nach Hause kam und sie nicht sah, folgte er ihr schnell und holte sie unterwegs ein. Gerade da aber erfolgte ihre Entbindung. Er fragte: „Was ist es, Liebe?" – „Herr, ein Sohn ist geboren." – „Was werden wir jetzt tun?" – „Um welches Zweckes willen wir ins Elternhaus gehen wollten, dieser Umstand ist ja inzwischen (schon) eingetreten. Wenn wir dorthin kommen, was sollen wir tun? Wir wollen umkehren!" Nachdem also die beiden eines Sinnes geworden waren, kehrten sie um. Und weil ihr Junge auf dem Weg geboren worden war, gaben sie ihm den Namen Panthaka.[148]

Nicht lange darauf entstand in ihr eine weitere Leibesfrucht. Alles war (bestimmt), wie beim vorigen Mal abzulaufen. Nachdem man dem erstgeborenen Knaben, weil er auf dem Weg geboren worden war, den Namen Mahāpanthaka (= *großer Pan-*

thaka) gegeben hatte, gaben sie dem anderen den Namen Cullapanthaka (= *kleiner Panthaka*). Und sie nahmen die beiden Knaben und begaben sich wieder an ihren Wohnsitz. Als sie dort wohnten, hörte dieser Weg-Knabe die anderen Knaben „Onkel", „Großvater", „Großmutter" sagen und fragte die Mutter: „Mama, die anderen Knaben sagen ‚Onkel', ‚Großvater', ‚Großmutter'; wir aber haben keine Verwandten." – „Ja, Lieber, hier habt ihr keine Verwandten. Doch in der Stadt Rājagaha ist ein reicher Kaufmann euer Großvater, dort habt ihr (väterlicherseits) viele Verwandte." – „Warum gehen wir nicht dorthin, Mama?" Sie erzählte dem Sohn den Grund ihres Wegganges. Da die Söhne (aber davon) immer wieder sprachen, sagte sie zu (ihrem) Gatten: „Diese Jungen plagen (mich) zu sehr. Wenn uns die Eltern gesehen haben, werden sie doch nicht (gleich unser) Fleisch fressen. Komm, wir wollen den Knaben die großväterliche Familie zeigen!" – „Ich werde vor ihr Angesicht nicht treten können, aber dich werde ich dorthin geleiten." – „Gut, Verehrter, auf irgendeine Art muß man den Knaben die großväterliche Familie zeigen." So gelangten die beiden Leute allmählich nach Rājagaha und bereiteten sich in einem Haus am Stadttor eine Wohnung. Die Mutter der Knaben nahm die beiden Jungen und ließ den Eltern (ihre) Ankunft mitteilen. Nachdem diese die Nachricht gehört hatten, (erwiderten sie:) „Für die im Geburtenkreislauf Wandelnden gibt es das nicht, Sohn (oder) Tochter nicht (zu haben). Du (aber) bist für uns mit großer Schuld beladen. Es ist unmöglich, daß du dich in unserem Blickfeld befindest. Doch sollen die beiden Leute dieses Geld nehmen, an einen (ihnen) passenden Ort gehen (und dort) leben. Die Knaben aber sollen sie hierher schicken!" Die Kaufmannstochter nahm das von ihren Eltern geschickte Geld, gab die Knaben in die Hand der hergekommenen Boten und schickte (sie los).
Die Jungen wuchsen in der großväterlichen Familie auf. Von ihnen war Cullapanthaka (noch) zu zart, Mahāpanthaka aber ging zusammen mit dem Großvater, um die Lehrrede des mit zehn Kräften Versehenen zu hören. Bei ihm, der ständig unmittelbar vom Meister die Lehre hörte, neigte sich der Sinn zum Hinauszug (ins Mönchsleben). Er sprach zum Großvater: „Wenn du einwilligst, möchte ich hinausziehen!" – „Was sagst du, Lieber? Mir ist, auch wenn die ganze Welt hinauszieht, dein Auszug (ins Mönchsleben besonders) lieb. Wenn du

kannst, so ziehe hinaus, Lieber!" Nachdem er eingewilligt hatte, begab er sich zum Meister. Der Meister (fragte:) „Wozu ist der Knabe von dir gebracht worden?" – „Ja, Herr, dieser Knabe, mein Enkel, sagt: ‚Bei dir möchte ich (als Mönch) hinausziehen!'" Der Meister beauftragte einen anderen (Mönch), der auf Almosengang war: „Laß diesen Knaben (als Mönch) hinausziehen!" Der Mönchsälteste erläuterte ihm die (Vergänglichkeit der) fünf die Körperoberfläche (zusammensetzenden Teile) und führte ihn (in den Mönchsstand) hinaus.[149]
Nachdem dieser viel von der Buddha-Rede aufgenommen und das erforderliche Alter erreicht hatte, empfing er die (eigentliche) Mönchsweihe. Als Geweihter gelangte er, indem er den Geist bis auf den Ursprung (des Leidens) richtete, zur Heiligkeit. Im Glück der Meditation und im Glück des (zur Erlösung führenden) Weges lebend, dachte er: „Könnte ich wohl dieses Glück (meinem Bruder) Cullapanthaka verschaffen?" Darauf ging er zum Großvater, dem Kaufmann, und sprach: „Großkaufmann, wenn du einwilligst, möchte ich Cullapanthaka (als Mönch) hinausziehen lassen." – „Laß ihn hinausziehen, Herr!"[150] Der Mönchsälteste ließ den Knaben Cullapanthaka (als Mönch) hinausziehen und festigte ihn in den zehn Tugenden.[151]
(Doch) als Cullapanthaka als Novize hinausgezogen war, war er dumm. .

„Wie der Lotus, der rote Lotus, duftend
morgens prachtvoll blühend Wohlgerüche ausströmt,
so sieh den leuchtenden Aṅgiras,
der wie die Sonne am Firmament strahlt!"

– diese eine Strophe konnte er innerhalb von vier Monaten nicht begreifen. Er war nämlich (in einer früheren Existenz) zu der Zeit, als Kassapa der vollkommen Erwachte war, (als Mönch) hinausgezogen, war kenntnisreich geworden und hatte sich über die Zeit, die ein begriffsstutziger Mönch für das Begreifen des Lehrstoffes (benötigte), lustig gemacht. Der Mönch, durch diesen Spott beschämt, hatte den Lehrstoff erst recht nicht verstanden und (auch) keine Wiederholung durchgeführt. Wegen dieser (verwerflichen) Tat wurde er, als er (als Mönch) hinausgezogen war, (selbst) dumm gemacht. Bei einem jeden gelernten Vers ging das Behalten des jeweils vorhergehenden verloren. So gingen für ihn, der sich bemühte, nur diese (obige) Strophe zu begreifen, vier Monate vorüber. Da sprach zu ihm (sein großer Bruder) Mahāpanthaka: „Panthaka, du kannst in dieser Lehre nicht verharren; in vier Monaten kannst du nicht einmal eine Strophe begreifen! Wie willst du da den Gipfel des Mönchslebens erreichen? Geh weg von hier aus dem Kloster!"; damit warf er ihn hinaus. Cullapanthaka (aber) wollte aus Liebe zur Buddhalehre nicht das häusliche Leben führen.

Zu dieser Zeit aber war Mahāpanthaka Speisenausteiler. Da begab sich Jīvaka Komārabhacca mit viel Duft und Kränzen in seinen Mangohain, verehrte den Meister, hörte die Lehre, erhob sich (dann wieder) vom Sitz, grüßte den mit zehn Kräften Versehenen, begab sich zu Mahāpanthaka und fragte: „Herr, wie viele Mönche sind bei dem Meister?" – „Fünfhundert!" – „Morgen, o Herr, nehmt mit den fünfhundert von Buddha geleiteten Mönchen in unserem Wohnsitz die Almosenspeise ein!" – „O Laienbruder, (da ist) Cullapanthaka, der Dumme, nicht in die Lehre eingedrungene; indem ich ihn beiseite lasse, nehme ich für den Rest die Einladung an!" sprach der Mönchsälteste. Dies hörend, dachte Cullapanthaka: „Indem der Mönchsälteste für so viele Mönche die Einladung annimmt, nimmt er sie an, nachdem er mich ausgeschlossen hat. Zweifellos wird die Gesinnung meines Bruders mir gegenüber erschüttert sein. Was soll ich jetzt mit dieser Ordenszucht? (Wieder) Laie geworden, werde ich leben, indem ich durch Almosen und so weiter Tugendverdienst erwerbe." Am nächsten Tag in der Frühe ging er (mit dem Vorsatz) „Laie will ich (wieder) werden!" fort.

Diesen Vorfall sah der Meister, als er zur Zeit der Morgenröte auf die Welt schaute. Und er brach zuerst auf und verweilte an dem von Cullapanthaka zu beschreitenden Weg, indem er am Torweg auf und ab ging. Als Cullapanthaka aus dem Haus herauskam, sah er den Meister, nahte sich (ihm) und grüßte. Da sprach zu ihm der Meister: „Wohin wohl, Cullapanthaka, gehst du zu dieser Zeit?" – „Der Bruder, o Herr, wirft mich hinaus; daher gehe ich, um umherzuschweifen." – „Cullapanthaka, dein Auszug (als Mönch) geht fürwahr mich an. Von deinem Bruder hinausgeworfen, warum bist du nicht zu mir gekommen? Geh, was (nutzt) dir das häusliche Leben? Bei mir wirst du sein!" Er ging mit Cullapanthaka vor (sein) Duftgemach und hieß ihn sich niedersetzen: „Cullapanthaka, nach Osten wende dein Antlitz und reibe dieses Tuch, (sprechend:) ‚Staubentfernen, Staubentfernen', und so verbleibe hier!" (Damit) gab er ihm ein durch Wundermacht geschaffenes, vollkommen reines Tuch. Zur angesetzten Zeit ging er, von der Mönchsgemeinde umgeben, zum Haus des Jīvaka und ließ sich auf dem (für ihn) bestimmten Sitz nieder.

Cullapanthaka hingegen saß da, indem er in die Sonne schaute und, das Tuchstück reibend, ‚Staubentfernen, Staubentfernen' sagte. Wie er aber das Tuchstück immer weiter rieb und rieb, wurde es schmutzig. Daher dachte er: „Dieses Tuchstück war überaus rein; infolge (der Einwirkung) meiner Persönlichkeit hat es die ursprüngliche Beschaffenheit aufgegeben; so ist es schmutzig geworden. Vergänglich in der Tat sind die Gestaltungen!" Indem er sich so Untergang und Verfall vorstellte, wuchs (in ihm) die Einsicht.

Der Meister erkannte, daß in des Cullapanthaka Gemüt die Einsicht aufgestiegen war. Indem er eine Erscheinung aussandte und eine Gestalt annahm, als säße er vor (ihm, sprach er:) „Cullapanthaka, ‚dieses Tuchstück ist so schmutzig und staubverschmiert geworden', (darüber) mache dir keine Gedanken; jedoch was in deinem Inneren an Leidenschaft und Trübe ist, das beseitige!" (Damals) sprach er folgende Strophen:

„Die Leidenschaft, nicht der Staub,[152] wird Schmutz genannt.
Für die Leidenschaft ist Staub das Beiwort.
Die Mönche, die diesen Staub hinweg entfernt haben,
verharren in der Zucht getilgten Staubes.
Die Bosheit, nicht der Staub ... *(weiter wie eben).*
Die Verblendung, nicht der Staub, wird Schmutz genannt.
Für die Verblendung ist Staub das Beiwort.
Die Mönche, die diesen Staub hinweg entfernt haben,
verharren in der Zucht getilgten Staubes."

Am Schluß der Strophen erlangte Cullapanthaka mit der unterscheidenden Erkenntnis die Heiligkeit. Durch die unterscheidende Erkenntnis gingen ihm auch die drei „Körbe"[153] auf. Als er nämlich vormals König war und einen Umzug um die Stadt machte, wischte er, da ihm die Stirn vor Schweiß

troff, mit einem vollkommen sauberen Tuch die Stirn ab. Das Tuch wurde schmutzig. Da erlangte er – (durch die Überlegung:) „Infolge (der Einwirkung) meiner Persönlichkeit hat das vollkommen reine Tuch die ursprüngliche Beschaffenheit aufgegeben und ist schmutzig geworden. Vergänglich in der Tat sind die Gestaltungen!" – das Bewußtsein vom Vergänglichen. Aus dieser Veranlassung wurde das Entfernen des Staubes für ihn zum Vertrauen (in die Lehre).
Nun reichte Jīvaka Komārabhacca dem mit zehn Kräften Ausgestatteten das (zeremonielle) Waschwasser dar. Der Meister bedeckte (mit den Worten) „Ob wohl, o Jīvaka, im Kloster (noch) Mönche sind?" mit der Hand das Gefäß. Mahāpanthaka sprach: „O Herr, gewiß sind im Kloster keine Mönche mehr!" Der Meister (aber) sprach: „Es sind (doch noch Mönche dort), o Jīvaka!" Jīvaka entsandte (nun) einen Mann (mit dem Auftrag:) „Daher also, sage ich, geh und bring in Erfahrung, ob im Kloster eine Anwesenheit oder eine Nichtanwesenheit von Mönchen gegeben ist!"
In diesem Augenblick (dachte) Cullapanthaka: „Mein Bruder sagt: ‚Im Kloster sind keine Mönche!'; ich werde ihm zeigen, daß im Kloster Mönche sind!" Den gesamten Mangohain füllte er (magisch) mit Mönchen an. Einige Mönche führten Arbeiten an Ordensgewändern aus, einige hatten mit Färbearbeiten (zu tun), einige übten (den Lehrstoff). So schuf er tausend Mönche, von denen einer dem anderen ungleich war. Als der (ausgeschickte) Mann im Kloster die vielen Mönche gesehen hatte, kehrte er um und teilte Jīvaka mit: „Herr, der gesamte Mangohain ist mit Mönchen angefüllt!" Dazu heißt es vom Mönchsältesten:

„Tausendfach sein Selbst
gestaltet habend, hat Panthaka
sich niedergelassen im schönen Mangohain,
bis (ihm) die Zeit (des Mahls) gemeldet wird."

Nun sprach der Meister zu dem Mann: „Geh in das Kloster und sage: ‚Der Meister ruft Cullapanthaka'!" Als (der Mann aber) dorthin gekommen war und so gesprochen hatte, riefen tausend Münder: „Ich bin Cullapanthaka – ich bin Cullapanthaka!" Der Mann ging (zurück) und sprach: „Alle fürwahr, o Herr, heißen Cullapanthaka!" – „Daher also geh (nochmals) hin, und wer ‚Ich bin Cullapanthaka!' als erster sagt, den greif an der Hand; die restlichen werden (dann) verschwinden." So machte er es. Sogleich verschwanden die tausend Mönche. Der Mönchsälteste kam mit dem (zu ihm) gegangenen Mann. Am Schluß der Mahlzeit sprach der Meister zu Jīvaka: „Jīvaka, nimm die Almosenschale von Cullapanthaka; er wird dir die Danksagung erzeigen!" Jīvaka machte es so. Wie ein das Löwengebrüll ausstoßender junger Löwe rüttelte er mit den drei „Körben"[153] (die Versammelten auf) und erzeigte die Danksagung. Der Meister erhob sich vom Sitz und ging, umgeben von der Mönchsgemeinde, zum Kloster. Nachdem er den Mönchen die Pflichten dargelegt hatte, erhob er sich vom Sitz und stellte sich vor sein Duftgemach. Der Mönchsgemeinde gab er ein Buddhawort und legte ihnen eine Aufgabe zur Meditation dar. (Danach) entließ er die Mönchsgemeinde, betrat sein von Wohlgerüchen erfülltes Duftgemach und nahm auf der rechten Seite (liegend) die „Löwenlage" ein.

Danach, zur Abendzeit, strömten die Mönche von da und dort in der Lehrhalle zusammen und ließen sich nieder, wie wenn sie einen Vorhang aus farbigem Wollstoff herumzögen.[154] Sie begannen ein Gespräch über die Vorzüge des Meisters: „Verehrter! Mahāpanthaka, in Unkenntnis von Cullapanthakas Absicht, (dachte:) ‚In vier Monaten kann er nicht eine Strophe begreifen, dumm ist er!' und warf ihn aus dem Kloster hinaus. Der vollkommen Erwachte aber verlieh ihm durch seine unübertreffliche Beherrschung der Lehre während des Mahles Heiligkeit nebst unterscheidender Erkenntnis. Durch die unterscheidende Erkenntnis gingen ihm auch die drei ‚Körbe' auf. Ja, die Kraft der Buddhas ist wahrhaftig groß!"

Als nun der Erhabene von dem Verlauf dieses Gespräches in der Lehrhalle erfuhr, (dachte er:) „Heute ist es an mir, hinzugehen!" Er erhob sich aus der Buddha-Lage, zog das schönfarbige, doppelt (gelegte) Untergewand an, band den wie ein Blitzstrahl (aussehenden) Leibgurt um, zog das rotem Stoff ähnliche große Buddha-Ordensgewand über, trat aus dem Duftgemach hinaus, begab sich mit der Würde eines stolzen Elefanten im Löwenschritt, in unendlicher Buddha-Anmut, zur Lehrhalle, bestieg den geschmückten, in der Mitte der Halle befindlichen wohl vorbereiteten Buddha-Sitz und ließ sich, sechsfarbige Buddha-Strahlen entsendend, wie die junge Sonne das Meeresinnere am Yugandhara-Gipfel bestrahlend, auf der Mitte des Sitzes nieder. Und als der vollkommen Erwachte gekommen war, da unterbrach die Mönchsgemeinde die Unterhaltung und wurde still. Der Meister blickte mit freundlichem, liebevollem Gemüt auf die Versammlung (und dachte:) „Diese Versammlung ist überaus schön; auch nicht bei einem einzigen gibt es ein schlechtes Betragen mit den Händen oder ein schlechtes Betragen mit den Füßen oder einen Laut des Hustens oder einen Laut des Schneuzens. Alle diese (Mönche) werden aus Achtung vor der Buddha-Würde (und) vom Buddha-Glanz erschreckt, wenn ich auch ein Leben lang sitze, ohne zu sprechen, das erste Gespräch nicht eröffnen (und also nicht) sprechen. Die Gesprächseröffnung muß fürwahr von mir vorgenommen werden; ich werde zuerst sprechen!" Mit süßem Brahma-Klang redete er die Mönche an: „Zu was für einem Gespräch, o Mönche, habt ihr euch hier (und) jetzt niedergelassen? Und was für eine Unterhaltung habt ihr unterbrochen?" – „Herr, indem wir uns an dieser Stelle niedergelassen haben, erzählen wir nicht irgendeine alberne Geschichte; wir sitzen hier ebendarum, um deine Tugenden zu verherrlichen. (Wir sprachen:) ‚Verehrter! Mahāpanthaka, in Unkenntnis von Cullapanthakas Absicht ... *(weiter wie oben)* ... Ja, die Kraft der Buddhas ist wahrhaftig groß!'" Als der Meister die Rede der Mönche gehört hatte, sprach er: „O Mönche, Cullapanthaka hat durch mich jetzt, soweit die Lehren (reichen), die Größe in der Lehre erlangt. Vormals aber hat er durch mich, soweit die Reichtümer (reichen), die Größe im Reichtum erlangt." Die Mönche baten den Erhabenen um Aufklärung dieser Begebenheit. Der Erhabene machte die durch die zwischen den Existenzen (liegende Spanne) verhüllte Begebenheit bekannt:

„Als vor Zeiten im Reiche Kāsi, in Benares, Brahmadatta die Herrschaft ausübte, wurde der Bodhisatta in einer Kaufmannsfamilie wiedergeboren. Als er herangewachsen war, nahm er eine Kaufmannsstellung an und führte den Namen ‚der Kaufmann Cullaka'. Dieser, weise und klug, kannte alle Vorzeichen. Als er sich eines Tages zu einer Dienstleistung beim König begab, gewahrte er auf der Straße eine tote Maus. In diesem Moment berechnete er die Sternkonstellation und sagte: ‚Möglich ist es für einen einsichtigen Sohn aus (guter) Familie, wenn er diese Maus an sich nimmt, eine Frau heimzuführen und Geschäftsverbindungen zu knüpfen.' Ein anderer

Sohn aus (guter) Familie, der (aber) ins Unglück geraten war, hörte diese Rede des Kaufmanns, (dachte:) ‚Nicht ohne es zu wissen, wird es dieser sagen', ergriff die Maus, gab sie in einem Wirtshaus für die Katze (zum Fressen) ab und erhielt (dafür) eine kleine Münze. Für diese kleine Münze erhielt er Zuckersaft; (außerdem) nahm er einen Krug mit Wasser. Als er (dann) die aus dem Wald kommenden Kranzbinder sah, gab er jedem ein bißchen Zuckersaft und einen Löffel Wasser. Ein jeder von ihnen gab ihm (dafür) eine Handvoll Blumen. Für diesen Blumenwert erwarb er am nächsten Tag wieder Zuckersaft und einen Krug mit Wasser und ging zum Blumengarten. An diesem Tag gaben ihm die Kranzbinder Blumenbüschel, die (nur) zur Hälfte gepflückt waren, und gingen. Bald darauf erhielt er auf diese Weise (dafür) acht Kupfermünzen (Kahāpaṇa). Wiederum war an einem Wind- und Regentag im Park des Königs viel trockenes Reisig, Astwerk und Laub durch den Wind herabgefallen. Der Parkwächter sah kein Mittel, es wegzuschaffen. Dahin begab sich der (junge Mann) und sprach zum Parkwächter: ‚Wenn du mir diese Hölzer und Blätter gibst, werde ich sie dir alle wegräumen.' Dieser stimmte zu: ‚Nimm es, Herr!' Der Culla-Schüler ging zum Spielplatz der Knaben, gab (ihnen) Zuckersaft und ließ sie im Handumdrehen alle Hölzer und Blätter wegräumen und am Parktor (davon) einen Haufen machen. Da war der königliche Töpfer auf der Suche nach Holz, um für die Königsfamilie Gefäße zu brennen, und als er am Parktor dies sah, kaufte er es (dem jungen Mann) aus der Hand und ging. An diesem Tag erwarb der Culla-Schüler durch den Verkauf des Holzes sechzehn Kahāpaṇas sowie fünf Gefäße, Töpfe und dergleichen.

Als es (dann) vierundzwanzig Kahāpaṇas geworden waren, (dachte er:) ‚Es gibt für mich ein Mittel!' und stellte an einem Platz unweit des Stadttores einen Wasserbehälter auf, (aus dem) er fünfhundert Grasschnittern Wasser darbot. Diese sprachen: ‚Du, Lieber, (warst) uns von großem Nutzen; was können wir dir (dafür) tun?' Er sagte: ‚Wenn ich etwas zu tun bekomme, werdet ihr es tun!' Indem er von da nach dort umherschweifte, schloß er eine freundschaftliche Verbindung mit einem Landkaufmann und einem Seehandelsmann. Der Landkaufmann teilte ihm mit: ‚Morgen wird in diese Stadt der, der fünfhundert Pferde bei sich hat, kommen.' Als er dieses Wort gehört hatte, sprach er zu den Grasschnittern: ‚Heute soll mir jeder von euch ein Grasbüschel geben, und solange von mir die Gräser nicht verkauft wurden, verkauft (auch) euer Gras nicht!' ‚Gut!' stimmten sie zu, brachten fünfhundert Grasbüschel herbei und legten sie an seinem Haus hin. Als der Pferdehändler in der ganzen Stadt kein Gras für die Pferde erhielt, gab er dem (jungen Mann) tausend (Kahāpaṇa) und nahm das Gras.

Nach dem Verlauf von einigen Tagen benachrichtigte ihn sein Gefährte, der Seehandelsmann: ‚In den Hafen ist ein großes Schiff eingelaufen.' Er (dachte:) ‚Es gibt für mich ein Mittel!', nahm einen für acht Kahāpaṇas mit allem (erforderlichen) Gefolge versehenen, auf eine bestimmte Zeitdauer (gemieteten) Wagen und fuhr mit großem Pomp zum Schiffshafen. Einen Siegelring gab er als Pfand für das Schiff, ließ an einem unweit gelegenen Platz ein Rundzelt errichten, ließ sich nieder und befahl (seinen) Leuten: ‚Wenn von außerhalb Kaufleute ankommen, (dann) benachrichtigt (mich davon) durch den dritten Türhüter!' Als sie gehört hatten: ‚Ein Schiff ist angekommen!', kamen aus Benares hundert Kaufleute herbei (und sprachen:) ‚Wir wollen die Ware erwerben!' (Man sagte ihnen:) ‚Die Ware werdet ihr nicht erhalten können; an einer bestimmten Stelle nämlich wurde von einem Großkaufmann ein Pfand gegeben.' Als sie das gehört hatten, begaben sie sich zu ihm. (Seine) Leibdiener teilten ihm entsprechend der vorherigen Verabredung durch den dritten Türhüter deren Ankunft mit. Und von den hundert Kaufleuten gab ihm ein jeder tausend (Kahāpaṇas), (dann) begaben sie sich zusammen mit ihm zum Schiff, (wo ihm) nochmals ein jeder tausend gab, und nachdem sie ihn zur Aufgabe seiner Rechte bewogen hatten, machten sie die Ware zu ihrem Eigentum.

Der Culla-Schüler nahm die zweihunderttausend (Kahāpaṇas), begab sich nach Benares und überlegte: ‚Dankbarkeit ist zu üben!' Er nahm hunderttausend und begab sich zum Kaufmann Cullaka. Der Kaufmann fragte ihn: ‚Was hast du getan, mein Bester, daß du diesen Reichtum erlangt hast?' ‚Unter Anwendung des von dir genannten Mittels habe ich innerhalb von vier Monaten dies erworben.' Nachdem er den Anfang von der toten Maus berichtet hatte, erzählte er die ganze Geschichte. Als der Großkaufmann Culla diese Rede gehört hatte, (dachte er:) ‚Nicht darf man jetzt einen solchen Jungen in das Eigentum eines anderen geraten lassen.' Er gab ihm seine herange-

wachsene Tochter (zur Frau) und machte ihn zum Oberhaupt der ganzen Familie. Nach dem Hinscheiden des Kaufmanns erhielt der (junge Mann) in dieser Stadt die Kaufmannsstellung.[155] Auch der Bodhisatta ging (in eine neue Existenz) entsprechend seinen Taten."
Nachdem der vollkommen Erwachte diese Lehrgeschichte dargelegt hatte, sprach der Erwachte diesen Vers:

„Auch mit geringem Aufwand (kann) der Weise,
der Einsichtsvolle,
sich emporheben wie durch (leichtes) Blasen
das Feuer."

So sprach der Erhabene: „O Mönche, Cullapanthaka hat durch mich jetzt, soweit die Lehren (reichen), die Größe in der Lehre erlangt. Vormals aber hat er durch mich, soweit die Reichtümer (reichen), die Größe im Reichtum erlangt."
Nachdem er diese Lehrgeschichte dargelegt und die beiden Begebenheiten erzählt hatte, verband er das Jātaka, indem er darlegte: „Damals war Cullapanthaka der Culla-Schüler, der Großkaufmann Cullaka aber war ich!" So beendete er die Geschichte.

Nr. 9: Die Geschichte von Makhādeva (Makhādeva-Jātaka)

„Auf dem Haupt das Haar mir ..." Dies erzählte der Erhabene, als er im Jeta-Hain weilte, in bezug auf die große Entsagung. Diese ist oben in der Nidānakathā[156] erzählt worden. Zu dieser Zeit hatten sich die Mönche, indem sie die Entsagung des mit zehn Kräften Versehenen priesen, niedergelassen. Da begab sich der Meister in die Lehrhalle, ließ sich auf dem Buddha-Sitz nieder und redete die Mönche an: „Zu was für einer Unterredung, o Mönche, habt ihr euch wohl jetzt hier niedergelassen?" fragte er. „Herr, zu keiner anderen Unterredung, als um deine Entsagung zu preisen, haben wir uns niedergelassen." Er sprach: „O Mönche, der Vollendete hat nicht nur jetzt Entsagung geübt; auch vormals schon hat er sie geübt." Die Mönche baten den Erhabenen um Aufklärung dieser Begebenheit. Der Erhabene machte die durch die zwi-

schen den Existenzen (liegende Spanne) verhüllte Begebenheit bekannt:
„Vorzeiten war im Videha-Land, in (der Stadt) Mithilā, ein König namens Makhādeva, ein tugendhafter König in Gerechtigkeit. Dieser hatte vierundachtzigtausend Jahre mit Knabenspiel, dann mit der Vizekönigschaft, dann mit der Großkönigsherrschaft verbracht. Nachdem er (diese) lange Zeit zugebracht hatte, redete er eines Tages (seinen) Barbier an: ‚Wenn du, lieber Barbier, auf meinem Kopf graue (Haare) sehen solltest, dann teile es mir mit!' Nachdem eine lange Zeit verstrichen war, sah der Barbier eines Tages unter den wie mit Salbe geschwärzten Haaren des Königs ein graues und teilte (diesem) mit: ‚Herrscher, an dir ist ein graues Haar zu sehen!' ‚Dann also, Lieber, ziehe mir das graue Haar heraus und lege es auf (meine) Hand!' Als das gesagt worden war, zog er es mit einer goldenen Pinzette heraus und legte es dem König auf die Hand. Damals war dem König (noch) eine (weitere) Lebenszeit von vierundachtzigtausend Jahren übrig. Obwohl dies so war, meinte er, als er das graue (Haar) sah, der Todesgott sei gekommen und stände (schon) in der Nähe und er selbst sei in eine in Brand gesteckte Blätterlaube eingetreten. Von Aufregung ergriffen, dachte er: ‚O Makhādeva, Narr, bis zum Erscheinen eines grauen Haares vermagst du diese Laster nicht zu unterdrücken!' Während er so über das Sichtbarwerden des grauen (Haares) hin und her nachdachte, entstand (in ihm) eine innerliche Glut, aus dem Körper brachen Schweiß(tropfen) hervor; die Kleidungsstücke quälten (ihn) und erweckten den Eindruck, als seien sie nicht zu beseitigen. Er (dachte:) ‚Heute noch ist es an mir zu entsagen und (als Mönch) hinauszuziehen!' Dem Barbier schenkte er ein ausgezeichnetes, hunderttausend an Steuereinkünften bringendes Dorf. Den ältesten Sohn ließ er rufen und sprach: ‚Lieber, auf meinem Kopf ist ein graues (Haar) sichtbar geworden; ein alter Mann bin ich geworden. Genossen habe ich wahrlich die menschlichen Freuden; jetzt werde ich die himmlischen suchen. Die Zeit der Entsagung ist für mich (gekommen). Du übernimm diese Regierung! Ich wiederum möchte, nachdem ich (als Mönch) hinausgezogen sein werde, in des Makhādeva Mangowald wohnend, den (pflichtgemäßen) Wandel eines Bettelmönches ausführen.' Zu ihm, der (als Mönch) hinauszuziehen begehrte, begaben sich die Minister und fragten: ‚Herrscher, was ist die

Ursache für dich, (als Mönch) hinauszuziehen?‘ Der König faßte das graue (Haar) mit der Hand und sprach zu den Ministern diese Strophe:

‚Hoch auf dem Haupt dies Haar
ist mir, vom Alter gebracht,
offenbar geworden als Götterbotin;
zum Hinausziehen ist es Zeit für mich.‘

Nachdem er so gesprochen hatte, gab er noch an diesem Tag die Königsherrschaft ab und zog hinaus in die Bettelmönchwanderschaft der Weisen. In ebendem Mangowald des Makhādeva vierundachtzigtausend Jahre lang verweilend, ließ er die vier seelischen Vollkommenheiten[157] (in sich) entstehen, verharrte in ununterbrochener Meditation, starb (schließlich) und wurde in der Brahmawelt wiedergeboren. Von dort (in neuer Existenz) nach Mithilā übergewechselt, wurde er dort ein König namens Nimi. Nachdem er sein zurückgegangenes Geschlecht (wieder) geeint hatte, zog er dort in einen Mangowald (als Mönch) hinaus, ließ (in sich) die seelischen Vollkommenheiten entstehen und fand erneut Zutritt zur Brahmawelt.“

Der Meister sprach: „O Mönche, nicht übt der Vollendete nur jetzt große Entsagung; auch vormals schon hat er sie geübt.“ Nachdem er diese Lehrgeschichte herangezogen und dargelegt hatte, verkündete er die vier (edlen) Wahrheiten. Einige (Zuhörer) wurden bekehrt, einige wurden zu solchen, die (nur noch) einmal (in eine Existenz) eintreten, einige zu Nichtwiederkehrern. Nachdem der Erhabene so diese beiden Begebenheiten erzählt hatte, verband er das Jātaka, indem er darlegte: „Damals war Ānanda der Barbier; der Sohn war Rāhula, der König Makhādeva aber war ich!“

Nr. 62: Die Geschichte vom Embryozustand (Aṇḍabhūta-Jātaka)

„Warum (spielte) der Brahmane ...“ Dies erzählte der Meister, als er im Jeta-Hain weilte, in bezug auf einen Unzufriedenen. Diesen nämlich hatte der Meister gefragt: „Ist es wohl wahr, daß du, o Mönch, unzufrieden bist?“ Er hatte gesagt: „Es ist

wahr!" – „O Mönch, die Frauen[158] fürwahr sind nicht zu bewachen. Vormals haben Weise eine Frau vom Mutterleib an bewacht und konnten sie (doch) nicht bewachen." Nachdem er so gesprochen hatte, führte er (eine Geschichte) aus der Vergangenheit an:
„Als vor Zeiten in Benares Brahmadatta regierte, wurde der Bodhisatta im Schoß von jenes Hauptgemahlin wiedergeboren. Als er herangewachsen war, erlangte er in allen Künsten Vollkommenheit. Nach des Vaters Hinscheiden übernahm er die Herrschaft und übte die Herrschaft in Gerechtigkeit aus. Mit dem Hofpriester zusammen spielte er Würfel; beim Spielen aber (sang er):

‚Alle Flüsse laufen gekrümmt, alle Wälder bestehen aus
Holz.
Alle Frauen tun Böses,
wenn sie (dafür) ein sicheres Versteck erlangen.'

Indem er dieses Würfellied sang, warf er die goldenen Würfel auf das silberne Spielbrett. Während er aber so spielte, siegte der König ständig; der Hofpriester unterlag. Als in dessen Haus das Vermögen allmählich ins Schwinden geriet, dachte er: ‚Wenn das so (weiter) geht, wird in diesem Haus alles Geld dahinschwinden. Ich werde ein Frauenzimmer suchen, das (noch) nicht zu Männern gegangen ist, und im Haus behalten.' Da entstand (in ihm) dieser (Gedanke:) ‚Eine Frau, die zuvor (schon) irgendeinen Mann gesehen hat, werde ich nicht bewachen können. Vom Mutterleib an werde ich ein Mädchen bewachen, wenn sie herangewachsen ist, in (meine) Gewalt bringen, sie (nur) einem Mann angehören lassen, eine strenge Bewachung veranlassen, und (mir) aus der Königsfamilie das Geld wieder holen.' Er war aber der Schicksalsdeutung aus Körperzeichen kundig. Als er eine schwangere Frau sah, wußte er: ‚Sie wird eine Tochter gebären.' Er ließ sie rufen, gab ihr Unterhaltsgeld und ließ sie (bei sich) im Haus wohnen. Nach der Entbindung gab er ihr Geld und entließ sie. Das kleine Mädchen ließ er keinerlei Männer sehen, (sondern) gab es ausschließlich in die Hand von Frauen, (von denen er es) aufziehen ließ. Als es herangewachsen war, brachte er es unter seine Botmäßigkeit. Während es aber aufwuchs, so lange spielte er zusammen mit dem König kein Würfelspiel (mehr).

Aber nachdem er es unter seine Botmäßigkeit gebracht hatte, sagte er: ‚O Großkönig, wir wollen Würfel spielen!' ‚Gut!' sprach der König und spielte in der früheren Art. Als aber der König zur Zeit des Würfelwerfens gesungen hatte, sprach (der Hofpriester): ‚Außer meinem Mädchen!' Von da an siegte der Hofpriester; der König unterlag.
Der Bodhisatta (überlegte:) ‚In dessen Haus muß eine Frau sein, die nur einem Mann angehört!', ließ nachforschen und erfuhr den Sachverhalt. (Da dachte er:) ‚Ihre Tugend werde ich brechen lassen!' Er ließ einen Kerl rufen und sprach: ‚Kannst du die Tugend der Frau des Hofpriesters brechen?' ‚Ich kann es, Herrscher!' Daraufhin gab ihm der König Geld, (sprach:) ‚Also dann erledige es schnell!' und schickte ihn los.
Nachdem der (Bursche) von seiten des Königs das Geld entgegengenommen hatte, kaufte er Parfüm, Räucherwerk, Puder, Kampfer und so weiter und nahm unweit von des (Hofpriesters) Haus einen Laden für alle Wohlgerüche in Betrieb. Übrigens hatte das Haus des Hofpriesters sieben Stockwerke und sieben Toreinfahrten. An allen Toreinfahrten aber (befand sich) eine nur aus Frauen (bestehende) Wache, denn außer dem Brahmanen hatte kein anderer Mann die Erlaubnis, das Haus zu betreten. Auch den Eimer zum Hineinwerfen des Abfalls ließen sie erst hinein, nachdem sie (ihn) untersucht hatten. Das Mädchen bekam nur der Hofpriester zu sehen und eine Dienerin von ihr. Als nun diese ihre Dienerin, nachdem sie Geld für Wohlgerüche und Blumen genommen hatte, fortging, kam sie gerade an dem Laden dieses Strolches vorbei. Dieser erkannte wohl: ‚Das ist deren Dienerin!', und als er eines Tages die Herankommende gewahrte, trat er aus dem Laden hinaus, fiel ihr zu Füßen, ergriff die Füße fest mit beiden Händen und wehklagte: ‚Mutter, wo bist du die ganze Zeit gewesen?' Da stellten sich auch die übrigen (dazu) gemieteten Spitzbuben hinzu und sprachen: ‚An Händen und Füßen, im Gesicht und in der Kleidung sind Mutter und Sohn von ganz gleichem Aussehen.' Als sie dies wieder und wieder sagten, glaubte die Frau sich selbst nicht (mehr, dachte): ‚Dieser wird mein Sohn sein!' und begann selbst auch zu weinen. Und die beiden standen da, schluchzend und weinend, und umarmten einander. Darauf sprach der Spitzbube: ‚Mutter, wo wohnst du?' ‚Mein Sohn, ich wohne, indem ich die Aufwartung besorge für die

mit außerordentlicher Schönheit ausgestattete junge Gattin des Hofpriesters, die an Anmut einer Nymphe gleicht.' ,Wohin gehst du jetzt, Mutter?' ,Um für sie Parfüm, Kränze und so weiter zu besorgen.' ,Mutter, was sollst du anderswo hingehen; von jetzt an hole das doch bei mir!' Und indem er kein Geld nahm, gab er (ihr) viel Betel, Bdellium-Parfüm und so weiter sowie verschiedenartige Blumen.

Als das Mädchen die vielen Parfüms, Blumen und so weiter sah, sprach es: ,Wieso, Mutter, ist heute unser Brahmane (so) gnädig?' ,Weshalb sprichst du so?' ,Weil ich diese vielen Sachen gesehen habe.' ,Nicht der Brahmane hat mir das viele Geld gegeben, sondern ich habe das (alles) von meinem Sohn hergebracht.' Von da an nahm sie das vom Brahmanen gegebene Geld für sich selbst und besorgte bei jenem die Parfüms, Blumen und so weiter.

Nach einigen Tagen gab der Spitzbube vor, krank zu sein, und legte sich nieder. Als die (Dienerin) an seine Ladentür kam und ihn nicht sah, fragte sie: ,Wo ist mein Sohn?' ,Dein Sohn ist von einer Unpäßlichkeit befallen worden.' Sie begab sich an sein Krankenlager, ließ sich nieder, massierte (ihm) den Rücken und fragte: ,Was hast du für eine Unpäßlichkeit, Söhnchen?' Er blieb stumm. ,Warum sprichst du nicht, Sohn?' ,Mutter, selbst im Tode kann ich es dir nicht sagen!' ,Wenn du es mir nicht sagst, wem sagst du es (dann), Söhnchen?' ,Mutter, ich habe keine eigentliche Krankheit; aber indem ich von der Schönheit dieses Mädchens hörte, ist mein Sinn an sie gefesselt worden. Wenn ich sie bekomme, werde ich leben; wenn ich sie nicht bekomme, werde ich eben hier sterben!' ,Söhnchen, das ist mein Problem; denke nicht (mehr) darüber nach!' Nachdem sie ihn (damit) getröstet hatte, nahm sie viele Parfüms, Blumen und so weiter, ging zu dem Mädchen (und sprach): ,Tochter, mein Sohn hat durch mich von deiner Schönheit gehört; nun ist sein Sinn (an dich) gefesselt. Was ist zu tun?' ,Wenn Ihr (ihn) herbringen könnt, hat er von mir die Erlaubnis.'

Als (die Dienerin) die Rede des (Mädchens) gehört hatte, kehrte sie von da an aus allen Ecken und Enden des Hauses eine Menge Schmutz zusammen, tat ihn in verschiedene Blumenkästen und ging (damit weg). Als sie untersucht wurde, schüttete sie (den Inhalt) auf die Wächterin. Diese, darüber verärgert, ging weg, eine andere auf dieselbe Weise; und welche auch immer irgend etwas sagte, über die schüttete (die Dienerin) den Schmutz. Von da an wagte keine mehr zu untersuchen, was sie holte oder wegtrug. Zu dieser Zeit ließ sie den Spitzbuben in einem Blumenkasten sich niederlegen und brachte ihn (über die Kontrolle) hinweg zu dem Mädchen. Der Kerl brach des Mädchens Tugend und blieb ein bis zwei Tage im Palast. Wenn der Hofpriester ausgegangen war, amüsierten sich die beiden; wenn er kam, versteckte sich der Kerl. Als ein oder zwei Tage vergangen waren, sprach sie: ‚Herr, jetzt mußt du gehen!' ‚Ich möchte (erst dann) gehen, wenn ich den Brahmanen geschlagen habe.' Sie sprach: ‚So soll es sein!', versteckte den Kerl, und als der Brahmane kam, sprach sie so: ‚Edler, wenn Ihr die Laute spielt, möchte ich (dazu) tanzen.' ‚Gut, meine Liebe, tanze!' (sprach er und) spielte die Laute. ‚Wenn Ihr zuschaut, schäme ich mich; daher werde ich Euch das Gesicht mit einem Tuch verbinden und (dann) tanzen!' ‚Wenn du dich schämst, dann mach es so!' Das Mädchen nahm ein dickes Tuch, bedeckte seine Augen und band das Gesicht zu. Nachdem ihm das Gesicht zugebunden war, spielte der Brahmane die Laute. Sie tanzte einen Augenblick, (dann) sprach sie: ‚Edler, ich möchte dir einmal auf den Kopf schlagen!' Der weibstolle Brahmane, der die Ursache (dieses Verlangens) nicht erkannte, sprach: ‚Schlag zu!'[159] Das Mädchen gab dem Spitzbuben (ein Zeichen) des Einverständnisses; dieser kam leise herbei, stellte sich hinter dem Brahmanen auf und schlug (ihn) mit dem Ellbogen auf den Kopf. Da wurde diesem, als ob ihm die Augen herausfallen wollten, (und) auf dem Kopf entstand eine Beule. Schmerzgequält sprach er: ‚Gib mir deine Hand!' Das Mädchen hob seine Hand auf und legte sie in die Hand des (Hofpriesters). Der Brahmane sprach: ‚Die Hand ist weich, aber der Schlag war hart.' Nachdem er den Brahmanen geschlagen hatte, versteckte sich der Spitzbube (wieder). Als er sich versteckt hatte, entfernte das Mädchen vom Gesicht des Brahmanen das Tuch und rieb mit Sesamöl die Schlagstelle auf dem Kopf ein. Als der Brahmane hinausgegangen war, veranlaßte die Frau den Spitzbuben, sich wieder in den Korb zu legen, und trug ihn fort.

Er ging zum König und teilte (diesem) die ganze Begebenheit mit. Zu dem (sodann) zu einem Höflichkeitsbesuch gekommenen Brahmanen sprach der König: ‚Wir wollen ein Würfelspiel machen, o Brahmane!' ‚Gut, o Großkönig!' Der König ließ das

Würfelbrett herrichten, sang auf die Art wie einst das Würfellied und warf die Würfel. Der Brahmane, in Unkenntnis über den Bruch der Keuschheit durch das Mädchen, sprach: ‚Außer meinem Mädchen!' Indem er so sprach, wurde er dennoch besiegt. Der König, (der ja den Zusammenhang) kannte, sprach: ‚O Brahmane! Wieso nimmst du (sie) aus? Von deinem Mädchen ist das Keuschheitsgelübde gebrochen worden. Du hast das Frauenzimmer vom Mutterleib an bewacht, an den sieben Zugängen Wachdienst veranlaßt, indem du glaubtest: »Ich werde sie bewachen können!« Ein Frauenzimmer aber, selbst wenn man es in ein Loch steckt und (dieses) umkreist, kann man nicht bewachen. Eine Frau, die nur e i n e m Mann angehört, gibt es eben nicht. Nachdem dein Mädchen gesagt hatte: »Ich habe Lust zu tanzen!« und dir, als du die Laute spieltest, mit einem Tuch das Gesicht verband, hat es seinen Liebhaber veranlaßt, dir mit dem Ellbogen auf den Kopf zu schlagen (und ihn dann) fortgeschickt. Was nimmst du jetzt (also dein Mädchen) aus?' Nachdem er das gesagt hatte, sprach er diesen Vers:

‚Warum spielte der Brahmane
  die Laute mit verhülltem Gesicht?
Als sie (noch) ein Embryo war,
  zog er sie zur Gattin auf.
Wer könnte diesen (Frauen) wohl vertrauen?'

So zeigte der Bodhisatta dem Brahmanen die Wahrheit auf. Nachdem der Brahmane vom Bodhisatta die Darlegung der Wahrheit vernommen hatte, ging er nach Hause und sprach zu dem Mädchen: ‚Von dir ist tatsächlich eine derartige böse Tat begangen worden?' ‚Edler, wer hat das gesagt? Ich tue (so etwas) nicht! Nur ich habe (dich) geschlagen, kein anderer. Wenn Ihr (mir) nicht glaubt, werde ich (für den Satz) »Außer von dir kenne ich von keinem anderen Mann eine Berührung mit der Hand« eine Wahrheitsprobe[160] durchführen, ins Feuer eintreten und Euch (damit) zum Vertrauen veranlassen.' Der Brahmane sprach: ‚So soll es sein!', ließ einen großen Scheiterhaufen anlegen und (diesen) in Brand setzen. (Dann) ließ er sie herbeirufen und sprach: ‚Wenn du auf dich vertraust, betritt das Feuer!' Das Mädchen hatte seine Dienerin zuvor angewiesen: ‚Mutter, wenn dein Sohn hergekommen ist, dann heiße

ihn, in dem Augenblick, wenn ich ins Feuer trete, meine Hand zu ergreifen!' Sie ging und sagte Bescheid. Der Spitzbube kam (daraufhin) herbei und stellte sich inmitten der Versammlung hin. Das Mädchen, willens, den Brahmanen zu betrügen, trat in die Mitte der großen Volksmenge (und sprach:) ,O Brahmane! Dich ausgenommen, kenne ich von keinem anderen Mann eine Berührung mit der Hand. Um dieser Wahrheit willen soll mich dieses Feuer nicht verbrennen!' (Damit) begann sie, ins Feuer zu treten. In diesem Augenblick (rief) der Spitzbube: ,Schaut die Tat des Hofpriester-Brahmanen! Eine solche Frau schickt er ins Feuer!' Er ging zu dem Mädchen und ergriff (es) an der Hand. Sie schüttelte die Hand ab und sprach zu dem Hofpriester: ,Edler, meine Wahrheitsprobe ist vereitelt; ich kann nicht in das Feuer treten.' ,Aus welchem Grund?' ,Heute ist von mir die Wahrheitsprobe folgendermaßen aufgestellt worden: »Meinen Gatten ausgenommen, kenne ich von keinem anderen Mann eine Berührung mit der Hand.« Jetzt aber bin ich von diesem Mann an der Hand ergriffen worden.' Der Brahmane erkannte: ,Ich bin von ihr betrogen worden!' Er schlug sie und jagte sie weg.
So sind fürwahr die Frauen von bösem Wandel heimgesucht. Wenn sie eine auch noch so große Übeltat begangen haben, nehmen sie, um ihren Gatten zu betrügen, (für die Behauptung) ,Ich tue so etwas nicht!' selbst den Tag zum Zeugen, (so) flatterhaften Gemütes sind sie. Darum wird gesagt:

,Der betrügerischen, listenreichen,
die die Wahrheit sehr schwer erfassen,
der Frauen Wesen ist schwer zu erkennen,
wie im Wasser der Fische Fährte.
Lüge ist ihnen wie Wahrheit,
Wahrheit ist ihnen wie Lüge.
Wie eine auf viel Gras (versessene) Kuh
haben sie Wunsch auf Wunsch.
Betrügerisch, hart sind ja diese Schlangen,
unstet wie Sand.
(Es gibt) nichts, von dem sie nichts wissen,
was unter den Leuten gesprochen wird.'"

„So unbehütbar ist das Weibervolk!" Nachdem der Meister damit diese Lehrgeschichte herangezogen hatte, verkündete er die (vier edlen) Wahrheiten. Am Schluß (der Darlegung der vier edlen) Wahrheiten gelangte der unzufriedene Mönch zum Lohn der Bekehrung. Der Meister stellte nun die Beziehung her und verband das Jātaka (mit der aktuellen Angelegenheit:) „Damals war ich der König von Benares!"

Nr. 73: Die Geschichte vom Wahrheitsprechen (Saccaṁkira-Jātaka)

„Die Wahrheit wohl sprachen so..." Dies erzählte der Meister, als er im Velu-Hain weilte, in bezug auf einen Mordanschlag. Als sich nämlich die Mönchsgemeinde in der Lehrhalle niedergelassen hatte, sprachen sie über Devadattas Bosheit (mit den Worten:) „Freund, Devadatta kennt des Meisters Tugend nicht, plant er doch seine Ermordung." Der Meister kam und fragte: „Zu welcher Unterredung habt ihr euch jetzt, o Mönche, hier zusammengesetzt?" Sie sprachen: „Zu dieser nämlich!" Er sagte: „Nicht nur jetzt, o Mönche, plant Devadatta meine Ermordung, auch früher schon plante er sie." Und er zitierte aus der Vergangenheit:

„Vor Zeiten regierte in Benares Brahmadatta. Dieser hatte einen Sohn namens Bösewicht. (Der war) hart und grausam, vergleichbar einer verwundeten Schlange. Ohne zu schimpfen und ohne zu schlagen, sprach er mit niemandem. Den Leuten innerhalb und den Leuten außerhalb (des Palastes war er) wie in die Augen gefallener Staub, wie ein zum Fressen gekommener Unhold, unerfreulich, beängstigend. Der hatte eines Tages Lust, am Fluß zu spielen, und begab sich mit großem Gefolge zum Flußufer. In diesem Augenblick zog eine große Wolke auf. Die Himmelsgegenden wurden verhüllt. Er sprach zu (seinem) Sklaven- und Dienervolk: ‚Jetzt möchte ich sagen: nehmt mich, führt mich in die Flußmitte, laßt mich baden und bringt mich (wieder) her!' Als sie ihn dorthin gebracht hatten, überlegten sie: ‚Was wird uns der König (schon) tun? Wir wollen diesen bösen Menschen gerade hier töten!' (Sie sprachen:) ‚Geh hier (entlang), du Schwarzohr (= *Unglücksrabe*)!' Sie ertränkten ihn im Wasser, stiegen heraus und traten ans Ufer. Befragt ‚wo ist der Prinz?', (antworteten sie:) ‚Wir haben den Prinzen nicht gesehen. Als er die heraufziehende Wolke sah, wird er im Wasser untergetaucht und dann vorausgegangen sein.‘ So kamen die Begleitpersonen zum König. Der König fragte: ‚Wo ist mein Sohn?‘ ‚Wir wissen es nicht, o Herrscher! Eine Wolke zog auf, (und) in der Meinung »Er wird vorausgegangen sein!« sind wir hergekommen.‘ Der König ließ das Tor öffnen, begab sich ans Flußufer, sprach ‚Forschet nach!‘ und ließ hier und dort nachsuchen. (Doch) niemand sah den Prinzen.

Dieser aber war, als der Himmel durch die Wolke verfinstert wurde und es regnete, auf dem Fluß umhergetrieben worden, hatte einen Baumstamm erblickt, sich darauf niedergelassen und war (weiter) getrieben, gepeinigt von Todesangst und heulend.

Zu dieser Zeit aber hatte ein in Benares wohnender Großkaufmann am Flußufer einen Betrag von vier Millionen vergraben. Wegen (seiner) Geldgier war er als eine bei dem Schatz (hausende) Schlange wiedergeboren worden. Ein anderer hatte auf demselben Platz einen Betrag von drei Millionen vergraben; wegen (seiner) Geldgier war er dort als Ratte wiedergeboren worden. Zum Wohnsitz dieser (beiden) drang das Wasser. Da flüchteten sie auf dem Weg, auf dem das Wasser vorgedrungen war, und überquerten den Strom. (Dabei) kamen sie an den Baumstamm, der von dem Königssohn besetzt war. Ein jeder von ihnen stieg auf jeweils ein Ende (desselben), und sie ließen sich auf dem Baumstamm nieder. Am Ufer dieses Flusses nun stand ein Simbali-Baum; auf diesem nistete ein Papageienjunges. Da aber die Wurzel vom Wasser unterspült wurde, stürzte der Baum in das Flußbett. Der junge Papagei flog auf, wegen des vom Himmel regnenden (Wassers) konnte er (aber) nicht (weiter)fliegen. So setzte er sich auf die eine Seite dieses Stammes nieder. So trieben diese vier Wesen zusammen dahin.

Zu ebendieser Zeit war der Bodhisatta im Reich Kāsi in der Familie eines aus dem Norden stammenden Brahmanen wiedergeboren worden. Als er das (Erwachsenen-) Alter erreicht hatte, zog er hinaus zum Wandel der Weisen. An einer Flußbiegung errichtete er eine Laubhütte; (darin) wohnte er. Als er um die Mitternachtszeit hin und her ging, hörte er den Lärm, den das laute Jammern des Königssohnes (verursachte), und dachte: ‚Fürwahr, wenn ein Asket wie ich, der von Liebe und Mitleid erfüllt ist, (das) sieht, ist der Tod dieses Mannes ein Unding.[161] Ich werde ihn aus dem Wasser ziehen und ihm die Gabe des Lebens schenken!‘ (Mit dem Zuruf) ‚Fürchte dich nicht, fürchte dich nicht!' tröstete er ihn, überquerte den Wasserstrom, kam heran und ergriff den Baumstamm an einem Ende. Indem er (ihn) heranzog, gewann er, elefantenstark, kraftvoll, in einem Zug das Ufer. Er hob den Prinzen hoch und setzte ihn am Ufer nieder. Als er auch die Schlange und die anderen erblickte, hob er (sie ebenfalls) auf und brachte sie in die Einsiedelei. Nachdem er ein Feuer angezündet hatte, (dachte er:) ‚Diese sind die Schwächeren', brachte zuerst den Körper der Schlange und der anderen (Tiere) zum Schwitzen und ließ (erst) danach den Körper des Prinzen schwitzen. Nachdem er auch diesen gesund gemacht hatte, gab er, indem er Nahrung zu sich nehmen ließ, wieder zuerst der Schlange und den anderen (Tieren) und bot (erst) danach dem Prinzen allerlei Früchte dar. Der Königssohn (dachte:) ‚Dieser falsche Asket kümmert sich nicht um mich, den Königssohn, (aber) den Tieren erweist er Ehre!' So verfiel er in Haß gegen den Bodhisatta.

Als nun alle nach dem Verlauf einiger Tage wieder zu Kräften gekommen waren und die Überflutung durch den Fluß aufgehört hatte, grüßte die Schlange den Asketen und sprach: ‚Herr, Ihr habt mir eine große Wohltat erwiesen. Nun bin ich aber keineswegs arm; an einer bestimmten Stelle wurden von mir vier Millionen in Gold vergraben. Sollte Euch Geld vonnöten sein, so kann ich Euch dieses ganze Geld geben. Wenn Ihr an diese Stelle gekommen seid, dann möget Ihr »Schlange!« rufen!' Nach diesen Worten entfernte sie sich. Die Ratte teilte dem Asketen ganz das gleiche mit (und schloß): ‚Wenn Ihr an dem bestimmten Ort steht, dann möget Ihr »Ratte!« rufen!' Nach diesen Worten entfernte sie sich. Nun grüßte der Papagei den Asketen: ‚Herr, Geld habe ich nicht. Aber wenn Euch mit rotem Reis gedient ist – ich habe einen bestimmten Wohnsitz; dorthin gekommen, möget Ihr »Papagei!« rufen. Ich werde es (meinen) Verwandten kundtun und roten Reis in einer Menge zum Füllen mehrerer Lastkarren herbeiholen lassen. (Das) kann ich geben!' Nach diesen Worten entfernte er sich.

Der andere,[162] der Betrugsabsichten hegte, sagte nichts und dachte: ‚Wenn er zu mir kommt, werde ich ihn töten!' (Schließlich sprach er:) ‚Herr, wenn ich die Herrschaft übernommen haben werde, möget Ihr kommen; ich werde Euch mit den vier Hilfsmitteln[163] versehen.' Nach diesen Worten entfernte er sich.

Nicht lange, nachdem er gegangen war, kam er an die Macht.

Der Bodhisatta (dachte): ‚Ich werde sie (alle) auf die Probe stellen!' Als erstes ging er zur Schlange, stellte sich unweit (von ihrer Behausung) auf und rief: ‚Schlange!' Auf dieses eine Wort hin kam sie heraus, begrüßte den Bodhisatta und sprach: ‚Herr, an dieser Stelle sind vier Millionen in Gold; holt sie heraus und nehmt sie!' Der Bodhisatta verabschiedete sie (und sprach:) ‚So soll es sein; sollte ein Bedarf eintreten, werde ich (dich zu finden) wissen.' Er begab sich zur Ratte und rief das (Losungs-) Wort. Auch sie erschien sofort. Der Bodhisatta verabschiedete auch sie; dann begab er sich zum Papagei und rief: ‚Papagei!' Auch dieser kam auf das eine Wort von einem Baumwipfel herunter, begrüßte den Bodhisatta und fragte: ‚Herr, soll ich es meinen Verwandten sagen und für Euch aus dem Himālaya-Gebiet von selbst gewachsenen Reis holen lassen?' Der Bodhisatta verabschiedete auch ihn (mit den Worten:) ‚Wenn ein Bedarf eintritt, werde ich (dich zu finden) wissen.' (Der Bodhisatta überlegte nun:) ‚Jetzt werde ich den König auf die Probe stellen!', ging los, verweilte im Königsgarten und betrat am nächsten Tag, nachdem er sich sorgfältig angekleidet hatte, der Pflicht des Almosensammelns obliegend, die Stadt. In diesem Augenblick machte der heimtückische König, auf dem Rücken des geschmückten Staatselefanten sitzend, mit großem Gefolge (einen Umzug um) die rechts (von ihm gelegene) Stadt. Als er den Bodhisatta von ferne sah, (dachte er:) ‚Dieser falsche Asket ist zu mir gekommen, weil er, einmal gekommen, (hier) wohnen bleiben will. Damit er nicht in der Versammlung verkündet, was von ihm mir Gutes getan wurde, werde ich ihm sogleich den Kopf abschlagen lassen!' Indem er auf die Leute blickte, sprach er (auf die Frage) ‚Was sollen wir tun, o Herrscher?' (zu ihnen:) ‚Dieser falsche Asket ist, glaube ich, hergekommen, weil er mich um etwas bitten möchte. Ermöglicht es diesem Unglücksraben von Asketen nicht, mich zu sehen, (sondern) ergreift (ihn), bindet (ihm) die Arme nach hinten, schlagt (ihn) auf jedem Platz, führt (ihn) aus der Stadt hinaus, schlagt ihm auf der Richtstätte den Kopf ab und steckt den Körper auf einen Spieß!' ‚Gut!' stimmten sie zu, gingen los, fesselten das unschuldige Große Wesen, schlugen (den Bodhisatta) auf jedem Platz und schickten sich an, ihn auf die Richtstätte zu führen. An welcher Stelle auch immer der Bodhisatta geschlagen wurde, er schrie nicht ‚Mutter! Vater!', (sondern) er sprach andauernd diese Strophe:

,Die Wahrheit fürwahr sprachen so einige Männer hier:
»Ein Holzscheit herauszuschwemmen[164]
ist besser als manchen Mann.«'

An welcher Stelle auch immer er geschlagen wurde, sprach er so diese Strophe. Die ihn da hörten, weise Männer, die sprachen: ,Nun, Mönch, gibt es da etwas, was von dir unserem König Gutes getan wurde?' Der Bodhisatta teilte ihnen die Begebenheit mit und sprach: ,Indem ich diesen (König) aus der großen Flut herausrettete, habe ich so mir selbst Leid bewirkt. Indem ich daran denke: »Von mir ist wahrhaftig nicht nach dem Wort der alten Weisen gehandelt worden!«, spreche ich so.' Als dies die Krieger und Brahmanen und andere Stadtbewohner hörten, (sprachen sie:) ,Dieser betrügerische König erkennt nicht einmal das Tugendmaß dieses tugendbegabten (Asketen), der ihm das Leben (wieder)gab! Was haben wir von ihm für Gedeihen! Ergreift ihn!' Zornig erhoben sie sich von allen Seiten, und mit den Schlägen von Pfeilen, Schwertern, Steinen, Keulen und anderen (Waffen) töteten sie den auf dem Elefantenrücken sitzenden (König), packten ihn an den Füßen, schleppten ihn zu einem Graben und warfen (ihn hinein). Den Bodhisatta (aber) weihten sie zum König und setzten ihn in die Königswürde ein.
Als er in Gerechtigkeit die Herrschaft führte, wurde er eines Tages wieder begierig, die Schlange und die anderen (Tiere) auf die Probe zu stellen. Mit großem Gefolge begab er sich zum Wohnsitz der Schlange und rief: ,Schlange!' Die Schlange kam herbei, grüßte und sprach: ,Hier ist dein Geld, Herr, nimm es!' Der König übergab den Betrag von vier Millionen in Gold den Ministern, begab sich zur Ratte und rief: ,Ratte!' Auch sie kam herbei, grüßte und händigte den Betrag von drei Millionen aus. Der König ließ auch diesen den Ministern übergeben. (Danach) begab er sich zum Wohnsitz des Papageien und rief: ,Papagei!' Auch dieser kam herbei, verehrte die Füße (des Königs) und sprach: ,Was ist, Herr, soll ich den Reis holen?' Der König (antwortete:) ,Wenn an Reiskörnern Bedarf ist, wirst du (sie) holen. Komm, wir wollen gehen!' Zusammen mit den sieben Millionen in Gold ließ er auch die drei Tiere mitnehmen und begab sich (wieder) in die Stadt. Er bestieg den Turm des Palastes; das Geld ließ er in Verwahrung nehmen. Als Wohnstatt für die Schlange ließ er eine goldene

Röhre, für die Ratte eine Höhle aus Kristall, für den Papagei einen goldenen Käfig anfertigen. Der Schlange und dem Papagei ließ er zur täglichen Nahrung in einem goldenen Napf gesüßtes Korn, der Ratte duftende Reiskörner geben. Und er vollzog Schenkungen und andere gute Taten. So blieben die vier Wesen auch ihr ganzes Leben lang einträchtig, einmütig und gelangten nach dem Ablauf ihres Lebens (in eine neue Existenz) entsprechend ihren Taten."
Der Meister sprach: „Nicht nur jetzt, o Mönche, plant Devadatta meine Ermordung, auch früher schon plante er sie." Indem er damit diese Lehrgeschichte herangezogen hatte, stellte er die Beziehung her und verband das Jātaka (mit der aktuellen Angelegenheit:) „Damals war Devadatta der König Bösewicht, Sāriputta war die Schlange, Moggallāna war die Ratte, Ānanda war der Papagei, der später zur Herrschaft gelangte König der Gerechtigkeit aber war ich!"

Nr. 87: Die Geschichte von den Vorzeichen (Maṅgala-Jātaka)

„Von dem die Vorzeichen hinweggenommen sind ..." Dies erzählte der Meister, als er im Velu-Hain weilte, in bezug auf einen in den Kleidervorzeichen (erfahrenen) Brahmanen. Ein in Rājagaha wohnender Brahmane nämlich war versessen auf (die Deutung von) Vorzeichen, ohne Vertrauen auf die drei Juwelen,[165] falscher Ansicht zugeneigt, (aber) vermögend, sehr reich, sehr wohlhabend. Dessen in einem Kasten befindliches Kleiderpaar (bestehend aus Ober- und Untergewand) hatte eine Maus angenagt. Als er nun (einmal) seinen Kopf gewaschen hatte und sagte: „Bringt die Gewänder her!", teilten (seine Diener) ihm mit, daß sie von einer Maus angenagt worden waren. Er überlegte: „Wenn dieses von der Maus gebissene Kleiderpaar in diesem Haus bleiben wird, wird ein großer Schaden entstehen, denn dies ist von schlechter Vorbedeutung, ähnlich wie ein Unglücksvogel. Es den Söhnen und Töchtern oder den Sklaven und Tagelöhnern zu geben, ist auch nicht möglich, denn wer dieses erhält, für den wird gänzlich großer Schaden entstehen. Ich werde (es) auf einen Leichenplatz werfen lassen, aber es Sklaven und so weiter in die Hand zu geben, ist wiederum auch nicht möglich, denn diesen würde danach Begierde ankommen; sie würden es nehmen und Schaden davontragen. Ich werde es (also meinem) Sohn in die Hand geben." Er ließ den Sohn rufen, teilte ihm die Sache mit und schickte ihn los (mit den Worten:) „Du, Söhnchen, berühre es nicht mit der Hand, nimm es (vielmehr) mit einem Stock, wirf es auf den Leichenplatz, wasch dich einschließlich des Kopfes (und) komm (wieder) her!" Nun blickte der Meister an diesem Tage zur Zeit der anbrechenden Morgenröte nach bekehrungswürdigen Leuten aus. Da er bei diesem Vater und Sohn die Voraussetzung für die (Erlangung der) Frucht der Bekehrung gewahrte, ging er los wie ein Tierjäger, der die Spur des Wildes aufgenommen hat, und setzte sich auf dem Leichenplatz nieder, sechsfache Buddha-Strahlen entsendend.[166] Der junge Brahmane hatte entsprechend dem Wort des Vaters das Kleiderpaar wie eine Hausschlange auf die Spitze eines Stockes genommen und das Tor zum Leichenplatz erreicht. Da sprach zu ihm der Meister: „Was tust du (hier), junger Brahmane?" – „Mein lieber Gotama,[167] dieses Kleiderpaar wurde von einer Maus zerbissen; es gleicht einem Unglücksvogel und ist (auch) dem Gift Halāhala vergleichbar. Mein Vater hat aus der Befürchtung: ‚Wenn es ein anderer wegwirft, würde ihm Begierde ankommen und er würde (es) nehmen!' mich (damit) weggeschickt. Ich bin damit hergekommen, um es wegzuwerfen, und werde mir (danach) den Kopf waschen, mein lieber Gotama!" – „Also wirf es weg!" Der junge Brahmane warf es weg. Der Meister ergriff (mit den Worten) „Für uns ist es jetzt geeignet!" vor dessen Augen das üble Vorzeichen, obwohl von jenem (mit den Worten) „Mein lieber Gotama, dies gleicht einem Unglücksvogel, faß es nicht an, faß es nicht an!" verwarnt. (Und) er ging fort in die Richtung des Velu-Hains.

Der junge Brahmane begab sich rasch (zurück) und teilte dem Vater mit: „Lieber Vater, das von mir auf dem Leichenplatz weggeworfene Kleiderpaar hat der Asket Gotama, obwohl von mir verwarnt, genommen (mit den Worten) ‚Für uns ist es jetzt geeignet!' und ist zum Velu-Hain gegangen." Der Brahmane überlegte: „Dieses Kleiderpaar ist von übler Vorbedeutung und gleicht einem Unglücksvogel. Auch der Asket Gotama wird, wenn er es gebraucht, zugrunde gehen. Daraus würde uns ein Vorwurf entstehen. Ich werde dem Asketen Gotama viele andere Gewänder geben und ihn veranlassen, dieses wegzuwerfen." Er ließ viele Gewänder mitnehmen, begab sich mit seinem Sohn zum Velu-Hain, gewahrte (dort) den Meister, stellte sich an die eine Seite hin und sprach: „Ist es wahr, mein lieber Gotama, daß du ein Kleiderpaar vom Leichenplatz weggenommen hast?" – „Es ist wahr, o Brahmane!" – „Mein lieber Gotama, dieses Kleiderpaar ist von übler Vorbedeutung. Ihr werdet, wenn Ihr es verwendet, zugrunde gehen; auch das ganze Kloster wird zugrunde gehen. Wenn Ihr kein Unterkleid oder kein Oberkleid habt, nehmt diese Gewänder; (aber) das werft fort!" Da sprach zu ihm der Meister: „Wir, o Brahmane, fürwahr sind hinausgezogen (als Mönche), für uns sind auf dem Leichenplatz, auf der Straße, auf dem Müllhaufen, am Badeplatz, auf der Landstraße und dergleichen Stellen weggeworfene oder heruntergefallene Lumpen geeignet. Du aber (hegst) nicht erst jetzt, sondern auch (schon) früher solche falsche Ansicht!" Darum gebeten, zitierte er aus der Vergangenheit:

„Vorzeiten regierte im Magadha-Reich, in der Stadt Rājagaha, ein gerechter Magadha-König. Damals war der Bodhisatta in der Familie eines aus dem Norden stammenden Brahmanen wiedergeboren worden. Als er zur Mündigkeit gelangt war, zog er hinaus zum Wandel der Weisen. Nachdem er im Himālaya wohnend die Erkenntnisse und Vollkommenheiten (in sich) entstehen ließ, verließ er eines Tages den Himālaya und gelangte zum Königsgarten in der Stadt Rājagaha. Dort blieb er. Am zweiten Tag betrat er zum Almosenbettelgang die Stadt. Der König sah ihn, ließ ihn rufen, hieß ihn im Palast sich niederzusetzen, gab ihm zu essen und erhielt die Zusage, nur in (seinem) Palast zu wohnen. Nachdem der Bodhisatta in des Königs Wohnsitz gespeist hatte, wohnte er im Garten.

Zu dieser Zeit gab es in der Stadt Rājagaha einen Brahmanen namens ‚Kleidervorzeichen'. Dessen in einem Kasten befindliches Kleiderpaar ... *(alles genau wie vorhin gesagt).* Als aber der junge Brahmane nach dem Leichenplatz ging, war der Bodhisatta (schon) als erster (dorthin) gegangen und hatte sich am Tor des Platzes niedergesetzt. Er nahm das von jenem weggeworfene Kleiderpaar und begab sich (wieder) in den Garten. Der junge Brahmane ging und teilte es dem Vater mit. Der Vater (dachte:) ‚Der mit der Königsfamilie liierte Asket könnte zugrunde gehen!', begab sich zum Bodhisatta und sprach: ‚O

Asket, die von dir genommenen Kleider wirf weg, auf daß du nicht zugrunde gehst!' Der Asket (antwortete:) ,Für uns sind auf dem Leichenplatz weggeworfene Lumpen geeignet. Wir sind nicht versessen auf Vorzeichen; Vorliebe für Vorzeichen ist ja von Buddhas, Paccekabuddhas und Bodhisattas nicht gepriesen worden. Darum soll sich ein Weiser um Vorzeichen nicht kümmern!', und er legte dem Brahmanen die Lehre dar. Als der Brahmane die (Darlegung der) Lehre gehört hatte, brach er mit seiner falschen Ansicht und nahm zum Bodhisatta Zuflucht. Der Bodhisatta aber gelangte nach unaufhörlicher Meditation in den Brahmahimmel."
Nachdem der Meister diese (Geschichte aus der) Vergangenheit zitiert hatte, sprach er, der vollständig Erwachte, indem er dem Brahmanen die Lehre darlegte, diese Strophe:

„Von dem die Vorzeichen hinweggenommen sind,
die Vorbedeutungen, Träume und Kennzeichen,
der kommt, vom Fehler (des Glaubens) an Vorzeichen befreit,
indem er die paarweisen Sünden besiegt hat,
zu keiner (neuen) Geburt."

Nachdem so der Meister mit dieser Strophe dem Brahmanen die Lehre dargelegt hatte, verkündete er wieder die (vier edlen) Wahrheiten. Nach Beendigung (der Darlegung) der Wahrheiten gelangte der Brahmane zusammen mit (seinem) Sohn zum Lohn der Bekehrung. Der Meister verband das Jātaka (mit der aktuellen Angelegenheit): „Damals waren eben dieselben Vater und Sohn; der Asket aber war ich!"

Nr. 106: Die Geschichte vom Wassereimer (Udañcani-Jātaka)

„Fürwahr, indem im Glück ich lebte ..." Dies erzählte der Meister, als er im Jeta-Hain weilte, in bezug auf das Verlangen nach einem üppigen Mädchen. Die Sache wird im dreizehnten Abschnitt des Cullanāradakassapa-Jātaka[168] offenbart werden. Als nun der Meister den Mönch gefragt hatte: „Ist es wahr, daß du, o Mönch, unzufrieden bist?", sprach dieser: „Es ist wahr, Erhabener!" – „Woran ist dein Sinn gefesselt?" fragte (Buddha). „An ein üppiges Mädchen!" sprach jener. Da sprach zu ihm der Meister: „Diese, o Mönch, bringt dich ins Unglück. Auch (schon) früher bist du in Abhängigkeit von ihr zum Verlust der Tugend gekommen und bebend umhergeirrt; (später) hast du durch Weise das Glück erlangt." (Und) er zitierte aus der Vergangenheit:

„Als vorzeiten in Benares Brahmadatta die Herrschaft ausübte und so weiter – die Begebenheit aus der Vergangenheit wird ebenfalls im Cullanāradakassapa-Jātaka offenbart werden. Damals nun kam der Bodhisatta abends mit Früchten herbei, öffnete die Laubhütte und sagte zu (seinem) Sohn Cullatāpasa dies: ‚Söhnchen, an den anderen Tagen holst du die Holzscheite herbei, Wasser zum Genießen holst du (auch), du machst Feuer – warum bloß hast du heute nicht eines davon erledigt, (sondern) liegst da, traurig blickend und bekümmert?' ‚Vater, als Ihr wegen der verschiedenen Früchte gegangen wart, kam eine Frau, die mich verlockte und mich mitnehmen wollte. Ich aber ging nicht mit, (weil ich dachte:) »(Nur) von Euch geschickt, werde ich gehen!« Also hieß ich sie, sich an einer bestimmten Stelle niederzusetzen, und bin zurückgekehrt. Jetzt will ich gehen, Vater!' Der Bodhisatta wußte: ‚Es ist nicht möglich, ihn zurückzuhalten!'; (daher) entließ er (ihn mit den Worten:) ‚Also, Söhnchen, dann geh! Wenn sie dich aber weggebracht hat und Fisch, Fleisch und so weiter zu verzehren wünscht, oder wenn ihr der Sinn nach zerlassener Butter, Salz, Reis und so weiter steht, dann wird sie, indem sie »Bring dies und das!« sagt, dich ermüden. Dann wirst du dich an meine Gesellschaft erinnern, die Flucht ergreifen und hierher zurückkehren.'

Er begab sich (nun) mit ihr (zurück) in die menschliche Gesellschaft. Nachdem sie ihn in ihre Wohnung gebracht hatte, (sprach sie:) ‚Hole Fleisch, hole Fisch!' Wonach auch immer ihr der Sinn stand, das ließ sie ihn holen. Daraufhin (dachte) er: ‚Die quält mich, als ob sie mich zu ihrem Sklaven oder zu ihrem Tagelöhner gemacht hätte!' (Und) er ergriff die Flucht, kehrte zum Vater zurück, begrüßte ihn und sprach stehend diese Strophe:

„Fürwahr, indem im Glück ich lebte,
werde ich (nun) gekocht wie ein Wassertopf.
Die Diebin, die sich (meine) Gattin nennt,
verlangt Öl und Salz.'

Da tröstete ihn der Bodhisatta: ‚So soll es sein, Söhnchen, geh, laß Liebe walten, laß Mitleid walten!' Er lehrte (ihn) die vier seelischen Vollkommenheiten,[169] und er lehrte (ihn) die Vorbereitungen für die Meditation. Nicht lange (danach) verwirklichte er die Einsichten und Vollendung. Nachdem er die (vier) Vollkommenheiten hatte walten lassen, wurde er zusammen mit (seinem) Vater in der Brahmawelt wiedergeboren."
Nachdem der Meister diese Lehrgeschichte herangezogen hatte, verkündete er die (vier edlen) Wahrheiten und verband das Jātaka (mit der aktuellen Angelegenheit) – nach Beendigung (der Darlegung) der Wahrheiten gelangte der Mönch zur Frucht der Bekehrung –: „Damals war das üppige Mädchen das jetzige üppige Mädchen; Cullatāpasa war der unzufriedene Mönch; der Vater aber war ich!"

Nr. 144: Die Geschichte vom Schwanz (Naṅguṭṭha-Jātaka)

„Das ist noch viel, unweiser Wesenskenner ..." Dies erzählte der Meister, als er im Jeta-Hain weilte, in bezug auf die falsche Askese der Ājīvikas.[170] Damals nämlich vollzogen Ājīvikas hinter dem Jeta-Hain auf verschiedene Art falsche Askese. Viele Mönche sahen sie in Hockstellungen, in flatternder (fledermausähnlicher) Haltung, auf Dornenlagern, in fünffachen Kasteiungen und anderen Arten falscher Askese. Sie fragten den Erhabenen: „Gibt es wohl, o Herr, durch diese falsche Askese irgendeinen Gewinn?" Der Meister (sprach:) „Nicht gibt es, o Mönch, durch dergestalt falsche Askese Heil oder Gewinn. Früher meinten die Weisen: ‚Durch eine solche Askese wird Heil oder Gewinn entstehen!'; sie nahmen ein rechtes Feuer und traten in den Wald.[171] Indem sie aber durch das Feueropfer und so weiter keinerlei Gewinn (eintreten) sahen, löschten sie das Feuer mit Wasser, vollzogen die Vorbereitungen zur Meditation und verwirklichten die Einsichten und Vollendungen. (So) gelangten sie in die höchste Brahmawelt." Nachdem er so gesprochen, zitierte er aus der Vergangenheit:
„Als vorzeiten in Benares Brahmadatta die Herrschaft ausübte, wurde der Bodhisatta in der Familie eines aus dem Norden stammenden Brahmanen wiedergeboren. Am Tage seiner Geburt nahmen die Eltern ein rechtes Feuer und legten es an. Als

er nun sechzehn Jahre alt geworden war, sprachen sie zu ihm dies: ‚Sohn, wir haben am Tage deiner Geburt Feuer genommen. Wenn du ein häusliches Leben zu führen wünschst, erlerne die drei Veden. Wenn du aber in die Brahmawelt gelangen willst, (dann) nimm Feuer, tritt in den Wald und, indem du das Feuer unterhältst, gefällst du dem großen Brahma und wirst in die höchste Brahmawelt gelangen.' Er (sprach:) ‚Nach der Häuslichkeit steht mir nicht der Sinn!', nahm das Feuer, betrat den Wald, errichtete eine Einsiedelei, unterhielt das Feuer und verweilte im Wald.

Eines Tages erhielt er in einem Nachbardörfchen ein Rind als Geschenk. Er brachte das Rind zur Einsiedelei und dachte: ‚Aggi, den Erhabenen, werde ich das Rindfleisch verzehren lassen.' Da entstand in ihm dieser (Gedanke): ‚Hier gibt es kein Salz; Aggi, der Erhabene, wird (aber) Ungesalzenes nicht verzehren können. Aus dem Dorf werde ich Salz holen und Aggi, den Erhabenen, Gesalzenes verzehren lassen.' Er band dort das (Rind) an und begab sich wegen des Salzes ins Dorf. Als er gegangen war, kamen viele Jäger an diese Stelle, sahen das Rind, schlachteten es und kochten und verzehrten das Fleisch. Den Schwanz und die Unterschenkel sowie die Haut warfen sie dort weg und gingen mit dem restlichen Fleisch los.

Als der Brahmane zurückkehrte und nur den Schwanz und so weiter sah, dachte er: ‚Dieser Aggi, der Erhabene, kann nicht einmal sein Eigentum schützen – wie will er mich beschützen? Dieser Aggi muß eine nutzlose Existenz haben. Nicht gibt es, von ihm ausgehend, Heil oder Gewinn.' Da ihm der Wille zur Unterhaltung des Feuers geschwunden war, (sprach er:) ‚Hallo, erhabener Aggi, du kannst nicht einmal dein Eigentum schützen – wie willst du mich beschützen? Fleisch gibt es nicht (mehr für dich); sei also mit dem hier zufrieden!', und er warf den Schwanz ins Feuer und sprach diese Strophe:

‚Das ist noch viel, unweiser Wesenskenner,
daß wir dich mit einem Schwanz verehren.
(Wenn) du (auch) Anrecht auf Fleisch hast,
gibt es heute kein Fleisch.
Der Herr möge daher den Schwanz annehmen!'

Nachdem er so gesprochen hatte, löschte das Große Wesen das Feuer mit Wasser, zog hinaus zum Wandel der Weisen (als

Mönch), verwirklichte die Einsichten und Vollendungen und gelangte zur höchsten Brahmawelt.
Nachdem der Meister diese Lehrgeschichte herangezogen hatte, verband er das Jātaka (mit der aktuellen Angelegenheit:) „Der das Feuer auslöschende Asket war ich zu jener Zeit."

Nr. 167: Die Geschichte von Samiddhi (Samiddhi-Jātaka)

„Nichts genossen hast du und bettelst als Mönch ..." Dies erzählte der Meister, als er bei Rājagaha im Tapoda-Park weilte, in bezug auf den Thera Samiddhi. Eines Tages nämlich hatte der ehrwürdige Samiddhi, nachdem er die ganze Nacht sein Bemühen (um Erkenntnis) angespannt hatte, zur Zeit des Sonnenaufganges gebadet, um (seinen) goldfarbenen Körper (dann) trocknen zu lassen, (nur) ein Untergewand angelegt und stand (nun) da, das Obergewand in der Hand haltend. Da (sein) Körper an Vollendung einem äußerst sorgfältig gearbeiteten goldenen Bild (gleichkam), war sein Name Samiddhi (= *Vollendung)*.
Als nun eine Göttertochter die Schönheit seines Körpers sah, wurden ihre Sinne gefesselt, und sie sprach zu dem Thera so: „Du, o Mönch, bist ja noch zart, jung, ein Knabe, schwarzhaarig, angenehm, mit Jugendlichkeit ausgestattet, von einnehmendem Äußeren, ansehnlich, liebenswürdig. Was nützt einem wie dir, der die Liebe (noch) nicht gekostet hat, das Mönchwerden? Die Liebe solltest du kosten; später wirst du hinausziehen und nach Bettelmönchart handeln." Da sprach zu ihr der Thera: „O Göttertochter! In welchem Alter befindlich ich sterben werde, (also) die Zeit meines Todes, weiß ich nicht. Dieser Zeitpunkt ist mir verborgen. Indem ich daher schon in der Jugendzeit nach Bettelmönchart handele, mache ich dem Leiden ein Ende." Als sie seitens des Thera keine Gunstbezeigung erlangte, verschwand sie wieder von dort. Der Thera (aber) nahte sich dem Meister und berichtete (ihm) diesen Vorfall. Der Meister sprach: „Nicht nur du, Samiddhi, wurdest jetzt durch die Göttertochter angelockt; auch (schon) früher haben Göttertöchter die hinausgezogenen (Mönche) angelockt." Von jenem gebeten, zitierte er aus der Vergangenheit:

„Als vorzeiten in Benares Brahmadatta die Herrschaft ausübte, wurde der Bodhisatta in einem Kāsi-Dorf in einer Brahmanenfamilie wiedergeboren. Als er das (Erwachsenen-) Alter erreicht hatte, erlangte er in allen Künsten Vollkommenheit; (dann) zog er hinaus zum Wandel der Weisen. Er verwirklichte die Einsichten und Vollendungen und nahm im Himālaya-Gebiet an einem Natursee (sein) Obdach. Nachdem er eine ganze Nacht sein Bemühen (um Erkenntnis) angespannt hatte, badete er zur Zeit des Sonnenaufganges, zog ein Bastgewand an und stand da, das andere in der Hand haltend, den Körper trocknend. Als nun eine Göttertochter die Schönheit seines Körpers sah, wurden ihre Sinne gefesselt, und sie sprach zum Bodhisatta, um ihn zu verführen, diese erste Strophe:

‚Nichts genossen hast du und bettelst als Mönch,
denn du bettelst und hast nichts genossen.
(Erst) wenn du genossen hast, bettle als Mönch,
damit dich nicht die Zeit übergehe!‘[172]

Als der Bodhisatta die Rede der Göttertochter vernommen hatte, sprach er, um seine eigene Absicht darzulegen, die zweite Strophe:

‚Die Todesstunde kenne ich nicht,
verborgen ist die Todesstunde, wird nicht (vorher) gesehen.
Daher, keine (Sinnesfreuden) genießend, bettle ich,
damit mich die Zeit nicht übergeht!‘[173]

Als die Göttertochter die Rede des Bodhisatta vernommen hatte, verschwand sie von dort.“
Nachdem der Meister diese Lehrgeschichte herangezogen hatte, verband er das Jātaka (mit der aktuellen Angelegenheit:) „Damals war die Göttertochter diese (jetzige) Göttertochter; ich aber war zu der damaligen Zeit der Asket.“

Nr. 186: Die Geschichte von Dadhivāhana (Dadhivāhana-Jātaka)

„Von Schönheit, Duft, Geschmack erfüllt ...“ Dies erzählte der Meister, als er im Velu-Hain weilte, in bezug auf einen Verräter. Die Geschichte (aus der Gegenwart) ist der oben *(in*

Jātaka 185) erzählten gleich. Der Meister aber sprach: „O Mönche, das Zusammenwohnen mit Bösen ist fürwahr Sünde und unglückbringend. Was ist da über die Schädlichkeit des Zusammenwohnens mit Schlechten unter den Menschenwesen zu sagen? Früher wurde durch das Zusammensein mit einem widerwärtigen, der Süße ermangelnden Nimba-Baum ein honigsaftiger, im Gegensatz (zum Nimba) durch himmlischen Wohlgeschmack (ausgezeichneter, im Unterschied zu den Menschen) empfindungsloser Mangobaum süßelos und bitter." Aus der Vergangenheit zitierte er:

„Als vorzeiten in Benareṣ Brahmadatta die Herrschaft ausübte, waren im Kāsi-Reich vier Brüder, Brahmanen, zum Wandel der Weisen hinausgezogen. Im Himālaya-Gebiet fertigten sie in einer Reihe (stehende) Laubhütten und machten (sie) zu (ihrer) Behausung. Von ihnen starb der älteste Bruder und erlangte (in der Wiedergeburt) die Existenz des Sakka. Nachdem er die Ursache (des Existenzwandels) erkannt hatte, kam er in Abständen nach Ablauf von sieben bis acht Tagen, um ihnen zu Diensten zu sein. Eines Tages begrüßte er den ältesten der Asketen, ließ sich zur Seite nieder und fragte: ‚Herr, was brauchst du?' Der gelbsüchtige Asket sprach: ‚Ich brauche Feuer!' Er gab ihm (aber) ein Messerbeil – ein Messerbeil ist je nach der Art der Handhabung des Griffes ein Messer oder aber ein Beil –. Der Asket sprach: ‚Wer wird mir damit Holzscheite herbeiholen?' Da sprach Sakka zu ihm so: ‚Wenn du, o Herr, Holz brauchst, dann schärfe dieses Beil mit der Hand, (dann) magst du sprechen: »Nachdem du mir Holz herbeigeholt hast, magst du Feuer machen!« Es wird dir Holz herbeiholen und Feuer machen.' Nachdem er ihm das Messerbeil gegeben hatte, begab er sich auch zu dem zweiten und fragte: ‚Herr, was brauchst du?' (Nahe) dessen Laubhütte befand sich ein Elefantenpfad. (Der Bruder), von den Elefanten belästigt, sprach: ‚Durch die Elefanten entsteht mir Ungemach; jage sie weg!' Sakka übereignete ihm eine Kesselpauke und sprach: ‚Herr, wenn du auf diese Seite schlägst, werden deine Widersacher fliehen; wenn du auf diese schlägst, werden sie (dir) freundlich gesonnen werden und (dich) mit einem vierfach gegliederten Heer umgeben!' Er gab ihm die Kesselpauke, ging zum Jüngsten und fragte: ‚Herr, was brauchst du?' Auch dieser war von der Gelbsucht befallen; daher sprach er: ‚Ich brauche saure Milch!' Sakka gab ihm einen Topf mit saurer Milch und

sprach: ‚Wenn Ihr es wünscht, drcht diesen (Topf) um; als großen Strom wird er eine große Flut (von Milch) hervorbringen; selbst Euch die (Möglichkeit) zu geben, daß Ihr die Königsmacht ergreift, wird er imstande sein.' (Damit) ging er fort. Von da an machte das Messerbeil dem ältesten Bruder Feuer; wenn der zweite auf die Kesselpauke schlug, flohen die Elefanten; der jüngste genoß die saure Milch.
Zu dieser Zeit gewahrte ein an einem früheren Siedlungsplatz streunender Eber einen mit Zauberkraft ausgestatteten Edelstein. Nachdem er den Edelstein im Maul zerbissen hatte, flog er durch dessen Zauberkraft in den Luftraum auf und kam an eine inmitten des Ozeans (gelegene) Insel. ‚Hier sollte ich jetzt wohnen!' (dachte er), ließ sich herab und schlug an einem (ihm) zusagenden Platz unter einem Udumbara-Baum (seine) Wohnstatt auf. Eines Tages legte er auf dieser Baumwurzel den Edelstein vor (sich) hin und versank in Schlaf.
Damals war ein im Kāsi-Reich wohnender Mensch von seinen Eltern (mit den Worten) ‚Zu nichts nütze ist uns der!' aus dem Haus hinausgeworfen worden und in einen Hafenort gekommen. Er wurde Werftarbeiter; (später) bestieg er ein Schiff, (doch) in der Mitte des Meeres scheiterte das Schiff. Auf einer Planke liegend, gelangte er auf die (erwähnte) Insel. Als er Früchte suchte, sah er den schlafenden Eber, ging leise hin, nahm den Edelstein, flog durch dessen Zauberkraft in den Luftraum auf, ließ sich auf dem Udumbara-Baum nieder und dachte: ‚Dieser Eber ist durch die Zauberkraft dieses Edelsteins zu einem Luftraumwandler geworden und wohnt hier, denke ich. Da muß ich als erstes ihn töten, das Fleisch verzehren und zurückkehren.' Er brach einen Ast ab und ließ ihn dem (Eber) auf den Kopf fallen. Der Eber erwachte, sah den Edelstein nicht und rannte zitternd dahin und dorthin. Der auf dem Baum sitzende Mann lachte. Der Eber schaute hin, sah ihn, prallte (aber dabei) mit dem Kopf gegen den Baum, so daß er gleich tot war. Der Mann stieg herab, machte Feuer, kochte das Fleisch, verzehrte es, flog in den Luftraum empor und kam zu einem Himālaya-Gipfel. Er sah die Anlage der Einsiedelei, und bei der Einsiedelei des ältesten Asketen stieg er herab. Dort wohnte er zwei oder drei Tage, erwies dem Asketen verschiedene Dienstleistungen und gewahrte (dabei) die Zauberkraft des Messerbeils. ‚Das muß ich bekommen!' (dachte er)

und zeigte dem Asketen die Zauberkraft des Edelsteins. ‚Herr!' sprach er, ‚nehmt diesen (Stein) von mir und gebt (mir dafür) das Messerbeil!' Der Asket war begierig, in der Luft zu wandeln, nahm ihn und gab das Messerbeil. Der (Mann) nahm es, ging ein Stück weg, schärfte das Messerbeil und sprach: ‚O Messerbeil, spalte des Asketen Haupt und bring mir den Edelstein her!' Das (Messerbeil) setzte sich in Bewegung, spaltete des Asketen Haupt und brachte den Edelstein herbei. Er brachte (nun) das Messerbeil an eine versteckte Stelle, begab sich zum mittleren der Asketen, wohnte (dort) einige Tage, gewahrte die Zauberkraft der Kesselpauke, gab (ihm) den Edelstein, nahm die Pauke und ließ ihm auf die vorerwähnte Art das Haupt spalten. (Dann) begab er sich zum Jüngsten, gewahrte die Wunderkraft des Milchtopfes, gab ihm den Edelstein, nahm den Milchtopf und ließ dem (Asketen) auf die vorerwähnte Art das Haupt spalten.

(Dann) ergriff er den Edelstein, das Messerbeil, die Kesselpauke und den Milchtopf, flog in den Luftraum empor, hielt unweit von Benares an und sandte dem König von Benares durch die Hand eines Mannes einen Brief (mit dem Inhalt:) ‚Kampf soll er mir bieten oder das Königreich!' Als der König die Botschaft vernommen hatte, (sprach er:) ‚Den Strolch wollen wir ergreifen!' und zog (zum Kampf) hinaus. Dieser schlug auf die eine Seite der Pauke, und es umgab (ihn) ein vierfach gegliedertes Heer. Als er erfuhr, der König bezöge Aufstellung, drehte er den Milchtopf um: Ein großer Strom kam heraus, eine große Menschenmenge sank in die saure Milch ein und konnte nicht herauskommen. (Dann) schärfte er das Messerbeil (und sprach:) ‚Bring des Königs Haupt her!' Das Messerbeil setzte sich in Gang, brachte den Kopf und warf (ihn zu des Auftraggebers) Füßen nieder. Auch nicht einer konnte (dagegen) eine Waffe erheben.

Von einer großen (Streit-) Macht umgeben, zog er in die Stadt ein, ließ die Königsweihe vornehmen und übte, nachdem er unter dem Namen Dadhivāhana König geworden war, in Gerechtigkeit die Herrschaft aus. Eines Tages belustigte er sich an einem großen Fluß mit einem Netzbehälter; (da) kam aus dem Kannamuṇḍa-See eine für den Genuß durch Gottheiten (geeignete) Mangofrucht herbei und blieb im Netz hängen. (Die Leute) hoben das Netz heraus, sahen die (Frucht und) gaben (sie) dem König. Sie war groß, vom Ausmaß einer Schüs-

sel, ganz rund und goldfarbig. Der König fragte die Waldläufer: ‚Was ist denn das für eine Frucht?' ‚Eine Mangofrucht!' vernahm er. Er verzehrte sie, ließ (aber) den Kern in seinem Garten einpflanzen und mit Milchwasser begießen. Der Baum wuchs auf, und im dritten Jahr gab er Frucht. Dem Mango wurde große Ehre zuteil: Man begoß ihn mit Milchwasser, umgab ihn fünf Handbreiten hoch mit Duftsubstanz, Kränze und Girlanden häufte man um (ihn) herum auf, eine mit duftendem Öl (gefüllte) Lampe zündete man an; seine Umhüllung aber war ein Tüllschirm. Die süßen Früchte waren goldfarbig. König Dadhivāhana schickte (auch) anderen Königen eine (solche) Mangofrucht. Aus Furcht, daß aus dem Kern (neue) Bäume hervorgehen könnten, durchbohrte er die Stelle, an der der Sproß hervorkommt, mit einem Maṇḍu-Dorn und sandte sie ab. Wenn die (Empfänger) die Mango(frucht) verzehrt hatten und den Kern einpflanzten, trieb er nicht. Sie fragten: ‚Was ist die Ursache davon?' und erfuhren die Ursache. Nun ließ einer der Könige den Obergärtner rufen und fragte: ‚Könntest du den Geschmack der Mangofrüchte des Dadhivāhana verderben und sie bitter machen?' ‚Jawohl, o Herrscher!' sprach der (Gärtner). ‚Also dann geh!' (sprach der König), gab (ihm) tausend und schickte ihn los.
(Der Gärtner) begab sich nach Benares und ließ dem König melden: ‚Ein Obergärtner ist angekommen!' Von jenem herbeigerufen, trat er bei ihm ein und begrüßte den König. Befragt: ‚Du bist ein Obergärtner?', sagte er: ‚Jawohl, o Herrscher!' und rühmte seine Fähigkeit. Der König sprach: ‚Geh und bleibe bei unserem Obergärtner!' Von da an pflegten diese beiden Leute den Park. Der neu gekommene Obergärtner ließ Blumen vor der Zeit erblühen und Früchte vor der Zeit reifen; (so) machte er den Park lieblich. Der König zeigte sich ihm gnädig; (schließlich) entließ er den früheren Obergärtner und übergab jenem allein den Park (zur Pflege). Als dieser merkte, daß der Park in seine Hand gegeben war, umgab er den Mango-Baum mit Nimba-Bäumen und Lianen mit bitteren Früchten, die er (dort) anpflanzte. Allmählich wuchsen die Nimbas. Mit den (anderen) Wurzeln wurden (seine) Wurzeln, mit den Zweigen die Zweige vereinigt, verbunden, verflochten. Durch die Vereinigung mit diesem widerwärtigen, bitteren (Baum) wurden die süßen Mangofrüchte bitter und ihr Geschmack den Nimba-Blättern ähnlich. Nachdem er die Bitter-

keit der Mangofrüchte festgestellt hatte, ergriff der Gärtner die Flucht. Dadhivāhana (aber) begab sich in den Garten; da kam ihm beim Verzehren einer Mangofrucht der Mangosaft in den Mund, der so ekelhaft (schmeckte) wie ein Nimba; er konnte ihn nicht hinunterschlucken, würgend spie er (ihn) aus. Damals war der Bodhisatta sein weltlicher und geistlicher Ratgeber. Der König wandte sich (also) an den Bodhisatta: ‚O Weiser! Bei diesem Baum gab es in seiner früheren Pflege keine Nachlässigkeit. Obwohl das so ist, ist seine Frucht bitter geworden. Was ist die Ursache?‘ Indem er (dies) fragte, sprach er die erste Strophe:

‚Von Schönheit, Duft, Geschmack erfüllt
war einstmals dieser Mango.
Obwohl er solche Verehrung empfing –
wodurch ist die Mangofrucht bitter geworden?‘

Danach sprach, ihm die Ursache erklärend, der Bodhisatta die zweite Strophe:

‚Von Nimba-Bäumen umgeben ist dein Mango, o Dadhivāhana!
Wurzel verband sich mit Wurzel, Zweig folgte auf Zweig.
Durch das Zusammensein mit Schlechtem
ist die Mangofrucht bitter geworden.‘

Als der König diese Rede vernommen hatte, ließ er alle Nimbas und Lianen abschneiden, die Wurzeln roden und allseits das bittere Erdreich abtragen. Er ließ süßes Erdreich auslegen und mit Milchwasser, Zuckerwasser und Duftwasser den Mango pflegen. Dieser wurde durch die Vereinigung mit Süßem (selbst) wieder süß. Der König vertraute dem ursprünglichen Obstgärtner wieder den Park an und kam, nachdem er, solange die Lebenszeit währte, (diese) verbracht hatte, (in eine neue Existenz) entsprechend seinen Taten.“
Nachdem der Meister diese Lehrgeschichte angeführt hatte, verband er das Jātaka (mit der aktuellen Angelegenheit:) „Damals war ich der weise Minister!“

Nr. 201: Die Geschichte vom Gefängnis (Bandhanāgāra-Jātaka)

„Nicht diese Fessel nennen die Verständigen fest ..." Dies erzählte der Meister, als er im Jeta-Hain weilte, in bezug auf das Gefängnis. Eben zu dieser Zeit hatte man viele Einbrecher, Wegelagerer, Mörder und Diebe herbeigeschafft und dem König von Kosala vorgezeigt. Diese ließ der König mit Ketten, Stricken und verschiedenen (anderen) Banden fesseln. (Da) kamen dreißig (Mann) zählende Mönche aus der Provinz mit dem Wunsch, den Meister zu sehen. Als sie (ihn) erblickten, begrüßten sie (ihn). Beim Almosengang am nächsten Tag kamen sie zum Gefängnis und sahen die Diebe. Vom Almosengang zurückgekehrt, begaben sie sich zur Abendzeit zum Vollendeten und fragten: „Herr, als wir heute nach Almosen gingen, sahen wir im Gefängnis viele Diebe, mit Ketten und anderen Banden gefesselt, großes Leid empfindend. Sie können diese Bande nicht zerbrechen und fliehen. Gibt es wohl eine andere Fessel, die noch fester ist, als es diese Fesseln sind?" Der Meister sprach: „O Mönche, fürwahr sind das Fesseln. Aber die Fessel der Begierde nach Geld, Getreide, Söhnen, Frauen und so weiter, die als Durst bezeichnet wird, die ist hundertmal, tausendmal fester als diese Fesseln. Wenn aber auch diese Fessel so groß und so schwer zu zerbrechen ist, so haben (sie doch) frühere Weise zerbrochen, sind in den Himālaya gezogen und Mönche geworden." (Und) er zitierte aus der Vergangenheit:
„Als vorzeiten in Benares Brahmadatta die Herrschaft ausübte, wurde der Bodhisatta in der Familie eines heruntergekommenen Hausherrn wiedergeboren. Als er das (Erwachsenen-) Alter erreicht hatte, segnete der Vater das Zeitliche. Er selbst leistete Lohndienste und ernährte (damit) die Mutter. Da brachte ihm gegen seinen Willen seine Mutter eine Tochter aus (guter) Familie ins Haus; später verstarb (auch) sie. Im Schoß seiner Frau aber entstand eine Leibesfrucht. In Unkenntnis von dem Entstehen der Leibesfrucht sprach er: ‚Liebe, geh du in Dienst und lebe (davon); ich werde (als Mönch) hinausziehen!' Sie aber sprach: ‚Eine Leibesfrucht ist in mir entstanden. (Erst) wenn ich entbunden habe und du das Kind gesehen haben wirst, magst du hinausziehen.' ‚Gut!' stimmte er zu. Als ihre Niederkunft vorüber war, fragte er: ‚Liebe, du hast glücklich

entbunden. Kann ich jetzt hinausziehen?‘ Sie aber sprach zu ihm: ‚Geh (doch erst) zur Zeit der Entwöhnung des Sohnes vom Trinken an der Brust!‘ – (und) wieder empfing sie eine Leibesfrucht.
Er überlegte: ‚Mit ihrer Zustimmung zu gehen, ist nicht möglich. Ohne sie (vorher davon) in Kenntnis zu setzen, werde ich fliehen und (als Mönch) hinausziehen.‘ Ohne sie in Kenntnis zu setzen, stand er zur Nachtzeit auf und floh. Da ergriffen ihn die Stadtwächter. Er sprach: ‚Ihr Herren, ich bin der Ernährer (meiner) Mutter, laßt mich frei!‘ Damit brachte er sie dazu, ihn loszulassen, verweilte (dann) an einer (versteckten) Stelle, dann schritt er zum Haupttor hinaus, begab sich zum Himālaya, zog hinaus zum Wandel der Weisen, verwirklichte die Einsichten und Vollendungen und verharrte glücklich im Glück der Versenkung. Indem er dort wohnte, (dachte er:) ‚Selbst eine solche schwer zu zerbrechende Begierdefessel wie die Bindung an Sohn und Weib ist von mir zerbrochen worden!‘ Als feierlichen Ausspruch[174] sprach er diese Strophen:

‚Nicht diese Fessel nennen die Verständigen fest,
die eisern ist, aus Holz bestehend, aus Pflanzenfaser,
(wohl aber) die Gier, die leidenschaftliche,
nach Ohrringen aus Edelstein,
wie auch nach Söhnen und Weibern.

Die nennen eine feste Fessel die Verständigen,
die herunterzieht, (wenn auch) schlaff, schwer zu lösen.
(Doch) auch sie zerbrechend, wandeln die Verständigen,
unabhängig, nachdem sie das Glück
der Sinneslust aufgegeben haben.‘

Nachdem so der Bodhisatta diesen feierlichen Ausspruch getan hatte, gelangte er in unaufhörlicher Meditation zur höchsten Brahmawelt.“
Nachdem der Meister diese Lehrgeschichte angeführt hatte, legte er die (vier edlen) Wahrheiten dar. Am Schluß (der Darlegung) der Wahrheiten wurden einige auf den richtigen Weg gebracht, einige wurden zu solchen, die (nur noch) einmal wiederkehren, einige wurden zu Nichtwiederkehrern, einige wurden zu Heiligen (bereits hienieden). (Der Meister) sprach: „Damals war die Mutter die große Māyā, der Vater war der

Großkönig[175] Suddhodana, die Gattin war die Mutter des Rāhula, der Sohn war Rāhula; der Mann aber, der Sohn und Weib aufgab, hinauszog und Mönch wurde, war ich."

Nr. 219: Die Geschichte vom Tadel (Garahita-Jātaka)

„Mein ist das Gold, mein ist das Schönfarbige..."[176] Dies erzählte der Meister, als er im Jeta-Hain weilte, in bezug auf einen aus Verdrießlichkeit unzufriedenen Mönch. Dieser hatte auch nicht einen einzigen Halt gewonnen, und als er in seiner Verdrießlichkeit verharrte, brachte man ihn zum Meister. Er wurde vom Meister gefragt: „Stimmt es, daß du unzufrieden bist?" – „Es stimmt!" sagte er. „Aus welchem Grund?" – „Wegen der Macht der (unreinen) Begierde." Da sprach zu ihm der Meister: „O Mönch, diese Begierde wurde früher sogar von Tieren getadelt. Du, der du im (Namen dieser) Lehre hinausgezogen bist, bist wegen der Macht der selbst von den Tieren getadelten Begierde unzufrieden", (und) er zitierte aus der Vergangenheit:

„Als vorzeiten in Benares Brahmadatta die Herrschaft ausübte, wurde der Bodhisatta im Himālaya-Gebiet in einem Affenschoß wiedergeboren. Ihn fing ein Waldläufer, brachte ihn zum König und gab (ihn diesem). Während er lange Zeit im Königspalast wohnte, war er mit Tugend ausgestattet[177] und erkannte ziemlich genau den Ablauf der Vorgänge in der Menschenwelt. Der König, von seinem Verhalten befriedigt, ließ den Waldläufer herbeirufen und befahl: ‚Laß diesen Affen am Ort des Ergreifens frei!' Der (Waldläufer) verfuhr so.

Als die Affenschar von der Rückkehr des Bodhisatta erfuhr, versammelte sie sich, um (ihn) zu sehen, auf einem großen Felsrücken. (Die Affen) führten mit dem Bodhisatta eine freundliche Unterredung und sprachen: ‚Lieber, wo bist du in dieser Zeit gewesen?' ‚In Benares, am Sitz des Königs.' ‚Und wie bist du losgekommen?' ‚Der König hatte mich zum Spielaffen gemacht, war von (meinem) Verhalten befriedigt und ließ mich frei.' Da sprachen zu ihm die Affen: ‚Ihr kennt ja (nun) den Ablauf der Vorgänge in der Menschenwelt. Erzählt uns doch davon; wir sind begierig, es zu hören!' ‚Fragt mich nicht nach dem Tun der Menschen!' ‚Erzählt, wir sind begierig, es zu hören!' Der Bodhisatta sprach: ‚Die Menschen, sowohl die (vornehmen) Krieger als auch die Priester, sagen (immer nur:) »Mein, mein!« Die durch das Fehlen einer (dauerhaften) Existenz (bewirkte) Unbeständigkeit kennen sie nicht. Vernehmt jetzt das Tun dieser blinden Narren!' (Und) er sprach diese Strophen:

,»Mein ist das Gold, mein ist das Schönfarbige!«,
das ist bei Nacht und Tag (ihre) Rede.
Unter den unverständigen Menschen
ist edler Wandel unbekannt.
Jeweils zwei Hausherren sind in (jedem) Haus;
davon ist der eine bartlos,
hat einen Hängebusen, (das Haar) geflochten,
sowie durchbohrte Ohrläppchen (für Ringe);
»er« ist gekauft für vieles Geld und – plagt den Mann!'

Als sie das gehört hatten, (riefen) alle Affen: ,Erzählt nichts mehr, erzählt nichts mehr! Was zum Hören nicht geeignet ist, haben wir gehört.' Und mit beiden Händen hielten sie sich die Ohren fest zu. ,An diesem Ort haben wir etwas so Unpassendes gehört!', (so) tadelten sie sogar den Ort und gingen anderswohin. Der Felsrücken aber erhielt davon den Namen ,Tadelfelsrücken'."
Nachdem der Meister diese Lehrgeschichte angeführt und die (vier edlen) Wahrheiten verkündet hatte, verband er das Jātaka (mit der aktuellen Angelegenheit) – am Schluß (der Darlegung) der Wahrheiten gelangte der Mönch zur Frucht der Bekehrung –: „Damals war die Affenschar die Buddhagemeinde, der Affenfürst aber war ich."

Nr. 268: Die Geschichte vom Parkfrevler (Ārāmadūsa-Jātaka)

„Wer fürwahr von allen diesen ..." Dies erzählte der Meister in einer Provinz des südlichen Gebirges[178] in bezug auf einen gewissen jungen Parkgärtner. Nachdem nämlich der Meister die Regenzeit verbracht hatte, zog er aus dem Jeta-Hain hinaus und begab sich in einer Provinz des südlichen Gebirges auf Wanderschaft. Da lud ein Laienanhänger die Gemeinde mit Buddha an der Spitze ein, ließ sie sich in (seinem) Garten niederlassen und bewirtete sie mit Reismilch, Kuchen und so weiter. (Danach sprach er:) „Die Edlen, die Lust auf einen Gartenspaziergang haben, mögen mit diesem Parkwächter gehen!" Den Parkwächter beauftragte er: „Den Edlen magst du Früchte geben!"

Die sich (im Garten) ergehenden Mönche sahen eine kahle Stelle und fragten: „Diese Stelle ist kahl, nicht mit Bäumen bestanden; was ist denn die Ursache davon?" Da erklärte ihnen der Parkwächter: „Ein junger Parkgärtner hat die jungen Triebe mit Wasser begossen und (in der Absicht) ‚Ich werde die Wurzeln je nach ihrer Größe begießen!' (sie) herausgerissen und die Wurzeln je nach ihrer Größe mit Wasser begossen. Dadurch ist diese Stelle kahl geworden." Die Mönche begaben sich zum Meister und berichteten ihm die Angelegenheit. Der Meister sprach: „O Mönche, nicht nur jetzt, sondern auch (schon) früher war der junge Mann ein Parkfrevler." (Und) er zitierte aus der Vergangenheit:

„Als vorzeiten in Benares Brahmadatta die Herrschaft ausübte, wurde ein Fest ausgerufen. Der Parkgärtner (dachte:) ‚Ich werde mich auf dem Fest belustigen!' und sprach zu den den Park bewohnenden Affen: ‚Dieser Park ist euch von großem Nutzen. Ich möchte mich sieben Tage lang auf dem Fest vergnügen. Ihr sollt am siebenten Tage auf die jungen Triebe Wasser gießen.' ‚Gut!' stimmten sie zu. Er gab ihnen Lederschläuche und ging fort. Die Affen gossen Wasser und begossen (auch) die jungen Triebe. Da sprach der Älteste der Affen: ‚Kommt mal her! Wasser ist allzeit schwer zu bekommen; man muß es sparen. Reißt die jungen Triebe heraus und erkundet die Größe der Wurzeln! Auf die mit langen Wurzeln (versehenen Triebe) müßt ihr viel, auf die mit gering (entwickelten) Wurzeln (versehenen) wenig Wasser gießen.' ‚Gut!' sagten sie, rissen einige junge Triebe heraus und gingen; einige pflanzten sie (wieder) ein und begossen sie mit Wasser.

Zu dieser Zeit war der Bodhisatta in Benares Sohn einer (vornehmen) Familie. Aus irgendeinem Grund ging er in den Park, sah die Affen, wie sie dies (eben Geschilderte) taten, und fragte: ‚Wer läßt euch solches tun?' ‚Der Älteste der Affen', sprachen sie. ‚Der Älteste von euch hat eine solche Einsicht — wie wird (da erst) eure sein?' Indem er diesen Satz verkündete, sprach er die erste Strophe:

'Wer fürwahr von allen diesen
der Vornehmste ist (und) geehrt (wird),
der hat eine solche Einsicht –
wie ist es (da) bei den anderen Wesen?'

Als die Affen seine Rede gehört hatten, sprachen sie die zweite Strophe:

'Nur deshalb, Brahmane, tadelst du uns,
weil du (den Sachverhalt) nicht kennst.
Denn ohne die Wurzel gesehen zu haben –
wie können wir wissen, wie der Baum gegründet ist?'

Als das der Bodhisatta hörte, sprach er die dritte Strophe:

'Nicht tadle ich euch
oder die anderen Affen im Hain.
Vissasena fürwahr ist zu tadeln,
für den die Bäume gepflanzt sind.'"

Nachdem der Meister diese Lehrgeschichte angeführt hatte, verband er das Jātaka (mit der aktuellen Angelegenheit:) „Damals war der Älteste der Affen der den Park schädigende junge Mann; der weise Mann aber war ich."

Nr. 294: Die Geschichte vom Rosenapfelesser (Jambukhādaka-Jātaka)

„Wer ist dies, dessen volle Stimme lieblich..." Dies erzählte der Meister, als er im Velu-Hain weilte, in bezug auf Devadatta und Kokālika. Als damals nämlich Devadattas Einkünfte und Ehren dahinschwanden, begab sich Kokālika in die (vornehmen) Familien und sprach über Devadattas Vortrefflichkeit: „Der Thera Devadatta aus der Linie des Mahāsammata ist aus der Königsfamilie des Okkāka gebürtig, in einem ununterbrochenen (vornehmen) Kriegergeschlecht aufgewachsen. (Er kennt) die drei Hauptteile des Kanons, ist fähig zur Meditation, führt eine honigreiche Rede, ist ein Darleger der Lehre. Gebt! Unterstützt den Thera!" Devadatta wiederum sprach über Kokālikas Vortrefflichkeit: „Kokālika ist von einer Brahmanenfamilie des Nordens weggegangen und (als Mönch) hinausgezogen. Er ist hochbegabt, ein Darleger der Lehre. Gebt! Unterstützt den Kokālika!" Indem so einer des anderen Vortrefflichkeit rühmte, trieben sie sich speisend in den Häusern der (vornehmen) Familien herum. Da brachte man eines Tages in der Lehrhalle ein Gespräch auf: „Freund, Devadatta und Kokālika rühmen einander nicht vorhandene Vortrefflichkeit nach, während sie sich speisend herumtreiben." Der Meister kam heran und fragte: „Zu welchem Gespräch, o Mönche, habt ihr euch wohl hier jetzt niedergelassen?" — „Zu dem und dem!" sprachen sie. „O Mönche", sagte er, „nicht nur jetzt verkünden diese (beiden ihre) nicht vorhandene Vortrefflichkeit und speisen; auch (schon) früher haben sie so gespeist." (Und) er zitierte aus der Vergangenheit:

„Als vorzeiten in Benares Brahmadatta die Herrschaft ausübte, wurde der Bodhisatta in einem Rosenapfelbaum-Hain als Baumgottheit wiedergeboren. Dort verzehrte eine auf einem Rosenapfelbaumzweig sitzende Krähe Rosenapfelfrüchte. Da kam ein Schakal herbei, blickte nach oben, sah die Krähe (und dachte:) ‚Da werde ich mal die nicht vorhandene Vortrefflichkeit dieser (Krähe) rühmen, damit ich die Rosenäpfel verzehren kann!' Indem er die Vortrefflichkeit der (Krähe) pries, sprach er diese Strophe:

‚Wer ist dies, dessen volle Stimme
lieblicher (klingt) als der Sänger Bester?
Ständig auf dem Rosenapfelzweig (sitzend),
singt fürwahr er wie ein junger Pfau!'

Darauf sprach zu ihm die das Lob erwidernde Krähe die zweite Strophe:

‚Nur ein Sproß aus (vornehmer) Familie ist imstande,
die aus (ebensolcher) Familie Stammenden zu loben.
Du, dessen Aussehen einem jungen Tiger gleicht,
genieße, Lieber, was ich dir gebe!'

Nachdem sie so gesprochen hatte, schüttelte sie einen Rosenapfelzweig und ließ die Früchte hinunterfallen. Da gewahrte die in diesem Rosenapfelbaum wohnende Baumgottheit, wie die beiden ihre nicht vorhandene Vortrefflichkeit rühmten und die Rosenäpfel verzehrten, und sie sprach die dritte Strophe:

‚Seit langem sehe ich,
wie (diese) Falschredner sich zusammentun.
Die Fresserin von Erbrochenem,
der Fresser von Leichen beloben noch einander!'

Und nachdem sie diese Strophe gesprochen hatte, zeigte die Gottheit eine furchterregende Erscheinung; daraufhin liefen die (beiden) davon."
Nachdem der Meister diese Lehrgeschichte angeführt hatte, verband er das Jātaka (mit der aktuellen Angelegenheit:) „Damals war der Schakal Devadatta, die Krähe war Kokālika, die Baumgottheit aber war ich."

Nr. 453: Die Geschichte vom großen Glück (Mahāmaṅgala-Jātaka)

„Was soll ein Mann..." Dies erzählte der Meister, als er im Jeta-Hain weilte, in bezug auf die Lehrrede vom großen Glück. In der Stadt Rājagaha nämlich stand inmitten einer großen Volksmenge, die sich aus irgendeinem Grund in der Versammlungshalle zusammengefunden hatte, ein Mann auf, (sprach:) „Heute ist für mich ein Glückstag!" und ging. Ein anderer, der dessen Rede vernommen hatte, sprach: „Dieser hat ‚Glück' gesagt und ist gegangen – was ist denn überhaupt Glück?" Zu ihm sprach ein anderer: „Was das Aussehen einer glückverheißenden Gestalt hat, ist Glück. Mancher steht beizeiten auf und sieht entweder einen vollkommen weißen Stier oder eine schwangere Frau oder einen roten Fisch oder eine volle Schüssel oder frisch zubereitete Kuhbutter oder ein (noch) nicht getragenes Gewand oder Milchreis – ein höheres Glück als dies fürwahr gibt es nicht." Einige lobten das von diesem Gesagte mit „Wohl gesprochen!".
Ein anderer (aber) sprach: „Nicht das ist glückbringend. Das Gehörte fürwahr ist glückbringend. Mancher nämlich hört sagen: ‚Es ist aufgefüllt!', dann hört er: ‚Es ist fertig!', ‚Es wird zubereitet!' (Schließlich) hört er sagen: ‚Speise!', ‚Verzehre!' – ein höheres Glück als dies fürwahr gibt es nicht." Auch das von diesem Gesagte lobten einige mit „Wohl gesprochen!".

(Wieder) ein anderer sprach: „Nicht das ist glückbringend. Das Gefühlte fürwahr ist glückbringend. Mancher steht beizeiten auf und berührt die Erde; er berührt grünes Gras, feuchten Kuhmist, ein vollkommen reines Gewand, einen roten Fisch, Gold und Silber, eine Speise – ein höheres Glück als dies fürwahr gibt es nicht." Auch das von diesem Gesagte lobten einige mit „Wohl gesprochen!".

So wurden die das Sehen für glückbringend Haltenden, die das Hören für glückbringend Haltenden, die das Fühlen für glückbringend Haltenden zu drei Parteien, die untereinander zu keiner Übereinkunft gelangen konnten. Von den Erdgottheiten angefangen bis zur Brahmawelt erkannten sie nicht das Wesen (dessen, wovon man sagt:) „Dies ist Glück!" Sakka überlegte: „Diese Frage nach dem Glück ist in der Welt einschließlich der Götter niemand sonst außer dem Erhabenen zu klären fähig. Dem Erhabenen werde ich mich nahen (und ihm diese) Frage stellen."

Zur Nachtzeit nahte er sich dem Meister, grüßte, legte die Hände aneinander und stellte die Frage: „Viele Götter und Menschen..." Da legte ihm der Meister in zwölf Strophen die achtzehn großes Glück bedeutenden (Dinge) dar. Während er die Lehrrede vom Glück der Reihe nach vortrug, gelangten hundert Millionen Gottheiten (bereits in der gegenwärtigen Existenz) zur Heiligkeit; die, die zur Bekehrung und so weiter (gelangten), zu zählen gab es keine Möglichkeit. Als Sakka (die Rede über) das Glück gehört hatte, begab er sich wieder an seine Wohnstatt. Nachdem vom Meister die Glücksarten erläutert worden waren, lobte (ihn) die Welt mitsamt den Göttern mit „Wohl gesprochen!".

Damals brachte man in der Lehrhalle eine Lobpreisung auf den Vollendeten aus: „Freund, der Meister hat die den anderen unerklärbare Frage nach dem Glück geklärt, als ob er auf der Himmelsfläche den Mond hätte aufgehen lassen, indem er den Sinn der Welt mitsamt den Göttern erfaßt hat. So hochweise, o Freund, ist der Vollendete!" Der Meister kam heran und fragte: „Zu welchem Gespräch, o Mönche, habt ihr euch wohl hier jetzt niedergelassen?" – „Zu dem und dem!" sprachen sie. „O Mönche", sagte er, „es ist nicht verwunderlich, daß mir, der vollkommene Erleuchtung erlangt hat, jetzt die Klärung der Frage nach dem Glück (möglich) ist. Aber auch, als ich (noch) auf dem Weg eines Bodhisatta wandelte, löste ich (schon) bei

Göttern und Menschen die Zweifel und löste die Frage nach dem Glück." (Und) er zitierte aus der Vergangenheit:
„Vorzeiten wurde der Bodhisatta in einem Marktflecken, in der Familie eines mit großer Wohlhabenheit ausgestatteten Brahmanen, wiedergeboren. Man gab ihm den Namen ‚der junge Rakkhita'. Als er das (Erwachsenen-) Alter erreicht und in Takkasilā die Künste erlernt hatte, nahm er sich eine Frau. Nach dem Hinscheiden (seiner) Eltern verschaffte er sich einen Überblick über (seine) Schätze. Sein Gemüt wurde erschüttert; er machte eine große Spende, entsagte der Liebe und zog hinaus ins Himālaya-Gebiet. Er verwirklichte Meditation und Einsicht und nahm, indem er sich von des Waldes Wurzeln und Früchten nährte, in einem (bestimmten) Gebiet Aufenthalt. Allmählich wurde sein Anhang groß: fünfhundert Schüler! Nun begaben sich eines Tages diese Asketen zum Bodhisatta und sprachen: ‚O Lehrer! Zur Regenzeit wollen wir vom Himālaya hinabsteigen und uns zur Besorgung von Natur- und künstlichem Salz auf Wanderschaft durch das Land begeben. So wird unser Körper stark, und (unseren) Beinen wird Bewegung gemacht werden.' ‚Also dann geht ihr; ich aber werde hierbleiben!' Sie grüßten ihn, stiegen vom Himālaya hinab, begaben sich auf Wanderschaft, gelangten nach Benares und wohnten im Park des Königs. Ihnen wurde Willkommen und große Ehrung zuteil.
Nun wurde eines Tages in einer großen Volksmenge, die sich in der Versammlungshalle zusammengefunden hatte, die Frage nach dem Glück aufgeworfen. Alles verlief auf die (oben) angeführte Weise. Damals aber, als die Volksmenge niemand gewahrte, der den Zweifel zu lösen und die Frage nach dem Glück zu lösen fähig gewesen wäre, begab sie sich zum Park und stellte der Schar der Weisen die Frage nach dem Glück. Die Weisen sprachen zum König: ‚O Großkönig, wir können das nicht erklären. Doch unser Lehrer, ein hochweiser Asket namens Rakkhita, wohnt im Himālaya; er hat den Sinn der Welt mitsamt den Göttern erfaßt; er wird die Frage nach dem Glück beantworten.' Der König sprach: ‚Ihr Herren, der Himālaya ist fürwahr weit und schwer zu erreichen; wir werden (dorthin) nicht gehen können. Gut (wäre es daher) wirklich, wenn ihr euch zum Lehrer begebt, (ihm die betreffende) Frage vorlegt und, nachdem ihr Belehrung empfangen habt, zurückkehrt und uns berichtet.' ‚Gut!' stimmten sie zu, bega-

ben sich zum Lehrer und fanden freundliches Willkommen. Vom Lehrer nach der Rechtlichkeit des Königs und nach der Wanderschaft durch das Land befragt, erzählten sie die Geschichte, von den das Sehen für Glück Haltenden und so weiter angefangen. Sie legten dar, daß sie auf Ersuchen des Königs selbst, um (die Antwort auf die betreffende) Frage zu hören, gekommen seien und baten: ‚Gut für uns, o Herr, wäre es, wenn Ihr uns die Frage nach dem Glück klarmachen und erläutern würdet.' Indem danach der älteste Schüler den Lehrer fragte, sprach er die erste Strophe:

‚Was soll ein Mann auswendig hersagen zur (rechten) Zeit –
welchen Veda(vers), was für einen Spruch?
Was soll der Sterbliche in dieser und in jener Welt
für ein Werk vollbringen, um der Wohlfahrt sicher zu sein?'

Indem (ihm) so von seinem ältesten Schüler die Frage nach dem Glück vorgelegt wurde, sprach der Meister, damit bei Göttern und Menschen den Zweifel ausrottend: ‚Das und das ist das Glück!' und erläuterte mit Buddhawürde das Glück:

‚Wer alle Götter und Ahnen
wie auch Schlangen und (überhaupt) alle Lebewesen
voll Liebe stets in Ehren hält,[179]
der findet bei allen Wesen Wohlfahrt.'

Nachdem so das Große Wesen das erste (Kennzeichen des) Glücks erläutert hatte, sprach es, das zweite und die anderen erläuternd, diese Strophen:

‚Wer gegen alle Welt von demütigem Verhalten ist,
gegen Frau, Mann wie auch Kind,
geduldig ist gegenüber böser Rede, ohne zu widersprechen –
(solche) Geduld führt ihn zur Wohlfahrt.

Wer nicht verachtet die Gefährten,
aufgrund von Bildung, Familie, Geld und Abstammung,
klaren Verstandes ist, zur rechten Zeit weise,
findet fürwahr bei den Gefährten Wohlfahrt.

Wer wahre Freunde hat, die vertrauensvoll sind,
von ihm niemals belogen wurden,
wer ohne Freundestrug das Geld (mit ihnen) teilt,
findet fürwahr bei den Freunden Wohlfahrt.

Wer eine Gattin hat von gleichem Alter, einträchtig,
gehorsam, das Recht liebend und fruchtbar,
von guter Herkunft, tugendsam, dem Gatten ergeben,
findet fürwahr bei den Frauen Wohlfahrt.

Wessen König ein ruhmvoller Herr der Geschöpfe ist,
der die Reinheit kennt wie auch das Streben,
der haßlos (spricht:) »Dieser ist mein Freund!«,
findet fürwahr bei den Königen Wohlfahrt.

Wer Speise und Trank hingibt gläubig,
auch Kränze, Wohlgerüche und Salben,
frommen Gemütes, freudvoll,
findet fürwahr in den Himmeln Wohlfahrt.[180]

Wen die Gereiften mit der edlen Wahrheit erfüllen,
erfreuend (ihn) mit (ihrem) Umgang als Wahrhaftige,
die hochgelehrten Weisen, die tugendsamen,
der findet inmitten der Heiligen Wohlfahrt.‘

So erklärte das Große Wesen, indem es das Verkünden der Heiligkeit als Gipfelpunkt faßte, in acht Strophen die Glücksmerkmale. Die Preisung der Glücksmerkmale vornehmend, sprach es dann die Schlußstrophe:

‚Dies sind die Arten der Wohlfahrt in der Welt,
die von den Weisen gepriesenen, glücklich für die Sinne.[181]
Ihnen folgt hienieden der verständige Mann,
denn nicht in einem (einzelnen) Glück liegt die Wahrheit.‘

Nachdem die Weisen die Glücksarten vernommen hatten, verabschiedeten sie sich nach dem Ablauf von sieben oder acht Tagen von (ihrem) Lehrer und kehrten zurück. Der König begab sich zu ihnen und fragte sie. Sie klärten (seine) Frage nach dem Glück auf die Weise, wie sie der Lehrer geklärt hatte, und begaben sich wieder in den Himālaya. Von da an war auf der

Welt das (Wesen des) Glücks bekannt. Nach dem Betätigen der glückbringenden (Handlungen) gelangten sämtliche Verstorbenen auf den Pfad zum Himmel. Nachdem der Bodhisatta die geistigen Vollkommenheiten verwirklicht hatte, wurde er mit der Schar der Weisen in der Brahmawelt wiedergeboren."

Nachdem er diese Lehrgeschichte herangezogen hatte, sprach der Meister: „O Mönche, nicht erst jetzt, auch (schon) früher habe ich die Frage nach dem Glück geklärt." Damit verband er das Jātaka (mit der aktuellen Angelegenheit:) „Damals war die Schar der Weisen die Buddha-Gemeinde, der die Frage nach dem Glück stellende älteste Schüler war Sāriputta, der Lehrer aber war ich."

Nr. 473: Die Geschichte vom Freund und vom Feind (Mittāmitta-Jātaka)

„Was für Taten sind zu tun ..." Dies erzählte der Meister, als er im Jeta-Hain weilte, in bezug auf einen nützlich wirkenden Minister des Kosala-Königs. Dieser (Minister) war dem König tatsächlich von großem Nutzen. Daher erwies ihm der König außerordentliche Ehre. Die übrigen (Höflinge) ertrugen das nicht und verleumdeten ihn: „O Herrscher, der Minister Soundso handelt zu Eurem Schaden!" Der König überprüfte, sah keinerlei Schlechtigkeit und dachte: „Ich sehe an ihm keinerlei Schlechtigkeit. Wie kann ich da wohl erkennen, ob er ein Freund oder ein Feind ist?" (Er überlegte weiter:) „Diese Frage kann ein anderer als der Vollendete nicht lösen; ich werde hingehen und (ihn) fragen." Nach dem Frühstück begab er sich zum Meister und fragte: „Herr, wie kann man jemandes Freund- oder Feindverhalten zu einem selbst erkennen?" Da sprach zu ihm der Meister: „Auch früher (schon), o Großkönig, dachten Weise über diese Frage nach und fragten (andere) Weise. Durch deren Erläuterung erkannten sie es, mieden die Feinde und dienten den Freunden." Darum gebeten, zitierte er aus der Vergangenheit:

„Als vorzeiten in Benares Brahmadatta die Herrschaft ausübte, war der Bodhisatta sein ihn in weltlichen und geistlichen (Dingen) beratender Minister. Damals verleumdeten beim König von Benares die anderen (Höflinge) einen nützlich wirkenden Minister. Der König, an ihm keine Schlechtigkeit sehend, fragte das Große Wesen: ,Wie ist es wohl möglich, einen Feind oder Freund zu erkennen?' und sprach die erste Strophe:

,Was für Taten sind zu tun, wie muß der Weise streben,
daß einen Feind der Kluge erkenne,
wenn er (ihn) sieht und hört, der Weise?'

Ihm die Kennzeichen eines Feindes erläuternd, sprach das Große Wesen diese fünf Strophen:

,Er lacht ihn nicht an, wenn er (ihn) sieht,
und er grüßt ihn nicht.
In die Augen blickt er ihm nicht
und er verhält sich widerspenstig.

Den Feinden des (anderen) gesellt er sich zu,
die Freunde desselben ehrt er nicht.
Die (ihn) preisen wollen, hält er fern;
die (ihn) beschuldigen, lobt er.

Ein Geheimnis erzählt er ihm nicht,
dessen Geheimnis (aber) verbirgt er nicht.
Eine Tat von ihm preist er nicht;
seine Einsicht lobt er nicht.

Über sein Unglück freut er sich,
über sein Glück freut er sich nicht.
Wenn er ein wunderbares Essen erhalten
und der andere nichts bekommen hat,
hat er mit ihm kein Mitgefühl,
daß er auch etwas erhalte.

Dies sind die sechzehn[182] Merkmale,
die beim Feind hervortreten;
an diesen kann den Feind erkennen
beim Sehen und Hören der Weise.'

Mit dieser Strophe wurde (der Bodhisatta) wiederum nach den Kennzeichen von Freunden befragt:

,Was für Taten sind zu tun, wie muß der Weise streben,
daß einen Freund der Kluge erkennt,
wenn er (ihn) sieht und hört, der Weise?'

(Daraufhin) sprach er die restlichen Strophen:

‚An den fern Weilenden denkt er,
über den Zurückkehrenden freut er sich.
Er ist ihm erwünscht;
mit (froher) Rede begrüßt er (ihn).

Den Freunden des (anderen) gesellt er sich zu;
die Feinde desselben ehrt er nicht.
Die (ihn) beschuldigen, hält er fern;
die (ihn) preisen wollen, lobt er.

Auch ein Geheimnis erzählt er ihm,
dessen Geheimnis aber verbirgt er.
Eine Tat von ihm preist er,
und er lobt seine Einsicht.

Und über sein Glück freut er sich,
über sein Unglück freut er sich nicht.
Wenn er ein wunderbares Essen erhalten
und der andere nichts bekommen hat,
so hat er mit ihm Mitgefühl,
daß er auch etwas erhalte.

Dies sind die sechzehn[182] Merkmale,
die beim Freund klar hervortreten.
An diesen kann den Freund erkennen
beim Sehen und Hören der Weise.‘

Der König war über die Rede des Großen Wesens hocherfreut und erwies ihm große Ehre."
Nachdem der Meister diese Lehrgeschichte herangezogen hatte, sprach er: „So, o Großkönig, wurde auch früher (schon) diese Frage aufgeworfen; Weise gaben die Erklärung. An diesen zweiunddreißig Merkmalen sind Feind und Freund zu erkennen." (Und) er verband das Jātaka (mit der aktuellen Angelegenheit:) „Damals war der König Ānanda, der weise Minister aber war ich."

Nr. 477: Die kurze Geschichte von Nārada (Cullanārada-Jātaka)

„Nicht wurden von dir die Holzscheite gespalten ..." Dies erzählte der Meister, als er im Jeta-Hain weilte, in bezug auf die Verführung durch ein üppiges Mädchen.[183] Eine in Sāvatthī wohnende Familie hatte nämlich eine sechzehnjährige Tochter, die eine Schönheit geworden war. Aber niemand erwählte sie (zur Gattin). Da dachte ihre Mutter: „Meine Tochter hat das (Erwachsenen-) Alter erreicht, aber niemand erwählt sie (zur Gattin). Wie mit dem Köder einen Fisch, werde ich durch sie einen Sākiya-Mönch verführen lassen, damit er das Mönchsdasein aufgibt. (Dann) werden wir von ihm leben."

Damals hatte ein in Sāvatthī wohnender Sohn aus (vornehmer) Familie der Lehre (Buddhas sein) Herz geschenkt und war (als Mönch) hinausgezogen. (Aber) nach dem Zeitpunkt der Ordensweihe gab er den Wunsch nach Belehrung auf, wurde faul und lebte (nur noch) dem Schmuck (seines Körpers).

Die große Laienschwester[184] bereitete im Haus Reismilch und allerlei feste und weiche Speisen. (Dann) stellte sie sich an die Tür und schaute unter den auf der Straße gehenden Mönchen nach einem aus, dessen Aussehen eine Möglichkeit (böte), ihn durch Genußlust zu fesseln und an sich zu ziehen. Unter den Trägern (des Wissens) vom Tipiṭaka, vom Vinaya und Abhidhamma, die mit großem Gefolge einherschritten, sah sie keinen, der ihrem Griff zugänglich gewesen wäre. Unter den dahinter Schreitenden, die die süße Lehre verkündeten und die geborstenen Gewitterwolken gleich Almosen sammelten, fand sie ebenfalls niemand. Da sah sie einen Mann kommen; er hatte sich die Augen bis über die Augenwinkel hinaus gesalbt, ließ die Haare herabhängen, trug ein Untergewand aus hochfeinem Stoff und hatte ein ausgeklopftes, gereinigtes Gewand darübergezogen; die Almosenschale hatte die Farbe von Juwelen; er trug einen wunderschönen Sonnenschirm; seine Sinne waren gelöst, der Körper durchtrainiert. „Diesen Mann kann man gewinnen!" sprach sie (zu sich), begrüßte (ihn und) nahm (ihm) die Almosenschale ab. „Kommt, o Herr!" (sprach sie), geleitete ihn ins Haus und ließ ihn Platz nehmen. Nachdem sie ihn mit Reismilch und so weiter bewirtet hatte, sagte sie nach Beendigung der Mahlzeit: „Herr, von jetzt an möget Ihr nur

noch hierherkommen!" Und so ging er von da an nur noch dorthin und wurde in der Folgezeit zu einem Vertrauten.
Eines Tages stellte sich die große Laienschwester in seiner Hörweite hin und sprach: „In diesem Haus gibt es hinreichend Genuß; einen Sohn oder einen Schwiegersohn aber, der als solcher das Haus zu verwalten geeignet wäre, habe ich nicht." Als er deren Rede vernommen hatte, (fragte sich der Mönch:) „Aus welchem Grund spricht sie wohl so?", und es war ihm ein bißchen so, als würde das Herz durchbohrt. Sie sprach (nun) zu (ihrer) Tochter: „Verführe ihn und bring ihn in deine Gewalt!" Von da an verführte sie ihn, entzückend geschmückt, mit weiblicher Koketterie und Charme. ‚Ein üppiges Mädchen' aber soll nicht einen dicken Körper bedeuten; ob sie dick ist oder mager: Eine in der Begierde nach den fünf Arten der Liebe Üppige wird ein üppiges Mädchen genannt.
Als der Jüngling in die Gewalt der (fleischlichen) Sünde geraten war, dachte er: „Jetzt werde ich nicht (länger) auf die Buddha-Lehre gestützt sein können." Er ging ins Kloster, gab Almosenschale und Ordensgewand ab und sprach zu den Lehrern und geistlichen Beratern: „Unzufrieden bin ich!" Sie führten ihn zum Meister und teilten (diesem) mit: „O Herr, dieser Mönch ist unzufrieden." Der Meister fragte: „Ist es wahr, daß du, o Mönch, unzufrieden bist?" – „Es ist wahr, o Herr!" – „Wodurch bist du unzufrieden geworden?" – „Durch ein üppiges Mädchen, o Herr!" sagte (der Mönch). (Der Meister) sprach: „O Mönch, auch früher (schon) hat sie dir, der (damals) im Wald wohnte, ein Hindernis für den frommen Wandel bereitet und großen Schaden verursacht. Warum bist du wiederum durch sie unzufrieden geworden?" Von den Mönchen gebeten, zitierte er aus der Vergangenheit:
„Als vorzeiten in Benares Brahmadatta die Herrschaft ausübte, wurde der Bodhisatta im Kāsi-Reich in einer sehr wohlhabenden Brahmanenfamilie wiedergeboren. Nachdem er die Künste erlernt hatte, führte er das Leben eines Hausvaters. Da starb seine Frau, nachdem sie einen Sohn zur Welt gebracht hatte. Er überlegte: ‚So wie bei meiner lieben Frau wird sich auch bei mir der Tod nicht scheuen. Was soll mir (noch) das häusliche Leben? Ich werde (als Mönch) hinausziehen!' Er entsagte den sinnlichen Freuden, zog mit (seinem) Sohn zum Himālaya, zog mit ihm hinaus in die Wanderschaft der Weisen und verwirklichte Meditation und Erkenntnis. Von den Wurzeln und

Früchten des Waldes sich ernährend, weilte er im Wald. Damals waren an der Grenze wohnende Räuber ins Land eingedrungen, hatten ein Dorf überfallen und Sklaven gemacht. (Diese) beluden sie mit den Beutestücken und zogen wieder in das Grenzgebiet. Unter den (Gefangenen) war ein außerordentlich schönes Mädchen, das mit der Kenntnis von (allerlei) Betrügereien ausgestattet war. (Das Mädchen) überlegte: ‚Wenn diese uns weggeführt haben, werden sie (uns) als Sklavinnen verwenden. Es ist notwendig, durch eine List zu entfliehen!' Sie sprach: ‚Ihr Herren, ich möchte eine Leibesnotdurft verrichten; ich bleibe ein bißchen zurück.' Als sie die Räuber getäuscht hatte, entfloh sie.
Als sie im Wald umherirrte, gelangte sie zur Vormittagszeit zu der Einsiedelei, als der Bodhisatta (seinen) Sohn in der Einsiedelei gelassen hatte und um allerlei Früchte (zu sammeln) gegangen war. Sie verführte den Asketenknaben durch die Liebesfreude, brach seine Tugend und brachte ihn in ihre Gewalt. Sie sprach: ‚Was soll dir das Leben im Wald? Komm, wir wollen ins Dorfleben gehen! Dort sind die sinnlichen Freuden an (schöner) Gestalt und so weiter leicht zu erlangen.' ‚Gut!' willigte er ein und sprach: ‚Mein Vater ist gerade jetzt weggegangen, um aus dem Wald allerlei Früchte zu holen. Wenn ich ihn (noch einmal) gesehen habe, wollen wir beide zusammen gehen.' Sie überlegte: ‚Dieser zarte Junge weiß (noch) nichts; sein Vater aber muß im vorgerückten Alter (als Mönch) hinausgezogen sein. Wenn der herkommt, (wird er fragen:) »Was machst du hier?«, wird mich schlagen, am Fuß packen, hinauswerfen und in den Wald schleudern. Solange er (noch) nicht gekommen ist, werde ich die Flucht ergreifen.' Sie sprach zu dem (jungen Mann): ‚Ich gehe voraus; du magst hinterherkommen!', machte (ihn) mit dem Weg bekannt und ging los.
Vom Zeitpunkt ihres Wegganges an wurde (der Jüngling) von Schwermut befallen. Ohne wie früher etwas Notwendiges zu tun, lag er, das Haupt verhüllt, in der Laubhütte kummervoll darnieder.
Als das Große Wesen mit etlichen Früchten herbeikam, sah es die Fußspur (des Mädchens) und dachte: ‚Das ist die Fußspur eines Frauenzimmers; diese (Frau) wird meinem Sohn die Tugend geraubt haben!' (Der Bodhisatta) betrat die Laubhütte, legte die verschiedenen Früchte hin und sprach, den Sohn fragend, die erste Strophe:

‚Nicht wurden von dir die Holzscheite gespalten,
nicht wurde von dir Wasser herbeigetragen,
Feuer wurde auch nicht von dir angezündet –
was siechst du so träge dahin?‘

Als (der Jüngling) des Vaters Rede gehört hatte, stand er auf, begrüßte den Vater, verkündete ehrerbietig, das Wohnen im Wald nicht auszuhalten, und sprach ein Strophenpaar:

‚Ich halte es nicht aus, im Wald zu wohnen,
o Kassapa, das sage ich dir.
Unglück ist das Wohnen im Wald;
in das (bewohnte) Reich wünsche ich zu gehen.
Damit ich, von hier gegangen, in welchem Land
(auch immer meine) Wohnstatt (sein wird),
(rechten) Wandel, Brahmane, erlerne –
den rechten Weg lehre mich!‘

Das Große Wesen sagte: ‚Gut, Söhnchen, ich werde dir den Wandel im Land[185] auseinandersetzen!‘ und sprach ein Strophenpaar:

‚Wenn du den Wald aufgibst
und des Waldes Wurzeln und Früchte
und es dir gefällt, im Reich zu wohnen,
(dann) beachte diese meine Richtlinie:
Dem Gift ergib dich nicht, den Abgrund meide,
und im Sumpf laß dich nicht nieder
und hüte dich vor Giftschlangen!‘

Der Asketenknabe verstand den Sinn (dieser) kurzgefaßten Rede nicht und fragte:

‚Was ist denn Gift oder Abgrund
oder Sumpf für fromm Wandelnde?
Wen sprichst du als Giftschlange an?
Von mir befragt, erkläre es!‘

Der andere aber erklärte ihm:

‚Einen Saft, Söhnchen, (gibt es) auf der Welt;
er wird Branntwein genannt,
entzückend (ist er), duftend, angenehm,
im Geschmack etwas Süßem vergleichbar.
Als Gift bezeichnen ihn die Edlen
für einen fromm Wandelnden, o Nārada!

Die Frauen, Söhnchen, auf der Welt
erregen (selbst) den Ermatteten;
sie packen des Jünglings Gemüt,
wie eine abgefallene Baumwollflocke der Sturmwind.
Als Abgrund werden sie bezeichnet
für einen fromm Wandelnden, o Nārada!

Gewinn, Ruhm, Ehre,
Verehrung bei anderen Familien –
als Sumpf werden sie bezeichnet
für einen fromm Wandelnden, o Nārada!
Mit den Waffen, Söhnchen, beherrschen die Könige diese Erde;
solche Menschenfürsten sind mächtig, Söhnchen Nārada!

Bei Herrschern, Oberherren,
solltest du nicht zu Füßen wandeln;
als Giftschlangen werden sie bezeichnet
für einen fromm Wandelnden, o Nārada![186]

Wenn du, um zu essen,
zur Essenszeit in ein Haus gehst
und dort ist Heilsames erkennbar,
(dann) kehre dort ein, um zu essen!

Wenn du bei einer anderen Familie eintrittst,
um zu trinken oder zu essen,
so iß maßvoll, genieße maßvoll;
richte nicht auf (Frauen-) Schönheit den Geist!

Rinderweiden,[187] berauschende Getränke,
Betrüger, Kneipen und Läden –
fern halte (von dir) diese
wie einen unebenen Weg!'

Während der Vater so sprach und sprach, erlangte der Jüngling die Besinnung wieder und sprach: ‚Väterchen, ich habe genug vom Bereich der Menschen!' Daraufhin belehrte ihn sein Vater in der Ausübung von Liebe und anderen (Tugenden). Der (Jüngling) hielt fest an der Ermahnung des (Vaters) und verwirklichte wenig später Meditation und Erkenntnis. Und beide, Vater und Sohn, gelangten in unaufhörlicher Meditation in die Brahmawelt."

Nachdem der Meister diese Lehrgeschichte herangezogen hatte, verband er das Jātaka (mit der aktuellen Angelegenheit:) „Damals war diese junge Frau das üppige Mädchen, der Asketenknabe war der unzufriedene Mönch, der Vater aber war ich."

Nr. 527: Die Geschichte von Ummadantī (Ummadantī-Jātaka)

„Wessen Wohnstatt ist dies wohl, Sunanda ..." Dies erzählte der Meister, als er im Jeta-Hain weilte, in bezug auf einen unzufriedenen Mönch. Dieser erblickte nämlich eines Tages in Sāvatthī beim Almosengang eine geschmückte und zurechtgemachte, überaus schöne Frau und verliebte sich (in sie). Indem er (sein) Gemüt nicht beruhigen konnte, ging er ins Kloster zurück. Von da an war er, gleichsam von einem Pfeil durchbohrt, krank vor Leidenschaft – das Ebenbild einer verirrten Gazelle. Er wurde mager, (so daß) die Adern am Körper hervortraten, und er wurde ganz bleich. Freudlos fand er an der Befolgung (auch nur) eines der (edlen) Pfade keine Besänftigung des Gemütes. Er mißachtete die Lehrervorschriften und hielt sich fern von Unterweisungen, Diskussionen und von der Hingabe an Meditationsübungen. Von befreundeten Mönchen wurde er gefragt: „Früher, Freund, (warst du) befriedeten Sinnes, unbefriedet ist jetzt das Aussehen (deines) Antlitzes, nicht so (wie sonst) – was ist denn die Ursache?" Er sprach: „Freunde, freudlos bin ich!" Da ermahnten sie ihn: „Freue dich, Freund! Die Geburt als Buddha ist schwer zu erlangen, ebenso das Hören der wahren Lehre und das Treten in die Existenz als Mensch. Nachdem du die Existenzform eines Menschen erlangt hast, hast du, dem Leiden ein Ende machen wollend, die mit tränendem Antlitz (jammernde) Verwandtschaft verlassen und bist vertrauensvoll (als Mönch) hinausgezogen. Aus welchem Grund hast du dich in die Gewalt der Lüste begeben? Diese Lüste sind doch, von den Erdwürmern angefangen, allen törichten Geschöpfen gemeinsam; auch ihre Ursachen machen unzufrieden. Die Sinnesbegierden (verursachen) viel Leid, viel Verzweiflung; die Gefahr (wird) in dem Fall immer größer. Einem Knochengerüst vergleichbar sind die Sinnesbegierden, einem Stück Fleisch vergleichbar sind die Sinnesbegierden, einer Grasfackel vergleichbar sind die Sinnesbegierden, einer Kohlengrube vergleichbar sind die Sinnesbegierden, einem Traum vergleichbar sind die Sinnesbegierden, Abgebetteltem vergleichbar sind die Sinnesbegierden, einer Baumfrucht vergleichbar, einer Speerspitze vergleichbar, einem Schlangenkopf vergleichbar sind die Sinnesbegierden. Du bist doch in einer solchen (edlen) Lehre (als Mönch) hinausgezogen, und nun bist du in die Gewalt so unheilbringender Begierden geraten!"

Da sie (ihn aber) nicht veranlassen konnten, ihre Rede zu beherzigen, führten sie ihn zum Meister in die Lehrhalle. Er sprach: „Warum, o Mönche, bringt ihr den Mönch her, (obwohl) er es nicht wünscht?" – „Dieser ist nämlich unzufrieden!" sprachen sie. Der Meister fragte: „Ist das wohl wahr?" – „Es ist wahr!" sprach (der Mönch). (Der Meister) sprach: „O Mönch, wenn die alten Weisen, obwohl sie ein Königreich beherrschten, von irgendeiner Begierde heimgesucht wurden, gerieten sie (zunächst) in deren Gewalt; (doch) zügelten sie (ihr) Gemüt und taten nichts Unpassendes." (Und) er zitierte aus der Vergangenheit:

„Vorzeiten übte im Sivi-Reich, in der Stadt Ariṭṭhapura, ein König namens Sivi die Herrschaft aus. Der Bodhisatta wurde im Schoß von dessen Hauptgemahlin wiedergeboren. Man gab ihm den Namen Sivi-Prinz. Auch dem Heerführer wurde ein Sohn geboren; diesem gab man den Namen Ahipāraka. Die beiden nun wuchsen in Freundschaft auf; als sie sechzehn Jahre alt geworden waren, gingen sie nach Takkasilā und studierten die Kunst.[188] (Danach) kehrten sie zurück. Der König übergab seinem (Sohn) die Herrschaft; dieser wiederum setzte Ahipāraka in das Amt des Heerführers ein. Gerecht übte er die Herrschaft aus.

In dieser Stadt nun wurde einem an Geld acht Millionen besitzenden Großkaufmann namens Tirīṭavaccha auch (ein Kind, nämlich) eine Tochter geboren. Diese war von höchster

Schönheit und Lieblichkeit und war mit Glückszeichen versehen. Am Tag ihres Namensempfanges gab man ihr den Namen Ummadantī. Im Alter von sechzehn Jahren übertraf sie menschliche Schönheit und war wunderschön wie eine himmlische Nymphe. Die Durchschnittsmenschen konnten, wer sie auch immer sah, sich aus eigener Kraft nicht halten: Sie waren betäubt von einem Rausch fleischlicher Begierde wie vom Rausch des Branntweintrunkes; sie waren nicht imstande, zur Besinnung zurückzufinden.

Da begab sich ihr Vater Tirīṭavaccha zum König und sprach: ‚O Herrscher, in meinem Haus ist ein Frauenjuwel erstanden, (das) selbst für den König passend (wäre). Entsendet (zu ihr) Vorzeichendeuter, laßt sie sie untersuchen, (und dann) handelt nach Belieben!' Der König sagte: ‚Gut!' und entsandte (kundige) Brahmanen. Diese gingen zum Haus des Großkaufmanns, wurden ehrenvoll bewillkommnet und ergötzten sich an Milchreis. In diesem Augenblick kam Ummadantī, mit allem Schmuck angetan, in ihre Nähe. Als die (Brahmanen) sie sahen, vermochten sie nicht, zur Besinnung zurückzufinden; von fleischlicher Begierde wurden sie berauscht. Sie merkten nicht, daß sie das Essen unterbrachen; die einen nahmen einen Bissen im Bewußtsein: ‚Wir wollen (ihn) verzehren!' und legten ihn auf den Kopf; andere steckten ihn in die Achselhöhlen; (wieder) andere warfen (ihn) gegen die Wand – (kurz,) alle waren berauscht. Sie sah diese (Brahmanen und sprach:) ‚Die wollen tatsächlich mein Kennzeichen untersuchen; packt sie an der Kehle und werft sie hinaus!' und ließ sie hinauswerfen. Diese wurden ärgerlich, begaben sich, über Ummadantī erzürnt, zur Residenz des Königs und sprachen: ‚O Herrscher, diese Frau ist ein Unglücksrabe und für Euch nicht geeignet.' Der König (dachte:) ‚Sie ist tatsächlich ein Unglücksrabe!' und ließ sie (demzufolge) nicht holen.

Als sie von dieser Angelegenheit hörte, sprach sie: ‚Ich bin wirklich ein Unglücksrabe und vom König nicht (zur Frau) genommen worden; so sehen eben die Unglücksraben aus.' (Und sie dachte:) ‚Nun wohl, wenn ich den König sehen werde, werde ich es (genau) wissen!' und verfiel gegen ihn in Haß. Darauf gab sie (ihr) Vater dem Ahipāraka; sie wurde ihm lieb und angenehm.

Durch[189] welcher Tat Frucht aber war sie so wunderschön? Durch das Spenden eines roten Gewandes. Vorzeiten war sie

nämlich in Benares in einer armen Familie wiedergeboren worden. An einem Festtag sah sie tugendsame Frauen; sie waren mit durch Safflor rot(gefärbten) Gewändern bekleidet und feierten geschmückt. Sie bekam (nun) Lust, (ebenfalls) mit einem solchen Gewand bekleidet zu feiern, und teilte das ihren Eltern mit. Diese sprachen: ‚Liebling, wir sind arm, woher (sollen) uns (die Mittel) zu einem solchen Kleid (kommen)?‘ Sie erwiderte: ‚Also dann erlaubt mir, daß ich in einer wohlhabenden Familie für Lohn diene; wenn sie meine Tüchtigkeit kennen, werden sie (mir ein solches Kleid) geben.‘ Von den (Eltern) ermächtigt, begab sie sich zu einer Familie und sprach: ‚Für ein mit Safflor rot(gefärbtes) Kleid werde ich (hier) Dienst tun.‘ Sie erwiderten: ‚Wenn du drei Jahre (deine) Arbeit getan hast und wir deine Vorzüge kennen, werden wir (es dir) geben.‘ ‚Gut!‘ stimmte sie zu und nahm die Arbeit auf.
Nachdem man ihre Tüchtigkeit kennengelernt hatte, gab man ihr, als die drei Jahre noch nicht vollendet waren, ein festes, mit Safflor rot(gefärbtes) Gewand und dazu noch ein anderes Gewand und schickte sie los (mit den Worten:) ‚Geh mit deinen Freundinnen, (und) wenn du gebadet hast, kleide dich an!‘ Sie ging (also) mit den Freundinnen los, legte das rote Gewand ans Ufer und badete.
In diesem Augenblick gelangte ein Schüler des mit zehn Kräften ausgestatteten Kassapa, dessen Ordensgewand gestohlen worden war und der (deshalb) einen abgebrochenen Zweig als Unter- und Obergewand benutzte, an diesen Ort. Sie sah ihn und dachte: ‚Dieser Ehrwürdige ist seines Ordensgewandes beraubt worden. Früher war auch für mich ein Untergewand, da mir (ja) keines gegeben wurde, schwer zu erlangen. Ich werde also das Gewand in zwei (Stücke) teilen und ein Stück dem Edlen geben.‘ Sie stieg (zum Ufer) hinauf, zog das Gewand an, sprach: ‚Bleibt stehen, Herr!‘, grüßte den Thera, zerteilte das Gewand und gab ihm das eine Stück. Er stellte sich zur Seite an eine verborgene Stelle, warf den abgebrochenen Zweig weg, zog den einen Zipfel als Untergewand, den anderen als Obergewand an und kam (wieder) zum Vorschein. Und sein ganzer Körper war durch den Glanz des Gewandes ein einziger Glanz wie die junge Sonne. Als sie dies sah, (dachte sie:) ‚Dieser Edle glänzte zuerst nicht. Jetzt erstrahlt er wie die junge Sonne. Auch dies werde ich ihm noch geben.‘ Sie gab ihm auch das zweite Gewandstück und brachte (folgende)

Bitte vor: ‚O Herr! In einer kommenden Existenz möchte ich Trägerin höchster Schönheit werden. Kein Mann soll, wenn er mich gesehen hat, aus eigener Kraft sich halten können; keine andere soll nämlich schöner sein als ich!' Der Thera brachte seine Erkenntlichkeit zum Ausdruck und ging fort. Sie wandelte (in der folgenden Existenz) in der Götterwelt und wurde in der Zeit (in der diese Geschichte spielt) in Ariṭṭhapura wiedergeboren. Sie wurde so schön (wie sie es gewünscht hatte).[190]

Nun rief man in dieser Stadt das Kattika-Fest[191] aus. Am Vollmondstag des (Monats) Kattika schmückte man die Stadt. Als Ahipāraka zu seinem Wachort ging, sprach er zu (seiner Frau): ‚Liebe Ummadantī, heute ist das Kattika-Fest. Wenn der König, die Stadt zur Rechten habend, (diese umfährt,) wird er zuerst an diese (unsere) Haustür kommen. Zeige dich ihm nicht! Denn wenn er dich sieht, wird er die Besinnung nicht gegenwärtig sein lassen können.' (Sie sprach) zu dem Gehenden: ‚Ich werde es mir merken!'[192] Als er (aber) gegangen war, befahl sie (ihrer) Haussklavin: ‚Wenn der König an dieses Haustor kommt, teile es mir mit!' Als nun nach dem Untergang der Sonne der Vollmond aufging, als die Stadt wie eine Götterstadt geschmückt war und in allen Richtungen die Lampen brannten, machte der König, mit allem Schmuck angetan, auf einem von wohlgezüchteten Staatsrossen gezogenen Kriegswagen, von der Schar der Minister umgeben, mit großem Gepränge eine Runde um die Stadt (mit dieser) zur Rechten. Zuerst kam er an das Haustor des Ahipāraka; dieses Haus aber war von einer rotfarbenen Mauer umgeben, geschmückt, mit Toren und Türmen versehen, schön und prächtig.

In diesem Augenblick machte die Haussklavin der Ummadantī die (gewünschte) Mitteilung. Die (Frau) ergriff einen Blumenkorb, stellte sich mit der Koketterie einer Halbgöttin ans Fenster gelehnt hin und warf dem König die Blumen zu. Dieser blickte zu ihr empor, konnte die Besinnung nicht zurückgewinnen und vermochte (die Tatsache) ‚Dies ist des Ahipāraka Haus' nicht zu erkennen. Da sprach er, (seinen) Wagenlenker anredend und fragend, zwei Strophen:

‚Wessen Wohnstatt ist das wohl, Sunanda,
von einer gelbroten Mauer geschützt?
Wer erscheint wie eine Flammenspitze von fern,
wie im Luftraum (über) einer Bergspitze eine Flamme?

Von wem ist sie wohl die Tochter, Sunanda,
von wem ist sie wohl Schwiegertochter oder aber Gattin?
Verkünde es mir rasch, da du gefragt wardst:
Ist sie unvermählt oder hat sie einen Gatten?‘

Nun sprach, um es ihm zu verkünden, der (Angeredete) zwei Strophen:

‚Ja, ich kenne sie, o Völkerfürst,
von Mutter und Vater und auch von ihr selbst her.
Und gerade (ihr) Mann, o Erdbeschützer,
ist Nacht und Tag unermüdlich (tätig) zu deinem Nutzen.

Wohlhabend und blühend und reich ist er,
einer deiner Minister, o Völkerfürst!
Diese ist die Gattin des Ahipāraka,
Ummadantī verdienten Namens,[193] o König!‘

Als er das gehört hatte, sprach der König, ihren Namen preisend, eine weitere Strophe:

‚Schau an, schau an! Dieser ihr Name
ist von Mutter und Vater hervorragend gewählt worden.
Denn indem sie nach mir hinblickte,
hat Ummadantī mich berauscht gemacht.‘

Als die (Frau) merkte, daß er ins Zittern geraten war, schloß sie das Fenster und begab sich in das Schlafzimmer.
Von der Zeit an, da sie vom König gesehen worden war, hatte dieser keinen Sinn mehr dafür, die Stadt zur Rechten (habend), zu umfahren. Er wandte sich an den Wagenlenker: ‚Lieber Sunanda, wende den Wagen um!‘ und sprach (weiter): ‚Dieses Fest ist für uns nicht passend; nur für den Ahipāraka, den Heerführer, ist es passend; auch die Königsherrschaft ist nur für ihn passend.‘ Er ließ den Wagen umkehren, stieg zum Palast hinauf, legte sich auf (sein) Prachtbett nieder und sprach stammelnd:

‚Beim Vollmond, mit gazellensanftem Blick
erschien sie, wie Lotus Haut und Glieder.
Zwei Vollmonde waren es, glaubte ich,
indem ich (sie) sah, die taubenfarben Gekleidete.

Indem sie mit dichten, schönen, entzückenden Wimpern
verführerisch mich anblickte
und sich straffte, raubte sie mir den Geist
wie eine im Wald, auf dem Berge, geborene Fee.

Denn groß, schwarz, geschmückt mit Juwelenohrringen,
blickte die Frau in (ihrem) einzigartigen Kleid
wie die herumirrende Gazelle.

Wann wird sie, mit kupferfarbenen Nägeln,
die schönhaarige, die weicharmige,
mit Sandelessenz gesalbte,
die mit gewölbten Fingern (ausgestattete),
den Männern kundig zugeneigte[194]
Frau (von mir) Kenntnis nehmen,
die vom Kopf (angefangen) Schöne?

Wann wird mich die goldschmuckbedeckte
Tochter des Tirīṭi mit der schlanken Taille
mit weichen Armen umfangen
wie den im wilden Wald gewachsenen Baum die Liane?

Wann wird sie, deren Haut lackartig gefärbt ist,
deren Brüste (rund sind) wie Tropfen,
deren Haut und Glieder lotusgleich sind,
den Mund dem Munde darbieten
wie der Trunkene dem Trunkenen die Schale mit Brannt-
wein?

Als ich sie stehen sah, am ganzen Körper entzückend,
da habe ich in meinem Gemüt nichts (anderes mehr) be-
merkt.
Ummadantī ist von mir gesehen worden
(im Schmuck) von Perlen, Juwelen und Ohrringen.
Ich schlafe weder tags noch nachts,
als wären (mir) tausend verloren.

Würde Sakka mir einen Wunsch erfüllen,
möchte ich diesen Wunsch erlangen:
Für eine Nacht oder für zwei Nächte
möchte ich Ahipāraka sein.
Habe ich mich mit Ummadantī vergnügt,
möchte ich dann (wieder) König Sivi sein!‘

Da aber teilten die Minister dem Ahipāraka mit: ‚Herr, als der König um die zur Rechten (liegende) Stadt die Runde machte, kam er an Euer Haustor, wendete und stieg zu (seinem) Palast hinauf.' Er begab sich in sein Haus, wandte sich an Ummadantī und fragte: ‚Liebling, hast du dich etwa dem König gezeigt?' ‚Herr, ein dickbäuchiger und langzähniger Mann ist auf einem Wagen stehend hergekommen. Ob es der König oder ein Unterkönig war, weiß ich nicht, aber es hieß: »Er ist ein Herr!« Am Fenster stehend, warf ich Blumen (nach ihm). Er wandte sogleich um und fuhr los.'
Als er das gehört hatte, (dachte er:) ‚Verloren bin ich durch sie!' Am nächsten Tag früh stieg er zum Wohnsitz des Königs hinauf und stellte sich an die Tür des Schlafgemachs. Er hörte des Königs Jammern um Ummadantī (und dachte:) ‚Der hat sich in Ummadantī verliebt. Wenn er sie nicht bekommt, wird er sterben. Ich muß vom König und von mir Unrecht fernhalten und ihm durch mich das Leben retten.'
Er begab sich zu seinem eigenen Wohnsitz (zurück), rief einen zuverlässigen Diener herbei (und sprach zu ihm:) ‚Mein Lieber, an dem und dem Platz befindet sich ein hohler, als Begräbnisstätte dienender Baum. Du gehst, ohne jemand in Kenntnis zu setzen, nach Sonnenuntergang dorthin und setzt dich innerhalb des Baumes nieder. Ich werde, um dort ein Opferwerk zu verrichten, an diese Stelle kommen und die Gottheiten verehrend flehen: »O Götterkönig! Unser König hat, als in der Stadt ein Fest stattfand, ohne zu feiern, (sein) Schlafgemach betreten und sich jammernd niedergelegt. Wir kennen die Ursache dafür nicht. Der König ist den Gottheiten treu zu Diensten: Alljährlich verrichtet er unter Aufwendung von tausend (Goldstücken) ein Opferwerk. Worauf bezüglich der König jammert, das verkünde; unserem König gib das Geschenk des Lebens!« So werde ich flehen. In diesem Augenblick sollst du mit verstellter Stimme sprechen: »O Heerführer! Euer König hat keinerlei Krankheit, sondern er ist in deine Gattin Ummadantī verliebt. Wenn er sie bekommt, wird er leben, wenn nicht, wird er sterben. Wenn du sein Leben wünschst, gib ihm Ummadantī!«' Nachdem er den (Diener) so instruiert hatte, entließ er (ihn).
Der (Diener) ging und ließ sich in dem Baum nieder. Als am nächsten Tag der Heerführer zu der betreffenden Stelle kam und betete, sprach er so (wie verabredet). Der Heerführer

sagte: ‚Gut!‘, grüßte die Gottheit, unterrichtete die Minister (von der Begebenheit), betrat (wieder) die Stadt, stieg zum Wohnsitz des Königs hinauf und klopfte an die Tür des Schlafzimmers. Der König hatte (seine) Fassung wiedererlangt und fragte: ‚Wer ist der (Klopfende)?‘ ‚Ich, o Herrscher, Ahipāraka!‘ Da öffnete er ihm die Tür zum Königs(gemach). Der (Heerführer) betrat es, grüßte den König und sprach die Strophe:

‚Als ich die Geister, o Herr der Wesen, verehrte,
kam ein Dämon und sprach solches:
»Des Königs Geist heftete sich an Ummadantī.«
Ich gebe sie dir; sie soll (dich) bedienen.‘

Da fragte ihn der König: ‚Lieber Ahipāraka, wissen auch die Dämonen, daß ich jammere, weil ich in Ummadantī verliebt bin?‘ ‚Jawohl, o Herrscher!‘ ‚Die ganze Welt fürwahr weiß von meiner Sündhaftigkeit!‘ schämte sich (der König), stützte sich (wieder) auf die Rechtschaffenheit und sprach eine weitere Strophe:

‚Die Tugend würde ich verletzen
und unsterblich nicht (mehr) sein,
und auch die Leute würden
diese meine[195] Sünde merken,
doch noch mehr wäre deine Seele verletzt,
würdest du (mir) die geliebte Ummadantī geben
und (sie) nicht (mehr) sehen!‘

Die restlichen Strophen (beinhalten) Rede und Gegenrede der beiden:

‚O Völkerfürst, niemand außer dir und mir
weiß unter allen von der geschehenen Begebenheit.[196]
Da dir von mir Ummadantī übergeben wurde,
genieße, o König, die Lust, und entlasse (dann) Ummadantī!‘[197]

‚Wenn eine böse Tat begeht der Mensch,
denkt er: Andere sollen es hier nicht merken!
(Aber) die Geister sehen sein Tun,
wie auch die ihm verbundenen Männer auf der Erde.

Würde dir wohl hier ein anderer Mann auf Erden
glauben auf der Welt: sie ist (dir) nicht (mehr) lieb?
Noch mehr wäre deine Seele verletzt, würdest du (mir)
die geliebte Ummadantī geben und (sie) nicht (mehr) sehen!‘

‚Natürlich ist sie mir lieb, o Völkerfürst,
nicht ist sie mir unlieb, o Erdbeschützer!
Doch geh du zu Ummadantī, o Herr,
wie der Löwe sich in des Felsens Höhle begibt!‘

‚Nicht geben von eigenem Leid gequälte Weise
die das Glück zur Frucht habende Tat auf.
Wenn die Betörten auch vom Glück berauscht sind,
eine böse Tat begehen sie (darum) nicht!‘

‚Du bist ja Mutter und Vater mir,
Gatte, Herr, Ernährer und Gottheit.
Dein Sklave bin ich mit Sohn und Weib;
deinem Glück gemäß, o Sivi, pflege der Liebe!‘[198]

‚Wer (darauf pochend:) »Ich bin ein Herrscher!«
eine Sünde begeht,
und wenn er sie beging, nicht bereut vor anderen,
der wird dafür kein langes Dasein leben;
auch die Götter achten (ihn) ob der Sünde nicht.‘

‚Wenn etwas, das anderen gehört,
von den Besitzern gegeben wird
und die (auf dem Boden des) Rechtes Stehenden
nehmen die Gabe entgegen,
vollbringen Empfänger wie auch Geber damit
eine Tat, die Glück zur Folge hat.‘

‚Würde dir wohl hier ein anderer Mann auf Erden
glauben auf der Welt: sie ist (dir) nicht (mehr) lieb?
Noch mehr wäre deine Seele verletzt, würdest du mir
die geliebte Ummadantī geben und (sie) nicht (mehr) sehen!‘

‚Natürlich ist sie mir lieb, o Völkerfürst,
nicht ist sie mir unlieb, o Erdbeschützer!
Doch da dir von mir Ummadantī gegeben wurde,
genieße, o König, die Lust, und entlasse (dann Ummadantī)!‘

‚Wer in eigenes Leid eines anderen Leid
oder (dessen) Glück in eigenes Glück versetzt,[199]
damit es mir dasselbe (Empfinden bedeute) wie den anderen,
wer solches weiß, der kennt das Recht.

Würde dir wohl hier ein anderer Mann auf Erden
glauben auf der Welt: sie ist (dir) nicht (mehr) lieb?
Noch mehr wäre deine Seele verletzt, würdest du (mir)
die geliebte Ummadantī geben und (sie) nicht (mehr) sehen!'

‚O Völkerfürst, du weißt, sie ist mir lieb;
nicht ist sie mir unlieb, o Erdbeschützer!
In Liebe gebe ich dir Liebes, o Völkerfürst;
die Liebes geben, o Herrscher, erlangen (dafür) Liebes.'

‚Also werde ich mich töten als den Urheber der Begierde.
Denn nicht vermag ich das Recht durch das Unrecht zu morden!'

‚Wenn du (sie), da sie mein ist, o Völkerfürst,
nicht begehrst, der Helden Bester,
gebe ich sie hin dem ganzen Volke, o Sivi.
Von mir entlassen, magst du sie dann rufen.'

‚Wenn Unverletzliches, o Ahipāraka, du
hingibst, Treuer, zu deinem Kummer,
wird dir daraus auch großer Tadel (erwachsen),
und niemand wird in der Stadt auf deiner Seite sein.'

‚Ich werde diesen Tadel ertragen,
Beschimpfung, Lob und alle Beschwernis,
es soll das (ruhig) an mich herantreten, o Erdbeschützer;
deinem Glück gemäß, o Sivi, pflege der Liebe!'

‚Wer sich keinen Tadel und wiederum auch kein Lob
zu Herzen nimmt, keine Beschwernis und auch keine Verehrung,
Ruhm und Glanz vergehen von ihm,
wie das Regenwasser von festem Land.'

‚Was auch immer an Leid und Glück daraus (entsteht),
ob Pflichtverletzung oder Gemütskränkung,
in der Brust werde ich alles ertragen,
wie die Erde unbewegliche und bewegliche (Wesen)[200]
trägt.'

‚Pflichtverletzung oder Gemütskränkung
und Unglück (überhaupt) wünsche ich anderen nicht.
Ich allein werde auf mich nehmen diese Last,
auf dem Recht gegründet, niemand quälend.'

‚Ein zum Himmel führendes,
tugendhaftes Werk (ist es), o Völkerfürst;
mache du mir (dabei) kein Hindernis!
Ich gebe dir Ummadantī freudig,
wie ein König beim Opfer das Geld den Brahmanen.'

‚Gewiß, du Treuer, bist du mir freundlich gesinnt;
lieb ist mir Ummadantī und bist auch du.
(Doch) würden es die Götter tadeln und die Ahnen alle;
und sieh die Sünde, die daraus hervorgeht!'

‚Dennoch würden es nicht Unrecht nennen, o König Sivi,
die Stadt- und Landbewohner alle,
daß dir von mir Ummadantī übergeben wurde.
Genieße, o König, die Lust, und entlasse (dann Ummadantī)!'

‚Gewiß, du Treuer, bist du mir freundlich gesinnt;
lieb ist mir Ummadantī und bist auch du.
Doch der Wahrhaften wohlgerühmte Tugenden
sind wie die Meeresufer schwer zu überwinden.'

‚Du bist das Opfer wert, freundlich zu mir und mitfühlend,
bist Schöpfer und Erhalter, der Wünsche Beschützer.[201]
Indem ich sie dir opfere, o Herrscher, (wird) mir ja großer
Lohn.
Aus Liebe zu mir nimm Ummadantī an!'

‚Gewiß[202] bist, Ahipāraka, du
den ganzen Tugendpfad gewandelt, meines Getreuen Sohn!

Ist denn wohl noch hienieden
ein anderer zweifüßiger Mann dein Wohltäter
unter der Sonne, in der Welt der Lebenden?'

,Du bist der Beste, du bist unübertrefflich,
du kennst das Recht, verstehst das Recht, bist weise.
Vom Recht beschützt, lebe noch recht lange,
und das Recht weise mir auf, o Rechtsbewahrer!'

,Wohlan, Ahipāraka, höre meine Rede!
Das Recht werde ich dir aufzeigen,
(das) von den Weisen befolgt wird.

Gut ist ein das Recht liebender König,
gut ein erkenntnisreicher Mann.
Gut ist, wer Freunde nicht betrügt;
Schlechtes nicht zu tun ist Glück.

Im Reich eines zornlosen,
auf dem Recht gegründeten Königs
leben glücklich die Menschen
wie in des kühlen Schattens eigenem Haus.

Nicht finde ich Gefallen an einer Tat,
die undurchdacht, unheilvoll begangen wurde,
aber die (sie) erkannt haben, begehen sie selbst nicht.
Diese meine Gleichnisse sollst du hören!

Wenn die Rinder dahineilen,
und der (Leit-) Stier führt (sie) verkehrt,
gehen sie alle verkehrt,
weil (ja) der Führer in die Irre geht.

Genauso ist es bei den Menschen.
Wenn jemand als Höchster geehrt wird,
aber im Unrecht wandelt,
(tun es) erst recht die anderen Leute.
Das ganze Königreich gerät ins Unglück,
wenn der König ungerecht ist.

Wenn die Rinder dahineilen,
und der (Leit-) Stier führt (sie) recht,
gehen sie alle recht,
weil (ja) der Führer recht geht.

Genauso ist es bei den Menschen.
Wenn jemand als Höchster geehrt wird,
und auch im Recht wandelt,
(tun es) erst recht die anderen Leute.
Das ganze Königreich befindet sich im Glück,
wenn der König gerecht ist.

Auch ich möchte nicht durch Unrecht
selbst Unsterblichkeit erstreben
oder diese ganze Erde erobern, o Ahipāraka!

Denn was auch immer bei den Menschen
als Juwel hienieden gilt
– Rinder, Sklaven und Gold, Kleidung, gelber Sandel,
Pferde, Frauen und kostbare Juwelen,
was auch immer Mond und Sonne behüten –,
nicht möchte ich aus diesem Grund etwas Unrechtes tun,
(denn) unter den Sivis bin ich der (Leit-) Stier geworden.

Als Führer, Vater, erhabener Reichsbeschützer,
das Recht der Sivis in Ehren haltend,
nur das Recht im Sinn habend –
darum gerate ich nicht in des eigenen Gemütes Gewalt.‘[203]

‚Sicher wirst du, o Großkönig,
ständig, ohne Einbuße, glücklich
(noch) lange die Herrschaft führen, denn deine Weisheit
ist eine solche, die dich dazu (befähigt).

Dafür wollen wir dich ehren,
der du in der Gerechtigkeit nicht nachläßt;
wenn in der Gerechtigkeit nachläßt ein Fürst,
hört er auf, des Reiches Herrscher zu sein!

Gerechtigkeit übe, o Großkönig,
gegen die Eltern, o Fürst!
Hienieden Gerechtigkeit übend, wirst du in den Himmel
kommen.

Gerechtigkeit übe, o Großkönig,
gegen Sohn und Weib, o Fürst!
Hienieden Gerechtigkeit übend, wirst du in den Himmel
kommen.

Gerechtigkeit übe, o Großkönig,
gegen Freunde und Minister, o Fürst!
Hienieden Gerechtigkeit übend, wirst du in den Himmel
kommen.

Gerechtigkeit übe, o Großkönig,
bei den Streitkräften, o Fürst!
Hienieden Gerechtigkeit übend, wirst du in den Himmel
kommen.

Gerechtigkeit übe, o Großkönig,
in Dörfern und Städten, o Fürst!
Hienieden Gerechtigkeit übend, wirst du in den Himmel
kommen.

Gerechtigkeit übe, o Großkönig,
im Reich und bei den Völkern, o Fürst!
Hienieden Gerechtigkeit übend, wirst du in den Himmel
kommen.

Gerechtigkeit übe, o Großkönig,
gegen Bettelmönche und Priester, o Fürst!
Hienieden Gerechtigkeit übend, wirst du in den Himmel
kommen.

Gerechtigkeit übe, o Großkönig,
gegen Tiere und Vögel, o Fürst!
Hienieden Gerechtigkeit übend, wirst du in den Himmel
kommen.

Gerechtigkeit übe, o Großkönig;
gerecht gewandelt, (das) bringt Glück.
Hienieden Gerechtigkeit übend, wirst du in den Himmel
kommen.

Hienieden Gerechtigkeit übend,
haben die Götter mit Indra und Brahma
durch guten Wandel den Himmel erlangt.
Laß in der Gerechtigkeit nicht nach, o König!'

Nachdem so der Heerführer Ahipāraka dem König das Recht dargelegt hatte, verdrängte der König (endgültig seine) Verliebtheit in Ummadantī."

Nachdem der Meister diese Lehrgeschichte herangezogen und die (vier edlen) Wahrheiten verkündet hatte, verband er das Jātaka (mit der aktuellen Angelegenheit) – am Schluß gelangte der (betreffende) Mönch zur Frucht der Bekehrung–, (indem er sagte:) „Damals war Sunanda, der Wagenlenker, Ānanda, Ahipāraka war Sāriputta, Ummadantī war Uppalavaṇṇā, die übrige Schar war die Buddhaschar; König Sivi aber war ich."

Vinayapiṭaka

PĀTIMOKKHA

Einleitung (Nidāna)

Verehrung dem Erhabenen, dem Heiligen, dem vollkommen Erwachten! Es höre mich, o Ehrwürdige, das Ordenskapitel! Heute ist der Weihetag, der fünfzehnte (Tag des Halbmonats). Wenn es dem Ordenskapitel genehm ist, möge das Ordenskapitel den Weihetag[204] begehen und das Verzeichnis der Ordensvorschriften[205] rezitieren. Wie (steht es um) die Vorbereitung des Ordenskapitels? Die Ehrwürdigen mögen (ihre) Reinheit verkünden; (dann) werde ich die Ordensvorschrift hersagen.
Alle Anwesenden hören gern zu und sind aufmerksam.
Wer eine Verfehlung (aufzuweisen) hat, der möge es kundtun!
Wenn keine Verfehlung vorliegt, ist Schweigen zu bewahren.
Durch das Schweigen weiß ich[206] nun, daß die Ehrwürdigen rein sind. Wie nun auf jede einzelne Frage eine Erklärung (erforderlich) ist, so wird sie, einer solchen Versammlung entsprechend, dreimal vorgetragen. Derjenige Mönch nun, der bei dreimaligem Vorbringen (der Frage) sich an eine Verfehlung erinnert und sie nicht bekennt, begeht eine wissentliche Lüge. Eine wissentliche Lüge aber, o Ehrwürdige, ist als (die Erlösung) behindernder Umstand vom Erhabenen bezeichnet worden. Daher soll vorkommendenfalls eine Verfehlung von einem Mönch, der sich (daran) erinnert und der eine Reinigung (davon) anstrebt, kundgetan werden. Denn wenn er bekennt, wird es ihm (wieder) wohl sein.
Ehrwürdige, die Einleitung ist nun rezitiert. Diesbezüglich frage ich die Ehrwürdigen: Seid ihr rein in dieser Hinsicht? Auch ein zweites Mal frage ich: Seid ihr rein in dieser Hinsicht? Auch ein drittes Mal frage ich: Seid ihr rein in dieser Hinsicht? Rein sind in dieser Hinsicht die Ehrwürdigen; darum (herrscht) Schweigen. So fasse ich es auf.

Regeln über Vergehen, die jegliches Erlösungsstreben vereiteln (Pārājikā Dhammā)

Hier kommen die Regeln über die vier (Vergehen), die (jegliches Erlösungsstreben) vereiteln, zur Rezitation.

1. Welcher Mönch auch, der die Übung und die Lebensweise der Mönche auf sich genommen hat und der sich von (dieser) Übung nicht zurückgezogen und sein Unvermögen kundgetan hat, (obwohl) er sich dem Geschlechtsverkehr, auch sogar mit einem Tier,[207] hingibt, (dessen Erlösungsstreben) ist vereitelt; er ist ausgestoßen.

2. Welcher Mönch auch, der aus dem Dorf oder aus dem Wald etwas Nichtgegebenes nimmt, was man als Diebstahl bezeichnet, indem der König für solcherart Nehmen von Nichtgegebenem den Dieb, wenn ergriffen, töten, fesseln oder verbannen lassen würde, (indem er sagte:) „Du bist ein Dieb, du bist ein Narr, du bist verrückt, du bist ein Stehler!" – ein Mönch, der in dieser Weise Nichtgegebenes nimmt, auch dessen (Erlösungsstreben) ist vereitelt; er ist ausgestoßen.

3. Welcher Mönch auch absichtlich ein Menschenwesen des Lebens beraubt oder einen gedungenen Mörder dafür aussucht oder den Tod verherrlicht oder (jemand) zum Sterben aufstachelt,[208] (indem er sagt:) „Hallo, Mensch, was ist dir mit diesem sündhaften, üblen Leben (gedient); der Tod ist für dich besser als das Leben!" – wer so denkend, mit einem so gefaßten Entschluß, auf verschiedene Arten (des Vorgehens) den Tod verherrlicht oder zum Sterben aufstachelt, auch dessen (Erlösungsstreben) ist vereitelt; er ist ausgestoßen.

4. Welcher Mönch auch ohne Kenntnis übermenschlicher Fähigkeit in bezug auf sich selbst Einsicht in das echte heilige Wissen vorgäbe, (indem er sagt:) „Solches weiß ich, solches erkenne ich!", und der dann zu späterer Zeit, sei es gezwungenermaßen oder ohne Zwang, erfaßt von der Erwartung auf Reinigung, so spräche: „Nicht solches wissend, Brüder, sprach ich: ‚Ich weiß!'; nicht erkennend, (sprach ich:) ‚Ich erkenne!', leeren Unsinn plappernd" – wenn es (Selbstbetrug durch) Hochmut war, ist auch dessen (Erlösungsstreben) vereitelt; er ist ausgestoßen.

Rezitiert wurden nun, o Ehrwürdige, die Regeln über die vier (Vergehen), die (jegliches Erlösungsstreben) vereiteln. Wenn der Mönch sich des einen oder anderen von ihnen schuldig gemacht haben sollte, erhält er nicht (länger das Recht) zum Zusammenwohnen mit den Mönchen. Wie früher, so auch später ist (sein Erlösungsstreben) vereitelt; er ist ausgestoßen. Diesbezüglich frage ich: Seid ihr rein in dieser Hinsicht? Auch ein zweites Mal frage ich:‘ Seid ihr rein in dieser Hinsicht? Auch ein drittes Mal frage ich: Seid ihr rein in dieser Hinsicht? Rein sind in dieser Hinsicht die Ehrwürdigen; darum (herrscht) Schweigen. So fasse ich es auf.

Regeln über Vergehen, die auf einer Versammlung des Ordenskapitels beraten werden müssen (Saṁghādisesā Dhammā)

Nunmehr, o Ehrwürdige, kommen die Regeln über die dreizehn Vergehen, die auf einer Versammlung des Ordenskapitels beraten werden müssen, zur Rezitation.

1. Ein absichtlicher Samenerguß, außer von einem Schlafenden,[209] ist ein solches Vergehen.
2. Welcher Mönch auch, heruntergekommen, mit (zum Bösen) umgewandeltem Gemüt mit einem Frauenzimmer körperliche Berührung herbeiführt, entweder durch Ergreifen der Hand oder durch Streicheln[210] des Haares oder durch Berührung eines anderen Körperteils – (er vollzieht) ein solches Vergehen.
3. Welcher Mönch auch, heruntergekommen, mit (zum Bösen) umgewandeltem Gemüt ein Frauenzimmer mit unzüchtigen Worten bedrängt, wie sie ein junger Mann gegenüber einem Mädchen beim Beischlaf gebraucht – (er vollzieht) ein solches Vergehen.
4. Welcher Mönch auch, heruntergekommen, mit (zum Bösen) umgewandeltem Gemüt in Gegenwart eines Frauenzimmers selbstsüchtig seine Dienste rühmt, (indem er sagt:) „Dies, meine Liebe, ist der höchste Dienst, wenn du durch dieses Tun einem so tugendhaften, dem Heil nachwandelnden Frommen wie mir dienst!“(und damit) den Geschlechtsverkehr meint – (er vollzieht) ein solches Vergehen.
5. Welcher Mönch auch eine Vermittlung übernimmt, entweder für eine Frau an einen Mann oder für einen Mann an eine Frau oder für ein Weib oder für einen Galan oder auch nur für eine Dirne – (er vollzieht) ein solches Vergehen.

6. Wenn für einen Mönch auf dessen Bitte eine Hütte für keinen anderen, (sondern) für den eigenen Gebrauch errichtet wird, muß sie (bestimmte) Abmessungen haben. Hier ist das (verlangte) Maß: in der Länge zwölf Spannen[211] entsprechend der Normspanne[212]; in der Breite innen sieben. Die (anderen) Mönche (des Ordenskapitels) sind hinzuzuführen, um (ihnen) den Bauplatz zu zeigen. Von diesen Mönchen ist ein Bauplatz anzugeben, der keine Beschwernis mit sich bringt und (einen freien Raum) zum Umschreiten hat. Wenn ein Mönch auf seine Veranlassung die Hütte auf einem Bauplatz, der voller Beschwernis ist und wo sie nicht umschritten werden kann, errichten läßt oder wenn er die (anderen) Mönche nicht dorthin führt, um (ihnen) den Bau zu zeigen, oder wenn er die Abmessungen überschreitet, (vollzieht er) ein solches Vergehen.

7. Wenn für einen Mönch eine geräumige Unterkunft für den eigenen Gebrauch errichtet wird, die (aber auch) anderen gehört, sind die Mönche (des Ordenskapitels) hinzuzuführen, um (ihnen) den Bauplatz zu zeigen. Von diesen Mönchen ist ein Bauplatz anzugeben, der keine Beschwernis mit sich bringt und (einen freien Raum) zum Umschreiten hat. Wenn ein Mönch die geräumige Unterkunft auf einem Bauplatz, der voller Beschwernis ist und wo sie nicht umschritten werden kann, errichten läßt oder wenn er die (anderen) Mönche nicht dorthin führt, um (ihnen) den Bau zu zeigen, (vollzieht er) ein solches Vergehen.

8. Welcher Mönch auch gemein, boshaft, mißgünstig einen (anderen) Mönch grundlos eines (jegliches Erlösungsstreben) vereitelndes Vergehens[213] bezichtigt, (indem er denkt:) „Den will ich schon von seinem frommen Wandel abbringen!", und wenn dann zu späterer Zeit, sei es gezwungenermaßen oder ohne Zwang, die Angelegenheit sich als grundlos herausstellt und der Mönch (seine) Bosheit eingesteht, (vollzieht er) ein solches Vergehen.

9. Welcher Mönch auch gemein, boshaft, mißgünstig einen (anderen) Mönch auf der Grundlage einer geringfügigen, anders gelagerten Angelegenheit eines (jegliches Erlösungsstreben) vereitelndes Vergehens bezichtigt, (indem er denkt:) „Den will ich schon von seinem frommen Wandel abbringen!", und wenn zu späterer Zeit, sei es gezwungenermaßen oder ohne Zwang, die Angelegenheit sich als auf einer anderen be-

ruhend und geringfügig herausstellt und der Mönch (seine) Bosheit eingesteht, (vollzieht er) ein solches Vergehen.

10. Welcher Mönch auch die Spaltung einer einheitlichen Gemeinde anstrebt oder der darauf besteht, die Aufmerksamkeit auf eine Sache zu ziehen, die zur Spaltung führen (könnte) – dieser Mönch ist von den (anderen) Mönchen folgendermaßen anzureden: „Es möge der Ehrwürdige nicht die Spaltung einer einheitlichen Gemeinde anstreben oder darauf bestehen, die Aufmerksamkeit auf eine Sache zu ziehen, die zur Spaltung führen (könnte); der Ehrwürdige sei einig mit der Gemeinde, denn wenn die Gemeinde einmütig (ist), streitlos, verweilt sie zufrieden unter einer einheitlichen Leitung." Wenn aber der Mönch so von den Mönchen angesprochen wurde und (doch) dabei verharrt, ist der Mönch von den (anderen) Mönchen gemeinsam dreimal zu ermahnen, damit er widerruft. Wenn er, dreimal ermahnt, widerruft, ist es gut. Wenn er nicht widerruft, (vollzieht) er ein solches Vergehen.

11. Wenn da nun (andere) Mönche zu Anhängern dieses Mönches werden und seine Partei ergreifen – ein oder zwei oder drei (Mönche) – (und wenn) diese sagen: „Es mögen die Ehrwürdigen nichts gegen diesen Mönch sagen; der Lehre gemäß spricht dieser Mönch; der Ordenszucht gemäß spricht dieser Mönch; nach unserem Wunsch und Wohlgefallen drückt sich dieser Mönch aus; er spricht, indem er weiß, daß auch uns das recht ist!" – (dann) sollen diese Mönche von den (anderen) Mönchen so angesprochen werden: „Nicht mögen die Ehrwürdigen so sprechen! Dieser Mönch spricht nicht der Lehre gemäß; dieser Mönch spricht nicht der Ordenszucht gemäß. Nicht möge auch die Spaltung der Gemeinde den Ehrwürdigen gefallen! Die Ehrwürdigen seien mit der Gemeinde einig, denn wenn die Gemeinde einmütig (ist), streitlos, verweilt sie zufrieden unter einer einheitlichen Leitung." Wenn diese Mönche, nachdem sie von den (anderen) Mönchen so angeredet wurden, dabei beharren, sind diese Mönche von den (anderen) Mönchen gemeinsam dreimal zu ermahnen, damit sie das widerrufen. Wenn sie, dreimal ermahnt, widerrufen, ist es gut. Wenn sie nicht widerrufen, (vollziehen) sie ein solches Vergehen.

12. Wenn ein Mönch einem Zuspruch nicht zugänglich ist und gemäß den Vorschriften, die in den Rezitationen[214] überliefert sind, in Übereinstimmung mit der Lehre angesprochen,

sich zu einem macht, den man nicht ansprechen darf, (indem er sagt:) „Es mögen die Ehrwürdigen nicht zu mir sprechen, weder Heilsames noch Böses; auch ich werde zu den Ehrwürdigen nicht sprechen, weder Heilsames noch Böses; die Ehrwürdigen mögen davon absehen, mich anzureden!" – dieser Mönch soll von den (anderen) Mönchen so angesprochen werden: „Nicht soll der Ehrwürdige sich zu einem machen, den man nicht ansprechen darf; zu einem, den man ansprechen darf, soll der Ehrwürdige sich machen. Es soll auch der Ehrwürdige zu den Mönchen in Übereinstimmung mit der Lehre sprechen; in Übereinstimmung mit der Lehre werden (dann) auch die Mönche zu dem Ehrwürdigen sprechen; so ist groß geworden des Erhabenen Schar: durch das Sprechen miteinander und durch gegenseitigen Beistand." Wenn der Mönch so von den (anderen) Mönchen angesprochen wurde und (doch) dabei verharrt, ist der Mönch von den (anderen) Mönchen gemeinsam dreimal zu ermahnen, damit er widerruft. Wenn er, dreimal ermahnt, widerruft, ist es gut. Wenn er nicht widerruft, (vollzieht er) ein solches Vergehen.

13. Wenn ein Mönch nahe bei irgendeinem Dorf oder Marktflecken wohnt als Schädiger einer (Laien-) Familie, einen üblen Wandel führend, und seine üblen Verhaltensweisen werden (von den Leuten) gesehen und auch gehört, und die (Taten der) von ihm irregeleiteten Familien werden (von anderen) gesehen und auch gehört, soll dieser Mönch von den (anderen) Mönchen so angesprochen werden: „Der Ehrwürdige ist Schädiger einer (Laien-) Familie und führt einen üblen Wandel; des Ehrwürdigen üble Verhaltensweisen werden (von den Leuten) gesehen und auch gehört, und die (Taten der) vom Ehrwürdigen irregeleiteten Familien werden (von anderen) gesehen und auch gehört. Der Ehrwürdige möge wegziehen von dieser Wohnstatt; (lange) genug hast du hier gewohnt!" Wenn dieser Mönch, von den (anderen) Mönchen so angesprochen, zu ihnen so redet: „Mit Wünschen (beladen) gehen die Mönche, mit Bosheit (erfüllt) gehen die Mönche, von Verblendung (befallen) gehen die Mönche, von Furcht (gepackt) gehen die Mönche; aufgrund eines derartigen Verstoßes schikken sie den einen fort und schicken den anderen nicht fort!" – (dann) soll dieser Mönch von den (anderen) Mönchen so angesprochen werden: „Nicht möge der Ehrwürdige so sprechen! Nicht mit Wünschen (beladen) gehen die Mönche, nicht

mit Bosheit (erfüllt) gehen die Mönche, nicht von Verblendung (befallen) gehen die Mönche, nicht von Furcht (gepackt) gehen die Mönche. Aber der Ehrwürdige ist Schädiger einer (Laien-) Familie und führt einen üblen Wandel; des Ehrwürdigen üble Verhaltensweisen werden (von den Leuten) gesehen und auch gehört, und die (Taten der) von dem Ehrwürdigen irregeleiteten Familien werden (von anderen) gesehen und auch gehört. Der Ehrwürdige möge wegziehen von dieser Wohnstatt; (lange) genug hast du hier gewohnt!" Wenn der Mönch so von den (anderen) Mönchen angesprochen wurde und (doch) dabei verharrt, ist der Mönch von den (anderen) Mönchen gemeinsam dreimal zu ermahnen, damit er widerruft. Wenn er, dreimal ermahnt, widerruft, ist es gut. Wenn er nicht widerruft, (vollzieht) er ein solches Vergehen.
Rezitiert wurden, o Ehrwürdige, die Regeln über die dreizehn Vergehen, die auf einer Versammlung des Ordenskapitels beraten werden müssen. Neun (gelten) unmittelbar als Verstöße, vier (erst) nach der dritten (Mahnung). Wenn ein Mönch von diesen die eine oder andere begangen haben sollte, muß dieser Mönch so viele Tage, wie er sie wissentlich verbirgt, ebenso viele Tage, (auch) wenn er nicht will, im Probezustand verbleiben. Nach Beendigung der Probezeit muß sich der Mönch weitere sechs Tage einer Mönchsbuße unterziehen. Nach Durchführung (dieser) Buße ist der Mönch dort, wo eine (mindestens) zwanzigköpfige Mönchsgemeinde besteht, als Mönch zu rehabilitieren. Wenn eine auch nur um eine (Person) geringere als zwanzigköpfige Mönchsgemeinde den Mönch rehabilitiert, so ist dieser Mönch nicht rehabilitiert, und diese Mönche sind tadelnswert.[215] Das ist in diesem Fall der ordnungsgemäße Verlauf. Diesbezüglich frage ich die Ehrwürdigen: Seid ihr rein in dieser Hinsicht? Auch ein zweites Mal frage ich: Seid ihr rein in dieser Hinsicht? Auch ein drittes Mal frage ich: Seid ihr rein in dieser Hinsicht? Rein sind in dieser Hinsicht die Ehrwürdigen; darum (herrscht) Schweigen. So fasse ich es auf.

Regeln über Vergehen, die eine Buße erfordern (Pācittiyā Dhammā)

Nunmehr, o Ehrwürdige, kommen die Regeln über die zweiundneunzig Vergehen, die eine Buße erfordern, zur Rezitation.

1. In einer wissentlichen Lüge (besteht) ein solches Vergehen.
2. In beleidigender Rede (besteht) ein solches Vergehen.
3. In der Verleumdung eines Mönches (besteht) ein solches Vergehen.
4. Welcher Mönch auch einen Unbefugten[216] zum Verkünden der Lehre Wort für Wort veranlaßt – (er vollzieht) ein solches Vergehen.
5. Welcher Mönch auch mit einem Nichtgeweihten mehr als zwei Nächte oder drei Nächte (zum Schlafen) zusammenliegt – (er vollzieht) ein solches Vergehen.
6. Welcher Mönch auch mit einem Frauenzimmer (zum Schlafen) zusammenliegt – (er vollzieht) ein solches Vergehen.
7. Welcher Mönch auch einem Frauenzimmer in mehr als sechs oder fünf Worten die Lehre darlegt, ohne daß (noch) ein einsichtsvoller Mann (zugegen ist) – (er vollzieht) ein solches Vergehen.
8. Welcher Mönch auch einem Nichtgeweihten mitteilt, daß er übermenschliche Fähigkeiten habe, (er vollzieht), (auch) wenn es (wirklich der Fall) ist, ein solches Vergehen.
9. Welcher Mönch auch einem Nichtgeweihten von einem schweren Vergehen eines Mönches ohne (vorherige) Zustimmung der Mönche berichtet – (er vollzieht) ein solches Vergehen.
10. Welcher Mönch auch die Erde umgräbt oder graben läßt[217] – (er vollzieht) ein solches Vergehen.
11. In der Vernichtung des Pflanzenbestandes (besteht) ein solches Vergehen.
12. In (der Verkündung) anderer Auffassungen und in der Belästigung (der Mönche in der Versammlung besteht) ein solches Vergehen.
13. Im Aufhetzen und im Rückgängigmachen (einer Zustimmung besteht) ein solches Vergehen.
14. Welcher Mönch auch ein dem Ordenskapitel gehörendes

Bett oder Lehnstuhl oder Matte oder Rohrstuhl ins Freie hinausgestellt hat oder hat hinausstellen lassen und, indem er weggeht, es nicht (von dort wieder) wegnimmt oder wegnehmen läßt, und weggeht, ohne (vorher) anzufragen – (er vollzieht) ein solches Vergehen.

15. Welcher Mönch auch auf einem dem Ordenskapitel gehörenden Wohnplatz eine Lagerstatt hinausgestellt hat oder hat hinausstellen lassen und, indem er weggeht, diese nicht (von dort wieder) wegnimmt oder wegnehmen läßt, und weggeht, ohne (vorher) anzufragen – (er vollzieht) ein solches Vergehen.

16. Welcher Mönch auch in einer dem Ordenskapitel gehörenden Unterkunft, wissend, daß er (dort) einen vorher angekommenen Mönch stört, (an dieser Stelle sein) Lager aufschlägt, (indem er denkt:) „Wenn es ihm nicht paßt, soll er weggehen!", wenn er das aus solchem Beweggrund und keinem anderen[218] tut, (so vollzieht er) ein solches Vergehen.

17. Welcher Mönch auch gegen einen (anderen) Mönch zornig, unwillig (ist und diesen daher) aus der dem Ordenskapitel gehörenden Unterkunft hinauswirft oder hinauswerfen läßt – (er vollzieht) ein solches Vergehen.

18. Welcher Mönch auch in einer dem Ordenskapitel gehörenden Unterkunft in einem Raum des oberen Stockwerkes sich auf ein zusammenlegbares Bett oder Stuhl hinflegelt[219] – (er vollzieht) ein solches Vergehen.

19. Wenn von einem Mönch eine große Unterkunft errichtet wird, soll er sich beschränken auf eine Einrichtung an der Tür zum Anbringen des Riegels, auf die Herausarbeitung einer Öffnung für das Licht und auf eine doppelte bis dreifache Dachdeckung und auf einen kaum mit Gras bewachsenen Standort.[220] Wenn (diese Richtlinien) überschritten werden, (so ergibt sich,) auch wenn der grasfreie Standort eingehalten wird, ein solches Vergehen.

20. Welcher Mönch auch Wasser, von dem er weiß, daß Lebewesen darin sind, auf Gras oder Tonboden ausgießt oder ausgießen läßt – (er vollzieht) ein solches Vergehen.

21. Welcher Mönch auch, (der dazu) nicht befugt ist, die Mönche ermahnt – (er vollzieht) ein solches Vergehen.

22. Auch wenn der Mönch (zur Ermahnung) befugt ist – wenn er die Mönche nach dem Untergang der Sonne ermahnt, (vollzieht er) ein solches Vergehen.

23. Welcher Mönch auch sich an den Aufenthaltsort der Nonnen begibt und die Nonnen außer zur (rechten) Gelegenheit ermahnt – (er vollzieht) ein solches Vergehen. In diesem Fall ist die (rechte) Gelegenheit, wenn eine Nonne krank ist: (nur) in diesem Fall ist es die (rechte) Gelegenheit.
24. Welcher Mönch auch solches spricht: „(Nur) um (des Erhalts von) Verpflegung willen ermahnen die Mönche die Nonnen!" – (er vollzieht) ein solches Vergehen.
25. Welcher Mönch auch einer Nonne, die nicht mit ihm verwandt ist, ein Ordensgewand gibt, außer (wenn es sich um einen) Tausch (handelt) – (er vollzieht) ein solches Vergehen.
26. Welcher Mönch auch für eine Nonne, die nicht mit ihm verwandt ist, ein Ordensgewand näht oder nähen läßt – (er vollzieht) ein solches Vergehen.
27. Welcher Mönch auch nach Verabredung zusammen mit einer Nonne eine Landstraße entlangzieht, auch wenn es nur bis zum nächsten Dorf ist, (vollzieht damit), außer wenn es zur (rechten) Gelegenheit ist, ein solches Vergehen. In diesem Fall ist die (rechte) Gelegenheit, wenn der Weg als so unsicher und gefährlich gilt, daß er (nur) bewaffnet beschritten werden kann: (nur) in diesem Fall ist es die (rechte) Gelegenheit.
28. Welcher Mönch auch nach Verabredung zusammen mit einer Nonne dasselbe Schiff besteigt und (fluß)aufwärts oder (fluß)abwärts fährt, außer (wenn es sich um) das Übersetzen ans (andere) Ufer (handelt) – (er vollzieht) ein solches Vergehen.
29. Welcher Mönch auch eine Speise, von der er weiß, daß sie von einer Nonne zubereitet wurde, genießt, es sei denn, der (spendende) Hausvater habe (die Speise) vorher (für ihn) bestimmt – (er vollzieht) ein solches Vergehen.
30. Welcher Mönch auch zusammen mit einer Nonne – ein (Mann) mit einer (Frau) – an versteckter Stelle einen Sitz einrichtet – (er vollzieht) ein solches Vergehen.
31. Von einem Mönch, der nicht krank ist, darf (täglich) eine Mahlzeit in einer Verpflegungsstelle (der Gemeinde) verzehrt werden. Wenn er mehr verzehrt, (vollzieht er) ein solches Vergehen.
32. Im Essen in einer Schar (besteht ebenfalls) ein solches Vergehen, außer bei (rechter) Gelegenheit. In diesem Fall ist die (rechte) Gelegenheit: bei Krankheit, bei der Ausgabe von Gewändern, bei der Anfertigung von Gewändern, bei einer Fuß-

reise, an Bord eines Schiffes, bei (unvermeidlich) großem (Andrang), bei einer Einladung (seitens eines Laienanhängers) an die Bettelmönche: (nur) in diesen Fällen ist es die (rechte) Gelegenheit.

33. Im Essen nacheinander[221] (nach eigener Auswahl besteht gleichfalls) ein solches Vergehen, außer bei (rechter) Gelegenheit. In diesem Fall ist die (rechte) Gelegenheit: bei Krankheit, bei der Ausgabe von Gewändern,[222] bei der Anfertigung von Gewändern: (nur) in diesen Fällen ist es die (rechte) Gelegenheit.

34. Wenn man einem in eine Familie gekommenen Mönch anbietet, von dem Pfannkuchen und der Reisgrütze nach Belieben zu nehmen, sind von dem Mönch (höchstens) zwei bis drei Almosenschalenvoll entgegenzunehmen. Wenn er mehr als dies entgegennimmt, (vollzieht er damit) ein solches Vergehen. Hat er zwei oder drei Almosenschalenvoll empfangen, soll er sie wegbringen und mit den (anderen) Mönchen teilen. Das ist in diesem Fall der ordnungsgemäße Verlauf.

35. Welcher Mönch auch, der gegessen hat und eingeladen ist, (weiter zu essen,) das nicht an Verzehr- und Genießbarem[223] Übriggelassene verzehrt oder genießt – (er vollzieht) ein solches Vergehen.

36. Welcher Mönch auch einen (anderen) Mönch, der gegessen hat und eingeladen ist, (weiter zu essen,) auffordert, nicht (als Rest) Übriggelassenes an Verzehr- und Genießbarem entgegenzunehmen, (indem er sagt:) „Los, Mönch, verzehre oder genieße!“, und indem er wissentlich (dessen) Begierde entfacht – (er vollzieht), wenn (auf die Aufforderung hin) tatsächlich gegessen wird, ein solches Vergehen.

37. Welcher Mönch auch zur unrechten Zeit[224] Verzehr- oder Genießbares verzehrt oder genießt – (er vollzieht) ein solches Vergehen.

38. Welcher Mönch auch aus einem Vorrat stammendes Verzehr- oder Genießbares verzehrt oder genießt – (er vollzieht) ein solches Vergehen.

39. Was für besondere Lebensmittel, als da sind zerlassene Butter, frische Butter, Öl, Honig, Zuckersaft, Fleisch, Fisch, Milch, Molken – welcher Mönch auch derartige besondere Lebensmittel, (obwohl) er nicht krank ist, für seinen Gebrauch erbittet und verzehrt – (er vollzieht) ein solches Vergehen.

40. Welcher Mönch auch eine nichtgegebene Nahrung in des

Mundes Pforte einführt, mit Ausnahme von Wasser und Zahnreinigungsmitteln – (er vollzieht) ein solches Vergehen.

41. Welcher Mönch auch einem nackten Asketen oder einem (nichtbuddhistischen) Wandermönch oder einer Wandernonne mit eigener Hand Verzehr- oder Genießbares darbietet – (er vollzieht) ein solches Vergehen.

42. Welcher Mönch auch einen (anderen) Mönch folgendermaßen anredet: „Komm Bruder, wir wollen ins Dorf oder zum Marktflecken um Almosen gehen!" und ihn (dann), ob er (ihm etwas) geben läßt oder nicht geben läßt, wegschickt, (indem er sagt:) „Geh, Bruder, die Unterhaltung oder das Sitzen mit dir ist mir nicht angenehm; eines jeden für sich Unterhaltung oder Sitzen[225] ist mir angenehm!" – wenn er das aus solchem Beweggrund und keinem anderen[226] tut, (vollzieht er) ein solches Vergehen.

43. Welcher Mönch auch bei einer beim Essen befindlichen Familie eindringt und (dort seinen) Sitz aufschlägt – (er vollzieht) ein solches Vergehen.

44. Welcher Mönch auch zusammen mit einem Frauenzimmer an einem versteckten Ort den Sitz aufschlägt – (er vollzieht) ein solches Vergehen.

45. Welcher Mönch auch zusammen mit einem Frauenzimmer – ein (Mann) mit einer (Frau) – im verborgenen den Sitz aufschlägt – (er vollzieht) ein solches Vergehen.

46. Welcher Mönch auch, der eingeladen und beköstigt worden ist und, ohne einen (etwa) anwesenden (anderen) Mönch (darum) befragt zu haben, zum Frühstück oder nach dem Mittagessen bei (anderen) Familien den Bettelgang fortsetzt, außer bei (rechter) Gelegenheit – (er vollzieht) ein solches Vergehen. In diesem Fall ist die (rechte) Gelegenheit die Zeit der Ausgabe von Gewändern und die Zeit der Anfertigung von Gewändern: (nur) in diesen Fällen ist es die (rechte) Gelegenheit.

47. Von einem Mönch, der nicht krank ist, darf von einer die Existenzmittel[227] betreffenden Einladung (bis zur Dauer) von vier Monaten Gebrauch gemacht werden. Wenn nicht eine erneute Einladung oder eine Einladung auf Dauer erfolgt und er macht von (der ersten Einladung) länger (als vier Monate) Gebrauch, (vollzieht er) ein solches Vergehen.

48. Welcher Mönch auch hingeht, um sich ein aufgestelltes

Heer anzusehen, (vollzieht), außer (bei Vorliegen) einer dafür ausreichenden Begründung, ein solches Vergehen.

49. Wenn es für den betreffenden Mönch irgendeine (ausreichende) Begründung gibt, zu dem Heer zu gehen, darf der Mönch zwei Nächte oder drei Nächte bei dem Heer verweilen. Verweilt er darüber hinaus, (vollzieht er) ein solches Vergehen.

50. Wenn der Mönch zwei Nächte oder drei Nächte bei dem Heer verweilt und geht in den Kampf oder an die Frontlinie oder an den Heeressammelplatz oder zur Heerschau, (vollzieht er) ein solches Vergehen.

51. Im Trinken von Branntwein und Rum (besteht) ein solches Vergehen.

52. Im Stoßen (eines anderen) mit dem Finger (besteht) ein solches Vergehen.

53. In der Belustigung mit Wasser (durch Spritzen und so weiter besteht) ein solches Vergehen.

54. In fehlender Ehrerbietung (besteht) ein solches Vergehen.

55. Welcher Mönch auch einen (anderen) Mönch erschreckt[228] – (er vollzieht) ein solches Vergehen.

56. Welcher Mönch auch, der nicht krank ist, in der Absicht, sich zu wärmen, ein Feuer anlegt oder anlegen läßt, (vollzieht) außer (bei Vorliegen) einer dafür ausreichenden Begründung, ein solches Vergehen.

57. Welcher Mönch auch innerhalb von weniger als einem halben Monat badet, (vollzieht), außer bei (rechter) Gelegenheit, ein solches Vergehen. In diesem Fall ist die (rechte) Gelegenheit: die anderthalb Monate am Schluß der heißen Zeit und der erste Monat der Regenzeit, also diese zweieinhalb Monate; (ferner) aus Anlaß der Erhitzung, aus Anlaß des Fiebers, aus Anlaß von Krankheit, aus Anlaß von (körperlicher) Arbeit, aus Anlaß einer Reise, aus Anlaß von Wind und Regen: (nur) in diesen Fällen ist es die (rechte) Gelegenheit.

58. Beim Erhalt eines neuen Gewandes hat der Mönch von drei (Arten der) Färbung eine (Art der) Färbung vorzunehmen: dunkelblau oder schlammfarben oder schwarz. Wenn der Mönch, ohne von drei (Arten der) Färbung eine (Art der) Färbung vorzunehmen, von dem neuen Gewand Gebrauch macht, (vollzieht er) ein solches Vergehen.

59. Welcher Mönch auch einem (anderen) Mönch oder einer

Nonne oder einem Ordensschüler oder einem Novizen oder einer Novizin sein Ordensgewand zugeeignet hat, (aber weiterhin,) als wäre es nicht übereignet, (davon) Gebrauch macht – (er vollzieht) ein solches Vergehen.
60. Welcher Mönch auch einem (anderen) Mönch die Almosenschale oder das Ordensgewand oder die Sitzgelegenheit oder den Nadelbehälter oder den Leibgurt versteckt oder verstecken läßt,[229] (und sei es) auch nur scherzeshalber – (er vollzieht) ein solches Vergehen.
61. Welcher Mönch auch absichtlich ein Lebewesen des Lebens beraubt – (er vollzieht) ein solches Vergehen.
62. Welcher Mönch auch Wasser, (von dem) er weiß, (daß es) Lebewesen enthält, genießt – (er vollzieht) ein solches Vergehen.
63. Welcher Mönch auch wissentlich eine (bereits) gemäß der Lehre erledigte Angelegenheit (dem Orden) zur erneuten Bearbeitung aufdrängt – (er vollzieht) ein solches Vergehen.
64. Welcher Mönch auch, wissend um eines (anderen) Mönches schweres Vergehen, (dieses) verheimlicht – (er vollzieht) ein solches Vergehen.
65. Welcher Mönch auch wissentlich einer weniger als zwanzig Jahre zählenden Person die Ordensweihe erteilt, diese Person (also) als nichtgeweiht (gilt) und die (am Weiheakt beteiligten) Mönche zu tadeln sind – dies ist für ihn ein solches Vergehen.
66. Welcher Mönch auch nach Verabredung zusammen mit einer Raubkarawane eine Landstraße entlangzieht, auch wenn es nur bis zum nächsten Dorf ist – (er vollzieht) ein solches Vergehen.
67. Welcher Mönch auch nach Verabredung zusammen mit einem Frauenzimmer eine Landstraße entlangzieht, auch wenn es nur bis zum nächsten Dorf ist – (er vollzieht) ein solches Vergehen.[230]
68. Welcher Mönch auch folgendermaßen spricht: „So fasse ich die vom Erhabenen dargelegte Lehre auf, daß (nämlich) die als (die Erlösung) hindernd vom Erhabenen benannten Umstände dem, der sich (ihnen) hingibt, kein genügendes Hindernis bieten!“[231] – dieser ist von den (anderen) Mönchen folgendermaßen anzusprechen: „Nicht möge der Ehrwürdige so sprechen! Nicht möge er den Erhabenen verleumden, denn weder ist eine Verleumdung des Erhabenen recht, noch würde

der Erhabene so sprechen.[232] An zahlreichen Beispielen, Freund, sind die hemmenden (Umstände) vom Erhabenen bezeichnet worden und auch als ausreichend, um jemand, der sich (ihnen) hingibt, (an der Erlösung) zu hindern." Wenn der Mönch so von den (anderen) Mönchen angesprochen wurde und (doch) dabei verharrt, ist der Mönch von den (anderen) Mönchen gemeinsam dreimal zu ermahnen, damit er widerruft. Wenn er, dreimal ermahnt, widerruft, ist es gut. Wenn er nicht widerruft, (vollzieht er) ein solches Vergehen.

69. Welcher Mönch auch, der von einem (anderen) Mönch weiß, daß er so *(wie im vorigen Abschnitt zitiert)* spricht, daß ihm (noch) nicht nach der Vorschrift geschehen ist[233] und daß er (seine falsche) Ansicht nicht widerrufen hat, (und der dennoch) mit ihm zusammen speist oder zusammen wohnt oder zusammen das Lager aufschlägt – (er vollzieht) ein solches Vergehen.

70. Wenn selbst ein Novize folgendermaßen spricht: „So fasse ich die vom Erhabenen dargelegte Lehre auf, daß (nämlich) die als (die Erlösung) hindernd vom Erhabenen benannten Umstände dem, der sich (ihnen) hingibt, kein genügendes Hindernis bieten!" – dieser Novize ist von den Mönchen folgendermaßen anzusprechen: „Nicht möge der Freund Novize so sprechen! Nicht möge er den Erhabenen verleumden, denn weder ist eine Verleumdung des Erhabenen recht, noch würde der Erhabene so sprechen. An zahlreichen Beispielen, Freund Novize, sind die hemmenden (Umstände) vom Erhabenen bezeichnet worden und auch als ausreichend, um jemand, der sich (ihnen) hingibt, (an der Erlösung) zu hindern." Wenn der Novize so von den Mönchen angesprochen wurde und (doch) dabei verharrt, ist der Novize von den Mönchen folgendermaßen anzusprechen: „Von heute an, Freund Novize, darfst du den Erhabenen nicht (mehr) als deinen Meister bezeichnen. Und daß die anderen Novizen zusammen mit den Mönchen für zwei Nächte oder drei Nächte gemeinsames Lager erlangen, ist auch nicht (mehr) dein (Recht). Mach dich fort, verschwinde!" Welcher Mönch auch, solches wissend, einen ausgeschlossenen Novizen ermuntert oder unterstützt oder mit ihm speist oder mit ihm das Lager aufschlägt – (er vollzieht) ein solches Vergehen.

71. Welcher Mönch auch, von den (anderen) Mönchen in bezug auf eine Lehrvorschrift angesprochen, folgendermaßen

spricht: „Nicht werde ich, Freund, in diesen Lehrsatz einwilligen, bis ich einen anderen erfahrenen, in der Ordenszucht bewanderten Mönch befragt habe!" – (er vollzieht) ein solches Vergehen. Von einem (die Lehre) studierenden Mönch, o Mönche, ist (in sich selbst) zu erkennen, zu befragen, zu erkunden. Das ist in diesem Fall der ordnungsgemäße Verlauf.

72. Welcher Mönch auch beim Rezitieren des Pātimokkha folgendermaßen spricht: „Was (soll das) mit diesen kleinlichen Vorschriften, die (hier) rezitiert werden; sie führen ja nur zu Gewissensbissen, Plage, Verwirrung!" – in der Verächtlichmachung (dieser) Vorschrift (besteht) ein solches Vergehen.

73. Welcher Mönch auch beim halbmonatlich rezitierten Pātimokkha folgendermaßen spricht: „Jetzt erst weiß ich, daß auch diese Lehre von den Sutta (-Lehrreden) überliefert wird, in den Suttas enthalten ist und (als solche) halbmonatlich zur Rezitation gelangt!" – und wenn die anderen Mönche von ihm wissen: „Niedergelassen hat sich schon dieser zwei- oder dreimal bei der Rezitation des Pātimokkha, um nicht zu sagen öfter (und jetzt erst hat er das begriffen)!" – für diesen Mönch gibt es ob seiner Unwissenheit keine Befreiung (von den weltlichen Fesseln). Indem er in solche Verfehlung geraten ist, ist er entsprechend der Vorschrift zu behandeln. Außerdem ist seine Verblendung kundzutun (mit den Worten:) „Das ist für dich, Freund, ein Verlust, das ist für dich ein schlechter Gewinn, daß du während der Rezitation des Pātimokkha nicht aufgemerkt und aufgepaßt hast!"[234] In diesem törichten Verhalten (besteht) ein solches Vergehen.

74. Welcher Mönch auch gegen einen (anderen) Mönch zornig, unwillig (ist und diesem daher) einen Hieb versetzt – (er vollzieht) ein solches Vergehen.

75. Welcher Mönch auch gegen einen (anderen) Mönch zornig, unwillig (ist und gegen diesen drohend) die Handfläche erhebt – (er vollzieht) ein solches Vergehen.

76. Welcher Mönch auch einen (anderen) Mönch grundlos eines Vergehens, das auf einer Versammlung des Ordenskapitels beraten werden müßte, bezichtigt – (er vollzieht) ein solches Vergehen.

77. Welcher Mönch auch einem (anderen) Mönch absichtlich Unsicherheit verursacht, (in der Absicht:) „Das wird ihm wenigstens für einen Augenblick unangenehm sein!", und wenn

er dies nur aus diesem Grund tut,[235] (so vollzieht er) ein solches Vergehen.

78. Welcher Mönch auch bei in Hader geratenen, in Streit geratenen, in Auseinandersetzungen begriffenen Mönchen steht und zuhört (in der Absicht:) „Was die (hier) sprechen, das will ich hören!", und wenn er dies nur aus diesem Grund tut, (so vollzieht er) ein solches Vergehen.

79. Welcher Mönch auch, der zu vorschriftsgemäßen Verfahren (seine) Zustimmung gegeben hat, hinterher in Zwiespalt gerät – (er vollzieht) ein solches Vergehen.

80. Welcher Mönch auch, während die Gemeinde in einem Gespräch über die Auslegung (der Lehre) begriffen ist, ohne (seine) Zustimmung gegeben zu haben, sich vom Sitz erhebt und weggeht – (er vollzieht) ein solches Vergehen.

81. Welcher Mönch auch in einer rechtmäßigen Gemeinde ein Gewand hingibt, hinterher (aber darüber) in Zwiespalt gerät (und sagt:) „Aufgrund freundschaftlicher Beziehungen verteilen die Mönche die Einkünfte der Gemeinde!" – (er vollzieht) ein solches Vergehen.

82. Welcher Mönch auch wissentlich Einkünfte, die der Gemeinde dargebracht wurden, einer (einzelnen) Person übereignet – (er vollzieht) ein solches Vergehen.

83. Welcher Mönch auch bei einem König, einem (zum König) gesalbten (vornehmen) Krieger, ohne daß der König weggegangen und die Königin hinausgegangen[236] ist (und) ohne daß sich (der Mönch) vorher angemeldet hätte, die Schwelle überschreitet – (er vollzieht) ein solches Vergehen.

84. Welcher Mönch auch einen Edelstein oder was man als Edelstein betrachtet,[237] außer in einem Hain oder an einem Rastplatz, aufhebt oder aufheben läßt – (er vollzieht) ein solches Vergehen. Sollte aber der Edelstein oder was man als Edelstein betrachtet, von dem Mönch in einem Hain oder an einem Rastplatz aufgehoben oder aufgehoben zu werden veranlaßt worden sein, ist er (wieder) hinzulegen (in der Absicht:) „Wem er gehört, der wird (ihn) nehmen!" Das ist in diesem Fall der ordnungsgemäße Verlauf.

85. Welcher Mönch auch, ohne einen (etwa) anwesenden (anderen) Mönch befragt zu haben, zur Unzeit[238] ein Dorf betritt, außer (wenn) ein diesbezüglicher besonderer Anlaß (vorliegt) – (er vollzieht) ein solches Vergehen.

86. Welcher Mönch auch einen aus Knochen oder Elfenbein oder Horn bestehenden Nadelbehälter anfertigen läßt, (obwohl dieser) zerbrechlich ist – (er vollzieht) ein solches Vergehen.
87. Wenn ein Mönch ein neues Bett oder Lehnstuhl anfertigen läßt, ist dies mit Füßen von acht Fingerbreiten Länge, entsprechend der Norm-Fingerbreite, zu versehen, ausgenommen die unterste Bettstütze. Für den, der (dieses Maß) überschreitet, (ergibt sich) ein solches Vergehen (und außerdem die Pflicht) des Abschneidens (der Überlänge).
88. Welcher Mönch auch ein Bett oder Lehnstuhl mit einer Baumwollfüllung versehen läßt – (er vollzieht) ein solches Vergehen; (außerdem ist die Füllung wieder) herauszureißen.
89. Wenn ein Mönch einen Sitz anfertigen läßt, ist er mit (richtigen) Abmessungen zu verfertigen. Hier ist das (verlangte) Maß: in der Länge zwei Spannen entsprechend der Normspanne,[239] in der Breite anderthalb Spannen, der Rand eine Spanne. Für den, der (dieses Maß) überschreitet, (ergibt sich) ein solches Vergehen (und außerdem die Pflicht) des Abschneidens (der Überlänge).
90. Wenn ein Mönch ein Tuch zum Bedecken von Krätze anfertigen läßt, ist es mit (richtigen) Abmessungen zu verfertigen. Hier ist das (verlangte) Maß: in der Länge vier Spannen entsprechend der Normspanne, in der Breite zwei Spannen. Für den, der (dieses Maß) überschreitet, (ergibt sich) ein solches Vergehen (und außerdem die Pflicht) des Abschneidens (der Überlänge).
91. Wenn ein Mönch ein Gewand für die Regenzeit anfertigen läßt, ist es mit (richtigen) Abmessungen zu verfertigen. Hier ist das (verlangte) Maß: in der Länge sechs Spannen entsprechend der Normspanne, in der Breite zweieinhalb Spannen. Für den, der (dieses Maß) überschreitet, (ergibt sich) ein solches Vergehen (und außerdem die Pflicht) des Abschneidens (der Überlänge).
92. Welcher Mönch auch ein Ordensgewand in den Abmessungen des von Buddha getragenen Ordensgewandes[240] anfertigen läßt oder noch darüber hinausgehend – (er vollzieht) ein solches Vergehen (und hat außerdem die Pflicht) des Abschneidens (der Überlänge). Hier ist das Maß eines Buddha-Gewandes des Buddha: in der Länge neun Spannen entspre-

chend der Normspanne, in der Breite sechs Spannen. Dies ist das Maß eines Buddha-Gewandes des Buddha.

Rezitiert wurden, o Ehrwürdige, die Regeln über die zweiundneunzig Vergehen, die eine Buße erfordern. Diesbezüglich frage ich die Ehrwürdigen: Seid ihr rein in dieser Hinsicht? Auch ein zweites Mal frage ich: Seid ihr rein in dieser Hinsicht? Auch ein drittes Mal frage ich: Seid ihr rein in dieser Hinsicht? Rein sind in dieser Hinsicht die Ehrwürdigen; darum (herrscht) Schweigen. So fasse ich es auf.

MAHĀVAGGA

I,3

1. Danach, nach dem Verlauf von sieben Tagen, erhob sich der Erhabene aus dieser (innerlichen) Versenkung und begab sich vom Fuß des Ajapāla (genannten) Nigrodha-Baumes zu einem Mucalinda (-Baum). Nachdem er sich dorthin begeben hatte, setzte er sich am Fuß des Mucalinda sieben Tage lang mit gekreuzten Beinen nieder und empfand das Glück der Loslösung (von allen weltlichen Wünschen).

2. Zu jener Zeit nun zog außerhalb der (üblichen) Zeit eine große Wolke auf. Sieben Tage lang (währten) Regenwetter, Kälte, Wind, Dunkelheit. Da kam der Schlangenkönig Mucalinda aus seiner Wohnstatt hervor und umschloß des Erhabenen Leib siebenmal mit (seinen) Schlingen und verharrte, über das Haupt (des Erhabenen seine) große Haube haltend, (indem er dachte:) „Es möge für den Erhabenen nicht mit Kälte, es möge für den Erhabenen nicht mit Hitze, es möge für den Erhabenen nicht mit Bremsen, Mücken, Wind, Gluthitze, Kriechtieren eine Berührung geben!"

3. Danach, nach dem Verlauf von sieben Tagen, sah der Schlangenkönig den klaren, wolkenfreien Himmel, entfernte von des Erhabenen Leib die Schlingen, gab seine eigene Gestalt auf, nahm die Gestalt eines Jünglings an und stellte sich vor den Erhabenen hin. Mit aneinandergelegten Händen erwies er dem Erhabenen (seine) Ehrerbietung.

4. Der Erhabene aber gewahrte diesen Vorgang und tat bei dieser Gelegenheit diesen feierlichen Ausspruch:

„Glück ist die Einsamkeit des Zufriedenen,
der die Lehre gehört (und) erschaut hat.
Nichtschädigen ist Glück in der Welt;
gegenüber den Lebewesen (Selbst-) Zügelung.
Glück ist Leidenschaftslosigkeit in der Welt,
der Begierden Überwindung.
Des Ichbewußtseins Beseitigung
ist fürwahr das höchste Glück."

I,4

1. Danach, nach dem Verlauf von sieben Tagen, erhob sich der Erhabene aus dieser (innerlichen) Versenkung und begab sich vom Fuß des Mucalinda zu einem Rājāyatana (-Baum). Nachdem er sich dorthin begeben hatte, setzte er sich am Fuß des Rājāyatana sieben Tage lang mit gekreuzten Beinen nieder und empfand das Glück der Loslösung (von allen weltlichen Wünschen).

2. Zu jener Zeit nun gelangten Tapussa und Bhallika, Kaufleute aus Ukkala, auf einem Reiseweg in diese Gegend. Da sprach eine Gottheit, die (vorzeiten) eine Blutsverwandte der Kaufleute Tapussa und Bhallika gewesen war, zu den Kaufleuten Tapussa und Bhallika folgendermaßen: „Hier, ihr Herren, verweilt am Fuß eines Rājāyatana (-Baumes) der Erhabene, der als erster vollkommen Erwachte. Geht und verehrt den Erhabenen mit Reisbrei und Honigkugeln! Das wird euch lange Zeit zu Heil und Glück gereichen."

3. Daraufhin nahmen Tapussa und Bhallika, die Kaufleute, Reisbrei und Honigkugeln und begaben sich dorthin, wo der Erhabene (weilte). Nachdem sie sich dorthin begeben hatten, begrüßten sie den Erhabenen, stellten sich an die Seite, (und) als sie an der Seite standen, sprachen Tapussa und Bhallika, die Kaufleute, zum Erhabenen folgendermaßen: „Es möge von uns, o Herr, der Erhabene den Reisbrei und die Honigkugeln entgegennehmen, was uns lange Zeit zu Heil und Glück gereichen möge!"

4. Da kam dem Erhabenen dieser (Gedanke:) „Nicht nehmen die Vollendeten (etwas) mit den Händen entgegen. Womit soll ich nun wohl Reisbrei und Honigkugeln entgegennehmen?" Da erfuhren die vier Großkönige[241] durch ihre Geisteskraft die

im Geist des Erhabenen (vor sich gehende) Überlegung und boten aus den vier Himmelsrichtungen vier steinerne Schalen dem Erhabenen dar (und sprachen:) „Möge hierin, o Herr, der Erhabene den Reisbrei und die Honigkugeln entgegennehmen!" Der Erhabene nahm die ausgezeichneten steinernen Schalen; (damit) nahm er (dann) Reisbrei und Honigkugeln an und verzehrte (sie).
5. Als Tapussa und Bhallika, die Kaufleute, sahen, daß der Erhabene die Schalen (wieder) aus der Hand gelegt hatte,[242] neigten sie den Kopf zu des Erhabenen Füßen und sprachen so zu dem Erhabenen: „Wir, o Herr, nehmen Zuflucht zum Erhabenen und zur Lehre. Möge uns der Erhabene als Laienanhänger betrachten, die von heute an zeitlebens Zuflucht (zu ihm) genommen haben!" Diese (beiden) wurden in der Welt zuerst zu Laienanhängern, (nur) zwei Worte sprechend.[243]

I,5

1. Danach, nach dem Verlauf von sieben Tagen, erhob sich der Erhabene aus dieser (innerlichen) Versenkung und begab sich vom Fuß des Rājāyatana zu dem Ajapāla (genannten) Nigrodha (-Baum). Nachdem er sich dorthin begeben hatte, verweilte der Erhabene dortselbst am Fuß des Ajapāla (genannten) Nigrodha (-Baumes).
2. Da nun entstand im Geist des ins Verborgene gegangenen, einsamen Erhabenen so die Überlegung: „Gefunden habe ich diese Lehre, (die) tief, schwer zu erkennen, schwer zu begreifen ist, friedvoll, erhaben, keinem Zweifel zugänglich, fein (durchdacht), (nur) den Weisen zugänglich. Am Anhangen jedoch freuen sich die Leute, über das Anhangen sind sie froh, am Anhangen ergötzen sie sich. Den sich am Anhangen freuenden Leuten, den über das Anhangen froh seienden, den sich am Anhangen ergötzenden (wird) schwer zu erkennen (sein), was dieser Grundsatz ist: der ursächliche Zusammenhang und das Entstehen in Abhängigkeit. Schwer zu erkennen (wird) auch dieser Grundsatz (sein): das Aufhören aller Gegebenheiten, die Befreiung von allen (zur Wiedergeburt) führenden Bedingungen, das Schwinden des ‚Durstes', die Leidenschaftslosigkeit, das Ausrotten (der Begierde), das Erlöschen. Wenn ich also nun die Lehre verkünde und die anderen mich

nicht verstehen, wird das für mich (nur) Ermüdung sein, wird das für mich (nur) Ärger sein."[244]

3. Da gingen dem Erhabenen diese Strophen auf, die, (obwohl) frei von Wundern, (dennoch) niemals zuvor gehört worden waren:

„Unter Mühen habe ich (die Lehre) erkannt.
Was soll ich sie jetzt verkünden?
Von den in Leidenschaft und Sünde Verstrickten
ist diese Lehre nicht leicht zu begreifen.
Gegen den Strom gehend, werden die fein (durchdachte),
tiefe, schwer zu erkennende, genau (ausgearbeitete Lehre)
die von Leidenschaft Befallenen
nicht sehen, die von tiefer Finsternis Umhüllten."

4. Das Gemüt des so nachdenkenden Erhabenen neigte sich (also) der Gleichgültigkeit zu, nicht dem Verkünden der Lehre. Da erfuhr Brahmā Sahampati durch (seine) Geisteskraft die im Geist des Erhabenen (vor sich gehende) Überlegung, (und) es kam (ihm) dieser (Gedanke:) „Zugrunde geht, o weh, die Welt, dahinschwindet, o weh, die Welt, weil ja das Gemüt des Vollendeten, des Heiligen, vollkommen Erwachten der Gleichgültigkeit zuneigt, nicht dem Verkünden der Lehre."

5. Da, gleichwie ein kräftiger Mann den gekrümmten Arm ausstreckt oder den ausgestreckten Arm krümmt, ebenso verschwand Brahmā Sahampati aus der Brahmawelt und erschien vor dem Erhabenen.

6. Und Brahmā Sahampati legte das Obergewand auf eine Schulter, beugte die rechte Kniescheibe auf den Erdboden nieder, verneigte sich vor dem Erhabenen mit zusammengelegten Händen und sprach zum Erhabenen dies: „O Herr, der Erhabene möge die Lehre verkünden; der da richtig gegangen ist, möge die Lehre verkünden. Es gibt (nämlich) Wesen, die wenig Befleckung (des Charakters) aufweisen; wenn sie die Lehre nicht hören, würden sie untergehen; sie werden die Lehre verstehen."[245]

7. Dies sprach Brahmā Sahampati. Nachdem er (dies) gesprochen hatte, sprach er noch folgendes:

„Die bei den Magadhern früher in Erscheinung getretene Lehre
ist unrein, von Befleckten ausgedacht.
Öffne dieses Tor zum Unsterblichen;
hören sollen sie die Lehre, die vom Makellosen begründete!
Wie ein auf einem Felsen, auf einer Bergspitze Stehender
das Volk allseits überschauen mag,
so, zum höchsten Palast der Lehre,
o Weiser, emporsteigend, o allseits Sehender,
auf das von Kummer heimgesuchte Volk, schau du, der du
den Kummer aufgegeben hast, auf das von Geburt und Alter Überwältigte!
Erhebe dich, o Held, von dem die Schlacht gewonnen wurde!
O Karawanenführer,[246] der du frei von Schuld bist,
wandle in der Welt!
Es verkünde der Erhabene die Lehre;
es wird (Leute) geben, die sie verstehen."

8. Nachdem er so gesprochen hatte, sagte der Erhabene zu Brahmā Sahampati dies: „Mir, o Brahmā, ist dieser (Gedanke) gekommen: ‚Gefunden habe ich diese Lehre, (die) tief, schwer zu erkennen, schwer zu begreifen ist ... *(weiter wie in Abschnitt 2)* ... wird das für mich (nur) Ärger sein.' Und außerdem, o Brahmā, gingen mir diese Strophen auf, die, (obwohl) frei von Wundern, (dennoch) niemals zuvor gehört worden waren: ‚... *(wie in Abschnitt 3)* ... Umhüllten.' Als ich (darüber) nachdachte, neigte sich mein Gemüt der Gleichgültigkeit zu, nicht dem Verkünden der Lehre."
9. Und ein zweites Mal sprach Brahmā Sahampati zum Erhabenen dies: „O Herr, der Erhabene möge die Lehre verkünden ... *(weiter wie in Abschnitt 6)* ... sie werden die Lehre verstehen." Und ein zweites Mal sprach der Erhabene zu Brahmā Sahampati dies: „Mir, o Brahmā, ist dieser (Gedanke) gekommen: ‚Gefunden habe ich diese Lehre, (die) tief, schwer zu erkennen, schwer zu begreifen ist ... *(weiter wie in Abschnitt 2)* ... wird das für mich (nur) Ärger sein.' Und außerdem, o Brahmā, gingen mir diese Strophen auf, die, (obwohl) frei von Wundern, (dennoch) niemals zuvor gehört worden waren: ‚... *(wie in Abschnitt 3)* ... Umhüllten.' Als ich (darüber) nach-

dachte, neigte sich mein Gemüt der Gleichgültigkeit zu, nicht dem Verkünden der Lehre."

10. Und ein drittes Mal sprach Brahmā Sahampati zum Erhabenen dies: „O Herr, der Erhabene möge die Lehre verkünden ... *(weiter wie in Abschnitt 6)* ... sie werden die Lehre verstehen." Daraufhin, als er Brahmās Aufforderung vernommen hatte, schaute der Erhabene aus Mitleid mit den Wesen mit einem Buddhablick auf die Welt hernieder. Und es sah der Erhabene, als er mit einem Buddhablick auf die Welt herniederschaute, Wesen mit wenig Befleckung, mit viel Befleckung, mit scharfen Sinnen, mit schwachen Sinnen, in guter Verfassung, in schlechter Verfassung, leicht zu belehren, schwer zu belehren, einige die Gefahren des Jenseits und der Sünde sehend, verweilen.

11. Gerade wie in einem Teich mit blauem Lotus, in einem Teich mit rotem Lotus, in einem Teich mit weißem Lotus einige blaue Lotusblüten oder rote Lotusblüten oder weiße Lotusblüten im Wasser entstehen, im Wasser wachsen, aus dem Wasser nicht emporsteigen, untergetaucht sich ernähren, andere blaue Lotusblüten oder rote Lotusblüten oder weiße Lotusblüten im Wasser entstehen, im Wasser wachsen und bis zur Wasseroberfläche kommen, (wieder) andere blaue Lotusblüten oder rote Lotusblüten oder weiße Lotusblüten im Wasser entstehen, im Wasser wachsen, aus dem Wasser hinausragen, vom Wasser nicht benetzt werden. —[247]

12. ebenso (unterschiedliche) Wesen sah der Erhabene verweilen, als er mit dem Buddhablick auf die Welt herniederschaute: (Wesen) mit wenig Befleckung, mit viel Befleckung, mit scharfen Sinnen, mit schwachen Sinnen, in guter Verfassung, in schlechter Verfassung, leicht zu belehren, schwer zu belehren, einige die Gefahren des Jenseits und der Sünde sehend. (Dies) sehend, sprach er Brahmā Sahampati mit einer Strophe an:

„Geöffnet ist des Unsterblichen[248] Tor für die, welche hören;
entsenden sollen sie Vertrauen.[249]
Die Belästigung kennend, verkündete ich die hervorragende Lehre,
die erhabene, unter den Menschen (zuerst) nicht, o Brahmā!"

13. Da (dachte) Brahmā Sahampati: „In Erscheinung bin ich getreten, damit vom Erhabenen die Lehre verkündet wird; (und das hat er nun zugesagt)." Damit grüßte er den Erhabenen, (umwandelte) ihn zur Rechten habend, und verschwand auf der Stelle.

CULLAVAGGA

VI,4: Die Geschichte von Anāthapiṇḍika

1. Zu dieser Zeit nun war der Hausvater Anāthapiṇḍika der Gatte der Schwester des Großkaufmanns von Rājagaha. Da ging nun der Hausvater Anāthapiṇḍika nach Rājagaha um irgendeines Geschäftes willen. Zu dieser Zeit nun war seitens des Großkaufmanns von Rājagaha die Gemeinde mit Buddha an der Spitze für den folgenden Tag (zum Essen) eingeladen worden. Da beauftragte nun der Großkaufmann von Rājagaha (seine) Sklaven und Arbeiter: „Darum also, Leute, steht zeitig auf, kocht Reismilch, kocht Essen, bereitet Suppen zu, bereitet Leckerbissen zu!" Da kam dem Hausvater Anāthapiṇḍika dieser (Gedanke:) „Früher legte dieser Hausvater, wenn ich ankam, alle Obliegenheiten beiseite und wechselte mit mir freundlichen Gruß. Jetzt macht er einen zerstreuten Eindruck und befiehlt (seinen) Sklaven und Arbeitern: ‚Darum also, Leute ... *(weiter wie eben)* ... bereitet Leckerbissen zu!' Ob da wohl des Hausvaters Hochzeit sein wird oder ob er jemand in die Ehe weggibt oder ob ein großes Opfer veranstaltet wird oder ob der Magadha-König Seniya Bimbisāra zusammen mit einem Heerbann für den folgenden Tag (zum Essen) eingeladen wurde?"

2. Als nun der Großkaufmann von Rājagaha an die Sklaven und Arbeiter (seine) Befehle erteilt hatte, begab er sich dorthin, wo der Hausvater Anāthapiṇḍika (weilte), und als er sich (dorthin) begeben hatte, wechselte er mit dem Hausvater Anāthapiṇḍika freundlichen Gruß und setzte sich an einer Seite nieder. Zu dem an einer Seite sitzenden Großkaufmann von Rājagaha sprach der Hausvater Anāthapiṇḍika dies: „Früher hast du, o Hausvater, wenn ich ankam, alle Obliegenheiten

beiseite gelegt und mit mir freundlichen Gruß gewechselt. Jetzt machst du einen zerstreuten Eindruck und befiehlst (deinen) Sklaven und Arbeitern: ‚Darum also, Leute ... *(weiter wie im Abschnitt 1)* ... bereitet Leckerbissen zu!‘ Ob da wohl deine Hochzeit, o Hausvater, sein wird oder ob du jemand in die Ehe weggibst oder ob ein großes Opfer veranstaltet wird oder ob der Magadha-König Seniya Bimbisāra zusammen mit einem Heerbann für den folgenden Tag (zum Essen) eingeladen wurde?“

„Nicht wird, o Hausvater, meine Hochzeit sein, noch gebe ich jemand zur Ehe weg, noch wurde der Magadha-König Seniya Bimbisāra zusammen mit einem Herrbann für den morgigen Tag (zum Essen) eingeladen. Doch ein großes Opfer wird von mir veranstaltet: für den morgigen Tag wurde die Gemeinde mit Buddha an der Spitze (zum Essen) eingeladen.“ – „Sagtest du ‚Buddha‘, o Hausvater?“ – „‚Buddha‘, sage ich, o Hausvater!“ – „Sagtest du (wirklich) ‚Buddha‘, o Hausvater?“ – „‚Buddha‘, sage ich, o Hausvater!“ – „Sagtest du (tatsächlich) ‚Buddha‘, o Hausvater?“ – „‚Buddha‘, sage ich, o Hausvater!“ – „Selbst dieser Klang (des Wortes), o Hausvater, ist schwer zu erlangen in der Welt, welches ‚Buddha, Buddha‘ heißt. Ist es wohl möglich, o Hausvater, sich zu dieser Zeit zum Erhabenen zu begeben, um ihn zu sehen, den Heiligen, vollkommen Erwachten?“

„(Es wäre) die unrechte Zeit, o Hausvater, zu dieser Zeit sich zum Erhabenen zu begeben, um ihn zu sehen, den Heiligen, vollkommen Erwachten. Morgen früh wirst du dich zum Erhabenen begeben, um ihn zu sehen, den Heiligen, vollkommen Erwachten.“

Da richtete der Hausvater Anāthapiṇḍika das Bewußtsein auf den (bevorstehenden) Gang zum Buddha: „Morgen früh werde ich mich zum Erhabenen begeben, um ihn zu sehen, den Heiligen, vollkommen Erwachten!“ und erhob sich nachts wohl dreimal in der Meinung, der Morgen dämmere.

3. (Schließlich) begab sich der Hausvater Anāthapiṇḍika zum Tor des Sīta-Hains; übermenschliche Wesen öffneten das Tor. Und als der Hausvater Anāthapiṇḍika aus der Stadt hinausschritt, verschwand das Licht, Finsternis trat ein; Furcht, Betäubung, Gänsehaut[250] befielen ihn, so daß er von dort wieder zurückkehren wollte. Da ließ Sīvaka, ein verborgener Geist, (dieses) Wort hören:

„Hundert Elefanten, hundert Rosse, hundert Maultierwagen,
hunderttausend Mädchen, geschmückt mit Juwelohrringen,
sie haben nicht den sechzehnten Teil
des Wertes eines einzigen Schrittes.

Geh weiter, o Hausvater; geh weiter, o Hausvater! Das Voranschreiten wird besser für dich sein, nicht das Zurückweichen."

Da verschwand vor dem Hausvater Anāthapiṇḍika die Finsternis, das Licht wurde (wieder) sichtbar; Furcht, Betäubung (und) Gänsehaut kamen zur Ruhe. Und zum zweitenmal ... und zum drittenmal verschwand vor dem Hausvater Anāthapiṇḍika das Licht ... und zum drittenmal der Geist Sīvaka ... *(weiter wie eben).* „... nicht das Zurückweichen." Und zum drittenmal (verschwand) vor dem Hausvater Anāthapiṇḍika die Finsternis ... *(weiter wie oben)* ... kamen zur Ruhe.

4. Darauf begab sich der Hausvater Anāthapiṇḍika zum Sīta-Hain. Zu dieser Zeit nun ging der Erhabene, der sich (bereits) nachts, (kurz) vor (Erscheinen) der Morgenröte erhoben hatte, im Freien auf und ab. Der Erhabene sah den Hausvater Anāthapiṇḍika von fern herankommen, und indem er (ihn) sah, stieg er herab vom (Ort seines) Spazierganges und ließ sich auf einem vorbereiteten Sitz nieder. Nachdem sich der Erhabene niedergelassen hatte, sprach er zu Anāthapiṇḍika, dem Hausvater, dies: „Komm her, Sudatta!"

Da (dachte) der Hausvater Anāthapiṇḍika: „Mit Namen redet mich der Erhabene an!" (und wurde) glücklich und hochgemut. Er nahte sich dem Erhabenen, und als er sich genaht hatte, neigte er zu des Erhabenen Füßen das Haupt und sprach zum Erhabenen dies: „Es möge, o Herr, der Erhabene glücklich geschlafen haben!"

„Immerdar schläft glücklich der Heilige, der Friedvolle,
der nicht befleckt ist von Begierden,
zur Ruhe gekommen ist und nirgends anhaftet,
der alles Anhangen ausgerottet
und aus dem Herzen die Furcht vertrieben hat;
friedvoll schläft er glücklich,
Frieden hat im Gemüt er befestigt."

5. Danach führte der Erhabene mit dem Hausvater Anāthapiṇḍika ein allmählich (in die Lehre) einführendes Gespräch, nämlich ein Gespräch über Gaben, ein Gespräch über Tugend, ein Gespräch über den Himmel: Er zeigte die Gefahr, die Nichtigkeit und die Unreinheit der Begierden, den Verdienst der Entsagung auf. Als der Erhabene spürte, daß der Hausvater Anāthapiṇḍika ein aufnahmefähiges Gemüt, ein vertrauensvolles Gemüt (besaß), da verkündete er ihm die grundsätzliche Lehre der Buddhas: (die Wahrheit vom) Leiden, (die Wahrheit von der) Entstehung (des Leidens, die Wahrheit von der) Vernichtung (des Leidens, die Wahrheit von dem zur Leidensvernichtung führenden) Pfad. Gerade wie ein reines Gewand, das vom Schmutz befreit ist, bereitwillig eine Farbe aufnehmen wird, ebenso erstand dem Hausvater Anāthapiṇḍika noch auf diesem Sitz das staublose, unbefleckte Auge für die Lehre: daß, was auch dem Gesetz der Entstehung, alles (ebenso) dem Gesetz des Vergehens (unterworfen ist). Da schaute der Hausvater Anāthapiṇḍika die Lehre, machte sich die Lehre zu eigen, verstand die Lehre, durchdrang die Lehre, überwand die Zweifel, beseitigte die Unsicherheit, erlangte Selbstvertrauen (und wurde) von niemand anderem abhängig für (das Verständnis) von des Meisters Lehre. Zum Erhabenen (aber) sprach er dies: „Ausgezeichnet, o Herr; ausgezeichnet, o Herr! Gerade wie, o Herr, Umgestürztes aufgerichtet, Verborgenes enthüllt worden wäre; als wenn man einem Verirrten den Weg weisen oder in die Dunkelheit eine Öllampe bringen würde – ‚wer Augen hat, wird die Formen sehen' –, ebenso hat der Erhabene auf mancherlei Art die Lehre erläutert. Ich nehme, o Herr, zum Erhabenen (meine) Zuflucht und zur Lehre und zur Mönchsgemeinde. Als einen Laienanhänger möge mich der Erhabene betrachten, (der) von heute an zeitlebens Zuflucht (zu ihm) genommen hat. Und es möge, o Herr, der Erhabene zustimmen, von mir am morgigen Tag das Essen zusammen mit der Mönchsgemeinde (entgegenzunehmen)."

Der Erhabene gab die Zustimmung durch Schweigen. Als nun der Hausvater Anāthapiṇḍika vom Erhabenen die Zustimmung erlangt hatte, stand er vom Sitz auf, grüßte den Erhabenen, (umwandelte) ihn zur Rechten habend, und ging fort.

6. Nun hörte der Großkaufmann von Rājagaha: „Von Anāthapiṇḍika, dem Hausvater, ist tatsächlich für den morgigen

Tag die Gemeinde mit Buddha an der Spitze (zum Essen) eingeladen worden." Da sprach der Großkaufmann von Rājagaha zum Hausvater Anāthapiṇḍika dies: „Von dir, o Hausvater, ist für den morgigen Tag die Gemeinde mit Buddha an der Spitze (zum Essen) eingeladen worden. Du aber bist (hier) ein Besucher. Ich gebe dir, o Hausvater, die Mittel, mit denen du das Essen für die Gemeinde mit Buddha an der Spitze ausrichten lassen kannst." – „O Hausvater, ich verfüge über genügend Mittel, mit denen ich das Essen für die Gemeinde mit Buddha an der Spitze ausrichten werde."

Nun hörte der Stadthauptmann von Rājagaha: „Von Anāthapiṇḍika, dem Hausvater, ist tatsächlich für den morgigen Tag die Gemeinde mit Buddha an der Spitze (zum Essen) eingeladen worden." Da sprach der Stadthauptmann von Rājagaha zum Hausvater Anāthapiṇḍika dies: „Von dir, o Hausvater, ist für den morgigen Tag die Gemeinde mit Buddha an der Spitze (zum Essen) eingeladen worden. Du aber bist (hier) ein Besucher. Ich gebe dir, o Hausvater, die Mittel, mit denen du das Essen für die Gemeinde mit Buddha an der Spitze ausrichten lassen kannst." – „O Edler, ich verfüge über genügend Mittel ... *(weiter wie eben)* ... ausrichten werde." Nun hörte der Magadha-König Seniya Bimbisāra ... *(weiter wie eben)* ... „O Herrscher, ich verfüge über genügend ... *(weiter wie eben)* ... ausrichten werde."

7. Da ließ nach Ablauf dieser Nacht der Hausvater Anāthapiṇḍika im Wohnsitz des Großkaufmanns von Rājagaha ausgezeichnete feste und flüssige Speise zubereiten und ließ zur (gegebenen) Zeit dem Erhabenen mitteilen: „(Es ist) Zeit, o Herr, das Essen ist fertig!" Da begab sich der Erhabene, der sich in der Frühe angekleidet hatte, mit Almosenschale und Ordensgewand zum Wohnsitz des Großkaufmanns von Rājagaha, und nachdem er sich dorthin begeben hatte, ließ er sich zusammen mit der Mönchsgemeinde auf dem vorbereiteten Sitz nieder. Darauf bewirtete und bediente der Hausvater Anāthapiṇḍika die Mönchsgemeinde mit Buddha an der Spitze eigenhändig mit ausgezeichneter fester und flüssiger Speise. Als der Erhabene gespeist und die Almosenschale aus der Hand gelegt hatte, [251] setzte sich (Anāthapiṇḍika) an der einen Seite nieder, und nachdem er sich an der einen Seite niedergesetzt hatte, sprach der Hausvater Anāthapiṇḍika zum Erhabenen dies: „Es möge mir, o Herr, der Erhabene in der Regenzeit das Wohnen

zusammen mit der Mönchsgemeinde in Sāvatthī zugestehen!" – „An einsamer Stelle, o Hausvater, finden die Vollendeten Gefallen." – „Verstanden, o Erhabener; verstanden, o richtig Gegangener!" Der Erhabene aber belehrte, ermunterte, befeuerte, erfreute den Hausvater Anāthapiṇḍika mit einem Gespräch über die Lehre; (dann) erhob er sich vom Sitz und ging fort.

8. Zu dieser Zeit nun hatte der Hausvater Anāthapiṇḍika viele Freunde und viele Bekanntschaften, und seine Worte waren geachtet. Als der Hausvater Anāthapiṇḍika (seine) Geschäfte in Rājagaha erledigt hatte, ging er fort nach Sāvatthī. Und unterwegs beauftragte der Hausvater Anāthapiṇḍika die Leute: „Legt Parks an, ihr Guten, errichtet Unterkünfte (für Mönche), stellt Gaben bereit! Ein Buddha ist in der Welt erstanden, und der Erhabene ist von mir eingeladen worden; auf diesem Weg wird er kommen." Daraufhin legten die vom Hausvater Anāthapiṇḍika angestellten Leute Parks an, errichteten Unterkünfte (und) stellten Gaben bereit. Als dann der Hausvater Anāthapiṇḍika nach Sāvatthī kam, beschaute er allseits (das Land) um Sāvatthī (und sprach:) „Wo mag wohl der Erhabene (am besten) Unterkunft beziehen, daß es vom Dorf nicht zu weit und (auch) nicht allzu nahe ist, für Gehen und Kommen günstig, für alle es wünschenden Menschen zugänglich, am Tage nicht überfüllt, nachts mit wenig Lärm, wenig Geräusch, mit einem Hauch von Einsamkeit vor den Menschen verborgen, zu Abgeschiedenheit gut geeignet?"

9. Da sah der Hausvater Anāthapiṇḍika den Garten des Prinzen Jeta, vom Dorf nicht zu weit und (auch) nicht allzu nahe ... *(weiter wie in Abschnitt 8)* ... zu Abgeschiedenheit gut geeignet. Als er (ihn) sah, begab er sich dorthin, wo der Prinz Jeta (weilte). Nachdem er sich dorthin begeben hatte, sprach er zum Prinzen Jeta dies: „Gib mir, o Sohn eines Edlen, den Garten, um einen Park (daraus) zu machen!" – „Nicht verkäuflich, o Hausvater, ist der Hain; auch nicht bei einer Aufzählung von hunderttausend." – „Genommen ist, o Sohn eines Edlen, (dafür) der Hain!" – „Nicht genommen ist, o Hausvater, der Hain!" – „Ist er (nun) genommen oder nicht genommen?" fragten sie die Großrichter der Justiz. Die Großrichter sprachen so: „Zu dem von dir, o Sohn eines Edlen, gemachten Preis ist der Hain genommen!"[252] Daraufhin ließ der Hausvater Anāthapiṇḍika auf Karren Gold herbeischaf-

fen und den Jeta-Hain mit der Fläche von hunderttausend bedecken.

10. Das zuerst herangeschaffte Gold reichte (aber) nicht (einmal) für eine kleine Fläche nahe dem Torweg. Da wies der Hausvater Anāthapiṇḍika die Leute an: „Geht, Leute, bringt Gold herbei; wir wollen diese (ganze) Fläche (mit Gold) bedecken!" Daraufhin kam dem Prinzen Jeta dieser (Gedanke:) „Das wird nichts Untergeordnetes sein, daß dieser Hausvater so viel Gold verausgabt." (Und) er sagte zu Anāthapiṇḍika, dem Hausvater, dies: „Genügend, o Hausvater, hast du mir diese Fläche bedecken lassen. Laß mir diesen Raum (frei); er soll mein Geschenk sein." Da (dachte) der Hausvater Anāthapiṇḍika: „Dieser Prinz Jeta ist ein ausgezeichneter und erfahrener Mann. Von großer Wirkung (wäre) das Wohlgefallen solcher erfahrenen Menschen an der Lehre und der Ordenszucht." Er übergab die Fläche dem Prinzen Jeta, und der Prinz Jeta ließ auf dieser Fläche ein Torhaus erbauen. Dann ließ der Hausvater Anāthapiṇḍika im Jeta-Hain Unterkünfte (für die Mönche) errichten, ließ Einzelzellen (für die Mönche) errichten, ließ Stockwerke über den Torwegen errichten, ließ Gemeinschaftsräume errichten, ließ Wärmehallen errichten, ließ Vorratsspeicher errichten, ließ Toiletten errichten, ließ Wandelgänge errichten, ließ Brunnen errichten, ließ Brunnenhäuser errichten, ließ Dampfbäder errichten, ließ Badehäuser errichten, ließ Teiche anlegen, ließ Zelte errichten.

XI,1: Aus dem Bericht über das Konzil von Rājagaha

1. Da redete nun der ehrwürdige Mahākassapa die Mönche an: „Zu einer Zeit reiste ich, o Brüder, von Pāvā nach Kusinārā auf der Landstraße zusammen mit einer großen Mönchsgemeinde, mit fünfhundert Mönchen. Da verließ ich die Landstraße und setzte mich am Fuß eines bestimmten Baumes nieder.[253] Eben zu dieser Zeit kam ein gewisser Nacktasket,[254] der in Kusinārā eine Mandārava-Blüte an sich genommen hatte, auf der Landstraße nach Pāvā entlang. Ich, o Brüder, sah den Nacktasketen von weitem herankommen, und als ich (ihn in der Nähe) sah, sprach ich zu dem Nacktasketen dies: ‚Freund, kennst auch du unseren Meister?' ‚Ja, Freund, ich

kenne (ihn); heute sind es sieben Tage, daß der Bettelmönch Gotama verschieden ist. Davon habe ich diese Mandārava-Blüte bekommen.'

Damals, o Brüder, streckten von denjenigen Mönchen, die (noch) nicht von Leidenschaft befreit waren, einige die Arme aus und jammerten; andere taten, wie zerschmettert, einen Fall, drehten sich vorwärts und rückwärts (und klagten:) ‚Zu rasch ist der Erhabene dahingegangen, zu rasch ist der Buddha dahingegangen; zu rasch ist das Auge der Welt erloschen!' Aber diejenigen Mönche, deren Leidenschaft gewichen war, ertrugen (den Verlust) gedankenvoll, gesammelt, (indem sie dachten:) ‚Vergänglich sind die Gegebenheiten; wie sollte es hier (anders) möglich sein!' Da, o Brüder, sprach ich zu den Mönchen dies: ‚Genug, Brüder! Klagt nicht, jammert nicht! Ist denn nicht, o Brüder, vom Erhabenen vorsorglich dies erklärt worden: Allen (uns) lieben und teuren (Wesen) sind Verschiedenheit, Trennung, Dahinschwinden (zu eigen)!? Wie sollte es hier (anders) möglich sein, o Brüder, daß das, was geboren, entstanden, zusammengefügt ist, nicht dem Gesetz der (Wieder)auflösung folgt? Einen solchen Zustand kennt man nicht!'

Zu dieser Zeit nun, o Brüder, saß ein im Alter hinausgezogener (Mönch) namens Subhadda in dieser Versammlung. Da sprach Subhadda, der im Alter hinausgezogene (Mönch) zu den Mönchen dies: ‚Genug, Brüder! Klagt nicht, jammert nicht! Wohl befreit sind wir (jetzt) von diesem großen Asketen. Belästigt (fühlten wir uns durch seine Ermahnungen:) »Das ziemt euch, das ziemt euch nicht!« Jetzt aber werden wir das tun, was wir wünschen, und was wir nicht wünschen, das werden wir nicht tun!'

Wohlan, o Brüder, wir wollen (die Texte) der Lehre und der Ordenszucht zusammenstellen, bevor eine falsche Lehre erstrahlt und die (richtige) Lehre ausstirbt, eine falsche Ordenszucht erstrahlt und die (richtige) Ordenszucht ausstirbt; bevor diejenigen, die eine falsche Lehre vertreten, mächtig und die, die die (richtige) Lehre vertreten, schwach werden; bevor diejenigen, die eine falsche Ordenszucht vertreten, mächtig und die, die die (richtige) Ordenszucht vertreten, schwach werden."[255]

2. (Die angeredeten Mönche sprachen:) „Dann also, o Herr, soll der Älteste[256] (geeignete) Mönche auswählen." Daraufhin

wählte der ehrwürdige Mahākassapa vierhundertneunundneunzig (Mönche, die bereits zu Lebzeiten) Heilige (geworden waren,) aus. Die Mönche sprachen zum ehrwürdigen Mahākassapa dies: „O Herr, dieser ehrwürdige Ānanda (läuft), auch wenn er noch kein Heiliger ist, unmöglich (Gefahr), durch Leidenschaft, Bosheit, Torheit (oder) Furcht einen falschen Weg zu gehen. Viel wurde von ihm beim Erhabenen über die Lehre und die Ordenszucht auswendig gelernt. Daher, o Herr, soll der Älteste auch den ehrwürdigen Ānanda auswählen." Daraufhin wählte der ehrwürdige Mahākassapa auch den ehrwürdigen Ānanda aus.

3. Da kam bei den Mönchen diese (Frage) auf: „Wo wollen wir denn nun (die Texte) der Lehre und der Ordenszucht zusammenstellen?" Und es kam den Mönchsältesten dieser (Gedanke:) „Rājagaha (bietet) reiche Verpflegung und zahlreiche Unterkünfte. Wie wäre es jetzt, wenn wir, in Rājagaha die Regenzeit über verweilend, (dort die Texte) der Lehre und der Ordenszucht zusammenstellen und keine anderen Mönche in der Regenzeit nach Rājagaha kommen würden?"

4. Da erklärte der ehrwürdige Mahākassapa der Versammlung: „Hören möge mich, o Brüder, die Versammlung! Wenn die Versammlung es für richtig hält, möge die Versammlung zustimmen, daß diese fünfhundert Mönche, während der Regenzeit in Rājagaha weilend, (dort die Texte) der Lehre und der Ordenszucht zusammenstellen und daß keine anderen Mönche in Rājagaha während der Regenzeit zu weilen haben. Das ist der Vorschlag.[257] Hören möge mich, o Brüder, die Versammlung! Wenn die Versammlung es für richtig hält, möge die Versammlung zustimmen, daß diese fünfhundert Mönche, während der Regenzeit in Rājagaha weilend, (dort die Texte) der Lehre und der Ordenszucht zusammenstellen und daß keine anderen Mönche in Rājagaha während der Regenzeit zu weilen haben. Wer von den Ehrwürdigen seine Zustimmung gibt, daß diese fünfhundert Mönche, während der Regenzeit in Rājagaha weilend, (dort die Texte) der Lehre und der Ordenszucht zusammenstellen und daß keine anderen Mönche in Rājagaha während der Regenzeit zu weilen haben, möge still sein. Wer nicht einverstanden ist, möge sprechen. – Es wurde von der Versammlung zugestimmt, daß diese fünfhundert Mönche, während der Regenzeit in Rājagaha weilend, (dort die Texte) der Lehre und der Ordenszucht zusammenstellen

und daß keine anderen Mönche in Rājagaha während der Regenzeit zu weilen haben. Man ist einverstanden; (so) fasse ich es auf."

5. Nun begaben sich die Mönchsältesten nach Rājagaha und stellten (dort die Texte) der Lehre und der Ordenszucht zusammen. Da kam den Mönchsältesten dieser (Gedanke:) „Vom Erhabenen, o Brüder, ist die Wiederherstellung von Zerbrochenem und Verstreutem gepriesen worden. Wohlan, o Brüder, wir wollen im ersten Monat (der Regenzeit) Zerbrochenes und Verstreutes wiederherstellen; im mittleren Monat des Zusammenkommens[258] wollen wir (die Texte) der Lehre und der Ordenszucht zusammenstellen!" Und die Mönchsältesten stellten im ersten Monat das Zerbrochene und Verstreute (an Texten) wieder her.

6. Und der ehrwürdige Ānanda (dachte:) „Morgen ist Versammlung, doch ist es für mich, der ich noch kein Heiliger bin, unangemessen, daß ich in die Versammlung gehe!" und verbrachte die ganze Nacht mit aufmerksamem Sinn. Zur Zeit, da die Nacht in die Morgenröte (überging, dachte er:) „Ich will mich hinlegen!" und drehte den Körper; (doch) er hatte (noch) nicht den Kopf auf das Kissen gelegt und vom Erdboden (seine) Füße gelöst, (da,) in dieser Zeitspanne, wurde er frei vom Anhangen, wurde (sein) Gemüt befreit von schädlichen Einflüssen. So ging der ehrwürdige Ānanda als ein Heiliger in die Versammlung.

7. Nun erklärte der ehrwürdige Mahākassapa der Versammlung: „Hören möge mich, o Brüder, die Versammlung! Wenn die Versammlung es für richtig hält, möchte ich Upāli nach der Ordenszucht befragen." Der ehrwürdige Upāli erklärte der Versammlung: „Hören möge mich, o Brüder, die Versammlung! Wenn es die Versammlung für richtig hält, werde ich, vom ehrwürdigen Mahākassapa nach der Ordenszucht befragt, eine Antwort geben."

Da sprach der ehrwürdige Mahākassapa zu dem ehrwürdigen Upāli dies: „Bruder Upāli, wo wurde die erste Regel über ein Vergehen, das jegliches Erlösungsstreben vereitelt,[259] verkündet?" – „In Vesālī, o Herr!"– „Wen betreffend?" – „Sudinna Kalandaputta betreffend." – „In welcher Sache?" – „Wegen Geschlechtsverkehrs."

Da befragte der ehrwürdige Mahākassapa den ehrwürdigen Upāli in der Angelegenheit der ersten Regel über ein Vergehen, das jegliches Erlösungsstreben vereitelt, befragte (ihn) auch nach dem Vorfall, befragte (ihn) auch nach der Person, befragte (ihn) auch nach der Vorschrift, befragte (ihn) auch nach der ergänzenden Vorschrift, befragte (ihn) auch nach dem Eintreten (eines Schuldfalls und) befragte (ihn) auch nach dem Nichteintreten.

„Wiederum, Bruder Upāli, wo wurde die zweite Regel über ein Vergehen, das jegliches Erlösungsstreben vereitelt, verkündet?" – „In Rājagaha, o Herr!" – „Wen betreffend?" – „Dhaniya, den Sohn eines Töpfers, betreffend." – „In welcher Sache?" – „Wegen Nehmens von Nichtgegebenem." Da befragte der ehrwürdige Mahākassapa den ehrwürdigen Upāli auch in der Angelegenheit der zweiten Regel über ein Vergehen, das jegliches Erlösungsstreben vereitelt, befragte (ihn) auch nach dem Vorfall ...*(weiter wie oben)* ... befragte (ihn) auch nach dem Nichteintreten.

„Wiederum, Bruder Upāli, wo wurde die dritte Regel über ein Vergehen, das jegliches Erlösungsstreben vereitelt, verkündet?" – „In Vesālī, o Herr!" – „Wen betreffend?" – „Zahlreiche Mönche betreffend." – „In welcher Sache?" – „Die Menschenwelt (betreffend)."[260] – Da befragte der ehrwürdige Mahākassapa den ehrwürdigen Upāli auch in der Angelegenheit der dritten Regel über ein Vergehen, das jegliches Erlösungsstreben vereitelt, befragte (ihn) auch nach dem Vorfall ... *(weiter wie oben)* ... befragte (ihn) auch nach dem Nichteintreten.

„Wiederum, Bruder Upāli, wo wurde die vierte Regel über ein Vergehen, das jegliches Erlösungsstreben vereitelt, verkündet?" – „In Vesālī, o Herr!" – „Wen betreffend?" – „Die am Ufer der Vaggumudā (wohnenden) Mönche betreffend." – „In welcher Sache?" – „Im Vorgeben übermenschlicher Fähigkeit." Da befragte der ehrwürdige Mahākassapa den ehrwürdigen Upāli auch in der Angelegenheit der vierten Regel über ein Vergehen, das jegliches Erlösungsstreben vereitelt, befragte (ihn) auch nach dem Vorfall ... *(weiter wie oben)* ... befragte (ihn) auch nach dem Nichteintreten. Eben auf diese Weise fragte er (ihn) nach beiden Satzungen,[261] (und) auf jede Frage gab der ehrwürdige Upāli eine Antwort.

8. Danach erklärte der ehrwürdige Mahākassapa der Versammlung: „Hören möge mich, o Brüder, die Versammlung! Wenn die Versammlung es für richtig hält, möchte ich Ānanda

nach der Lehre befragen.“ Der ehrwürdige Ānanda erklärte der Versammlung: „Hören möge mich, o Herren, die Versammlung! Wenn es die Versammlung für richtig hält, werde ich, vom ehrwürdigen Mahākassapa nach der Lehre befragt, eine Antwort geben.“
Da sprach der ehrwürdige Mahākassapa zu dem ehrwürdigen Ānanda dies: „Wo ist (die Lehrrede über) das Priesternetz[262] gesprochen worden?“ – „Zwischen Rājagaha und Nālandā im königlichen Gartenhaus[263] von Ambalaṭṭhikā.“ – „Wen betreffend?“ –„Suppiya, einen Wandermönch, und Brahmadatta, einen jungen Brahmanen.“ So fragte der ehrwürdige Mahākassapa den ehrwürdigen Ānanda auch nach dem Vorfall (der Lehrrede über) das Priesternetz (und) fragte (ihn) auch nach der Person.
„Wiederum, Bruder Ānanda, wo ist (die Lehrrede über) den Lohn des Bettelmönchdaseins[264] gesprochen worden?“ – „In Rājagaha, o Herr, im Mangohain des Jīvaka.“ – „Mit wem zusammen (fand die Unterredung statt)?“ – „Mit Ajātasattu, dem Sohn einer Vedeha-Frau.“ So fragte der ehrwürdige Mahākassapa den ehrwürdigen Ānanda nach dem Vorfall (der Lehrrede über) den Lohn des Bettelmönchdaseins (und) fragte (ihn) auch nach der Person. Eben auf diese Weise fragte er (ihn) nach den fünf Hauptteilen (des Suttapiṭaka), und auf jede Frage gab der ehrwürdige Ānanda eine Antwort.
9. Danach sprach der ehrwürdige Ānanda zu den Mönchsältesten dies: „Der Erhabene hat zur Zeit (seines) Eingangs ins Nirvāṇa zu mir so gesprochen: ‚Wenn es, o Ānanda, die Gemeinde wünscht, können nach meinem Dahinscheiden die unbedeutenden, geringfügigen Vorschriften aufgehoben werden.‘“ – „Fragtest denn du, Bruder Ānanda, den Erhabenen: ‚Welches, o Herr, sind denn die unbedeutenden, geringfügigen Vorschriften?‘“ – „Nicht habe ich, ihr Herren, den Erhabenen befragt: ‚Welches, o Herr, sind denn die unbedeutenden, geringfügigen Vorschriften?‘“ Einige Mönche sprachen (nun) so: „Außer den Regeln über die vier Vergehen, die jegliches Erlösungsstreben vereiteln, sind die übrigen unbedeutende, geringfügige Vorschriften.“ Andere Mönchsälteste sprachen so: „Außer den Regeln über die vier Vergehen, die jegliches Erlösungsstreben vereiteln, und außer den Regeln über die dreizehn Vergehen, die auf einer Versammlung des Ordenskapitels beraten werden müssen, sind die übrigen unbe-

deutende, geringfügige Vorschriften." Andere Mönchsälteste sprachen so: „Außer den Regeln über die vier Vergehen, die jegliches Erlösungsstreben vereiteln, außer den Regeln über die dreizehn Vergehen, die auf einer Versammlung des Ordenskapitels beraten werden müssen, und außer den Regeln über die zwei Vergehen, die sich allgemein auf das Verhältnis zu Frauen beziehen, sind die übrigen unbedeutende, geringfügige Vorschriften." Andere Mönchsälteste sprachen so: „Außer den Regeln über die vier Vergehen, die jegliches Erlösungsstreben vereiteln, außer den Regeln über die dreizehn Vergehen, die auf einer Versammlung des Ordenskapitels beraten werden müssen, außer den Regeln über die zwei Vergehen, die sich allgemein auf das Verhältnis zu Frauen beziehen, und außer den Regeln über die dreißig Vergehen, die eine Buße nach sich ziehen, sind die übrigen unbedeutende, geringfügige Vorschriften." Andere Mönchsälteste sprachen so: „Außer den Regeln über die vier Vergehen, die jegliches Erlösungsstreben vereiteln, außer den Regeln über die dreizehn Vergehen, die auf einer Versammlung des Ordenskapitels beraten werden müssen, außer den Regeln über die zwei Vergehen, die sich allgemein auf das Verhältnis zu Frauen beziehen, außer den Regeln über die dreißig Vergehen, die eine Buße nach sich ziehen, und außer den Regeln über die zweiundneunzig Vergehen, die eine Buße erfordern, sind die übrigen unbedeutende, geringfügige Vorschriften." (Und wieder) andere Mönchsälteste sprachen so: „Außer den Regeln über die vier Vergehen, die jegliches Erlösungsstreben vereiteln, außer den Regeln über die dreizehn Vergehen, die auf einer Versammlung des Ordenskapitels beraten werden müssen, außer den Regeln über die zwei Vergehen, die sich allgemein auf das Verhältnis zu Frauen beziehen, außer den Regeln über die dreißig Vergehen, die eine Buße nach sich ziehen, außer den Regeln über die zweiundneunzig Vergehen, die eine Buße erfordern, und außer den Regeln über die vier Vergehen, die vor der Mönchsversammlung zu beichten sind, sind die übrigen unbedeutende, geringfügige Vorschriften."[265]

Da erklärte der ehrwürdige Mahākassapa der Versammlung: „Hören möge mich, o Brüder, die Versammlung! Es gibt Vorschriften von uns, die (auch) die Laienanhänger angehen. Die Laienanhänger aber wissen von uns: ‚Dies ziemt sich für euch Bettelmönche als Sakya-Söhne; jenes ziemt sich nicht für euch.' Wenn wir die unbedeutenden, geringfügigen Vorschriften aufheben, wird es Leute geben, die sagen: ,(Nur) für die Zeit, (da) der Rauch (vom Bestattungsfeuer des Buddha emporsteigt, gilt) die vom Bettelmönch Gotama (seinen) Schülern kundgetane Vorschrift. Solange wie sich ihr Meister (bei ihnen) befand, befolgten sie die Vorschrift; (aber) nachdem ihr Meister verschieden ist, befolgen sie die Vorschriften nicht mehr.' Wenn die Versammlung es für richtig hält, möge sie das nicht (von Buddha) Kundgetane nicht verkünden; sie möge das Verkündete nicht widerrufen; entsprechend den kundgetanen Vorschriften möge sie verfahren. Das ist der Vorschlag. Hören möge mich, o Brüder, die Versammlung! Es gibt (Vorschriften) von uns ... *(weiter wie eben)* ... befolgen sie die Vorschriften nicht mehr.' Die Versammlung möge das nicht (von Buddha) Kundgetane nicht verkünden; sie möge das Verkündete nicht widerrufen; entsprechend den kundgetanen Vorschriften möge sie verfahren. Wer von den Ehrwürdigen seine Zustimmung gibt, daß das (von Buddha) nicht Kundgetane nicht verkündet wird, daß das Verkündete nicht widerrufen wird, daß entsprechend den kundgetanen Vorschriften nicht widerrufen wird –, der möge still sein. Wer nicht einverstanden ist, möge sprechen. Die Versammlung verkündet (von Buddha) nicht Kundgetanes nicht; sie widerruft Verkündetes nicht; sie verfährt entsprechend den kundgetanen Vorschriften. Man ist einverstanden, (so) fasse ich es auf."

10. Nun sprachen die Mönchsältesten zum ehrwürdigen Ānanda dies: „Das war von dir, Bruder Ānanda, falsch gehandelt, daß du den Erhabenen nicht gefragt hast: ,Welches, o Herr, sind denn die unbedeutenden, geringfügigen Vorschriften?' Bekenne diese fehlerhafte Handlung!" – „Ich habe, ihr Herren, aus Vergeßlichkeit den Erhabenen nicht gefragt: ,Welches, o Herr, sind denn die unbedeutenden, geringfügigen Vorschriften?' Als eine fehlerhafte Handlung sehe ich das nicht an. Doch aus Vertrauen zu den Ehrwürdigen bekenne ich es als fehlerhafte Handlung." – „Das war von dir, Bruder Ānanda, ebenfalls falsch gehandelt, daß du auf das Gewand des Erhabenen für die Regenzeit getreten hast, indem du es nähtest. Bekenne diese fehlerhafte Handlung!" – „Ich habe, ihr Herren, nicht aus Ehrfurchtslosigkeit auf das Gewand des Erhabenen für die Regenzeit getreten, indem ich es nähte. Als eine fehlerhafte Handlung sehe ich das nicht an. Doch

aus Vertrauen zu den Ehrwürdigen bekenne ich es als eine fehlerhafte Handlung." – „Das war von dir, Bruder Ānanda, ebenfalls falsch gehandelt, daß du den Körper des Erhabenen zuerst von Frauenzimmern grüßen ließest, so daß von diesen, die da weinten, der Körper des Erhabenen von Tränen befleckt wurde. Bekenne diese fehlerhafte Handlung!" – „Ich habe, ihr Herren, damit sie nicht zur unrechten Zeit dasein sollten, zuerst von Frauenzimmern den Körper des Erhabenen grüßen lassen. Als eine fehlerhafte Handlung sehe ich das nicht an. Doch aus Vertrauen zu den Ehrwürdigen bekenne ich es als eine fehlerhafte Handlung." – „Das war von dir, Bruder Ānanda, ebenfalls falsch gehandelt, daß du, obwohl vom Erhabenen ein deutliches Zeichen gemacht, ein deutlicher Lichtglanz gemacht wurde, den Erhabenen nicht gebeten hast: ‚Es möge der Erhabene ein Weltalter (lang bei uns) bleiben; es möge der, der da recht gegangen ist, ein Weltalter (lang bei uns) bleiben zum Heil vieler Menschen, zum Glück vieler Menschen, aus Mitleid mit der Welt, zum Vorteil, zum Heil, zum Glück für Götter und Menschen!' Bekenne diese fehlerhafte Handlung!" – „Ich hatte, ihr Herren, ein vom Bösen[266] besessenes Gemüt, daß ich den Erhabenen nicht gebeten habe: ‚Es möge der Erhabene (ein Weltalter lang bei uns) bleiben ... *(weiter wie eben)* ... für Götter und Menschen!' Als eine fehlerhafte Handlung sehe ich das nicht an. Doch aus Vertrauen zu den Ehrwürdigen bekenne ich es als eine fehlerhafte Handlung." – „Das war von dir, Bruder Ānanda, ebenfalls falsch gehandelt, daß du dich dafür eingesetzt hast, daß vom Vollendeten für Frauenzimmer (die Möglichkeit) des Eintritts in die Lehre und die Ordenszucht verkündet wurde. Bekenne diese fehlerhafte Handlung!" – „Ihr Herren, (indem ich daran dachte,) wie Mahāpajāpatī Gotamī, die Schwester der Mutter des Erhabenen, als Stiefmutter, Ernährerin, Milchspenderin nach dem Dahinscheiden derjenigen, die (ihn) geboren hat, den Erhabenen an der Brust hat trinken lassen, habe ich mich dafür eingesetzt, daß vom Vollendeten für Frauenzimmer (die Möglichkeit) des Eintritts in die Lehre und die Ordenszucht verkündet wurde. Als eine fehlerhafte Handlung sehe ich das nicht an. Doch aus Vertrauen zu den Ehrwürdigen bekenne ich es als eine fehlerhafte Handlung."

11. Zu dieser Zeit nun war der ehrwürdige Purāṇa auf Wan-

derschaft durch das Südgebirge zusammen mit einer großen Mönchsgemeinde, mit fünfhundert Mönchen. Und der ehrwürdige Purāṇa begab sich, als die Mönchsältesten die (Texte der) Lehre und der Ordenszucht zusammengestellt hatten, nachdem er nach seinem Belieben im Südgebirge geweilt hatte, nach Rājagaha in den Velu-Hain, wo sich an der Futterstelle der Eichhörnchen die Mönchsältesten (aufhielten). Nachdem er herangekommen war, wechselte er mit den Mönchsältesten freundlichen Gruß und setzte sich an der einen Seite nieder. Nachdem er sich an der einen Seite niedergesetzt hatte, sprachen zum ehrwürdigen Purāṇa die Mönchsältesten dies: „Von den Ältesten, Bruder Purāṇa, sind die (Texte der) Lehre und Ordenszucht zusammengestellt worden. Halte dich an diese Zusammenstellung!" – „Richtig zusammengestellt, o Brüder, wurden von den Ältesten die (Texte der) Lehre und Ordenszucht. Und genauso, wie es von mir aus des Erhabenen eigenem Munde vernommen, aus (des Erhabenen) eigenem Munde entgegengenommen wurde, ebenso werde ich es im Gedächtnis bewahren!"

XII,2: Aus dem Bericht über das Konzil von Vesālī

6. Nun war damit diese Unterhaltung der Mönchsältesten (noch) nicht abgeschlossen, als der ehrwürdige Sambhūta Sāṇavāsī dazukam. Da begab sich der ehrwürdige Sambhūta Sāṇavāsī dorthin, wo der ehrwürdige Sabbakāmī (weilte), und als er herangekommen war, begrüßte er den ehrwürdigen Sabbakāmī und ließ sich an der einen Seite nieder. Nachdem er sich an der einen Seite niedergelassen hatte, sprach der ehrwürdige Sambhūta Sāṇavāsī zu dem ehrwürdigen Sabbakāmī dies: „Diese aus Vesālī (gebürtigen) und von den Vajjī abstammenden Mönche, o Herr, haben in Vesālī zehn Gesichtspunkte aufleuchten lassen[267]: ‚Ist die Horn-Salz-Erlaubnis gültig? ... Ist die Gold-Silber(-Erlaubnis) gültig?' Von (dir) als Ältestem, o Herr, ist zu Füßen des Lehrers[268] viel (Wissen über) die Lehre und die Ordenszucht auswendig gelernt worden. Wenn (du), o Herr, als Ältester Lehre und Ordenszucht betrachtest – wie ist es: Wer spricht entsprechend der (wahren) Lehre, die östlichen oder die westlichen Mönche?" – „Auch von dir, o Bruder, ist zu Füßen des Lehrers viel (Wissen über)

die Lehre und die Ordenszucht auswendig gelernt worden. Wenn du deinerseits, o Bruder, Lehre und Ordenszucht betrachtest – wie ist es: Wer spricht entsprechend der (wahren) Lehre, die östlichen oder die westlichen Mönche?" – „Mir, o Herr, der ich Lehre und Ordenszucht betrachtet habe, scheint es so: Nicht der (wahren) Lehre entsprechend sprechen die östlichen Mönche; der (wahren) Lehre entsprechend sprechen die westlichen Mönche. Jedoch werde ich (diese) Meinung so lange nicht öffentlich äußern, bis ich dazu in dieser Angelegenheit aufgefordert werden sollte." – „Auch mir, o Bruder, der ich Lehre und Ordenszucht betrachtet habe, scheint es so: Nicht der (wahren) Lehre entsprechend sprechen die östlichen Mönche; der (wahren) Lehre entsprechend sprechen die westlichen Mönche. Doch auch ich werde (diese) Meinung so lange nicht öffentlich äußern, bis ich dazu in dieser Angelegenheit aufgefordert werden sollte."

7. Danach trat die Gemeinde, willens, diese Angelegenheit zu entscheiden, zusammen. Doch als die Angelegenheit untersucht wurde, wurden inhaltlose Reden geführt, und es war auch nicht in einer einzigen Rede ein Sinn zu erkennen. Da erklärte der ehrwürdige Revata der Versammlung: „Hören möge mich, ihr Herren, die Versammlung! Von uns sind, als die Angelegenheit untersucht wurde, inhaltlose Reden geführt worden, und auch nicht in einer einzigen Rede war ein Sinn zu erkennen. Wenn die Versammlung es für richtig hält, sollte die Versammlung diese Angelegenheit durch einen Schiedsspruch schlichten." Man wählte vier Mönche von den Östlichen, vier Mönche von den Westlichen: von den östlichen Mönchen den ehrwürdigen Sabbakāmī, den ehrwürdigen Sāḷha, den ehrwürdigen Khujjasobhita und den ehrwürdigen Vāsabhagāmika; von den westlichen Mönchen den ehrwürdigen Revata, den ehrwürdigen Sambhūta Sāṇavāsī, den ehrwürdigen Yasa, Sohn des Kākaṇḍaka, und den ehrwürdigen Sumana. Danach erklärte der ehrwürdige Revata der Versammlung: „Hören möge mich, ihr Herren, die Versammlung! Von uns sind, als die Angelegenheit untersucht wurde, inhaltlose Reden geführt worden, und auch nicht in einer einzigen Rede war ein Sinn zu erkennen. Wenn die Versammlung es für richtig hält, möge die Versammlung vier Mönche aus dem Osten und vier Mönche aus dem Westen beauftragen, durch einen Schiedsspruch diese Angelegenheit zu schlichten. Das ist der Vorschlag. Hören

möge mich, ihr Herren, die Versammlung! Von uns sind ... *(weiter wie eben)* ... zu erkennen. Die Versammlung beauftragt vier ..., durch einen Schiedsspruch diese Angelegenheit zu schlichten. Wer von den Ehrwürdigen zustimmt, daß vier Mönche des Ostens und vier Mönche des Westens beauftragt werden, durch einen Schiedsspruch diese Angelegenheit zu schlichten, möge still sein. Wer nicht einverstanden ist, möge sprechen. Beauftragt werden von der Versammlung vier Mönche des Ostens und vier Mönche des Westens, durch einen Schiedsspruch diese Angelegenheit zu schlichten. Man ist einverstanden; (so) fasse ich es auf."

Zu dieser Zeit nun war ein Mönch namens Ajita, (der seit) zehn Jahren (Mönch war), der Rezitator des Pātimokkha der Gemeinde. Da setzte die Gemeinde den ehrwürdigen Ajita für die Mönchsältesten als Platzanweiser ein. Nun kam dem Mönchsältesten dieser (Gedanke:) „Wo sollen wir nun diese Angelegenheit schlichten?" Da kam dem Mönchsältesten dieser (nächste Gedanke:) „Dieser Vālika-Park ist angenehm und hat wenig Geräusch, wenig Lärm. Sollten wir nicht im Vālika-Park diese Angelegenheit schlichten?" Und so begaben sich die Mönchsältesten in den Vālika-Park, willens, die Angelegenheit (dort) zu entscheiden.

8. Da erklärte der ehrwürdige Revata der Versammlung: „Hören möge mich, ihr Herren, die Versammlung! Wenn die Versammlung es für richtig hält, möchte ich den ehrwürdigen Sabbakāmī nach der Ordenszucht befragen." Der ehrwürdige Sabbakāmī erklärte der Versammlung: „Hören möge mich, o Brüder, die Versammlung! Wenn die Versammlung es für richtig hält, werde ich, von Revata nach der Ordenszucht befragt, eine Antwort geben." Da sprach der ehrwürdige Revata zu dem ehrwürdigen Sabbakāmī dies: „Ist, o Herr, die Horn-Salz-Erlaubnis gültig?" – „Was, o Bruder, ist die Horn-Salz-Erlaubnis?" – „Ist es erlaubt, o Herr, mittels eines Horns (als Behälter) Salz herumzutragen (in der Absicht:) ‚Wenn es etwas Ungesalzenes gibt, werde ich es dazu genießen!'?" – „Nicht ist dies, o Bruder, erlaubt!" – „Wo wurde (eine solche Absicht) zurückgewiesen?" – „In Sāvatthī, in der Aufteilung der Regeln." – „Wessen macht man sich (da) schuldig?" – „Eines Vergehens, das eine Buße erfordert, wegen des Genießens (von Speise, die) aus einem Vorrat stammt."[269] – „Hören möge mich, o Herren, die Versamm-

lung! Dieser erste Punkt wird von der Versammlung so entschieden, daß diese Sache als Irrlehre, falsche Ordenszucht, als abweichend von der Lehre des Meisters (gilt). Dies gebe ich als erste Stimme ab.
Ist, o Herr, die Zwei-Zoll-Erlaubnis gültig?" – „Was, o Bruder, ist die Zwei-Zoll-Erlaubnis?" – „Ist es erlaubt, o Herr, wenn der Schatten zwei Zoll (nach dem Mittagsstand) weitergewandert ist, zur Unzeit eine Mahlzeit zu genießen?" – „Nicht ist dies, o Bruder, erlaubt!" – „Wo wurde (eine solche Absicht) zurückgewiesen?" – „In Rājagaha, in der Aufteilung der Regeln." – „Wessen macht man sich (da) schuldig?" – „Eines Vergehens, das eine Buße erfordert, wegen des Speisens zur unrechten Zeit."[270] – „Hören möge mich, o Herren, die Versammlung! Dieser zweite Punkt ... *(weiter wie eben)* ... Dies gebe ich als zweite Stimme ab.
Ist, o Herr, die Im-Dorf-Erlaubnis gültig?" – „Was, o Bruder, ist die Im-Dorf-Erlaubnis?" – „Ist es erlaubt, o Herr, (mit dem Argument:) ‚Jetzt werde ich ins Dorf gehen!' für jemand, der gegessen und (weiteres Essen) zurückgewiesen hat, Speise, die nicht (einfach) übriggeblieben ist, zu verzehren?" – „Nicht ist dies, o Bruder, erlaubt?" – „Wo wurde (eine solche Absicht) zurückgewiesen?" – „In Sāvatthī, in der Aufteilung der Regeln." – „Wessen macht man sich (da) schuldig?" – „Eines Vergehens, das eine Buße erfordert, wegen des Verzehrens (von Speise, die) nicht übrig gelassen wurde."[271] – „Hören möge mich ... *(weiter wie oben)* ... Dies gebe ich als dritte Stimme ab.
Ist, o Herr, die Wohnsitz-Erlaubnis gültig?" – „Was, o Bruder, ist die Wohnsitz-Erlaubnis?" – „Ist es erlaubt, o Herr, wenn mehrere (Mönche, die ihren) Wohnsitz innerhalb derselben Grenzen haben, getrennte Beichtfeiern abhalten?" – „Nicht ist dies, o Bruder, erlaubt!" – „Wo wurde (eine solche Absicht) zurückgewiesen?" – „In Rājagaha, im Abschnitt über Beichtfeiern." – „Wessen macht man sich (da) schuldig?" – „Durch das Übertreten einer Ordenszucht(-regel) einer bösen Tat." – „Hören möge mich ... *(weiter wie oben)* ... Dies gebe ich als vierte Stimme ab.
Ist, o Herr, die Zustimmungs-Erlaubnis gültig?" – „Was, o Bruder, ist die Zustimmungs-Erlaubnis?" – „Ist es erlaubt, o Herr, wenn von einer unvollständigen Gemeinde etwas ins Werk gesetzt wird (in der Erwartung:) ‚Wenn (andere) Mön-

che hinzukommen, werden wir (schon) die Zustimmung erhalten!'?" – „Nicht ist dies, o Bruder, erlaubt!" – „Wo wurde (eine solche Absicht) zurückgewiesen?" – „Im Campeyyaka-Abschnitt der Zuchtsatzung." – „Wessen macht man sich (da) schuldig?" – „Durch das Übertreten einer Ordenszucht(-regel) einer bösen Tat." – „Hören möge mich ... *(weiter wie oben)* ... Dies gebe ich als fünfte Stimme ab.
Ist, o Herr, die Ausgeübt-Erlaubnis gültig?"– „Was, o Bruder, ist die Ausgeübt-Erlaubnis?"– „Ist es erlaubt, o Herr, etwas auszuüben, (indem man darauf verweist:) ‚Das ist von meinem Ausbilder ausgeübt worden; das ist von meinem Lehrer ausgeübt worden!'?" – „Die Ausgeübt-Erlaubnis, o Bruder, ist manchmal gültig; manchmal ist sie nicht gültig." – „Hören möge mich ... *(weiter wie oben)* ... Dies gebe ich als sechste Stimme ab.
„Ist, o Herr, die Nichtgebuttert-Erlaubnis gültig?" – „Was, o Bruder, ist die Nichtgebuttert-Erlaubnis?" – „Ist es erlaubt, o Herr, daß Milch, die den (eigentlichen) Milchzustand verloren, (aber) den Molkenzustand (noch) nicht angenommen hat und nicht (von einer Mahlzeit) übriggeblieben ist, von jemand, der gegessen und (weiteres Essen) zurückgewiesen hat, getrunken wird?" – „Nicht ist dies, o Bruder, erlaubt!" – „Wo wurde (eine solche Absicht) zurückgewiesen?" – „In Sāvatthī, in der Aufteilung der Regeln." – „Wessen macht man sich (da) schuldig?" – „Eines Vergehens, das eine Buße erfordert, wegen des Verzehrens (von Speise, die) nicht übriggelassen wurde." – „Hören möge mich ... *(weiter wie oben)* ... Dies gebe ich als siebente Stimme ab.
Ist es erlaubt, o Herr, Palmwein zu trinken?" – „Was, o Bruder, ist Palmwein?" – „Ist es erlaubt, o Herr, geistiges Getränk, das kein Branntwein ist und keine berauschende Eigenschaft erreicht hat, zu trinken?"[272] – „Nicht ist dies, o Bruder, erlaubt!" – „Wo wurde (eine solche Absicht) zurückgewiesen?" – „In Kosambī, in der Aufteilung der Regeln." – „Wessen macht man sich (da) schuldig?" – Eines Vergehens, das eine Buße erfordert, wegen des Trinkens von Branntwein und Rum."[273] – „Hören möge mich ... *(weiter wie oben)* ... Dies gebe ich als achte Stimme ab.
Ist, o Herr, eine fransenlose Sitzgelegenheit[274] erlaubt?" – „Nicht ist diese, o Bruder, erlaubt?" – „Wo wurde (die Absicht, sie zu benutzen,) zurückgewiesen?" – „In Sāvatthī, in

der Aufteilung der Regeln." – „Wessen macht man sich (da) schuldig?" – „Eines Vergehens, das eine Buße erfordert und das Abschneiden."[275] – „Hören möge mich ... *(weiter wie oben)* ... Dies gebe ich als neunte Stimme ab.
Sind, o Herr, Gold und Silber erlaubt?" – „Nicht sind diese, o Bruder, erlaubt!" – „Wo wurde (die Absicht, sie anzunehmen,) zurückgewiesen?" – „In Rājagaha, in der Aufteilung der Regeln." – „Wessen macht man sich (da) schuldig?" – „Eines Vergehens, das eine Buße erfordert, wegen der Annahme von Gold und Silber." – „Hören möge mich ... *(weiter wie oben)* ... Dies gebe ich als zehnte Stimme ab.
Hören möge mich, ihr Herren, die Versammlung! Diese zehn Punkte wurden von der Versammlung so entschieden, daß diese Sachen als Irrlehre, falsche Ordenszucht, als abweichend von der Lehre des Meisters (gelten). Erledigt, o Brüder, ist diese Angelegenheit, geschlichtet, gut geschlichtet. Dennoch magst du, o Bruder,[276] mich inmitten der Gemeindeversammlung über diese zehn Punkte befragen, um (alle) diese Mönche zu überzeugen." Daraufhin befragte der ehrwürdige Revata den ehrwürdigen Sabbakāmī auch inmitten der Gemeindeversammlung über diese zehn Punkte, (und) auf jede Frage gab der ehrwürdige Sabbakāmī eine Antwort.
9. Nun waren bei dieser Feststellung der Ordenszucht(-regeln) siebenhundert Mönche, keiner weniger, keiner mehr, (zugegen); daher wird diese (Zusammenkunft über die) Feststellung der Ordenszucht(-regeln) als (Zusammenkunft der) Siebenhundert bezeichnet.

Abhidhammapiṭaka

PUGGALAPAÑÑATTI (AUSZÜGE)

I,9

Welche Person ist ein gewöhnlicher Mensch?
Eine Person, die die drei Fesseln[277] nicht abgeworfen hat und auch nicht dabei ist, diese Bedingungen aufzugeben: Diese Person wird als gewöhnlicher Mensch bezeichnet.

I,13–14

Welche Person ist des Anlangens (am Ziel des Erlösungsweges) unfähig?
Diejenigen Personen, die heimgesucht sind von der Hemmung durch (böse) Tat, heimgesucht sind von der Hemmung durch Sünde, heimgesucht sind von der Hemmung durch die Reifung (böser Taten), ohne Vertrauen, willenlos, unverständig, blöd, unfähig, den Weg zur Erlösung zu beschreiten, in heilsamen Dingen das Rechte (auszuüben): Diese Personen werden als des Anlangens (am Ziel des Erlösungsweges) unfähig bezeichnet.
Welche Person ist des Anlangens (am Ziel des Erlösungsweges) fähig?
Diejenigen Personen, die nicht heimgesucht werden von der Hemmung durch (böse) Taten, nicht heimgesucht werden von der Hemmung durch Sünde, nicht heimgesucht werden von der Hemmung durch die Reifung (böser Taten), vertrauensvoll, willensstark, einsichtig, fähig, den Weg zur Erlösung zu beschreiten, in heilsamen Dingen das Rechte (auszuüben): Diese Personen werden als des Anlangens (am Ziel des Erlösungsweges) fähig bezeichnet.

I,28

Welche Person ist vollkommen erwacht?
Da gelangt eine bestimmte Person in früher nicht vernommenen Dingen selbst zur höchsten Erkenntnis der (vier edlen) Wahrheiten[278] und erlangt darin vollständiges Wissen und Beherrschung der (Tat)folgen: Diese Person wird als vollkommen erwacht bezeichnet.

I,29

Welche Person ist für sich allein erwacht?[279]
Da gelangt eine bestimmte Person in früher nicht vernommenen Dingen selbst zur höchsten Erkenntnis der (vier edlen) Wahrheiten, erlangt aber darin nicht das vollständige Wissen und (auch) nicht die Beherrschung der (Tat)folgen: Diese Person wird als für sich allein erwacht bezeichnet.

I,40

Welche Person ist ein einmal Wiederkehrender?
Da kehrt eine bestimmte Person, nachdem sie die drei Fesseln[280] vernichtet hat, durch die Minderung von Leidenschaft, Bosheit, Verblendung (nur noch) einmal zurück. Indem sie nur (noch) einmal in diese Welt kommt, macht sie dem Leiden ein Ende. Diese Person wird als ein einmal Wiederkehrender bezeichnet.

II,4

Welche Person ist falsch? Was ist da Falschheit?
Da ist jemand falsch, hinterlistig. Was der Trug ist, Falschheit, Unwahrhaftigkeit,[281] Betrügerei, List, Arglist, Hinterlist – das wird als Falschheit bezeichnet. Eine Person, von der diese Unwahrhaftigkeit nicht gewichen ist, diese wird als falsche Person bezeichnet.

Und welche Person ist betrügerisch? Was ist da Trug?
Da hat jemand mit dem Körper einen schlechten Wandel geführt, mit der Sprache einen schlechten Wandel geführt, mit dem Geist einen schlechten Wandel geführt. Um dies zu verdecken, hegt er den üblen Wunsch: „Möge man mich nicht erkennen!“ wünscht er; „möge man mich nicht erkennen!“ überlegt er; „möge man mich nicht erkennen!“, (demgemäß) spricht er (seine) Worte; „möge man mich nicht erkennen!“, (demgemäß) handelt er mit dem Körper. Solcherlei Trug, Verstellung, Verheimlichung, Betrug, Betrügerei, Betrugshandlung, Täuschung, Verbergung, Verhüllung, Verhehlung, Geheimhaltung, Nichtoffenheit, Nichtoffenbarmachung, Versteckheit, Übeltat – das wird als Trug bezeichnet. Eine Person, von der dieser Trug nicht gewichen ist, diese wird als betrügerische Person bezeichnet.

II,20

Welche zwei Personen(typen) sind schwer zu finden in der Welt?
Der Zuvorkommende und der Dankbare, Dank Erzeigende: diese zwei Personen(typen) sind schwer zu finden in der Welt.

III,4

Welche Person ist ein Sprecher von Kot?
Da ist ein Mensch ein Lügner, wenn er in eine Gesellschaft geht oder wenn er in eine Versammlung geht oder wenn er zu Verwandten geht oder wenn er zu einer Gildenzusammenkunft geht oder wenn er an den Königshof geht oder wenn er vorgeladen (und) als Zeuge befragt wird: „Komm, lieber Mann, was du weißt, das sage!“ Der (sagt, auch) wenn er nichts weiß: „Ich weiß!“ Wenn er (aber etwas) weiß, (sagt er:) „Ich weiß nichts!“ Wenn er nichts sieht, (sagt er:) „Ich sehe!“ Wenn er (aber etwas) sieht, (sagt er:) „Ich sehe nichts!“ So spricht er um seiner selbst willen oder im Interesse eines anderen oder um irgendeines Vorteils willen eine absichtliche Lüge. Diese Person wird als ein Sprecher von Kot bezeichnet.

Welche Person ist ein Sprecher von Blumen?
Da hat ein bestimmter Mensch das Lügen aufgegeben, nimmt vom Lügen Abstand, wenn er in eine Gesellschaft geht oder wenn er in eine Versammlung geht oder wenn er zu Verwandten geht oder wenn er zu einer Gildenzusammenkunft geht oder wenn er an den Königshof geht oder wenn er vorgeladen (und) als Zeuge befragt wird: „Komm, lieber Mann, was du weißt, das sage!" Der (sagt), wenn er nichts weiß: „Ich weiß nichts!" Wenn er (etwas) weiß, (sagt er:) „Ich weiß!" Wenn er nichts sieht, (sagt er:) „Ich sehe nichts!" Wenn er (etwas) sieht, (sagt er:) „Ich sehe!" So spricht er weder um seiner selbst willen noch im Interesse eines anderen, noch um irgendeines Vorteils willen eine absichtliche Lüge. Diese Person wird als ein Sprecher von Blumen bezeichnet.

Welche Person ist ein Sprecher von Honig?
Da spricht eine bestimmte Person Worte, welche untadelig sind, dem Ohr wohltuend, liebevoll, zu Herzen gehend, höflich, vielen Menschen lieb, vielen Menschen den Sinn erfreuend. Eine solche Rede spricht sie. Diese Person wird als ein Sprecher von Honig bezeichnet.

IV,2

Welche Person ist schlecht?
Da ist eine bestimmte Person ein Mörder, ein Dieb, ein in Liebesdingen übel Handelnder,[282] ein Lügner, ein Verleumder, ein Grobian, ein Schwätzer, ein Gieriger, ein böswillig Gesinnter, ein Anhänger falscher Lehre. Diese Person wird als schlecht bezeichnet.

Welche Person ist (noch) schlechter als schlecht?
Da ist eine bestimmte Person selbst ein Mörder und verleitet (auch) einen anderen zum Mord; (ein anderer) ist selbst ein Dieb und verleitet (auch) einen anderen zum Diebstahl; (ein anderer) ist selbst ein in Liebesdingen übel Handelnder und verleitet (auch) einen anderen dazu, in Liebesdingen übel zu handeln; (ein anderer) ist selbst ein Lügner und verleitet (auch) einen anderen zum Lügen; (ein anderer) ist selbst ein Verleumder und verleitet (auch) einen anderen zu verleumderischer

Rede; (ein anderer) ist selbst ein Grobian und verleitet (auch) einen anderen zu grober Rede; (ein anderer) ist selbst ein Schwätzer und verleitet (auch) einen anderen zum Geschwätz; (ein anderer) ist selbst ein Gieriger und verleitet (auch) einen anderen zur Gier; (ein anderer) ist selbst ein böswillig Gesinnter und verleitet (auch) einen anderen zu Böswilligkeit; (wieder ein anderer) ist ein Anhänger falscher Lehre und verleitet (auch) einen anderen (zum Glauben) an falsche Lehre. Diese Person wird als (noch) schlechter als schlecht bezeichnet.

Welche Person ist gut?
Da nimmt eine bestimmte Person vom Mord Abstand, nimmt vom Diebstahl Abstand, nimmt von üblem Wandel in Liebesdingen Abstand, nimmt vom Lügen Abstand, nimmt von verleumderischer Rede Abstand, nimmt von grober Rede Abstand, nimmt vom Geschwätz Abstand, ist nicht gierig, ist nicht böswillig gesinnt, ist ein Anhänger der rechten Lehre. Diese Person wird als gut bezeichnet.

Welche Person ist (noch) besser als gut?
Da nimmt eine bestimmte Person selbst vom Mord Abstand und veranlaßt (auch) einen anderen dazu, sich des Mordes zu enthalten, nimmt selbst vom Diebstahl Abstand und veranlaßt (auch) einen anderen dazu, sich des Diebstahls zu enthalten, nimmt selbst von üblem Wandel in Liebesdingen Abstand und veranlaßt (auch) einen anderen dazu, von üblem Wandel in Liebesdingen Abstand zu nehmen ... *(weiter wie oben)* ... veranlaßt zu wahrer Lehre Anhängerschaft. Diese Person wird als (noch) besser als gut bezeichnet.

IV,8

Welche sind da die vier den Wolken vergleichbaren Personen(typen)?
Vier Wolken(arten gibt es): die donnernde, aber nicht regnende; die regnende, aber nicht donnernde; die donnernde und regnende; die weder donnernde noch regnende. Ganz genau so sind diese vier den Wolken vergleichbaren Personen(typen) in der Welt zu finden. Welche vier? Die donnernden, aber nicht regnenden; die regnenden, aber nicht donnernden; die

donnernden und regnenden; die weder donnernden noch regnenden.
Wie nun donnert eine Person, regnet aber nicht?
Da spricht eine bestimmte Person, aber sie handelt nicht. So donnert die Person, regnet aber nicht; gleichwie eine Wolke donnert, aber nicht regnet, so ist diese Person vergleichbar.
Wie nun regnet eine Person, donnert aber nicht?
Da handelt eine bestimmte Person, aber sie spricht nicht. So regnet die Person, donnert aber nicht; gleichwie eine Wolke regnet, aber nicht donnert, so ist diese Person vergleichbar.
Wie nun donnert eine Person und regnet auch?
Da spricht eine bestimmte Person, und sie handelt auch. So donnert die Person, und sie regnet auch; gleichwie eine Wolke sowohl donnert als auch regnet, so ist diese Person vergleichbar.
Wie nun donnert eine Person nicht und regnet auch nicht?
Da spricht eine bestimmte Person nicht, und sie handelt auch nicht. So donnert die Person nicht, und sie regnet auch nicht; gleichwie eine Wolke weder donnert noch regnet, so ist diese Person vergleichbar. Diese vier den Wolken vergleichbaren Personen(typen) sind in der Welt zu finden.

KATHĀVATTHU

IV,1: Könnte ein Hausvater Heiliger sein?

1. „Könnte ein Hausvater Heiliger sein?"[283] (fragt der Abtrünnige. Der Theravādin erwidert:) „Hat ein Heiliger (noch) das Hindernis, (das) ein Hausvater (auf dem Weg zur Erlösung) hat?"
(Der Abtrünnige muß zugeben:) „Nein, das hat er nicht."
„Wohlan, ein Heiliger hat nicht (mehr) das Hindernis, (das) ein Hausvater (auf dem Weg zur Erlösung) hat. Wie also könnte es gehen, daß ein Hausvater ein Heiliger ist?"
2. „Könnte ein Hausvater Heiliger sein?" (fragt der Abtrünnige. Der Theravādin erwidert:) „Nun, bei einem Heiligen ist das Hindernis, (das) ein Hausvater (auf dem Weg zur Erlösung) hat, beseitigt, mit der Wurzel ausgerodet, zu einer

Palme, deren Grundlage zerstört wurde, gemacht, und nicht imstande zu künftiger Wiedererstehung. Wohlan, bei einem Heiligen ist das Hindernis, (das) ein Hausvater (auf dem Weg zur Erlösung) hat, beseitigt, mit der Wurzel ausgerodet, zu einer Palme, deren Grundlage zerstört wurde, gemacht, und nicht imstande zu künftiger Wiedererstehung. Wie also könnte es gehen, daß ein Hausvater ein Heiliger ist?"

3. „Könnte ein Hausvater Heiliger sein?" (fragt der Abtrünnige. Der Theravādin erwidert:) „Gibt es irgendeinen Hausvater, der, ohne das Hindernis (auf dem Weg zur Erlösung) beseitigt zu haben, in diesem Leben dem Leiden ein Ende macht?"

(Der Abtrünnige muß zugeben:) „Nein, den gibt es nicht."

„Wohlan, einen Hausvater, der, ohne das Hindernis (auf dem Weg zur Erlösung) beseitigt zu haben, in diesem Leben dem Leiden ein Ende macht, gibt es nicht. Wie also könnte es gehen, daß ein Hausvater ein Heiliger ist?"

4. „Könnte ein Hausvater Heiliger sein?" (fragt der Abtrünnige. Der Theravādin erwidert:) „Hat nicht Vacchagotta, der Wandermönch, zum Erhabenen dies gesprochen: ‚Gibt es wohl, Herr Gotama, einen Hausvater, der, ohne das Hindernis (auf dem Weg zur Erlösung) beseitigt zu haben, beim Zerfall des Körpers[284] dem Leiden ein Ende macht?' ‚Nicht gibt es, o Vaccha, einen Hausvater, der, ohne das Hindernis (auf dem Weg zur Erlösung) beseitigt zu haben, beim Zerfall des Körpers dem Leiden ein Ende macht.' Gibt es nicht eine (solche) Lehrrede?[285] Daher also kann es nicht gehen, daß ein Hausvater ein Heiliger ist."

5. „Könnte ein Hausvater Heiliger sein?" (fragt der Abtrünnige. Der Theravādin erwidert:) „Ein Heiliger dürfte (in diesem Fall) Geschlechtsverkehr betreiben, Geschlechtsverkehr vollziehen, eine von Söhnen umgebene Lagerstatt innehaben, Sandel(duft) aus Kāsi benutzen, Kränze, Duftstoffe und Salben verwenden, an Gold und Silber sich erfreuen, Ziegen und Schafe annehmen, Geflügel und Schweine annehmen, Elefanten, Rinder, Rosse und (gewöhnliche) Pferde annehmen, Rebhühner, Wachteln, Pfauen und Haselhühner annehmen, eine hübsch geflochtene Haartracht tragen, weiße Gewänder mit langen Fransen tragen, lebenslang ein Hausbewohner sein?"

(Der Abtrünnige muß zugeben:) „Nein, das gibt es nicht."

6. (Aber der Abtrünnige gibt sich noch nicht geschlagen:) „Wenn es (angeblich) nicht geht, daß ein Hausvater ein Heiliger ist – haben denn nicht Yasa, ein Sohn aus (guter) Familie, Uttiya, ein Hausvater, (und) Setu, ein junger Brahmane, in der Eigenschaft eines Hausvaters Heiligkeit erlangt? Also gilt doch, daß ein Hausvater ein Heiliger sein kann!"[286]

V,8: Gibt es eine Kenntnis der Zukunft?

1. „Gibt es eine Kenntnis der Zukunft?" (fragt der Abtrünnige. Der Theravādin erwidert:) „Kennt man die Zukunft aus (ihrer) Wurzel, kennt man (sie) aus (ihrer) Ursache, kennt man (sie) aus (ihrem) Grund, kennt man (sie) aus (ihrem) Ursprung, kennt man (sie) aus (ihrer) Quelle, kennt man (sie) aus (ihrer) Entstehung, kennt man (sie) aus dem, was (sie) nährt, kennt man (sie) aus (ihrer) Grundlage, kennt man (sie) aus (ihrer) Verbindung (mit der Gegenwart), kennt man (sie) aus (ihrem) Hervorgehen?"
„Nein, das ist nicht so!"
2. „Gibt es eine Kenntnis der Zukunft?" (fragt der Abtrünnige. Der Theravādin erwidert:) „Kennt man die Zukunft aus (ihrer) Verbindung mit einer Ursache, kennt man sie aus (ihrer) Verbindung mit der Grundlage, kennt man sie aus (ihrer) Verbindung mit der Vorherrschaft, kennt man sie aus (ihrer) Verbindung mit dem Zusammenhang, kennt man sie aus (ihrer) Verbindung mit dem unmittelbaren Zusammenhang?"[287]
„Nein, das ist nicht so!"
3. „Gibt es eine Kenntnis der Zukunft?" (fragt der Abtrünnige. Der Theravādin erwidert:) „Gibt es für jemand, der zum Nirvāṇa gelangen möchte, (sogleich auch) die Kenntnis vom Weg der Bekehrung?"
„Nein, das ist nicht so!"
„Gibt es für jemand, der zur Verwirklichung der Bekehrung gelangt ist, (sogleich auch) die Kenntnis von der Frucht der Bekehrung?"
„Nein, das ist nicht so!"
„Gibt es für jemand, der den Zustand eines, der (nur noch) einmal wiedergeboren wird, verwirklicht hat ... *(weiter wie eben)* ...

Gibt es für jemand, der den Zustand eines, der nicht mehr wiederkehren wird ... *(weiter wie eben)* ...
Gibt es für jemand, der zur Verwirklichung der Heiligkeit gelangt ist, (sogleich auch) die Kenntnis der Heiligkeit?"
„Nein, das ist nicht so!"
4. Wie kann es (also) heißen: ‚Es gibt eine Kenntnis der Zukunft!'?"
„Ist denn (aber) nicht vom Erhabenen gesagt worden: ‚Für Pāṭaliputta, o Ānanda, wird es drei Gefahren geben: durch Feuer oder durch Wasser oder durch inneren Zwist.'? Es gibt doch ein (solches) Suttanta? Also gibt es doch eine Kenntnis der Zukunft!"

VIII,11: Kann aus Gründen der Tatvergeltung ein Heiliger von der Heiligkeit abkommen?

1. „Kann aus Gründen der Tatvergeltung ein Heiliger von der Heiligkeit abkommen?" (fragt der Abtrünnige. Der Theravādin erwidert:) „Kann aus Gründen der Tatvergeltung ein Bekehrter von der Frucht der Bekehrung abkommen?"
„Nein, das ist nicht so!"
„Kann aus Gründen der Tatvergeltung ein (nur noch) einmal Wiederkehrender ... *(weiter wie eben)* ... ein Nichtwiederkehrender von der Frucht der Nichtwiederkunft abkommen?"
„Nein, das ist nicht so!"
2. „Kann aus Gründen der Tatvergeltung ein Bekehrter ... *(weiter wie eben)* ... ein Heiliger ... ein (nur noch) einmal Wiederkehrender ... ein Nichtwiederkehrender ... ein Heiliger ..."
„Nein, das ist nicht so!"
3. „Kann aus Gründen der Tatvergeltung ein Heiliger von der Heiligkeit abkommen?" (fragt der Abtrünnige wieder. Der Theravādin erwidert:) „(Soll) Tatvergeltung infolge Mordes die Ursache (sein)?"
„Nein, das nicht!"
„(Soll) Tatvergeltung infolge Diebstahls die Ursache (sein; soll) Tatvergeltung infolge üblen Handelns in Liebesdingen die Ursache (sein; soll) Tatvergeltung infolge Lügens die Ursache (sein; soll) Tatvergeltung infolge übler Nachrede die Ursache (sein; soll) Tatvergeltung infolge grober Rede die Ursache

(sein; soll) Tatvergeltung infolge Geschwätzes die Ursache (sein; soll) Tatvergeltung infolge Muttermordes die Ursache (sein; soll) Tatvergeltung infolge Vatermordes die Ursache (sein; soll) Tatvergeltung infolge Ermordung eines Heiligen die Ursache (sein; soll) Tatvergeltung infolge Verwundung (eines Buddha) die Ursache (sein; soll) Spaltung des Ordens die Ursache (sein)?"
„Nein, so ist es nicht!"
„In welcher Tatvergeltung (liegt also) die Ursache?"
„Nun, wenn er Heilige verleumdet."
„Tatvergeltung infolge Verleumdung von Heiligen (soll also) die Ursache (sein, daß) ein Heiliger von der Heiligkeit abkommt? (Aber) diejenigen, welche Heilige verleumden, verwirklichen alle diese (denn überhaupt) die Heiligkeit?!"[288]
„Nein, das ist nicht der Fall!"

XXI,4: Gibt es für Buddhisten nach Wunsch übernatürliche Fähigkeiten?

1. „Gibt es nach Wunsch (übernatürliche) Fähigkeiten für Buddhas oder (ihre) Anhänger?" (fragt der Abtrünnige. Der Theravādin erwidert:) „‚Ständig belaubt sollen die Bäume sein!' – ist das (vielleicht) eine Fähigkeit nach Wunsch für Buddhas oder (ihre) Anhänger?"
„Nein, das ist nicht so!"
„‚Ständig blühend sollen die Bäume sein!' ... *(weiter wie eben)* ... ‚Ständig fruchttragend sollen die Bäume sein!' ... ‚Ständig soll Mondschein herrschen; ständig soll Sicherheit sein; ständig soll es gutes Almosen geben; ständig soll Wohlfahrt herrschen!' – ist das (vielleicht) eine (solche) Fähigkeit nach Wunsch für Buddhas oder (ihre) Anhänger?"
„Nein, das ist nicht so!"
2. „Gibt es nach Wunsch (übernatürliche) Fähigkeiten für Buddhas oder (ihre) Anhänger?" (fragt der Abtrünnige. Der Theravādin erwidert:) „‚Die entstandene (angenehme) Berührung (mit einem Sinnesobjekt) möge nicht vergehen!' – ist das (vielleicht) eine (solche) Fähigkeit nach Wunsch für Buddhas oder (ihre) Anhänger?"
„Nein, das ist nicht so!"
„‚Die entstandene Empfindung ... *(weiter wie oben)* ... die

Kenntnis möge nicht vergehen!' – ist das (etwa) eine (solche) Fähigkeit nach Wunsch für Buddhas oder (ihre) Anhänger?"
„Nein, das ist nicht so!"
3. „Gibt es nach Wunsch (übernatürliche) Fähigkeiten für Buddhas oder (ihre) Anhänger?" (fragt der Abtrünnige. Der Theravādin erwidert:) „‚Der Körper möge ewig sein; die Empfindung ... *(weiter wie eben)*; das Wissen ...; die Gegebenheiten ...; das Erkennen möge ewig sein!' – ist das (vielleicht) eine (solche) Fähigkeit nach Wunsch für Buddhas oder (ihre) Anhänger?"
„Nein, das ist nicht so!"
4. „Gibt es nach Wunsch (übernatürliche) Fähigkeiten für Buddhas oder (ihre) Anhänger?" (fragt der Abtrünnige. Der Theravādin erwidert:) „‚Der Geburt anheimgegebene Wesen sollen nicht geboren werden; dem Alter anheimgegebene Wesen sollen nicht altern; der Krankheit anheimgegebene Wesen sollen nicht erkranken; dem Tod anheimgegebene Wesen sollen nicht sterben!' – ist das (etwa) eine (solche) Fähigkeit nach Wunsch für Buddhas oder (ihre) Anhänger?"
„Nein, das ist nicht so!"
5. „Wie also könnte es gehen, daß es nach Wunsch (übernatürliche) Fähigkeiten für Buddhas oder (ihre) Anhänger gibt?"
„Aber als der ehrwürdige Pilindavaccha sich wünschte: ‚Der Palast des Magadha-Königs Seniya Bimbisāra (soll) allein aus Gold (sein)!', war er da nicht golden? Als der ehrwürdige Pilindavaccha sich wünschte: ‚Der Palast des Magadha-Königs Seniya Bimbisāra (soll) allein aus Gold (sein)!', war er doch golden. Also gilt doch: ‚Es gibt nach Wunsch (übernatürliche) Fähigkeiten für Buddhas oder (ihre) Anhänger!'"

Aus der nichtkanonischen Pāli-Literatur

Milindapañhā

II,1,1

Nun begab sich Milinda, der König, dahin, wo der ehrwürdige Nāgasena (weilte), (und) als er sich hinbegeben hatte, wechselte er mit dem ehrwürdigen Nāgasena freundlichen, höflichen Gruß und ließ sich an einer Seite nieder. Auch der ehrwürdige Nāgasena grüßte (freundlich) zurück, woran sich des Königs Milinda Gemüt erfreute. Und nun sprach Milinda, der König, zu dem ehrwürdigen Nāgasena dies: „Wie ist der Herr bekannt, welchen Namen hast du, o Herr?"
„Als Nāgasena bin, o Großkönig, ich bekannt. Mit Nāgasena reden mich, o Großkönig, die mit (mir zusammen) den frommen Wandel führen, an. Doch wenn auch die Eltern einen Namen geben wie Nāgasena oder Sūrasena oder Vīrasena oder Sīhasena, so ist, o Großkönig, das, was dieser Nāgasena ist, (nur) eine Benennung, eine Bezeichnung, eine Kennzeichnung, nur ein Name für den Allgemeingebrauch; eine Person wird hier nicht vorgefunden."
Da sprach Milinda, der König, so: „Hören mögen mich die fünfhundert Ionier und die achtzigtausend Mönche! Dieser Nāgasena hat solches gesprochen: ‚Eine Person wird hier nicht vorgefunden.' Ist es wohl recht, dem beizupflichten?"
Und König Milinda sprach zu dem ehrwürdigen Nāgasena dies: „Wenn, Herr Nāgasena, eine Person nicht vorgefunden wird (= *nicht existiert*), wer gewährt euch denn die Versorgung mit Gewändern, Almosenspeise, Unterkunft und Arznei im Krankheitsfalle? Wer macht davon Gebrauch? Wer hütet die Tugend? Wer widmet sich geistlicher Übung? Wer verwirklicht den (heiligen) Weg, (dessen) Lohn und das Nirvāṇa? Wer (aber) tötet ein Lebewesen? Wer nimmt Nichtgegebenes? Wer handelt in Liebesdingen übel? Wer spricht Lügen? Wer trinkt Berauschendes? Wer begeht (also diese) fünf Handlungen, (die) unverzüglich (böse Folgen haben)? Somit gibt es nichts Heilsames, (und) es gibt nichts Unheilvolles; es gibt keinen Betätiger von heilsamen und unheilvollen Taten sowie

auch keinen Veranlasser (solcher Taten); es gibt keine Frucht und kein Ergebnis guter und böser Taten. Wenn, Herr Nāgasena, derjenige, der Euch tötet, keinen Mord begeht,[289] dann habt Ihr, Herr Nāgasena, keinen Lehrer, habt keinen Unterweiser, habt keine höhere Mönchsweihe. ‚Mit Nāgasena reden mich, o Großkönig, die mit (mir zusammen) den frommen Wandel führen, an!' hast du gesagt. Wer ist (denn) hier Nāgasena? Ist wohl, o Herr, das Kopfhaar Nāgasena?"

„Gewiß nicht, o Großkönig!"

„Ist das Körperhaar Nāgasena?"

„Gewiß nicht, o Großkönig!"

„Sind die Nägel ... *(weiter wie eben)* ... die Zähne, die Haut, das Fleisch, die Sehnen, die Knochen, das Knochenmark, die Nieren, das Herz, die Leber, das Brustfell, die Milz, die Lungen, die Eingeweide, die Därme, der Magen, der Kot, die Galle, der Schleim, der Eiter, das Blut, der Schweiß, das Fett, die Tränen, der Talg, das Serum, der Nasenschleim, das Gelenkfett, der Urin, der Kopf, das Gehirn Nāgasena?"

„Gewiß nicht, o Großkönig!"

„Ist dann wohl, o Herr, der Körper Nāgasena?"

„Gewiß nicht, o Großkönig!"

„Sind die Empfindungen Nāgasena?"

„Gewiß nicht, o Großkönig!"

„Sind die Wahrnehmungen Nāgasena?"

„Gewiß nicht, o Großkönig!"

„Sind die (charakterlichen) Gegebenheiten Nāgasena?"

„Gewiß nicht, o Großkönig!"

„Ist das Bewußtsein Nāgasena?"

„Gewiß nicht, o Großkönig!"

„Sind dann, o Herr, vielleicht Körper, Empfindungen, Wahrnehmungen, (charakterliche) Gegebenheiten und Bewußtsein (zusammen) Nāgasena?"

„Gewiß nicht, o Großkönig!"

„Ist dann, o Herr, etwas anderes als Körper, Empfindungen, Wahrnehmungen, (charakterliche) Gegebenheiten und Bewußtsein Nāgasena?"

„Gewiß nicht, o Großkönig!"

„Dann, o Herr, (obwohl) ich frage und frage, sehe ich keinen Nāgasena. Nur ein Wort, o Herr, ist Nāgasena. Wer ist dann hier Nāgasena? Unwahres, o Herr, sprichst du, Lüge! Es gibt keinen Nāgasena!"

Daraufhin sprach der ehrwürdige Nāgasena zu Milinda, dem König, dies: „Du bist, o Großkönig, als Fürst gut erzogen, fein gebildet. Wenn du, o Großkönig, zur Mittagszeit auf heißer Erde, auf erhitztem Sand, auf harten Schottern, Kieseln, Sandkörnern, nachdem du sie betreten hast, zu Fuß gehen würdest, (dann) schmerzen die Füße, der Körper leidet, der Geist wird beeinträchtigt. Ein mit Schmerz einhergehendes Körpergefühl tritt ein. Bist du nun zu Fuß hergekommen oder mit einem Fahrzeug?"
„Nicht bin ich, o Herr, zu Fuß hergekommen; mit einem Wagen bin ich gekommen."
„Wenn du, o Großkönig, mit einem Wagen hergekommen bist, erkläre mir den Wagen! Ist vielleicht, o Großkönig, die Deichsel der Wagen?"
„Gewiß nicht, o Herr!"
„Ist die Achse der Wagen?"
„Gewiß nicht, o Herr!"
„Sind die Räder Wagen?"
„Gewiß nicht, o Herr!"
„Ist der Wagenkasten der Wagen?"
„Gewiß nicht, o Herr!"
„Ist der Flaggenstock der Wagen?"
„Gewiß nicht, o Herr!"
„Ist das Joch der Wagen?"
„Gewiß nicht, o Herr!"
„Sind die Zügel der Wagen?"
„Gewiß nicht, o Herr!"
„Ist der Treibstock der Wagen?"
„Gewiß nicht, o Herr!"
„Sind vielleicht, o Großkönig, Deichsel, Achse, Rad, Wagenkasten, Flaggenstock, Joch, Zügel und Treibstock (zusammen) der Wagen?"
„Gewiß nicht, o Herr!"
„Ist dann, o Großkönig, etwas anderes als Deichsel, Achse, Rad, Wagenkasten, Flaggenstock, Joch, Zügel und Treibstock der Wagen?"
„Gewiß nicht, o Herr!"
„Dann, o Großkönig, (obwohl) ich frage und frage, sehe ich keinen Wagen. Nur ein Wort, o Großkönig, ist der Wagen. Was ist dann hier der Wagen? Unwahres, o Großkönig, sprichst du, Lüge! Es gibt keinen Wagen. Du, o Großkönig,

bist in ganz Indien der Hauptkönig. Wen fürchtest du, daß du Lügen sprichst? Hören mögen mich die fünfhundert Ionier und die achtzigtausend Mönche! Dieser König Milinda hat so gesprochen: ‚Mit einem Wagen bin ich gekommen!' (Als ihm von mir) ‚Wenn du, o Großkönig, mit einem Wagen hergekommen bist, erkläre mir den Wagen!' gesagt wurde, ist er die (behauptete) Existenz des Wagens (zu beweisen) nicht imstande. Ist es wohl recht, dem beizupflichten?"

Nachdem er so gesprochen hatte, spendeten die fünfhundert Ionier dem ehrwürdigen Nāgasena Beifall und sprachen zu Milinda, dem König, dies: „Jetzt, o Großkönig, sprich, wenn du kannst!" Daraufhin sprach der König Milinda zu dem ehrwürdigen Nāgasena dies: „Nicht spreche ich, Herr Nāgasena, Lügen. In bezug auf die Deichsel und in bezug auf die Achse und in bezug auf die Räder und in bezug auf den Wagenkasten und in bezug auf den Flaggenstock und in bezug auf das Joch und in bezug auf die Zügel und in bezug auf den Treibstock gilt ‚Wagen' als eine Benennung, eine Bezeichnung, eine Kennzeichnung, als Name für den Allgemeingebrauch."

„Gut, o Großkönig, begreifst du den Wagen. Und genauso, o Großkönig, ist auch bei mir in bezug auf das Kopfhaar und in bezug auf das Körperhaar ... *(weiter wie oben)* ... und in bezug auf das Gehirn und in bezug auf den Körper und in bezug auf die Empfindung und in bezug auf die Wahrnehmung und in bezug auf die (charakterlichen) Gegebenheiten und in bezug auf das Bewußtsein gilt ‚Nāgasena' als eine (bloße) Benennung, eine Bezeichnung, eine Kennzeichnung, als Name für den Allgemeingebrauch. Über diesen Sinn hinaus wird eine Person hier nicht vorgefunden. Gesagt wurde ja dies, o Großkönig, von der Nonne Vajirā in Gegenwart des Erhabenen:

‚Wie ja bei Verbindung der (betreffenden) Teile
das Wort »Wagen« (gebraucht wird),
so ist bei Vorhandensein der (obigen fünf) Bestandteile
(auch das Vorhandensein) eines Wesens
(bloße) konventionelle Annahme.'"

„Wundervoll, Herr Nāgasena; wunderbar, Herr Nāgasena! Glänzend sind die Antworten auf die Fragen vorgetragen worden. Wenn Buddha (hier) stehen würde, dann würde er (dir) Beifall spenden. Gut, gut, o Nāgasena! Glänzend sind die Antworten auf die Fragen vorgetragen worden."

II,2,4

Der König sprach: „Herr Nāgasena, wer nicht ins Dasein wiederkehrt, spürt er (noch) irgendeine leidvolle Empfindung?"
Der Mönchsälteste sprach: „Einige fühlt er; einige fühlt er nicht."
„Was fühlt er, was fühlt er nicht?"
„Körperliche Plage, o Großkönig, fühlt er; geistige Plage fühlt er nicht."
„Wieso, o Herr, fühlt er körperliche Plage, und wieso fühlt er geistige Plage nicht?"
„Die Ursachen, die hinsichtlich des Entstehens körperlicher Plage (wirken), hören als Ursache und in dieser Hinsicht nicht auf; (daher) fühlt er körperliche Plage. Die Ursachen, die hinsichtlich des Entstehens geistiger Plage (wirken), hören als Ursache und in dieser Hinsicht auf; (daher) fühlt er keine geistige Plage. Gesagt wurde ja dies, o Großkönig, vom Erhabenen: ‚Er spürt eine Plage, die körperliche; die geistige (Plage spürt er) nicht.'"
„Herr Nāgasena, wer (als geistig Erlöster) leidvolle Empfindung spürt, warum geht er nicht ins Nirvāṇa ein?"
„Nicht gibt es, o Großkönig, für einen Heiligen Kriecherei oder (aber) Widerwillen. Und nicht lassen Heilige eine unreife (Frucht) herabfallen. Die volle Reife erwarten die Weisen. Gesagt wurde ja dies, o Großkönig, vom Mönchsältesten Sāriputta, dem Feldherrn der Lehre:

‚Nicht finde ich Gefallen am Tod,
nicht finde ich Gefallen am Leben.
Die Zeit (des Todes) erwarte ich
wie der Diener den Lohn.
Nicht finde ich Gefallen am Tod,
nicht finde ich Gefallen am Leben.
Die Zeit (des Todes) erwarte ich,
gesammelt, aufmerksam!'"[290]

„Gut, Herr Nāgasena!"

Der König sprach: „Herr Nāgasena, gibt es eine Seele?“[291]
„Was (bedeutet) denn, o Großkönig, die Bezeichnung ‚Seele‘?“
„Das, o Herr, was als Lebensprinzip im Inneren mit dem Auge eine Form sieht, mit dem Ohr einen Laut hört, mit dem Geruchssinn einen Geruch riecht, mit der Zunge einen Geschmack schmeckt, mit dem Körper zu Berührendes berührt, mit dem Geist die Lehre erkennt – wie wir, die wir hier im Palast sitzen, aus jedem Fenster, wo wir hinausschauen wollen, (eben) aus jedem Fenster hinausschauen mögen: Wir können aus dem Ostfenster schauen, wir können auch aus dem Westfenster schauen, wir können auch aus dem Nordfenster schauen, wir können auch aus dem Südfenster schauen – ebenso, o Herr, (gilt): Aus welchem Tor, o Herr, dieses Lebensprinzip hinausschauen will, aus diesem Tor schaut es!“
Der Mönchsälteste sprach: „Über die fünf Tore, o Großkönig, werde ich (mit dir) sprechen; höre es und sei wohl aufmerksam! Wenn das Lebensprinzip im Inneren mit dem Auge eine Form sieht, wie wir, die wir hier im Palast sitzen, aus jedem Fenster, wo wir hinausschauen wollen, (eben) aus jedem Fenster eine Form erblicken mögen – wir können aus dem Ostfenster eine Form erblicken, wir können auch aus dem Westfenster eine Form erblicken, wir können auch aus dem Nordfenster eine Form erblicken, wir können auch aus dem Südfenster eine Form erblicken –, ist nun ebenso durch dieses Lebensprinzip im Inneren mit dem Auge eine Form zu erblicken, ist auch mit dem Ohr eine Form zu sehen, ist auch mit dem Geruchssinn eine Form zu sehen, ist auch mit der Zunge eine Form zu sehen, ist auch mit dem Körper eine Form zu sehen, ist auch mit dem Geist eine Form zu sehen? Ist auch mit dem Auge ein Laut zu hören, ist auch mit dem Geruchssinn ein Laut zu hören, ist auch mit der Zunge ein Laut zu hören, ist auch mit dem Körper ein Laut zu hören, ist auch mit dem Geist ein Laut zu hören? Ist auch mit dem Auge ein Geruch zu riechen, ist auch mit dem Ohr ein Geruch zu riechen, ist auch mit der Zunge eine Geruch zu riechen, ist auch mit dem Körper ein Geruch zu riechen, ist auch mit dem Geist ein Geruch zu riechen? Ist auch mit dem Auge ein Geschmack zu schmecken, ist auch mit dem

Ohr ein Geschmack zu schmecken, ist auch mit dem Geruchssinn ein Geschmack zu schmecken, ist auch mit dem Körper ein Geschmack zu schmecken, ist auch mit dem Geist ein Geschmack zu schmecken? Ist auch mit dem Auge etwas zu Berührendes zu berühren, ist auch mit dem Ohr etwas zu Berührendes zu berühren, ist auch mit dem Geruchssinn etwas zu Berührendes zu berühren, ist auch mit dem Geschmackssinn etwas zu Berührendes zu berühren, ist auch mit dem Geist etwas zu Berührendes zu berühren? Ist auch mit dem Auge die Lehre zu erkennen, ist auch mit dem Ohr die Lehre zu erkennen, ist auch mit dem Geruchssinn die Lehre zu erkennen, ist auch mit der Zunge die Lehre zu erkennen, ist auch mit dem Körper die Lehre zu erkennen?"

„Gewiß nicht, o Herr!"

„Nicht ist, o Großkönig, mit dem vorhergehenden der folgende oder mit dem folgenden der vorhergehende (Sinn) verbunden. So wie wir, o Großkönig, die wir hier im Palast sitzen, bei diesen geöffneten Fenstern, bei hellem Tageslicht, wenn wir das Antlitz nach draußen richten, sehr gut eine Form sehen können, ist ebenso auch von diesem Lebensprinzip im Inneren, wenn die Tore des Gesichtssinnes geöffnet sind und helles Tageslicht (herrscht), sehr gut eine Form zu erblicken; bei geöffneten Ohren, bei aufmerkendem Geruchssinn, bei aufnahmebereiter Zunge, bei aufnahmebereitem Körper, ist bei hellem Tageslicht sehr gut ein Laut zu hören, ein Geruch zu riechen, ein Geschmack zu schmecken, etwas zu Berührendes zu berühren?"[292]

„Gewiß nicht, o Herr!"

„Nicht ist, o Großkönig, mit dem vorhergehenden der folgende oder mit dem folgenden der vorhergehende (Sinn) verbunden. Und weiter, o Großkönig: wenn dieser Dinna hinausgeht und draußen am Torhaus steht, weißt du (dann), o Großkönig: ‚Dieser Dinna ist hinausgegangen und steht draußen am Torhaus!'?"

„Jawohl, Herr, das weiß ich!"

„Wiederum, o Großkönig: wenn dieser Dinna (wieder) hereinkommt und vor dir steht, weißt du (dann), o Großkönig: ‚Dieser Dinna ist (wieder) hereingekommen und steht vor mir!'?"

„Jawohl, Herr, das weiß ich!"

„Würde ebenso, o Großkönig, das Lebensprinzip im Inneren,

wenn auf die Zunge ein Geschmacksstoff gebracht würde, wissen: ‚(Das ist) Schärfe oder Salzigkeit oder Säure oder Bitterkeit oder Zusammenziehen oder Süßigkeit!'?"
„Jawohl, Herr, er würde es wissen."
„(Aber) wenn diese Geschmacksstoffe ins Innere (des Körpers = *Magen*) gelangt sind, würde (das Lebensprinzip auch dann noch) wissen: ‚(Das ist) Schärfe oder Salzigkeit oder Säure oder Bitterkeit oder Zusammenziehen oder Süßigkeit!'?"
„Gewiß nicht, o Herr!"
„Nicht ist, o Großkönig, mit dem vorhergehenden der folgende oder mit dem folgenden der vorhergehende (Sinn) verbunden. Wenn, o Großkönig, irgendein Mann veranlaßt worden wäre, hundert Honigtöpfe herbeizubringen (und den Inhalt) in einen Honigbottich zu füllen, und man (dann) dem Mann das Gesicht verbinden und (ihn) in den Honigbottich hineinwerfen würde, wüßte, o Großkönig, dieser Mann, ob er von Honig oder nicht von Honig (umgeben) ist?"
„Gewiß nicht, o Herr!"
„Aus welchem Grund?"
„Weil, o Herr, der Honig nicht in seinen Mund hineingekommen ist."
„Nicht ist, o Großkönig, mit dem vorhergehenden der folgende oder mit dem folgenden der vorhergehende (Sinn) verbunden."
„Ich bin dem nicht gewachsen, mit diesem Redner zu diskutieren. (Sei so) gut (und) lege den Sinn (des Gesagten) dar!"
Der Mönchsälteste belehrte mit einer aus dem Abhidhamma stammenden Unterredung Milinda, den König: „Da entsteht, o Großkönig, abhängig vom Auge und von der Form die Seherkenntnis; und damit entstehen Berührung, Empfindung, Bewußtsein, Denken, Geistessammlung, Sinneskraft und Aufmerksamkeit in Abhängigkeit von der (vorhergehenden) Stufe. Eine Seele findet man hier nicht. Abhängig vom Ohr und vom Laut ... *(weiter wie eben)* ... abhängig vom Geist und vom Objekt entsteht geistige Erkenntnis; und damit entstehen Berührung, Empfindung, Bewußtsein, Denken, Geistessammlung, Sinneskraft und Aufmerksamkeit in Abhängigkeit von der (vorhergehenden) Stufe. Eine Seele findet man hier nicht."
„Gut, Herr Nāgasena!"

Der König sprach: „Herr Nāgasena, ist das Nirvāṇa Vernichtung?“
„Jawohl, o Großkönig, das Nirvāṇa ist Vernichtung.“
„Wieso, Herr Nāgasena, ist das Nirvāṇa Vernichtung?“
„Alle törichten Durchschnittsmenschen, o Großkönig, erfreuen sich an den inneren und äußeren Sinnen und Sinnesobjekten, begrüßen (sie), hängen an (ihnen). Von diesem Strom werden sie hinweggetragen. Nicht werden sie befreit von Geburt, Alter, Tod, Kummer, Verzweiflung, Unglück, Trübsal und Mühsal; nicht werden befreit sie von Leid, sage ich. Aber die (die Lehre) gehört haben, o Großkönig, die Anhänger des Edlen, freuen sich nicht an den inneren und äußeren Sinnen und Sinnesobjekten, begrüßen (sie) nicht, hängen an (ihnen) nicht. Desjenigen, der sich daran nicht freut, der das nicht begrüßt, der nicht daran hängt, ‚Durst‘ wird vernichtet. Aus der Vernichtung des ‚Durstes‘ (folgt) die Vernichtung des Ergreifens; aus der Vernichtung des Ergreifens (folgt) dieVernichtung des Werdens; aus der Vernichtung des Werdens (folgt) die Vernichtung der Geburt; aus der Vernichtung der Geburt (folgt), daß Alter und Tod, Kummer, Verzweiflung, Unglück, Trübsal und Mühsal vernichtet werden. So erfolgt die Vernichtung dieser ganzen Leidensmasse. Somit, o Großkönig, ist das Nirvāṇa Vernichtung.“
„Gut, Herr Nāgasena!“

Der König sprach: „Herr Nāgasena, erlangen wohl alle das Nirvāṇa?“
„Nicht, o Großkönig, erlangen alle das Nirvāṇa. Doch, o Großkönig, wer sich recht verhält, die zu erkundenden Dinge erkundet, die zu erfassenden Dinge erfaßt, die aufzugebenden Dinge aufgibt, die durchzuführenden Dinge durchführt, die zu verwirklichenden Dinge verwirklicht, der erlangt das Nirvāṇa!“
„Gut, Herr Nāgasena!“

Der König sprach: „Herr Nāgasena, derjenige, welcher das Nirvāṇa nicht erlangt – weiß er: ‚Das Nirvāṇa ist Glück!‘?“
„Jawohl, o Großkönig, derjenige, welcher das Nirvāṇa nicht erlangt, weiß: ‚Das Nirvāṇa ist Glück!‘“

„Wie (aber), Herr Nāgasena, weiß er, ohne es erlangt zu haben: ‚Das Nirvāṇa ist Glück!‘?“
„Was meinst du, o Großkönig? Diejenigen, deren Hände und Füße nicht abgeschnitten wurden – wissen diese, o Großkönig: ‚Leid ist das Abschneiden von Händen und Füßen!‘?“
„Jawohl, o Herr, das wissen sie!“
„Woher wissen sie es?“
„Indem sie von anderen, o Herr, deren Hände und Füße abgeschnitten wurden, den Jammerlaut gehört haben, wissen sie: ‚Leid ist das Abschneiden von Händen und Füßen!‘“
„Ebenso, o Großkönig, weiß man, indem man von denen, die das Nirvāṇa gesehen haben,[293] den (Freuden-) Laut gehört hat: ‚Glück ist das Nirvāṇa!‘“
„Gut, Herr Nāgasena!“

III,6,1

Der König sprach: „Herr Nāgasena, ist den (als Mönch) Hinausgezogenen der Körper lieb?“
„Nicht ist, o Großkönig, den (als Mönch) Hinausgezogenen der Körper lieb.“
„Warum, o Herr, liebt ihr (ihn da und) hängt an (ihm)?“
„Bist du, o Großkönig, wenn du irgendwann, irgendwo in die Schlacht gegangen bist, von einem Pfeil verwundet worden?“
„Ja, o Herr, das ist (mir) geschehen.“
„Ist da, o Großkönig, die Wunde mit Salbe bestrichen und mit Öl eingerieben und mit einem passenden Tuchverband bedeckt worden?“
„Jawohl, o Herr, sie ist mit Salbe bestrichen und mit Öl eingerieben und mit einem passenden Tuchverband bedeckt worden.“
„Ist dir, o Großkönig, denn aber die Wunde (so) lieb, daß sie mit Salbe bestrichen und mit Öl eingerieben und mit einem passenden Tuchverband bedeckt wird?“
„Nicht, o Herr, ist die Wunde mir lieb; sie wird nur, damit das Fleisch (wieder) wächst, mit Salbe bestrichen und mit Öl eingerieben und mit einem passenden Tuchverband bedeckt.“
„Ebenso unlieb, o Großkönig, ist den (als Mönch) Hinausgezogenen der Körper. Und da kümmern sich die (als Mönch)

Hinausgezogenen um den Körper, ohne an (ihm) zu hängen, um des frommen Wandels willen. Und es ist ja, o Großkönig, der Körper vom Erhabenen mit einer Wunde verglichen worden. Darum kümmern sich die (als Mönch) Hinausgezogenen um den Körper wie um eine Wunde, ohne an (ihm) zu hängen. Gesagt wurde ja, o Großkönig, vom Erhabenen (über den Körper):

‚Von feuchter Haut bedeckt, neuntorig, eine große Wunde, allseits näßt er, unrein, übelriechend.'"

„Gut, Herr Nāgasena!"

IV,2,4f.

„Herr Nāgasena, gesagt wurde ja vom Erhabenen: ‚Nicht hat, o Ānanda, der Vollendete hinsichtlich der Lehrsätze eine Lehrerfaust.'[294] Dennoch hat er die von einem Mönchsältesten, dem Sohn der Māluṅkyā, gestellte Frage nicht geklärt.[295] Diese Frage, Herr Nāgasena, hat zwei Seiten und hängt (jeweils) von einer Seite ab: entweder von der Unwissenheit (des Buddha) oder (von dessen Willen) zur Verheimlichung. Wenn, Herr Nāgasena, vom Erhabenen gesagt wurde: ‚Nicht hat, o Ananda, der Vollendete hinsichtlich der Lehrsätze eine Lehrerfaust!', ist ja des Mönchsältesten Māluṅkyāputta (Frage von Buddha) als einem Unwissenden nicht geklärt worden. Wenn sie (von Buddha) als einem Wissenden nicht geklärt wurde, so hat der Vollendete hinsichtlich der Lehrsätze eine Lehrerfaust. Auch dieses zweifach zugespitzte Problem ist dir gestellt; von dir ist es zu beseitigen!"
„Gesagt wurde ja dies, o Großkönig, vom Erhabenen: ‚Nicht hat, o Ānanda, der Vollendete hinsichtlich der Lehrsätze eine Lehrerfaust!' Wenn die vom Mönchsältesten Māluṅkyāputta gestellte Frage ungeklärt (blieb), dann nicht aus Unwissenheit und nicht (aus dem Willen) zur Verheimlichung. Vier, o Großkönig, (Arten) einer Problemklärung gibt es. Welche vier? Die einfach (ohne Umschweife) zu beantwortende Frage, die detailliert zu beantwortende Frage, die durch eine Gegenfrage zu beantwortende Frage, (schließlich) die Frage, die man beiseite lassen kann. Was nun, o Großkönig, ist eine einfach (ohne

Umschweife) zu beantwortende Frage? ‚Ist die Form vergänglich?' ist eine einfach zu beantwortende Frage. ‚Ist die Empfindung vergänglich?', ‚Ist das Bewußtsein vergänglich?', ‚Sind die (charakterlichen) Gegebenheiten vergänglich?', ‚Ist die Erkenntnis vergänglich?' sind einfach zu beantwortende Fragen. Das (also) ist eine einfach zu beantwortende Frage. Was ist eine detailliert zu beantwortende Frage? Wiederum ‚Ist die Form vergänglich?' ist eine detailliert zu beantwortende Frage. Wiederum ‚Ist die Empfindung vergänglich?', wiederum ‚Ist das Bewußtsein vergänglich?', wiederum ‚Sind die (charakterlichen) Gegebenheiten vergänglich?', wiederum ‚Ist die Erkenntnis vergänglich?' sind detailliert zu beantwortende Fragen. Das (also) ist eine detailliert zu beantwortende Frage. Was ist eine durch eine Gegenfrage zu beantwortende Frage? ‚Kann man wohl mit dem Auge alles erkennen?'[296], das ist eine durch eine Gegenfrage zu beantwortende Frage.[297] Was ist eine Frage, die man beiseite lassen kann? ‚Ist die Welt ewig?' ist eine Frage, die man beiseite lassen kann. ‚Ist die Welt nicht ewig?', ‚Ist die Welt endlich?', ‚Ist die Welt unendlich?', ‚Ist die Welt sowohl endlich als unendlich?', ‚Ist die Welt weder endlich noch unendlich?', ‚Sind Seele und Körper identisch?', ‚Sind Seele und Körper unterschiedlich?', ‚Existiert der Vollendete nach dem Tode?', ‚Existiert der Vollendete nach dem Tode nicht?', ‚Ob der Vollendete nach dem Tode sowohl existiert als auch nicht existiert?', ‚Ob der Vollendete nach dem Tode weder existiert noch nicht existiert?', sind Fragen, die man beiseite lassen kann. Das (also) ist eine Frage, die man beiseite lassen kann. Der Erhabene, o Großkönig, hat diese Frage des Mönchsältesten Māluṅkyāputta nicht beantwortet. Aber aus welchem Grund ist diese Frage beiseite zu lassen? Weil es für ihre Erklärung keine Ursache, keine Begründung gibt. Daher ist diese Frage beiseite zu lassen. Nicht gibt es für die erhabenen Buddhas ohne Grund, ohne Ursache ein Erheben der Stimme."

„Gut, Herr Nāgasena, so ist es; jawohl, ich stimme (dir) zu!"

„Herr Nāgasena, gesagt wurde auch dies vom Erhabenen[298]:

‚Wenn ihr erlangt Gelegenheit wie auch Geheimhaltung,
und wenn ihr auch erlangt einen entsprechenden Freier,
so werden alle Frauen Sünde begehen –
wenn sie keinen anderen bekommen,
auch mit einem, der an Krücken geht.‘

Wiederum aber wird gesagt: ‚Die Gattin des Mahosadha, eine Frau namens Amarā, blieb im Dorf, als ihr Mann verreist war, saß für sich, (von anderen) getrennt; indem sie (sich) den Gatten zum Ebenbild des Königs machte,[299] beging sie, (selbst) mit tausend (Münzen dazu) verlockt, keine Sünde.‘ Indem (nun aber), Herr Nāgasena, vom Erhabenen gesagt wurde:

‚Wenn ihr erlangt Gelegenheit wie auch Geheimhaltung,
und wenn ihr auch erlangt einen entsprechenden Freier,
so werden alle Frauen Sünde begehen –
wenn sie keinen anderen bekommen,
auch mit einem, der an Krücken geht‘,

dann ist doch deshalb der Satz ‚Die Gattin des Mahosadha, eine Frau namens Amarā, blieb im Dorf, als ihr Mann verreist war, saß für sich, (von anderen) getrennt; indem sie (sich) den Gatten zum Ebenbild des Königs machte, beging sie, (selbst) mit tausend (Münzen dazu) verlockt, keine Sünde‘ falsch. Wenn dagegen die Gattin des Mahosadha, eine Frau namens Amarā, im Dorf blieb, als ihr Mann verreist war, für sich saß, (von anderen) getrennt, und indem sie (sich) den Gatten zum Ebenbild des Königs machte, (selbst) mit tausend (Münzen dazu) verlockt, keine Sünde beging, dann ist doch deshalb der Satz

‚Wenn ihr erlangt Gelegenheit wie auch Geheimhaltung,
und wenn ihr auch erlangt einen entsprechenden Freier,
so werden alle Frauen Sünde begehen –
wenn sie keinen anderen bekommen,
auch mit einem, der an Krücken geht‘

falsch. Auch dieses zweifach zugespitzte Problem ist dir gestellt; von dir ist es zu beseitigen!"
„Es ist tatsächlich, o Großkönig, vom Erhabenen gesagt worden:

‚Wenn ihr erlangt Gelegenheit wie auch Geheimhaltung,
und wenn ihr auch erlangt einen entsprechenden Freier,
so werden alle Frauen Sünde begehen –
wenn sie keinen anderen bekommen,
auch mit einem, der an Krücken geht.'

Und es wird gesagt: ‚Die Gattin des Mahosadha, eine Frau namens Amarā, blieb im Dorf, als ihr Mann verreist war, saß für sich, (von anderen) getrennt; indem sie (sich) den Gatten zum Ebenbild des Königs machte, beging sie, (selbst) mit tausend (Münzen dazu) verlockt, keine Sünde.' Würde die Frau (aber), o Großkönig, indem sie tausend (Münzen) erhalten würde, mit einem entsprechenden Mann die sündige Tat begehen? Würde sie sie (wirklich) nicht begehen, wenn sie die Gelegenheit, die Geheimhaltung und auch einen entsprechenden (Mann) hätte? Indem sie (alles) durchdachte, o Großkönig, sah Frau Amarā weder eine Gelegenheit noch (eine Möglichkeit zur) Geheimhaltung noch einen entsprechenden (Mann). Indem sie in dieser Welt Tadel fürchtete, sah sie keine Gelegenheit; indem sie in jener Welt die Hölle fürchtete, sah sie keine Gelegenheit. Indem sie ‚Bittere Frucht hat die Sünde!' (dachte), sah sie keine Gelegenheit. Indem sie den geliebten (Gatten) nicht verlieren wollte, sah sie keine Gelegenheit. Wegen (ihrer) Wertschätzung des Gatten sah sie keine Gelegenheit. Indem sie Rechtlichkeit verehrte, sah sie keine Gelegenheit. Indem sie Unedles verachtete, sah sie keine Gelegenheit. Indem sie (ihr übliches) Tun nicht unterbrechen wollte, sah sie keine Gelegenheit. Aus derartigen zahlreichen Gründen sah sie keine Gelegenheit. Nachdem sie (weiter) überlegt hatte, sah sie in der Welt auch keine (Möglichkeit zur) Geheimhaltung (und) beging (auch deshalb) keine Sünde. Wenn sie vor den Menschen das Geheimnis wahren würde, so würde sie das Geheimnis vor den nichtmenschlichen (Wesen) nicht wahren (können). Wenn sie (aber doch auch) vor den nichtmenschlichen Wesen[300] das Geheimnis wahren würde, so würde sie vor den das Denken anderer kennenden (als Mönch) Hinausgezo-

genen das Geheimnis nicht wahren (können). Wenn sie (aber doch auch) vor den das Denken anderer kennenden (als Mönch) Hinausgezogenen das Geheimnis wahren würde, so würde sie das Geheimnis vor den das Denken anderer kennenden Gottheiten nicht wahren (können). Wenn sie (aber doch auch) vor den das Denken anderer kennenden Gottheiten das Geheimnis wahren würde, so würde sie das Geheimnis vor sich selbst mit ihren Sünden nicht wahren (können). Wenn sie (aber doch auch) das Geheimnis vor sich selbst mit ihren Sünden wahren würde, so würde sie das Geheimnis (vor der Vergeltung) für das Unrecht nicht wahren (können). Aus solchen verschiedenartigen Gründen konnte sie das Geheimnis nicht wahren und beging (demzufolge) keine Sünde.
Nachdem sie (weiter) überlegt hatte, daß sie auch einen entsprechenden Freier in der Welt nicht erlangen würde, beging sie (auch aus diesem Grunde) keine Sünde.
Mahosadha, o Großkönig, der Weise, war mit achtundzwanzig (hervorragenden) Eigenschaften ausgestattet. Mit welchen achtundzwanzig Eigenschaften war er ausgestattet? Mahosadha, o Großkönig, war tapfer, bescheiden, das Böse meidend, umgeben von Anhängern, gesegnet mit Freunden, geduldig, tugendhaft, die Wahrheit sprechend, voll Reinheit, frei von Zorn, frei von Hochmut, frei von Neid, kraftvoll, energisch, freundlich, freigebig, liebenswürdig, höflich, frei von Arglist, frei von Trug, mit außerordentlicher Erleuchtung begabt, berühmt, mit Wissen ausgestattet, den (von ihm) Abhängigen Gutes wünschend, beliebt beim ganzen Volk, wohlhabend, ruhmvoll. Mahosadha, o Großkönig, war mit diesen achtundzwanzig Eigenschaften ausgestattet. Indem sie einen anderen derartigen Freier nicht bekam, (verzichtete sie darauf,) eine Sünde zu begehen."
„Gut, Herr Nāgasena, so ist es; jawohl, ich stimme (dir) zu!"

Dritter Abschnitt

1. Nachdem der fünfäugige[301] Sieger, ebendieser,
fünfundvierzig (Jahre auf Erden)[302]
verweilt und alle Pflichten auf der Welt
allenthalben erfüllt hatte –

2. erlosch zu Kusinārā, zwischen einem Sāla-Baumpaar,
am Vollmondstag des Vesākha das Licht der Welt.

3. (Eine den vorstellbaren) Zahlenbereich überschreitende
(Menge) von Mönchen kam dort zusammen;
(ferner) Krieger, Brahmanen, Angehörige
des dritten und des vierten Standes, sowie auch Götter.

4. 700000 herausragende Mönche (waren) unter ihnen.[303]
Der Älteste Mahākassapa war damals das Haupt der Versammlung.

5. Nachdem er die den Körper und die körperlichen
Überreste des Meisters (betreffenden) Riten ausgeführt hatte,
wünschte der große Mönchsälteste eine Befestigung
der Lehre des Meisters für lange Zeit.

6. Sieben Tage nach dem Eingang des mit den zehn Kräften
begabten Weltenherrn[304] ins Nirvāṇa
erinnerte er sich der bösen Rede des (erst) im Alter
(als Mönch) hinausgezogenen Subhadda.[305]

7. (Und) er erinnerte sich an die Übergabe des Ordensgewandes
(an ihn selbst durch Buddha) und damit
an die Gleichstellung mit ihm, (sowie daran,
daß) von dem Weisen die Liebe erwiesen wurde,
die wahre Lehre zu befestigen.

8. (Und) er erinnerte sich der Zustimmung des vollkommen Erwachten,

(die Texte) der wahren Lehre zusammenzustellen.
So berief er in der neungliederigen Lehre
erfahrene, in allen Teilen bewanderte –

9. fünfhundert Mönche, vom Anhaften vollkommen freie,[306]
vermindert um einen, wegen des Mönchsältesten Ānanda.[307]

10. Der Mönchsälteste Ānanda wiederum,
von den Mönchen (darum) gebeten, willigte ein,
die (Text-) Zusammenstellung zu machen,
denn dies war ohne ihn nicht möglich.

11. Nachdem sie sieben Tage mit einem heiligen Fest,
sieben Tage mit der Verehrung der körperlichen Überreste,
also einen halben Monat, verbracht hatten,
faßten die zu aller Welt Mitleidvollen –

12. den Entschluß: „Während der Regenzeit in Rājagaha weilend,
wollen wir eine Zusammenstellung der Lehre machen;
niemand sonst soll dort (außer uns) wohnen!“[308]

13. Das von Kummer heimgesuchte Volk, wo auch immer, tröstend,
wanderten die Mönchsältesten auf (ihrem) Zug durch Indien.

14. In der Hälfte des zunehmenden Mondes im Āsāḷhā,
hoffend auf die Festigkeit der guten Seite,[309]
begaben sie sich zu dem mit den vier Hilfsmitteln[310]
(reich) ausgestatteten Rājagaha.

15. Als Mahākassapa und die anderen
zur Regenzeit dort angekommen waren,
die Mönchsältesten, mit Festigkeit in der Tugend
versehen, der Lehre des vollkommen Erwachten kundig –

16. befaßten sie sich im ersten Monat der Regenzeit
mit der Instandsetzung der Behausungen,
nachdem sie (ihre Ankunft dem König)
Ajātasattu mitgeteilt hatten.

17. Als die Wiederherstellung des Klosters beendet war,
sprachen sie zu dem Erdenherrn:
„Jetzt wollen wir die Zusammenstellung
der Lehrtexte vornehmen!“

18. Auf die Frage „Was ist zu tun?“ sprachen sie:
„Ein Platz zum Sitzen (ist vonnöten)!“
Der König fragte: „Wo?“, und der (gewünschte) Platz
wurde von ihnen bezeichnet.

19. Schleunig ließ er an der Seite
des Vebhāra-Felsens ein Zelt errichten,
am Eingang der Sattapaṇṇi-Höhle,
angenehm wie eine Versammlungshalle der Götter.

20. Nachdem er es in jeder Hinsicht
hatte ausschmücken lassen, ließ er dort ausbreiten
entsprechend der Zahl der Mönche kostbare Teppiche.

21. Befindlich im südlichen Teil mit der Richtung
nach Norden wurde ein hoher Sitz
für den Mönchsältesten vorbereitet, ein kostbarer.

22. Genau in der Mitte des Zeltes wurde der nach Osten
gewandte, hohe Sitz für den Prediger vorbereitet,
kostbar wie für den wohl wandelnden (Buddha).

23. Der König ließ den Mönchsältesten mitteilen:
„Die Arbeit ist vollbracht!“
Die Mönchsältesten sprachen zum
Ältesten Ānanda, dem Wonnebringer:

24. „Morgen wird zusammengekommen, o Ānanda!
Als (noch) Lernendem ist dir das Gehen
dorthin nicht gestattet. Daher trachte du
nach der guten Sache unermüdlich!“

25. So angespornt, spannte der Mönchsälteste alle Kraft an.
Von den (vier) Haltungsarten befreit,[311]
erlangte er die Heiligkeit.

26. Am zweiten Tag des zweiten Monats der Regenzeit nun
trafen in diesem prachtvollen Zelt
die Mönchsältesten zusammen.

27. Für den Mönchsältesten Ānanda
einen geeigneten Platz frei lassend,
ließen auf Sitzen sich die Heiligen
entsprechend ihrem Rang nieder.

28. Um die Erlangung der Heiligkeit kundzutun,
kam dieser Mönchsälteste nicht mit ihnen.
Doch als von einigen
„Wo ist der Mönchsälteste Ānanda?“ gefragt wurde –

29. nahm, aus der Erde auftauchend
oder auf dem Lichtweg kommend,[312]
der Mönchsälteste Ānanda
den für ihn frei gehaltenen Sitz ein.

30. Den Mönchsältesten Upāli für die Ordenszucht,
für den gesamten Rest der Lehre
den Mönchsältesten Ānanda
machten alle Ältesten verantwortlich.

31. Der große Älteste[313] (verpflichtete) sich,
in bezug auf die Ordenszucht zu fragen,
und der Älteste Upāli
erklärte sich bereit, darauf zu antworten.

32. Auf dem Platz des Ältesten sitzend,
fragte (Mahākassapa) nach der Ordenszucht,
und auf dem Platz des Predigers sitzend,
antwortete ihm (Upāli).

33. Indem von dem Obersten
der Ordenszuchtkenner geantwortet wurde,
wiederholten sie alle (die Regeln)
der Ordenszucht, der Gepflogenheit kundig.

34. Den an der Spitze derer, die viel (die Lehre)
gehört hatten, Stehenden,[314]
den Schatzhüter des großen Weisen,[315]
befragte der Älteste (Mahākassapa), der sich
dazu bereit erklärt hatte, nach der Lehre.

35. Nachdem er sein Einverständnis erklärt
und sich auf den Sitz des Predigers begeben hatte,
erläuterte der Mönchsälteste Ānanda die Lehre ohne Rest.

36. Indem von dem Weisen aus Vedeha geantwortet wurde,
wiederholten sie alle die Lehr(sätze),
den Sinn der Lehre (nun) kennend.

37. So war in sieben Monaten die Zusammenstellung
der Lehr(texte) vollendet,
zum Heil der ganzen Welt,
von den der ganzen Welt Heilbringenden.

38. „Vom Mönchsältesten Mahākassapa ist diese Buddhalehre
befestigt worden, um fünftausend Jahre zu überdauern!" –

39. so, erfüllt von Freude, erbebte die vom Wasser umgebene
große Erde sechsmal am Schluß der (Text-) Zusammenstellung.

40. Und es waren in der Welt
viele Wunder von vielerlei Art.
Und weil eben von den Mönchsältesten veranlaßt,
ist (dies) die Tradition der Ältesten.

41. Die Ältesten, die das erste Konzil abgehalten
und der Welt viel Gutes getan hatten,
sie gelangten nach Ablauf der Lebenszeit
alle ins Nirvāṇa.

42. Auch die Mönchsältesten, die durch die Leuchte
der Erkenntnis die Blindheit verscheuchten,
die die Blindheit der Welt
beseitigenden großen Leuchten,
sie wurden zum Erlöschen gebracht
durch den furchtbaren Sturm des Todes.
Daher möge der Einsichtsvolle
dem Rausch des Lebens entsagen!

(Das ist) der in dem für gute Menschen zur Erhebung und Erbauung verfaßten Mahāvaṁsa „Das erste Konzil" genannte dritte Abschnitt.

Dreizehnter Abschnitt

1. Der große Älteste Mahinda war damals zwölf Jahre (Mönch).
Vom Lehrer und von der Gemeinde beauftragt
wurde der Hochweise –

2. die Insel Laṅkā (dem Buddhismus) zu gewinnen.
Hinsichtlich des (geeigneten) Zeitpunktes
stellte er die Betrachtung an:
„Alt ist der König Muṭasiva; König sollte (sein) Sohn werden!"

3. Inzwischen faßte er den Entschluß,
die Verwandtenschar (wieder) zu sehen.
Er verabschiedete sich vom Lehrer und von der Gemeinde
und beurlaubte sich vom König.

4. Mit sich nahm er vier Mönchsälteste
und den Sohn der Saṁghamittā,
den Novizen Sumana, der das sechsfache Wissen[316]
und große Zaubermacht besaß.

5. Um den Verwandten (durch seine Predigt)
Gunst zu erweisen, begab er sich nach Dakkhiṇāgiri.
Während er so wanderte, vergingen sechs Monate.

6. Im Lauf (der Zeit) gelangte er nach Vedisagiri,
der Stadt (seiner) Mutter Devī.
Er suchte die Mutter auf,
und als Devī ihren geliebten Sohn erblickte –

7. gab sie (ihm) und (seiner) Begleitung
von ihr selbst zubereitete (Speise) zu essen
und geleitete den Mönchsältesten hinan
zu dem prächtigen Kloster von Vedisagiri.

8. Das[317] Reich von Avanti regierend,
das ihm vom Vater übergeben worden war,
nahm Prinz Asoka vor dem Marsch nach Ujjenī –

9. in der Stadt Vedisa seinen Wohnsitz und traf dort
auf ein schönes Mädchen namens Devī,
die Tochter eines Kaufmanns.

10. Er vollzog (mit ihr) den Beischlaf;
sie empfing dadurch ein Kind
und gebar in Ujjenī
einen schönen Knaben, den Mahinda.

11. Und als zwei Jahre vergangen waren,
(gebar sie) eine Tochter Saṁghamittā.
Zu dieser Zeit[318] wohnte sie in der Stadt Vedisa.

12. Der Mönchsälteste, der sich dort niedergelassen hatte
und die (rechte) Zeit kannte, überlegte:
„Von meinem Vater wurde angeordnet,
anläßlich der Königsweihe ein großes Fest (abzuhalten).

13. Daran soll Devānaṁpiyatissa, der große König, teilnehmen;
und er soll die Vorzüge der drei Kategorien[319]
erkennen, nachdem er (davon) von den Boten gehört hat.

14. Ersteigen soll er den Missaka-Berg
am Fasttag des Monats Jeṭṭha;
an diesem Tag werden wir nach Laṅkā,
der herrlichen Insel, gehen!"

15. Der große Indra begab sich zu Mahinda,[320]
dem höchsten Mönchsältesten.
„Geh, um Laṅkā zu befrieden!
Schon vom vollkommen Erwachten wurde (das) entschieden.

16. Auch wir werden (dir) dabei
eine Unterstützung sein!", so sprach er. –
Der Sohn einer Tochter von Devīs Schwester
namens Bhaṇḍuka –

17. hörte, wie der Mönchsälteste die Lehre darlegte,
gelangte zur Frucht der Nichtwiederkehr
und verweilte in der Begleitung des Ältesten.

18. Nach einem Aufenthalt von einem Monat
erhob sich am Fasttag des Monats Jeṭṭha
der Mönchsälteste mit den vier (begleitenden) Ältesten,
sowie mit Sumana und Bhaṇḍuka –

19. dem Laienanhänger, um beim Volk bekannt zu werden,
von diesem Kloster aus in die Luft, der Zaubermächtige.

20. Mit (dieser) Schar angekommen,
ließ er sich auf dem lieblichen Missaka-Berg,
am Sīla-Felsen, auf der prachtvollen,
entzückenden Ambatthala (-Ebene) nieder.

21. Er, dem der Vorzug der Befriedung Laṅkās
vorherbestimmt war, zum Wohle Laṅkās
vom weisen (Buddha), als dieser auf den Tod lag

er, der als Anlaß für Laṅkās Wohl
dem Meister gleichkam,
ließ sich, von Laṅkās Göttern verehrt, dort nieder.

(Das ist) der in dem für gute Menschen zur Erhebung und Erbauung verfaßten Mahāvaṁsa „Mahindas Ankunft“ genannte dreizehnte Abschnitt.

VII,3: Die Betrachtung über die Gemeinde (Saṅghānussati)

Auch[321] wer die Betrachtung über die Gemeinde zu betreiben wünscht, begebe sich in die Verborgenheit, und als Einsamer gedenke er der Tugenden der Gemeinde der Edlen folgendermaßen:
„Gut wandelnd ist des Erhabenen Hörergemeinde, gerade wandelnd ist des Erhabenen Hörergemeinde, auf dem rechten Pfad wandelnd ist des Erhabenen Hörergemeinde, würdig wandelnd ist des Erhabenen Hörergemeinde, nämlich die vier Menschenpaare, die acht Personen.[322] Diese Hörergemeinde des Erhabenen ist würdig des Opfers, würdig der Gastspende, würdig der Geschenke, würdig des Grußes mit (ehrfürchtig) zusammengelegten Händen; sie ist das unübertroffene Tugend(betätigungs)feld für die Welt[323]."[324]
Hier (bedeutet) „gut wandelnd": von gutem Wandel; bezeichnet als: auf rechtem Pfad, auf nicht gekrümmtem Pfad, auf dem Pfad ‚mit dem Strich', auf ungehemmtem Pfad, auf dem der Lehre gemäßen Pfad wandelnd. Die des Erhabenen Ermahnungen und Belehrungen ehrerbietig anhören, sind die „Hörer" (= *Anhänger*).
Die Gemeinde der Hörer ist die „Hörergemeinde": die durch Gleichheit der Sittlichkeit und der Weltanschauung in Verbindung gekommene Menge der Hörer, das ist der Sinn. Indem nun wiederum dieser rechte Pfad als gerade, nicht gekrümmt, nicht verschlungen, nicht gewunden, als edler Weg bezeichnet wird und indem er auch wegen seiner Angemessenheit als würdig gilt, darum wird die auf ihm wandelnde edle Gemeinde „gerade wandelnd", „auf dem rechten Pfad wandelnd", „würdig wandelnd" bezeichnet. Hier nun sind die auf dem Weg Befindlichen wegen ihres Ausgestattetseins mit rechtem Wandel „gut wandelnd". Die sich am Ziel befinden, sind, weil sie auf rechtem Pfad das zu Erreichende erreicht haben, wegen des früheren Wandels als „gut wandelnd" zu bezeichnen. Außer-

dem: (die Gemeinde) ist auch wegen ihres Wandels entsprechend der wohlverkündeten Lehre und Ordenszucht und gemäß der Weisung sowie wegen des Wandels auf dem unbezweifelbaren Pfad „gut wandelnd". Wegen des Wandels auf dem mittleren Pfad unter Vermeidung der beiden Extreme[325] und wegen der Abweisung des Bösen, das Körper, Sprache und Geist auf krummen, verschlungenen, gewundenen (Wegen begehen, heißt die Gemeinde) „gerade wandelnd". Als (rechter) Pfad wird (der) zum Nirvāṇa (führende) bezeichnet. Wegen des Wandels um dieses Zieles willen (heißt die Gemeinde) „auf rechtem Pfad wandelnd". Indem (die Anhänger) wandeln, daß sie der Würdigung wert sind, heißen die so Wandelnden „würdig wandelnd".

„Nämlich" bedeutet: diese folgenden.

„Die vier Menschenpaare" bedeutet: Im Verbund bilden der auf dem ersten Pfad Befindliche und der am (ersten) Ziel Befindliche ein Paar; so kommen die vier Menschenpaare zustande.[326]

„Die acht Einzelpersonen" bedeutet: Als Einzelpersonen gibt es einen auf dem ersten Pfad Befindlichen und einen am (ersten) Ziel Befindlichen; auf diese Weise gibt es acht Einzelpersonen. Und hier haben „Mensch" und „Person" dieselbe Bedeutung, im Sinne von „bekehrungsfähig" wird das gebraucht.

„Diese Hörergemeinde des Erhabenen" bedeutet: paarweise diese vier Menschenpaare; einzeln die acht Einzelpersonen. Das ist „diese Hörergemeinde des Erhabenen".

Bei „würdig des Opfers" und so weiter ist Opfer (etwas, das) herbeigebracht, dargebracht werden muß. Selbst aus der Ferne herbeigebracht, soll man es den Tugendhaften überreichen, das ist der Sinn. Es ist eine Bezeichnung für die vier Lebensnotwendigkeiten. Der dieses Opfer entgegenzunehmen geeignet ist, gilt, weil es große Frucht bringt, als „würdig des Opfers".

Oder aber: Selbst aus der Ferne hergekommen, soll man hier alle Habe opfern – das (könnte) opfer(erhalts)würdig (auch bedeuten). Wer selbst von Sakka und anderen (Göttern) Opfer verdient, der ist opfer(erhalts)würdig. Was für die Brahmanen opfer(erhalts)würdig ist, das ist das Feuer, wo das Geopferte große Frucht bringt; das ist deren (falsche) Ansicht.

Wenn (etwas) wegen der großen Frucht des Geopferten opfer(erhalts)würdig ist, ist fürwahr die Gemeinde opfer(erhalts)würdig: das der Gemeinde Geopferte bringt ja große Frucht. Wie man sagt:

„Wenn jemand auch hundert Jahre
das Feuer verehrt im Walde –
wenn man einen Geistgeübten
auch (nur) einen Augenblick verehrt,
ist diese Verehrung besser
als hundert Jahre Opfer."[327]

Das in anderen Schulen (übliche) Wort „opfer(erhalts)würdig" ist mit diesem hier (gebrauchten) Wort „würdig des Opfers" dem Sinne nach eins, und nur dem Buchstaben nach ein klein wenig unterschiedlich. Das (ist die Erörterung des Begriffes) „würdig des Opfers".

„Würdig der Gastspende": Hier wird als Gastspende die für die aus allen Weltgegenden gekommenen liebwerten Verwandten und Freunde mit Ehrerbietung dargebotene Willkommensgabe bezeichnet. Davon abgesehen, ist es angebracht, auch der Gemeinde derartige Gastspenden zu geben, und die Gemeinde ist würdig, sie entgegenzunehmen. Denn es gibt keinen der Gemeinde vergleichbaren Gast. Sie ist es ja, die im Zeitraum zwischen zwei Buddha-Existenzen erscheint, und zwar ohne Unterbrechung.[328] (Indem man denkt:) „Mit Liebe und Zuneigung bewirkenden Eigenschaften ist sie ausgestattet!", ist es angebracht, ihr solche Gastspende zu geben, und sie ist würdig, die Gastspende entgegenzunehmen. Das bedeutet: „würdig der Gastspende". Für diejenigen aber, bei denen der Text „pāhavanīyo" hat, bedeutet pāhavanīyo, weil die Gemeinde Zuvorkommenheit verdient, daß man alles zuerst ihr bringen und opfern soll. Oder weil die Gemeinde in jeder Hinsicht ein Opfer verdient, heißt es pāhavanīyo.[329] Dies wird hier mit pāhunneyo, das den gleichen Sinn hat, bezeichnet.

Als „Gabe" wiederum wird die im Glauben an die jenseitige Welt zu gebende Gabe bezeichnet. Diese Gabe verdient (die Gemeinde), oder sie ist der Gabe würdig, weil sie sie aus dem Grunde, daß sie große Frucht hervorbringt, läutert. Das bedeutet „der Gaben würdig".

„Des Grußes mit zusammengelegten Händen würdig" (gilt sie), indem sie es verdient, daß von aller Welt beide Hände

zum Haupt emporgehoben werden und der (ehrfürchtige) Gruß mit zusammengelegten Händen ausgeführt wird.
„Ein unübertroffenes Tugend(betätigungs)feld für die Welt" ist sie als eine für die ganze Welt unvergleichliche Stätte zum Wachstum des Tugendverdienstes. Wie nämlich die Wuchsstätte von Reis oder Gerste eines Königs oder Ministers als das Reisfeld (oder) das Gerstenfeld des Königs bezeichnet wird, so ist die Gemeinde für die ganze Welt eine Stätte zum Wachstum des Tugendverdienstes, denn in Abhängigkeit von der Gemeinde wachsen die zu verschiedenen Formen von Segen und Glück führenden Tugendverdienste der Welt. Daher ist die Gemeinde „das unübertroffene Tugend(betätigungs)feld für die Welt".
Wer so des guten Wandels und der anderen derartigen Tugenden der Gemeinde gedenkt, in dem ist zu dieser Zeit das Gemüt nicht von Leidenschaft befallen; nicht von Bosheit, nicht von Verblendung ist das Gemüt befallen; gerade gerichtet ist zu dieser Zeit sein Gemüt hinsichtlich der Gemeinde. In wem in der oben (dargelegten) Weise das Hemmnis (auf dem Weg zur Erlösung) beseitigt ist, in dem entstehen zur gleichen Zeit die Elemente der Meditation. Wegen der Tiefe der Tugenden der Gemeinde oder wegen des Strebens nach Erinnerung der verschiedenen Formen der Tugenden ist die Meditation keine vollständige, sondern nur annähernde Gedankenkonzentration. Weil sie im Verlauf des Gedenkens der Vorzüge der Gemeinde entstanden ist, gilt sie als „Betrachtung über die Gemeinde".
Der sich dieser Betrachtung über die Gemeinde widmende Mönch nun ist gegenüber der Gemeinde ehrfürchtig und respektvoll; zu einer Fülle des Vertrauens und so weiter gelangt er; an Freude und Entzücken ist er reich; Furcht und Angst bezwingt er; Leid zu ertragen, ist er fähig; er gewinnt das Bewußtsein vom Zusammenleben mit der Gemeinde. Sein vom Gedenken an die Gemeinde erfüllter Körper ist der Verehrung wert wie eine die versammelte Gemeinde (fassende) Beichtfeierhalle. Sein Gemüt neigt zur Erlangung der Tugenden der Gemeinde. Bei Berührung mit einer verwerflichen Sache erheben sich in ihm, als ob er die Gemeinde leibhaftig sähe, Scham und Abscheu vor der Sünde. Auch wenn er nicht höher vorankommt, ist er doch (in der Wiedergeburt) zum Glück bestimmt.

Darum möge so fürwahr unermüdlich wirken der Wohlweise
im Gedenken der großmächtigen Gemeinde immerdar.

Dies ist die ausführliche Darlegungsweise der Betrachtung über die Gemeinde.

Anhang

Anmerkungen

1 „Der Erhabene", ein ständig wiederkehrendes Epitheton des Buddha.
2 Diese Übersetzung von *komārabhacca* ergibt sich aus dem Kontext; ansonsten kann das Wort auch „Kinderarzt" bedeuten.
3 Man könnte auch mit „Söller" oder „Zinne" übersetzen; wörtlich: „Bestes", „Höchstes".
4 Der König ist sich also noch nicht schlüssig, ob er sich von einem Bettelmönch, also von einem Buddhisten, oder von einem der vedischen Tradition folgenden brahmanischen Priester belehren lassen soll.
5 Im Pāli-Text findet sich hier wie an vielen anderen Stellen eine feststehende Wendung. Solche Wendungen lassen gewöhnlich keine wörtliche Übersetzung zu.
6 Schweigen bedeutet in den Pāli-Texten meist Zustimmung. Hier ist jedoch das Gegenteil der Fall.
7 Dies ist ein treffendes Beispiel für das in der Einleitung als für die Suttas typisch gekennzeichnete Stilmittel der Wiederholung.
8 Eine kurzgefaßte Darstellung der Lehren dieser Asketen-Philosophen findet sich bei W. Ruben: Geschichte der indischen Philosophie, Berlin 1954, S. 104–107.
9 Die Wiederholung will die Tiefe des Schweigens hervorheben.
10 Noch im heutigen Indien eine Geste der ehrerbietigen Begrüßung.
11 Die hier folgende Aufzählung von Berufen ist für die Kenntnis der altindischen Realien von großem Interesse. Allerdings ist die Bedeutung der einzelnen Termini nicht immer ganz sicher.
12 *muddika* ist jedenfalls von *muddā* „Siegel" abgeleitet, doch bleibt die genaue Tätigkeit unklar (evtl. auch „Anbringen von Merkzeichen"). Sie bezieht sich jedenfalls nicht, wie angenommen wurde, auf das Schreiben.
13 Diese Übersetzung von *pac* ist etwas frei, paßt aber gut in die Situation, indem Pūraṇa Kassapa gewiß sein durfte, dem Despoten damit etwas Angenehmes zu sagen.
14 Der Text hat beide Male *puñña,* aber der Kontext verlangt, in der Übersetzung den semantischen Unterschied herauszuarbeiten.
15 Diese Ansicht steht natürlich im schärfsten Gegensatz zur Lehre des Buddhismus, die jeder guten bzw. bösen Tat eine entsprechende Folgewirkung zuordnet.

16 Aus Gründen der Platzersparnis geben wir diese Ausführungen nicht noch einmal wieder. Sie entsprechen wörtlich der Rede in Abschnitt 16.
17 in die bestimmte nichtbuddhistische Lehrer die Menschheit einteilen.
18 *rajo dhātuyo* könnten auch „staubige Plätze" sein; in die von Gosāla gegebene Aufzählung paßt aber eher die auf die Philosophie bezogene Version.
19 Das hier stehende *paṭuvā,* das in verschiedenen Lesarten auftritt, bleibt unklar. Überhaupt ist die Passage korrupt überliefert.
20 Die Lehre des Makkhali Gosāla ist die des Fatalismus. Es bleibt aber zu beachten, daß unser Text keine Originalquelle ist, sondern alle diese hier vorgetragenen Lehren vom Standpunkt des Buddhismus wiedergibt. Entstellungen sind dabei nicht auszuschließen. Vgl. auch Jātaka 144.
21 Gemeint ist nicht die Nichtexistenz, sondern die Zwecklosigkeit des Almosengebens usw. Offenbar hatte unter den Gesprächspartnern des Ajātasattu Ajita Kesakambala die entschiedensten spontan-materialistischen Vorstellungen.
22 Die Lesarten dieser Stelle sind unsicher.
23 Ajita Kesakambala leugnet natürlich nicht die Existenz der materiellen Welt, sondern die eines Lebens nach dem Tode.
24 Gemeint ist die soeben geschilderte Auflösung des Körpers nach dem Tode.
25 Weiter wie in Abschnitt 16. Der Leser hat die Wiederholung als besonderes Stilmittel der Suttas hinreichend kennengelernt, so daß wir diese Passagen nicht mehr so minutiös wie bisher wiedergeben.
26 Das heißt, sie sind primäre Urstoffe.
27 Um Raum zu sparen, verweisen wir auf den analogen Text in Abschnitt 24.
28 Nigaṇṭha ist Beiname des Nātaputta (meist unter dem Epitheton Mahāvīra bekannt), des Stifters der Gemeinde der Jinas (= Jainas, d. h. Sieger). *nigaṇṭha* bedeutet jedoch auch „fessellos", und es ist sehr wahrscheinlich, daß der Jinismus auf den bereits vor ihm bestehenden Gruppen von Fessellosen fußte. „Fessellos" bedeutet hier nicht etwa „ungezügelt", sondern vielmehr „frei von den Fesseln der Sinnenwelt".
29 Dies steht hier als Beispiel für die im Jinismus im Unterschied zum Buddhismus für unbedingt notwendig erachteten asketischen Praktiken.
30 Fortsetzung wie in Abschnitt 24.
31 Diese Antwort hat Sañjaya Belaṭṭhiputta auf jede der vorhergehenden Fragen in der jeweils angepaßten Form gegeben. Wir können auf die ständige Wiederholung jedoch verzichten.

32 „vor“ ist hier nicht als höfliches Sicherheben vor dem Herrn, sondern zeitlich gemeint: Der Diener muß bereits arbeiten, wenn der Herr noch schläft.

33 Die für den Eintritt in das Leben eines buddhistischen Wandermönches üblicherweise gebrauchte Formel.

34 Die Pāli-Konstruktion dieses Satzes verrät die hohe Altertümlichkeit der Stelle.

35 Offenbar werden hier einige Berufe bzw. soziale Gruppen herausgegriffen, die nur so viel miteinander gemein haben, daß sie über dem vorher erwähnten Sklaven bzw. Diener stehen.

36 Gemeint ist „fleckenlos, glänzend, untadelig“.

37 Das heißt, er wacht über seine Sinne, damit sie keine weltlichen Begierden in ihm wecken.

38 In der Tat kontrastiert diese humanistische Morallehre auf das Schärfste etwa mit der finsteren, zynischen, ganz auf die Gedankenwelt eines menschenverachtenden Despoten zugeschnittenen Auffassung des Pakudha Kaccāyana (vgl. Abschnitt 26).

39 Dies ist zwar eine sehr freie Übersetzung von *gāma-dhamma*, doch würde bei einer wörtlichen Wiedergabe der durch den Kontext indizierte Sinn verlorengehen.

40 Diese und die folgenden Ausführungen sind von grundsätzlicher Bedeutung für unsere Kenntnis vom Leben eines buddhistischen Bettelmönches. Die strengen Bestimmungen des ursprünglichen Buddhismus sind freilich in späterer Zeit in zunehmendem Maße umgangen worden.

41 Ein Wandermönch sollte eben für keine weltlichen Zwecke mißbraucht werden. Später geschah dies doch, indem Mönche etwa als Spione tätig wurden. Natürlich betraf dies nicht nur Buddhisten.

42 Der Begriff *vetāla* ist nicht ganz sicher; andere deuten ihn als Bardengesang. Auch einige der übrigen Bezeichnungen von Spielen und Belustigungen sind mehrdeutig.

43 So die wörtliche Übersetzung. Gemeint ist entweder ordinäre Rede oder albernes Geplapper. Angeprangert wird in jedem Fall das Geschwätz über weltliche Dinge.

44 Es ist – modern gesprochen – ein Ministerpräsident gemeint.

45 Im Original steht stets der Singular.

46 Würde die Aufzählung nicht Gleichförmigkeit indizieren, könnte man auch mit „Straßen- und Brunnenklatsch“ übersetzen.

47 Also eine radikale Ablehnung der in brahmanischen Werken, wie dem Kauśikasūtra, dem Sāmavidhāna-Brāhmaṇa u. a., enthaltenen Zauberlehren.

48 Unter den damaligen Bedingungen des immer noch blühenden und hoch angesehenen Opferkultes war diese strikte Ablehnung des vedischen Rituals ein progressives und darüber hinaus sehr

mutiges Bekenntnis, mutig nicht deshalb, weil den Antiritualisten Verfolgung gedroht hätte, sondern weil sich Buddha damit gegen die herrschende öffentliche Meinung stellte. Daß er außerdem Zauberei und Opferkult in einem Atem nennt, zeugt von erstaunlich tiefer Einsicht in das Wesen des magischen Weltbildes.

49 Diese klare Absage an die Irrlehren der Astrologie zu einem historisch so frühen Zeitpunkt ist bisher nicht adäquat gewürdigt worden, wissenschaftsgeschichtlich aber außerordentlich bedeutsam.

50 Gemeint ist der vedische Gott Indra. Der Buddhismus verneinte zwar nicht die Existenz des brahmanischen Pantheons, bezeichnete die Götter aber als abhängig von Geburtenkreislauf und Tatenvergeltung und beraubte sie damit ihres kosmogonischen Primats.

51 Etwas frei übersetzt, doch vom Zusammenhang geboten.

52 Diese beiden Attribute stehen hier nicht zufällig nebeneinander: wird die Begierde nicht gestillt, entsteht Unmut.

53 Vgl. Abschnitt 64. Der Mönch ist bemüht, die Einflußnahme der Gier und Unmut auslösenden Außenwelt gewissermaßen abzuschirmen.

54 Die vier Schauungen *(jhāna)* sind Stufen der geistigen Entwicklung, Vervollkommnung und Reife auf dem Weg zur Erlösung, die im Buddhismus nicht das Werk eines höheren Wesens, sondern des einzelnen Menschen selbst ist.

55 Zur Gewinnung dieses Sinnes wurden Lesarten verwendet, die von dem hier nicht überzeugenden gedruckten Text abweichen: *na* steht für *ca*; *dhārāṃ* für *dhāraṃ*.

56 „Wachsamkeit" bedeutet hier wie anderwärts, daß der Mönch sich vor Gier, Unmut, Leidenschaft usw. weckenden Sinnesbeeinflussungen hütet.

57 „mit freudloser Glückseligkeit", dies ist nur scheinbar ein Widerspruch. Freude verhindert nach buddhistischer Auffassung als Sinnesaffekt letztlich die vollständige Erlösung. Sie wird daher auf der Stufe der dritten Schauung überwunden.

58 Im Text ist *mudubhūte* anstelle von *mūdūbhūte* zu lesen.

59 Eine außerordentlich wichtige Stelle, die bisher sehr zu Unrecht ungenügend oder gar nicht beachtet wurde. Sie löst die Grundfrage der Philosophie, nämlich die nach dem Verhältnis des Denkens zum Sein, klar nach den Prinzipien des Materialismus. Nicht Religion, sondern Philosophie ist also Grundlage und Gegenstand dieser Textstelle.

60 Diese, dem Buddhismus im Grunde nicht zugehörigen magischen Vorstellungen sind aus den in Indien verbreiteten Yoga-Praktiken hervorgegangen. Solche waren sehr wahrscheinlich schon

der Induskultur – mindestens fünfzehn Jahrhunderte vor Buddha! – zu eigen, treten dann wieder in der Ṛksaṁhitā X,136,4 in Erscheinung, haben aber auch in nachbuddhistischer Zeit, teilweise bis in die Gegenwart hinein, eine große Rolle gespielt.

61 Hier kommt die Lehre des Buddhismus vom Geburtenkreislauf (Saṁsāra) zum Ausdruck (vgl. Einführung, S. 21).

62 Aus Gründen der Genauigkeit mußte *āsava* etwas umständlich übersetzt werden, doch haben wir dafür kein treffendes Äquivalent; die Wiedergabe mit „Wahn" ist gar zu pauschal, da es sich um Einflüsse verschiedener Art handelt.

63 Auf dieser Erkenntnisstufe gibt es also keine Wiedergeburt mehr; der Betreffende ist dem Geburtenkreislauf entronnen; d. h., er ist ein Heiliger (Arhat) geworden, der unmittelbar das Nirvāṇa verwirklicht.

64 Diese Worte sind nicht zufällig gewählt, sondern bilden die konventionelle Formel des Bekenntnisses zum Buddhismus.

65 Das dürfte historisch sein: Nach mehreren indischen Traditionslinien hatte Ajātasattu durch die Ermordung seines Vaters Bimbisāra die Herrschaft über Magadha erlangt.

66 Gemeint ist: Ajātasattu ist jetzt von seiner früheren Missetat selbst erschüttert.

67 Die Manuskripte differieren an dieser Stelle beträchtlich. An sich dürfte man erwarten, daß Vāseṭṭha die vier vedischen Hauptpriester nennt: den Rezitator oder Liturgen (Hotṛ), den Gesangspriester (Udgātṛ), den eigentlichen Opferer (Adhvaryu) und den die Opferhandlung überwachenden Priester (Brahman).

68 Es handelt sich um die vedischen „Seher" (Sanskrit: Ṛṣi). Buddha vertritt hier, wie so oft, gegenüber dem Brahmanismus einen realistischen Standpunkt, indem er die Ṛṣis, die nach brahmanischer Ansicht die vedischen Hymnen und Sprüche „erschaut" haben sollen, schlicht als deren Verfasser bezeichnet.

69 Hier wie auch an anderen Stellen erklärt Buddha das Opferpriesterwesen für ein Verfallsstadium des echten, ursprünglichen Brahmanismus.

70 „Besitz", also Beschränktheit durch Haus und Hof, ist hier negativ im Sinne einer weltlichen Trivialität gemeint.

71 Diese und die folgenden Antworten Vāseṭṭhas, der selbst ein Brahmane ist, sind allerdings viel zu stereotyp, um überzeugen zu können.

72 Eine solche Tat wird also nicht zu entsprechenden Folgen im Wege künftiger Wiedergeburt führen, sondern dies von Liebe erfüllte Kamma ist frei von Aktivität und also auch von Konsequenzen.

73 Diese hier skizzierten Atemübungen stellen das Fundament aller indischen Yogapraktiken (und um eine solche handelt es sich hier) dar.
74 Gemeint sind nicht etwa die beiden Augen, sondern Gesichtssinn und optisches Sinnesobjekt. Auch das Folgende ist dem analog aufzufassen.
75 Die folgenden Ausführungen über die vier edlen oder heiligen Wahrheiten stellen den Höhepunkt dieser Lehrrede und gleichzeitig das Kernstück des Buddhismus dar.
76 Vgl. oben Abschnitt 14.
77 „Durst" *(taṇhā)* hat die Bedeutungen „Begierde, Streben, Trieb" und ist eine der wichtigsten Kategorien der buddhistischen Lehre.
78 Diese drei Begriffe treffen den Sinn besser als die wörtliche Übersetzung, die „Liebesdurst, Seiensdurst, Wohlstandsdurst" lauten müßte. Was den letztgenannten Begriff anlangt, so bedeutet *vibhava* hier „Reichtum, Wohlstand", keineswegs aber „Vergehen, Vernichtung", wie es in anderen Texten vorkommt.
79 Diese letzten beiden Kategorien sind kein Widerspruch, sondern ergänzen einander. Die Wachheit *(sati)*, mit der der Mönch etwa aufkommende Begierden kontrolliert, ist die Voraussetzung für die wunsch- und leidenschaftslose Versenkung.
80 Die Mönche wollen damit nicht etwa zu Buddha in Opposition treten; sie wollen nur zum Ausdruck bringen, daß sie nicht gewillt sind, sich durch Ariṭṭha vom rechten Weg abbringen zu lassen.
81 Die im Text hier eingeschobene Klassifizierung der Lehre ist eine Zutat von späterer Hand und blieb daher in der Übersetzung unberücksichtigt.
82 Ein ans Ufer des Nirvāṇa Gelangter bedarf des Floßes, das hier die Lehre symbolisiert, nicht mehr.
83 Gemeint ist: Selbst gute Taten lassen den Urheber im Geburtenkreislauf verharren und somit nicht zur endgültigen Erlösung gelangen.
84 Die fünf Fesseln sind hier: der Glaube an die Existenz einer ewigen Seele (den der Buddhismus ganz entschieden verwirft), Zweifelsucht, bloßer ritueller Werkdienst, Sinnlichkeit, Bosheit.
85 Akka: der Baum Calotropis gigantea.
86 Gemeint sind die drei oberen sozialen Gruppen: Priester, Krieger und die arischen Bauern, Handwerker, Kaufleute.
87 Sicher unabsichtlich gibt der Text hier ein besonders realistisches und daher wahrheitsgetreues Bild. Wer hätte nicht schon einmal ein verwöhntes Kind gesehen, das sich protestierend auf den Boden wirft, wenn es das Gewünschte einmal nicht erhält? Eines der Quellenmanuskripte fügt übrigens hinzu, daß Raṭṭhapāla sieben Mahlzeiten ausließ, also in den Hungerstreik trat.

88 Das ist um der in der Wiederholung liegenden Einprägsamkeit willen so formuliert worden; gemeint ist aber etwas anderes: nämlich daß Raṭṭhapāla vom Mönchsleben enttäuscht werden könnte und ins weltliche Leben zurückkehren wollte.

89 Dieser Vergleich veranschaulicht recht deutlich das etwas kühle Verhältnis, das der ältere Buddhismus zu den Menschen hatte. Raṭṭhapāla gibt seinem Vater zu verstehen, daß er dessen Essen mit einer Gazellenschlinge vergleicht, in der er sich aber nicht fangen lassen werde.

90 Gemeint ist das Wehklagen bei einem Todesfall.

91 Gemeint ist die Einwirkung der Sinnesobjekte auf die Sinnesorgane.

92 Die Lesart *avyositattā* ist zu bevorzugen.

93 Wörtlich: „Herkommen mögen die Guten"; doch die grammatisch getreue Wiedergabe würde das Folgende gar zu kompliziert gestalten.

94 Eine gewisse Schablonenhaftigkeit des Textes ist hier unverkennbar. Assalāyana brauchte keineswegs so beschämt und niedergeschlagen zu sein, hatte er doch den Disput mit Buddha nicht aus eigenem Antrieb, sondern gegen seine Überzeugung auf Drängen anderer Brahmanen begonnen.

95 Ihre Namen werden im Tevijja-Sutta (Dīghanikāya Nr. 13) wiederholt genannt.

96 Daß es für die Empfängnis günstige und weniger günstige Tage gibt, lehrt also nicht erst die bekannte Regel von Knaus-Ogino; wie man sieht, hatten hier die alten Inder schon vor 2500 Jahren ihre Erfahrungen.

97 Gemeint sind die heterodoxen, antibrahmanischen Asketen und Mönche (vgl. Einleitung, S. 18).

98 Im Pāli-Original ist die Konstruktion passivisch.

99 Übersetzung der Stichwörter und Kennzeichnung der Lücken folgen genau der Textausgabe.

100 Der kranke Mönch beabsichtigt, sich das Leben zu nehmen.

101 Dies ist eine Abkürzungsformel für die schon im Majjhimanikāya Nr. 135 (s. o.) gegebene Einleitung. Der von Anāthapiṇḍika gestiftete Hain war oft Schauplatz der Lehrreden des Buddha.

102 Nämlich der Kontakt der Sinnesorgane mit den Objekten der Außenwelt.

103 Also Gier, Verlangen nach Dasein, Liebe, Reichtum usw.

104 Sinnlichkeit, Form und Nichtform gelten als jeweils höhere Stufen der Existenz. Die meisten Wesen verharren im Bereich der sinnlichen Begierde.

105 Dies ist eine deutliche Spitze gegen das vedisch-brahmanische Opferritual, von dem sich Buddha mehrfach nachdrücklich distanziert hat.

106 Die vier großen Elemente sind Erde, Wasser, Feuer und Luft. Übrigens entspricht diese Kategorie Vorstellungen aus der Sāṁkhya-Philosophie.

107 Buddha hatte vor seiner Erleuchtung selbst harte Kasteiung geübt, doch ohne damit seiner geistigen Vervollkommnung zu dienen. Daher verwarf er nun übermäßige Askese, so daß sich seine ersten fünf Anhänger wieder von ihm wandten. Ihnen muß er somit jetzt die Wertlosigkeit solcher Askese erläutern.

108 Vgl. oben, Dīghanikāya 22,14.

109 Gemeint sind die Himmelsrichtungen.

110 Es folgt die wörtliche Wiederholung der in Abschnitt 16 enthaltenen Worte durch weitere Götterscharen.

111 *nāma* bedeutet in der buddhistischen Terminologie die Gesamtheit von Empfindung, Wahrnehmung, Vorstellung und Bewußtsein.

112 Nämlich Lust, Schmerz, Indifferenz.

113 Nämlich die in Anm. 111 aufgezählten Kategorien unter Hinzufügung von *rūpa*, der Körperlichkeit.

114 Nämlich Sehen, Hören, Riechen, Schmecken, Fühlen, Denken.

115 Nämlich Wachsamkeit, Erforschung der Lehre, Energie, Begeisterung, Ruhe, Versenkung, Gleichmut.

116 Vgl. Saṁyutta-Nikāya 56,11,4.

117 Eine geistesgeschichtlich unbedeutende Klassifikation aus dem Dīghanikāya Nr. 33.

118 Wer zehn bestimmte Eigenschaften bzw. Errungenschaften aufweist, wird ein Heiliger (Arhat) und damit des Nirvāṇa teilhaftig.

119 Von hier bis zum Schluß des Sutta hat Buddha das Wort.

120 Es muß nochmals betont werden, daß Wachsamkeit im buddhistischen Sinn die aufmerksame Selbstkontrolle ist, die das Aufsteigen weltlicher Begierden verhüten soll.

121 Damit ist gemeint, daß sie als Menschen wiedergeboren werden.

122 Das ist also der Pāli-Vorläufer unseres Sprichwortes: „Was du nicht willst, das man dir tut, das füg auch keinem andern zu!"

123 Wieder die altbuddhistische Version eines unserer Sprichwörter, nämlich: „Wie man in den Wald hineinruft, so wird es herausschallen!"

124 Als Tempus verwendet das Original hier und im Folgenden das Präsens.

125 Wörtlich: „Er hauchte den Aushauch aus!"

126 Etwas frei übersetzt. Buddha spricht hier von solchen Taten, die zu einer günstigen Wiedergeburt, doch nicht zur Erlösung von den Wiedergeburten überhaupt führen.

127 Gemeint ist die Liebe im Sinne von Nächstenliebe, frei also von jedem erotischen Moment.

128 Nach buddhistischer Auffassung ist dies der Lohn für ein anständiges, „bürgerliches“ Leben, keineswegs aber das höchste Ziel. Dieses besteht in der Befreiung von jeglicher, auch himmlischer, Wiedergeburt, doch kann der endgültige Erlösungsweg nur von einem Bettelmönch angebahnt bzw. vollendet werden.

129 Im übertragenen Sinne; gemeint sind also die Erwachten, Erleuchteten, d. h. die Buddhas.

130 Das im folgenden von Buddha entworfene Bild aus „guter, alter Zeit“ war ein streckenweise idealisiertes, denn schon in der ältesten Zeit, der des Ṛgveda, wünschten sich die Hymnendichter (Ṛṣi) reichen Lohn. Buddha hält seinen Landsleuten eben einen Tugendspiegel vor, um die Dekadenz der Brahmanen in Vers 18ff. um so schärfer herausarbeiten zu können.

131 Diese (richtige) Feststellung besagt, daß Brahmanen nicht zum Tode verurteilt werden durften.

132 Ob es im alten Indien wirkliche Menschenopfer gegeben hat, ist eine vieldiskutierte, zumeist aber negativ beantwortete Frage.

133 Die Angehörigen des vierten Standes waren die Sudda (Sanskrit: Śūdra), die helotisierten, entrechteten Nachkommen der vorarischen Einwohner. Den dritten Stand bildeten die Vessa (Sanskrit: Vaiśya), d. h. die arischen Bauern, Handwerker und Kaufleute.

134 „Der Sehende“ oder wörtlich „der mit Augen Versehene“ ist Buddha, von dem auch die Zitate entlehnt sind.

135 Ein Zeichen der Bescheidenheit.

136 Freie Übersetzung einer Allegorie.

137 Bei diesem Wort differieren die Lesarten der Handschriften erheblich. Die Variante *bhañjāmi*, die hier gewählt wurde, paßt am besten in den Zusammenhang.

138 Jetzt nimmt Māra wieder das Wort.

139 Gemeint ist: Wer ist einer solchen Spende würdig?

140 Um der beliebten Wiederholung willen riskiert der Fragende, den Satz aus der Konstruktion fallenzulassen.

141 Dies bedeutet, daß die Betreffenden keinen Gott oder Priester benötigen, sondern die Kraft zu ihrer Erlösung in sich selbst finden.

142 Dieser Gedanke ist sowohl dem Brahmanismus als auch dem Buddhismus zu eigen: Wer einem Priester Opferlohn oder einem Bettelmönch Gaben spendet, dient damit der eigenen Wohlfahrt.

143 Dieser Vers ist eine Frage des Weisen Nārada; in den beiden folgenden Versen antwortet das Gespenst.

144 Nämlich in der früheren Existenz.

145 Die Jātakas zitieren gewöhnlich zu Beginn den Anfang der von Buddha am Schluß gesprochenen Verse.

146 Die Persönlichkeitsarten werden behandelt: Puggalapaññatti IV,8; vgl. S. 363.

147 Das Pāli-Wort Thera (Sanskrit: sthavira) bedeutet „der Alte“ im Sinne von „Presbyter“, womit also nicht in jedem Falle hohes Lebensalter, sondern moralische Würde hervorgehoben werden soll.

148 Wörtlich: Wegerich, Wegmann.

149 „Der Mönchsälteste ... hinaus“: Vergänglich sind Haupthaar, Körperhaare, Nägel, Zähne und Haut. Er führte ihn hinaus, d. h., er nahm ihn in den Novizenstand auf.

150 Zwar spricht der Großvater zu seinem Enkel, doch ist dieser Enkel als Mönch auch von ersterem durch eine entsprechende Anrede zu ehren.

151 Diese zehn Tugenden *(sīla)* bestehen in der Vermeidung von Töten, Stehlen, Unkeuschheit, Lügen, Verleumdung, Grobheit, Geschwätz, Neid, Bosheit, Irrlehre. Mitunter sind die Gebote etwas abweichend und betreffen etwa auch das Vermeiden berauschender Getränke, weicher Lagerstatt und so weiter.

152 Diese Verse sind durch eine Begriffsverschränkung zu verdeutlichen: Auch in der Sāṁkhya-Philosophie bedeutet *rajas* sowohl Leidenschaft als auch Staub bzw. Unreinheit.

153 Die drei „Körbe“ *(piṭaka)* sind die Hauptteile des buddhistischen Pāli-Kanons: der „Korb der Lehrreden“ (Suttapiṭaka), der „Korb der Zucht“ (Vinayapiṭaka) und der „Korb der Scholastik“ (Abhidhammapiṭaka). Vgl. den Abschnitt über die Geschichte der buddhistischen Literatur in der Einleitung, S. 44ff.

154 Dies ist eine Anspielung auf die gelbrote Ordenskleidung der Mönche.

155 Singular und Kontext lassen vermuten, daß es sich dabei um ein städtisches Handelsmonopol gehandelt hat.

156 Titel der Einleitung zu der Jātaka-Sammlung.

157 Darunter sind (hilfreiche) Freundlichkeit, Mitleid, Güte und Gleichmut zu verstehen.

158 Buddha fühlt sehr schnell, warum sein Mönch unzufrieden ist – „Cherchez la femme!“ galt eben auch schon im alten Indien!

159 Eine für die Sittengeschichte interessante Stelle, denn sie kennzeichnet den sexuell ohnehin eigenartigen Hofpriester deutlich als Masochisten.

160 Gemeint ist eine Art Gottesurteil oder Ordal.

161 Im Text steht *ayuttaṁ*, also ein Adjektiv, das etwa „ungeeignet, unpassend“ bedeutet. Doch verlangt der Kontext hier, wie so oft, eine etwas freie Übersetzung.

162 Gemeint ist: der übrig Gebliebene, nämlich der Prinz.

163 Diese sind Nahrung, Kleidung, Lagerstatt und im Krankheitsfall Arznei.
164 So ist die wörtliche Übersetzung; gemeint ist: die Rettung aus dem flutenden Wasser.
165 Die drei Juwelen sind der Buddha, die Lehre und die Mönchsgemeinde. Es handelte sich also um einen den Buddhisten unfreundlich gegenüberstehenden Brahmanen, der an die alten vedischen Omina glaubte, wie sie im Aitareya-Āraṇyaka, besonders aber im Adbhuta- und Sāmavidhāna-Brāhmaṇa niedergelegt sind.
166 Solche Mirakel deuten gewöhnlich auf eine relativ späte Zeitstellung des betreffenden Textes.
167 Das klingt herablassend, und so meint es der standesstolze Brahmane auch.
168 Das ist Jātaka Nr. 477, vgl. S. 293.
169 Vgl. Anm. 157.
170 Diese Sekte war von Makkhali Gosāla begründet worden; seine Lehre ist uns bereits im Dīghanikāya Nr. 2 begegnet; vgl. Anm. 20.
171 Natürlich nicht, um einen Waldbrand zu verursachen, sondern um in der Einsamkeit ein Feueropfer zu veranstalten. Nebenbei bemerkt, waren Waldbrände in der alten Zeit, von der hier die Rede ist, gewöhnlich keine Katastrophe, sondern als Hauptmethode der Rodung weit verbreitet.
172 Die Göttertochter sucht sich sozusagen aus allem das Beste heraus: Auf Erlösung soll nicht verzichtet werden, aber die Voraussetzungen dazu müssen nicht schon in der Jugend geschaffen werden, die besser dem Liebesgenuß vorbehalten bleiben sollte.
173 Der Bodhisatta greift absichtlich die Worte der Göttertochter auf und interpretiert sie in seinem Sinn: Die Zeit zu versäumen, ist gewiß eine Gefahr, aber nicht in bezug auf die Sinnesbefriedigung, als vielmehr auf die Erlösung von Leid und Wiedergeburt.
174 Vgl. Anm. 125.
175 Dies ist doch ein gar zu starker Ausdruck. Buddhas Vater war ein Stammesfürst in einer gentilizischen Gesellschaft. Zum Großkönigtum gehörte aber u. a. der vollzogene Übergang vom Stammes- zum Territorialprinzip.
176 Die beiden Pāli-Wörter *hirañña* und *suvaṇṇa* sind Synonyma und bedeuten „Gold". Um sie in der Übersetzung zu unterscheiden, wurde für *suvaṇṇa* die ursprüngliche Bedeutung „schönfarbig" eingesetzt.
177 Viele Pāli-Wendungen sind mehrdeutig. So kann *vattasampanna* auch „die religiösen Gebote beobachtend" bedeuten.

178 Damit ist nicht etwa der extreme Süden Indiens gemeint, sondern einer der nördlichen Ausläufer des Dekhan-Plateaus südlich des Ganges.

179 Eindrucksvoll gemahnt diese Stelle an Albert Schweitzers Grundkonzeption von der Ehrfurcht vor dem Leben.

180 Es muß betont werden, daß diese Strophe keineswegs ein buddhistisches Ideal verkündet. Die Himmel, also die Brahma-Welten, tun sich dem nach „landläufigen" Begriffen Frommen auf; für den echten Buddhisten, dem übrigens Kränze, Salben usw. erst recht nichts gelten, ist auch der Brahma-Himmel nur eine Stätte der Existenz und Wiedergeburt, an deren Stelle es die vollkommene Befreiung vom Leiden, also vom Sein, die Erringung des Nirvāṇa, zu setzen gilt. Die nächste Strophe führt denn auch als Höhepunkt auf die buddhistische Lehre. Dennoch trägt das Jātaka unverkennbar Züge einer relativ späten Entstehung.

181 Die Übersetzung „glücklich für die Sinne" ist – für den Gesamtzusammenhang glücklicherweise bedeutungslos – durchaus nicht sicher, da das betreffende Pāli-Wort offenbar verderbt und in mehreren Lesarten überliefert ist.

182 Dies basiert nicht auf einer inhaltlichen, sondern auf einer metrisch-strophischen Berechnung.

183 Vgl. hierzu die Vorgeschichte zu Jātaka Nr. 106, dem Udañcani-Jātaka, vgl. S. 267.

184 Damit ist die eben erwähnte Mutter der sechzehnjährigen Schönen gemeint. Die Bezeichnung ist vermutlich eine Ironie.

185 „Land" steht hier als Gegensatz zu „Wald"; gemeint ist also das Leben in der Gesellschaft anstelle des weltflüchtigen Asketentums.

186 Der altindische Vorläufer des Sprichwortes „Gehe nicht zu deinem Fürst, wenn du nicht gerufen wirst!".

187 Rinderbesitz war im damaligen Indien ein Ausdruck wirtschaftlicher Macht und ein Ziel weltlich orientierten Strebens.

188 So die wörtliche Übersetzung. *sippa* ist im übrigen nicht eine bestimmte Kunst, sondern allgemein eine künstlerische oder wissenschaftliche Qualifikation. Man kann also auch sagen, daß der Sivi-Prinz und Ahipāraka ein Studium absolvierten.

189 Mehrere Geschichten sind hier in eine einzige verwoben worden, wie es auch in der nichtbuddhistischen Fabel- und Märchenliteratur des alten Indien häufig der Fall ist. Das Folgende ist praktisch eine weitere Geschichte aus der Vergangenheit und gleichzeitig eine etwas derbe Illustration der Lehre von der Tatenvergeltung.

190 Hier endet die eingeschobene Geschichte aus der Vergangenheit.

191 Fest zum Ende der Regenzeit im Oktober/November.

192 Oder auch: „Ich werde es beachten!"; wörtlich: „Ich werde es wissen."

193 Ummadantī heißt „die Berauschende" und verdient nach den voraufgegangenen Beschreibungen diesen Namen sehr wohl.

194 Die Lesart ist nicht ganz sicher.

195 Die Lesart *me* ist gegenüber *no* zu bevorzugen.

196 Das ist freilich ein Widerspruch zu der eben gegebenen Bestätigung, daß sogar die Dämonen von der Verliebtheit des Königs wüßten.

197 Hier tritt die buddhistische Grundtendenz dieses Jātaka klar zutage, nämlich der absolute Altruismus, in dem sich König und Feldherr gegenseitig zu überbieten bemühen.

198 Oder: Erfülle deinen Wunsch! Es läuft natürlich auf das gleiche hinaus.

199 Gemeint ist jemand, der fremdes Leid oder Glück wie eigenes empfindet.

200 Gemeint sind einerseits die Pflanzen, andererseits die Tiere und Menschen.

201 Das sind Epitheta, die im alten Indien sehr häufig den Königen zuerkannt wurden.

202 Das eigentliche Diskussionsthema der beiden wird jetzt zugunsten moralisch-didaktischer Einschübe zurückgestellt.

203 Erst mit dieser Zeile kommt der König auf den Ausgangspunkt des Gespräches zurück. Ahipāraka aber greift die von Sivi dargelegte Morallehre auf und führt sie im folgenden weiter aus.

204 Uposatha; vgl. dazu das in der Einleitung (S. 38) über die Ordenszucht Bemerkte.

205 Pātimokkha (Pāṭimokkha); vgl. dazu das in der Einleitung (S. 38) über die Ordenszucht Bemerkte.

206 Im Pāli-Text steht das Futurum.

207 Man hat bei der Deutung dieser Stelle auch an „Dirne" statt an „Tier" gedacht, indem man den Geschlechtsverkehr mit einer Prostituierten als tierisch bezeichnet. Doch ist das ganz unwahrscheinlich. Woher sollte ein Bettelmönch die Mittel gehabt haben, um eine Dirne zu bezahlen? Da lag es für ihn näher, die nun einmal vorhandene und auch durch Meditation nicht immer zu beseitigende Libido auf dem Wege der Sodomie zu befriedigen.

208 Gemeint ist die Überredung zum Selbstmord.

209 Dieser Satz ist kein Meisterstück der Logik: Natürlich kann die Pollution nicht absichtlich sein.

210 Wörtlich geht es im Pāli-Text nach dem Ergreifen der Hand wiederum um ein Ergreifen des Haares. Hier, wie an manchen anderen Stellen, mußte etwas freier übersetzt werden, weil die wörtliche Wiedergabe nicht nur monoton wäre, sondern auch falsche Assoziationen erwecken könnte.

211 Man rechnet zwölfmal die Breite eines Fingers auf eine Spanne. Ohne vollkommen genaue Angaben machen zu können, darf man doch sagen, daß die Abmessungen der Hütte äußerst niedrig gehalten werden sollten.

212 Oder auch: Entsprechend der Länge von Buddhas Fußabdruck.

213 Also eines der soeben abgehandelten vier *pārājika dhammā.*

214 Gemeint ist das Pātimokkha. Dieser Abschnitt bezieht sich auf Mönche, die, modern gesprochen, keine Kritik vertragen können.

215 So schnell wurde also dem reuigen Sünder nicht wieder Vertrauen geschenkt. Die nachdrückliche Forderung, daß die rehabilitierende Mönchsgemeinde mindestens zwanzig Mann stark sein müsse, zeigt deutlich das Streben nach Aufrechterhaltung einer gewissen Kontrolle.

216 Gemeint ist jemand, der noch nicht die eigentliche Ordensweihe als Mönch erhalten hat.

217 Diese Vorschrift geht auf zwei Verbote zurück, nämlich der akkerbaulichen Tätigkeit und der Schädigung von Lebewesen, die durch Graben natürlich leicht eintreten kann. – Man möchte kaum glauben, wie modern manche dieser Regeln anmuten. Wird man nicht sogleich daran erinnert, wie verärgert man war, als man einmal die Balkon- oder Gartenmöbel versehentlich hat im Regen stehenlassen?

218 Wenn ein Mönch also nicht aus Rücksichtslosigkeit, sondern etwa aus Erschöpfung oder Krankheit durch das Aufschlagen seines Lagers einen anderen Mönch inkommodiert, so bleibt er bußfrei.

219 Wörtlich: Wenn er sich mit Gewalt hinsetzt oder hinlegt.

220 Diese Vorschrift richtet sich gegen eine allzu üppige Ausstattung einer Mönchsunterkunft. Im übrigen ist die Übersetzung dieses in verschiedener Hinsicht unklaren Abschnittes nur eine versuchsweise.

221 Die Mönche hatten bei der Annahme von Einladungen deren Reihenfolge zu beachten. Das hier gegebene Verbot bedeutet, daß die Mönche nicht etwa bestimmte Laienanhänger bevorzugen sollten. Allerdings werden sogleich auch die Ausnahmen zu dieser Regel aufgeführt.

222 Ganz ohne materielle Grundlage kam eben auch der Orden nicht aus: Ein Laienanhänger, der neben der Speisung der Mönche ihnen auch Gewänder darreichte, war bei der Annahme von Einladungen gegenüber einem solchen, bei dem es nur zu essen gab, zu bevorzugen.

223 Hier wie im folgenden sollen diese beiden Begriffe die härtere bzw. weichere Nahrung beinhalten.

224 Nach der Mittagszeit durften die Mönche nicht mehr essen. Die Almosengänge erfolgten morgens und vormittags.

225 Jeder soll für sich allein sitzen und – ein ziemlicher Widersinn – sich mit sich selbst unterhalten.

226 Das heißt, wenn er seinen Gefährten aus selbstsüchtigen Motiven loswerden will.

227 Es sind dies Nahrung, Kleidung, Lagerstatt und (wenn erforderlich) Medizin.

228 Es ist wohl *bhiṁsāpeyya* statt *hiṁsāpeyya* zu lesen.

229 Diese, die einzelnen Varianten eines Vergehens behandelnde juristische Diktion findet in den Strafgesetzbüchern unserer Zeit ein getreues Abbild!

230 Vgl. die Vorschrift Nr. 27.

231 Es ist *antarāyāyāti* anstelle von *antarāyārāti* zu lesen.

232 Es ist *hi* anstelle von *ni* zu lesen.

233 Der sich also noch keiner Sühne unterzogen hat.

234 Damit findet die überrachend harte Beurteilung der nach unseren Begriffen harmlosen Unwissenheit ihre Erklärung. Ähnlich wie in Abschnitt 72 ist das Pātimokkha natürlich bestrebt, seine eigene Autorität hervorzuheben.

235 Wenn dagegen eine berechtigte Ermahnung des anderen Mönches vonnöten ist, die diesem sehr wohl Gewissensbisse und Unsicherheit bringen kann, liegt natürlich kein Vergehen vor.

236 Sofern man das unverständliche *anīhataratanake* durch *aniggataratanake* ersetzen darf. Doch auch dann bleiben aufgrund von Überlieferungsschwierigkeiten Zweifel an der richtigen Deutung dieser Regel.

237 Damit könnte ein Halbedelstein gemeint sein.

238 Nämlich von der Mittagszeit bis zum Sonnenaufgang des folgenden Tages. Die Nachmittage und Abende gehörten nicht der Nahrungsbeschaffung, sondern dienten der Meditation, Gesprächen über die Lehre sowie Ordensangelegenheiten.

239 Vgl. Anm. 212.

240 Diese Vorschrift ist unklar. Wahrscheinlich bedeutet das Wort Sugata des Textes wirklich Buddha. Doch findet der Gedanke, der Buddha habe ein Ordensgewand von besonderem Zuschnitt getragen, in den Texten des Pāli-Kanons keine Stütze und entbehrt auch der inneren Wahrscheinlichkeit.

241 Der Begriff ist hier mythologisch zu verstehen: Gemeint sind die Hüter der vier Haupthimmelsrichtungen.

242 Der Ausdruck *onītapattapāṇi* ist mehrdeutig. Er kann auch heißen „Schale und Hände gewaschen habend". Klar ist jedoch, daß er stets die Beendigung einer Mahlzeit indiziert.

243 Nämlich Buddha und Dhamma (Lehre). Die dritte Säule des Buddhismus, die Ordensgemeinde (Saṁgha), existierte ja damals noch nicht.

244 Buddha steht hier an einem entscheidenden Wendepunkt, und hier liegt auch der Unterschied zwischen einem Paccekabuddha und einem Tathāgata. Ersterer läßt es sich daran genügen, die Erlösung an sich allein zu verwirklichen. Letzterer dagegen läßt sich auch von Māra nicht davon abhalten, die Mühe der Ordensstiftung und des Ausbreitens der Lehre auf sich zu nehmen.

245 Wörtlich: Sie werden der Lehre Versteher sein. Die wörtliche Übersetzung aus der Pāli-Syntax ist eben nicht immer möglich.

246 Das ist natürlich bildlich zu verstehen.

247 Einen ähnlichen Vergleich sahen wir bereits S. 83 im Dīghanikāya 2,80.

248 Das ist hier als Neutrum aufzufassen.

249 Diese Übersetzung der Wendung *pamuñcantu saddhaṁ* ist nicht sicher. Vielleicht sollte es heißen: „Mögen sie dem (alten) Glauben abschwören!"

250 Dieser banale Ausdruck ist kein lapsus linguae, sondern wird durch das Textwort *lomahaṁso* „Gänsehaar" geradezu gefordert.

251 Vgl. Anm. 242.

252 Der Verkauf des Gartens an Anāthapiṇḍika wird also als rechtskräftig anerkannt.

253 Wörtlich: An einem bestimmten Baumfuß.

254 Damit ist hier kein Digambara-Jaina, sondern ein Ājīvika (s. d.) gemeint. Diese Sekte wurde bereits oben im Sāmaññaphala-Sutta 19—21 vorgestellt.

255 Man braucht nicht daran zu zweifeln, daß diese Motivation der Feststellung des Kanons tatsächlich zugrunde gelegen hat.

256 Zu diesem Begriff vgl. das Stichwort „Thera" im Glossar! Hier ist Mahākassapa selbst gemeint.

257 „Vorschlag" ist an sich eine etwas zu schwache Wiedergabe von *ñatti.* Ein treffendes Äquivalent wäre „Beschlußvorlage" oder „Entschließungsentwurf", doch wollten wir die einheitliche Stilistik des Textes nicht durch Modernismen beeinträchtigen.

258 *sannipatitvā* könnte sich auch auf die Restaurierung der unklaren oder verlorenen Textstellen beziehen.

259 *pārājika;* vgl. den betreffenden Abschnitt aus dem Pātimokkha!

260 Entsprechend der Aufzählung der im Buddhismus als Hauptsünden geltenden Vergehen kann nur die Tötung von Menschen gemeint sein.

261 *ubhatovinaye.* Es handelt sich um die Verhaltensvorschriften für Mönche und Nonnen.

262 Brahmajāla-Sutta. Diese Lehrrede bildet das erste Stück des Dīghanikāya.

263 Sofern man das *rājagārake* des Textes in *rājāgārake* verbessert.

264 Sāmaññaphala-Sutta. Es ist das zweite Lehrgespräch im Dīghanikāya; s. S. 57 ff.

265 Es folgen also immer strenger werdende Ansichten aufeinander.

266 Gemeint ist Māra, der dem Teufel entsprechende Versucher, der bereits im Suttanipāta III,2 eine Rolle gespielt hat. Nach der Überlieferung hätte es nur einer Bitte des Ānanda bedurft, um den Buddha zu einer Verlängerung seines Erdendaseins zu veranlassen.

267 Das heißt, sie hatten zehn Fragen des Mönchslebens zur Diskussion gestellt. Um welche Fragen es sich handelte, wird im Abschnitt 8 erörtert werden.

268 Damit ist wegen des zeitlichen Abstandes natürlich nicht mehr Buddha selbst gemeint.

269 Von den Pācittiyā Dhammā wird hier Nr. 38 herangezogen.

270 Von den Pācittiyā Dhammā wird hier Nr. 37 herangezogen.

271 Von den Pācittiyā Dhammā wird hier Nr. 35 herangezogen.

272 Den Branntweingenuß zu erlauben, wagten die Vertreter dieser laxeren Auffassung doch nicht, aber als Abstinenzler wollten sie auch nicht leben; so verfielen sie auf diesen ziemlich sophistischen Kompromißvorschlag.

273 Von den Pācittiyā Dhammā wird hier Nr. 51 herangezogen.

274 Damit ist kein Stuhl oder Sessel, sondern vielmehr eine Matte, ein Teppich oder dgl. gemeint.

275 Es wird offenbar auf Nr. 89 der Pācittiyā Dhammā angespielt, wenn auch der Zusammenhang nicht ganz deutlich wird.

276 Mit dieser Anrede wendet sich Sabbakāmī direkt an Revata.

277 Diese Fesseln sind: der Glaube an eine individuelle Seele und deren Fortbestehen, der Skeptizismus und das Festhalten an bloßem rituellem Werkdienst.

278 Der Sinn dieses Satzes liegt darin, daß ein vollkommen Erwachter ohne Lehrer und ohne Anregung von außen aus sich selbst heraus die Wahrheit erkennt.

279 Die Abschnitte I,28 und 29 konfrontieren die beiden bedeutsamen Begriffe Sammāsambuddha und Paccekasambuddha (vgl. Anm. 244). Zu einem letzteren wollte Māra den Buddha machen: Dieser sollte sich mit dem Auffinden der Wahrheit begnügen, ohne sie als Lehre für die Welt zu verbreiten.

280 Vgl. Anm. 277.

281 Die im Pāli so schöne und logische Derivationsreihe *saṭham — saṭhatā — sāṭheyyam* läßt sich im Deutschen nicht adäquat wiedergeben.

282 Gemeint ist ein Ehebrecher.

283 Die alte, ursprüngliche Lehre der Theravādins polemisiert hier gegen eine sektarische Auffassung, wonach ein Laienanhänger, obwohl noch dem Welttreiben verbunden, zum Heiligen (Arhat) werden könnte. Für die orthodoxe Richtung war dafür das Mönchsleben unbedingte Voraussetzung.

284 Gemeint ist jemand, der zum Zeitpunkt seines Todes auf dem Pfad der Erlösung so weit vorangeschritten ist, daß er nicht wieder in den Geburtenkreislauf zurückkehrt.
285 Damit ist die 71. Lehrrede im Majjhimanikāya gemeint.
286 Der Opponent behält hier also das letzte Wort. Das darf nicht überraschen, denn Rechthaberei oder gar erbitterter Streit lag dem ursprünglichen Buddhismus völlig fern. Auch hier geht es dem Theravādin nur um die Darlegung seines Standpunktes; die Schlußfolgerung bleibt dem Leser überlassen: daß nämlich Ausnahmen die Regel bestätigen.
287 Diese dogmatischen Begriffe werden in einem anderen Werk des Abhidhammapiṭaka, dem Paṭṭhāna, näher behandelt.
288 Eine feine Argumentation von verblüffender Eleganz, wie sie auch inmitten der trockenen Scholastik des Kathāvatthu mitunter aufleuchtet!
289 Einen ähnlichen Standpunkt fanden wir bereits im Dīghanikāya 2,26 (S. 65), wo ihn Pakudha Kaccāyana (s. d.) vertrat.
290 Dieser Spruch war im alten Indien weit verbreitet. Unsere Stelle bezieht sich auf Therīgāthā 1002–1003. Aber auch nichtbuddhistische, brahmanische Werke kennen bzw. variieren ihn, so das Gesetz des Manu (Mānava-Dharmaśāstra) VI,45.
291 Wörtlich: Wird eine Seele vorgefunden?
292 Nāgasena will darauf hinaus, daß das Auge neben dem Sehen nicht auch hören, riechen, schmecken und fühlen kann, daß also jeder der Sinne in sich abgeschlossen und isoliert ist.
293 Hier erkennt man bereits den Verfall der einst so großen Ideen: Das Nirvāṇa gilt als Glück, und es gibt sogar Wesen, die es geschaut haben und entzückt davon sind – dem ursprünglichen Buddhismus gänzlich zuwiderlaufende Vorstellungen.
294 Der Sinn ist folgender: Buddha hält nicht, wie manche andere Lehrer es tun, in der geschlossenen Faust einen Teil der Wahrheit verborgen.
295 Diese Bemerkung bezieht sich auf die 63. Rede im Majjhimanikāya.
296 „Erkennen" hier nicht im Sinn von „genau sehen", sondern von „begreifen, erfassen".
297 Wie es oben, in den Milindapañhā II,3,6, geschehen ist.
298 Das ist ein Irrtum; der Ausspruch rührt nicht von Buddha her, sondern findet sich erst im 536. Jātaka.
299 Damit soll zum Ausdruck gebracht werden, daß Mahosadha für Amarā keine geringere Autorität besaß als der König selbst.
300 Gemeint sind die Götter.
301 Die fünf Augen sind ein Epitheton des Buddha: Neben den körperlichen werden ihm „geistige" Augen (der Allwissenheit, der Zukunftserschauung usw.) zugeschrieben.

302 Betrifft Buddhas Lehrtätigkeit; vgl. Einleitung, S. 20ff.

303 Diese exorbitante Zahl weist deutlich auf die späte Entstehungszeit des Textes hin.

304 Der Einfluß des Mahāyāna und letztlich des Hinduismus (der Weltenherr, Jagannātha, ist hier Viṣṇu) ist unverkennbar: Für den ursprünglichen Buddhismus wäre es unmöglich gewesen, sich Buddha als einen Weltenherrn vorzustellen.

305 Die Ansicht des Subhadda, auf die hier angespielt wird, ist dem Leser bereits im Cullavagga XI,1,1 mitgeteilt worden; vgl. S. 345.

306 Gemeint sind Arhats, d. h. schon bei Lebzeiten heilig gewordene Mönche.

307 Ānanda mußte bei dem Konzil gehört werden; damit die Zahl von 500 Mönchen eingehalten wurde, waren es außer ihm 499.

308 Dieses Verbot bezog sich natürlich nur auf andere Mönche, nicht etwa auch auf die Bürger von Rājagaha.

309 Der Pāli-Text bietet hier ein Wortspiel, das die Übersetzung erschwert; mit der guten Seite ist die buddhistische Lehre gemeint.

310 Es sind dies, wie schon früher erwähnt, Kleidung, Nahrung, Unterkunft und Arznei.

311 Die vier Haltungsarten sind: Gehen, Stehen, Sitzen und Liegen. Ein „Befreien" von ihnen ist natürlich nur symbolisch zu verstehen.

312 Wenn die Erlangung der Heiligkeit mit solchen Wundergeschichten bewiesen werden soll, so ist dies ein deutliches Zeichen für die späte Entstehung dieses Textes.

313 Gemeint ist Mahākassapa.

314 Gemeint ist Ānanda, wie aus Vers 30 hervorgeht.

315 Damit ist Buddha gemeint.

316 Es handelt sich nicht um reales Wissen, sondern um magische Potenzen, etwa die Erinnerung an die früheren Existenzen der eigenen und fremder Personen, die Fähigkeit des Gedankenlesens usw.

317 Hier beginnt, wie man im Film sagen würde, eine Rückblende.

318 Nämlich zur Zeit des Besuches von Mahinda. Damit schaltet die Erzählung wieder auf die Gegenwart um.

319 Darunter sind Buddha, seine Lehre und der Mönchsorden zu verstehen.

320 Ein Wortspiel, indem Mahinda „großer Indra" bedeutet.

321 Das bezieht sich auf die vorangegangenen Betrachtungen über die Buddhas und die Lehre.

322 Die Erklärung der Paare und Personen bringt der Text selbst weiter unten.

323 Indem die Welt den Orden mit allen Lebensnotwendigkeiten ausstattet, besitzt sie die Möglichkeit, moralisches Verdienst und ein

gutes Kamma zu erwerben. Daß tatsächlich die vier Lebensnotwendigkeiten (Kleidung, Nahrung, Unterkunft, Arznei) gemeint sind, bringt unser Text weiter unten zum Ausdruck.

324 Das Zitat stammt aus dem Aṅguttaranikāya.

325 Es sind dies üppiges Leben einerseits und Selbstkasteiung andererseits.

326 Angespielt wird auf die vier Stufen des Erlösungsweges: den „Eintritt in den Strom" (Bekehrung), die einmalige Wiedergeburt, die Nichtwiederkehr und die Arhatschaft (Erringung der vollständigen Wahnerlöschung bereits zu Lebzeiten).

327 Der Spruch ist vom Dhammapada Nr. 10 herübergenommen.

328 Buddhas treten nur ganz selten auf, aber die Gemeinde ist stets vorhanden und verbindet die Buddha-Existenzen miteinander.

329 *pāhavanīyo* bedeutet „zuerst bzw. vorzugsweise des Opfers würdig".

Glossar

Die Stichwörter sind in der Reihenfolge des lateinischen Alphabets ohne Berücksichtigung der diakritischen Zeichen geordnet.

Abhidhamma: Kanon der Scholastik, dritter Hauptteil des buddhistischen Kanons
Aciravatī: Name eines Flusses, die heutige Rāpti
Aggi: (Sanskrit: Agni), der brahmanische Gott des Feuers in dessen häuslichem, bedrohlichem und rituellem Aspekt
Aggivessana: Beiname des Nigaṇṭha Nātaputta (s. d.)
Ahipāraka: Name eines Heerführers im Reich der Sivi (s. d.)
Ajapāla: Bezeichnung eines Nigrodha-Baumes (s. d.)
Ajātasattu: Name eines Königs von Magadha (s. d.), Sohn des Bimbisāra; soll den Thron durch die Ermordung seines Vaters erlangt haben
Ajita: Name eines Mönches zur Zeit des Konzils von Vesālī
Ajita Kesakambala: Zeitgenosse Buddhas, Vertreter eines spontanen, primitiven Materialismus
Ājīvaka (Ājīvika): Bezeichnung einer von Makkhali Gosāla reorganisierten Sekte von nackt gehenden Asketen mit fatalistischen Anschauungen
Amarā: Gattin des Mahosadha (s. d.)
Ambalaṭṭhikā: Name eines Gartenhauses des Königs Bimbisāra (s. d.) zwischen Rājagaha und Nālandā
Ambatthala: Name einer Ebene am Fuß des Sīla (s. d.)
Ānanda: Name eines Mönchs, der der Lieblingsgefährte des Buddha war
Anāthapiṇḍika: Name eines reichen, später verarmten Handelsherrn, der der Gemeinde Buddhas bei der Stadt Sāvatthī einen vielbesuchten und häufig erwähnten Hain stiftete, den er zuvor dem Prinzen Jeta für einen hohen Preis abgekauft hatte
Aṅgiras: Name eines alten Priestergeschlechtes, den Gautama entsprechend, von dem die Sākya (s. d.) ihre Abstammung herleiteten. Unter dem A. ist hier unmittelbar Buddha zu verstehen
Aṅgirasa: Name eines alten Weisen und Hymnendichters
Ariṭṭha: Name eines Mönches
Ariṭṭhapura: Name der Hauptstadt der Sivi (s. d.)
Āsāḷhā: Name eines Monats (Juni/Juli)
Asita Devala: Name eines legendären Weisen

Asoka: Name eines berühmten Königs, der im 3. Jh. v. u. Z. fast ganz Indien beherrschte
Assalāyana: (Sanskrit: Āśvalāyana), Name eines jungen Brahmanen
Aṭṭhaka: Name eines alten Weisen und Hymnendichters
Avanti: Name eines alten Reiches im nördlichen Indien
Bārāṇasī: Name einer Stadt, das heutige Benares (Varanasi)
Bhagu: (Sanskrit: Bhṛgu), Name eines alten Weisen und Hymnendichters
Bhallika: Name eines Kaufmanns; einer der ersten beiden Laienanhänger des Buddha
Bhaṇḍuka: Name eines Anhängers des Mahinda (s. d.)
Bhāradvāja: 1. = Kasibhāradvāja (s. d.); 2. Name eines Brahmanen in Manasākaṭa (s. d.); 3. Name eines alten Weisen und Hymnendichters
Bimbisāra: Name eines Königs von Magadha (s. d.), Vater des Ajātasattu (s. d.)
Bodhisatta: (Sanskrit: Bodhisattva), ein Wesen, das bestimmt ist, nach einer mehr oder minder großen Zahl von Existenzen die Buddhaschaft zu erlangen. Die letzte Wiedergeburt vor diesem Ziel erfolgt als Mensch
Brahma (Brahmā): in den Buddhismus hinübergenommene brahmanische Konzeption ursprünglich einer allumfassenden Weltseele, später eines höchsten Gottes. Auch im Buddhismus gilt er als mächtig; dennoch ist auch er dem Gesetz der vier edlen Wahrheiten unterworfen
Brahmadatta: 1. Name eines legendären Königs von Kāsi (s.d.); 2. Name eines jungen Brahmanen
Caṇḍāla: Name einer verachteten sozialen Gruppe
Caṅkī: Name eines Brahmanen in Manasākaṭa (s. d.)
Channa: Name eines Mönchs
Cullaka: Name eines Kaufmanns; eine der früheren Existenzen des Buddha
Cullapanthaka: Name eines Mönchsältesten, der in einer früheren Geburt der Sohn einer Kaufmannstochter in Rājagaha war
Cullatāpasa: „kleiner Asket", Name eines Sohnes des Buddha in einer von dessen legendären früheren Existenzen
Dadhivāhana: Name eines legendären Königs von Benares
Dakkhiṇāgiri: Name eines Klosters bei Ujjenī (s. d.)
Devadatta: Name eines Vetters des Buddha, der um der Leitung der Gemeinde willen eine zeitweilige Spaltung des Ordens herbeiführte und gegen Buddha Intrigen spann, die bis zu Mordplänen geführt haben sollen
Devānaṁpiyatissa: Name eines Königs von Laṅkā („Tissa, Freund der Götter")
Devī: Name einer Kaufmannstochter

Dhaniya: Name eines Mönchs, der durch Diebstahl seine Mitgliedschaft im Orden verwirkte
Dinna: Name eines in den Milindapañhā genannten Mannes
Ekanāḷā: Name eines Dorfes in Magadha (s. d.)
Esukāri: Name eines von Buddha belehrten Brahmanen
Gijjhakūṭa: (Sanskrit: Gṛdhrakūṭa), „Geierspitze", Name eines Berges südwestlich von Rājagaha (s. d.)
Giribbaja: (Sanskrit: Girivraja), jüngerer Name von Rājagṛha bzw. Rājagaha (s. d.)
Gotama: von einem altvedischen Sängergeschlecht abgeleiteter Beiname der Sākiya (s. d.) und damit auch des Buddha
Inda: (Sanskrit: Indra), Name eines altindischen Gottes, der in vedischer Zeit der bedeutendste im Pantheon war
Isāna: (Sanskrit: Iśāna), Name eines vedischen Gottes
Isipatana: Name einer Örtlichkeit bei Benares, wo buddhistische Mönche sich zu versammeln pflegten
Jāṇussoṇi: Name eines Brahmanen in Manasākaṭa (s. d.)
Jeta: Name eines Prinzen in der Stadt Sāvatthī zu Buddhas Zeit
Jeṭṭha: Name eines Monats
Jīvaka: Arzt am Hofe der Könige Bimbisāra und Ajātasattu von Magadha, Gönner der buddhistischen Gemeinde, der er seinen Mangohain zur Verfügung stellte
Kamboja: Name eines Volkes, dessen Wohnsitze im Süden des heutigen Afghanistan, im Osten Irans und im Norden des heutigen Pakistan lagen
Kammāssadhamma (Kammāsadamma): Name einer Siedlung im Kuru-Land, vermutlich im Stromgebiet der Yamunā, westlich des heutigen Allahābād, gelegen
Kannamuṇḍa: Name eines Sees im Himālaya
Kāsi: Name eines nordostindischen Volkes und Reiches am Ganges mit Benares als Mittelpunkt
Kasibhāradvāja: Name eines in Magadha wohnhaften, Ackerbau treibenden Brahmanen
Kassapa: 1. Name des Buddha in einer seiner früheren, legendären Existenzen; 2. Name eines alten Weisen und Hymnendichters
Khujjasobhita: Name eines Mönchs zur Zeit des Konzils von Vesālī
Kokālika: Name eines Parteigängers des Devadatta (s. d.)
Koṇḍañña: Name eines der ersten fünf Anhänger des Buddha
Koravya: Name eines Königs, der in Thullakoṭṭhita (s. d.) einen Gazellenpark unterhielt
Kosala: Name eines zu Buddhas Zeit beiderseits des Ganges im nordöstlichen Indien blühenden Reiches von der Größe Frankreichs. Eine seiner Städte war das in den Pāli-Texten vielgenannte Sāvatthī (Sanskrit: Śrāvastī)

Kosambī: (Sanskrit: Kauśāmbī), Hauptstadt der Vatsa, lag westlich des heutigen Allahābād an der Yamunā

Kuru: Name eines in jungvedischer Zeit bedeutenden nordindischen Volkes

Kusinārā: (Sanskrit: Kuśīnārā), Name einer Kleinstadt in der Republik der Mallas. Sie lag im Osten des heutigen Distriktes Gorakhpur. In der Nähe befindet sich der Sterbeort des Buddha

Laṅkā: alter und in der Gegenwart (Śrī Laṅkā) wieder gültiger Name der Insel Ceylon

Magadha: zur Zeit des Buddha mächtiges Reich im nordöstlichen Indien

Māgha: Name eines jungen Brahmanen in Rājagaha

Mahācunda: Name eines Mönchs

Mahākassapa: Name eines buddhistischen Mönchs, der auf dem Konzil zu Rājagaha eine große Rolle spielte

Mahāpajāpatī Gotamī: Name einer Tante (Schwester der Mutter) Buddhas, die den Knaben nach dem Tod seiner Mutter aufzog

Mahāpanthaka: Name des älteren Sohnes einer Kaufmannstochter in Rājagaha

Mahāsammata: Name eines legendären Königs

Mahiddhi: (Sanskrit: Maharddhi), Name einer vedischen Gottheit

Mahinda: buddhistischer Mönch, Verwandter des Asoka (s. d.), soll von diesem nach Laṅkā (s. d.) entsandt worden sein, um den Buddhismus dort einzuführen

Mahosadha: ein altindischer „Superman", Held des Jātaka Nr. 546

Makhādeva: Name eines legendären Königs von Videha (s. d.)

Makkhali Gosāla: Haupt der (bereits vor ihm gegründeten) Ājīvika-Sekte (s. d.), Fatalist

Māluṅkyāputta: Name eines Mönchs („Sohn der Māluṅkyā")

Manasākaṭa: Name eines Dorfes in Kosala (s. d.) südlich der heutigen Rāpti

Mandārava: der Korallenbaum Erythrina fulgens, der in der buddhistischen Mythologie als himmlisch gilt

Māra: im Buddhismus das Prinzip des Bösen, der sich als Versucher dem Buddha naht, um ihn zur Aufgabe seines Erlösungswerkes zu überreden

Māyā: Name der Mutter des Buddha

Milinda: Name eines graeco-baktrischen Königs (griechisch: Menandros), der im 1. Jh. auch über Nordwestindien herrschte

Missaka: alter Name eines Gebirges nordöstlich von Anurādhapura auf Laṅkā (s. d.)

Mithilā: Hauptstadt des Reiches Vedeha (s. d.)

Moggallāna: Name eines Mönchs, der ein besonders enger Vertrauter des Buddha war

Mucalinda: 1. der Baum Barringtonia acutangula; 2. Name eines Schlangenkönigs

Muṭasiva: Name eines Königs von Laṅkā (s. d.)

Nāgasena: Name eines buddhistischen Mönchs, der durch seine Disputationen mit dem König Milinda (s. d.) berühmt wurde

Nālandā: Name einer Vorstadt von Rājagaha (s. d.); einst mit zahlreichen Klosteranlagen und einer berühmten buddhistischen Universität

Namuci: eine Inkarnation des Verführers Māra (s. d.)

Nārada: 1. Name eines alten Weisen; 2. Name eines Asketenjünglings

Nerañjarā: Name eines linken Nebenflusses des unteren Ganges

Nesāda: Name der (meist gering geachteten) Waldbewohner in den Grenzgebieten

Nigaṇṭha Nātaputta: Name eines religiösen Lehrers und Zeitgenossen des Buddha. Als Begründer der Jaina-Lehre (Jinismus) in ihrer historisch faßbaren Gestalt war er neben den orthodoxen Brahmanen ein Hauptgegner des aufkommenden Buddhismus

Nigrodha: der indische Feigenbaum, Ficus indica

Nimba: der durch die Bitterkeit seiner Blätter bekannte Baum Azadirachta indica

Nimi: Name eines legendären Königs in Mithilā (s. d.)

Okkāka: (Sanskrit: Ikṣvāku), Name eines alten Königs

Paccekabuddha: jemand, der für sich allein die Erlösung vom Wechsel der Wiedergeburten erlangt und ins Nirvāṇa eingeht, ohne andere an seiner Erleuchtung teilhaben zu lassen und sie zu bekehren

Pajāpati: (Sanskrit: Prajāpati), Name eines vedischen Schöpfergottes

Pakudha Kaccāyana: Name eines Brahmanenpriesters zu Buddhas Zeit, Vertreter einer primitiv-materialistischen Elementen- und einer skrupellosen Morallehre

Paṇḍava: Name eines Berges in Magadha (s. d.)

Pāṭaliputta: Hauptstadt des Magadha-Reiches, das heutige Patna

Pātimokkha: Sammlung von Vorschriften, die zweimal monatlich bei Zusammenkünften der Mönchsgemeinden zu Sühnezwecken rezitiert wurden und einen wichtigen Bestandteil des Vinaya (s.d.) bilden

Pāvā: neben Kusinārā (s. d.) einer der bekanntesten Orte in der Malla-Republik, unweit nordöstlich von Kusinārā gelegen. In P. verzehrte Buddha die Mahlzeit, die ihm den Tod brachte

Pilindavaccha: Name eines Mönchs

Pokkharasāti: Name eines Brahmanen in Manasākaṭa (s. d.)

Pubbajira: Name eines Dorfes im Gebiet der Vajjī (s. d.)

Puṇṇa: Name eines Mönchs

Purāṇa: Name eines Mönchs

Pūraṇa Kassapa: Name eines brahmanischen Priesters zu Buddhas Zeit, der Vertreter einer skrupellosen Morallehre war
Rāhu: Name eines Dämons, der im alten Indien als Verschlinger des Mondes und damit als Urheber der Mondfinsternisse galt
Rāhula: Name des Sohnes des Buddha. R. wurde geboren, kurz bevor sein Vater als Wanderasket hinauszog
Rājagaha: die von Buddha vielbesuchte Hauptstadt des Magadha-Reiches im nordöstlichen Indien. Sie lag im Bezirk des heutigen Patna
Rājāyatana: der Baum Buchanania latifolia
Rakkhita: Name des Buddha in einer seiner legendären früheren Existenzen
Raṭṭhapāla: Name eines vornehmen Jünglings, der dem buddhistischen Orden beitrat
Revata: Name eines Mönchs zur Zeit des Konzils von Vesālī
Sabbakāmī: Name eines Mönchs zur Zeit des Konzils von Vesālī
Sahampati: „Herr durch sich selbst", Beiname des Gottes Brahma (s. d.)
Sākiya (Sākya): Name des Geschlechts, aus dem Gotama Buddha hervorging
Sakka: die im Buddhismus übliche Bezeichnung eines Gottes, in mancher Hinsicht auf den Gott Indra, die Hauptfigur des vedischen Pantheons, passend
Sāla: der Sal-Baum (Shorea robusta)
Salaḷa: eine Baumart
Sāḷha: Name eines Mönchs zur Zeit des Konzils von Vesālī
Sambhūta Sāṇavāsī: Name eines Mönchs zur Zeit des Konzils von Vesālī
Saṁghamittā: Name einer Anhängerin des Buddhismus („Freundin des Ordens")
Samiddhi: Name eines Thera (s. d.)
Sañjaya Belaṭṭhiputta: Name eines brahmanischen Priesters zur Zeit Buddhas, der als Vertreter des Skeptizismus, ja Agnostizismus, auftrat
Sāriputta: Name eines Mönchs, der ein besonders enger Vertrauter des Buddha war
Sattapaṇṇi: Name einer Felsenhöhle bei Rājagaha, bei der nach der Angabe des Mahāvaṁsa das erste buddhistische Konzil tagte
Sāvatthī: Name einer bedeutenden altindischen Stadt (Sanskrit: Śrāvastī), nahe dem heutigen Balrampur im Unionsstaat Uttar Pradesh
Seniya: (Sanskrit: Śreṇiya), Zweitname des Königs Bimbisāra (s. d.)
Setu: Name eines zum Buddhismus bekehrten jungen Brahmanen
Sīla: Name einer Bergspitze im Missaka-Gebirge (s. d.)

Simbali: der Seidenwollbaum, Bombax heptaphyllum
Sītavana: Name eines Hains bei Rājagaha
Sīvaka: Name eines Geistes
Sivi: 1. Name eines alten Volkes und Reiches in der heutigen Region Shorkot des Panjab; 2. Name eines Königs dieses Volkes
Soma: Name eines vedischen Gottes
Subha: Name eines jungen Brahmanen, Einwohners der Stadt Sāvatthī
Subhadda: Name eines Mönchs
Sudatta: Zweitname des Anāthapiṇḍika (s. d.)
Suddhodana: Name des Vaters des Buddha
Sudinna Kalandaputta: Name eines Mönchs, der durch Geschlechtsverkehr seine Mitgliedschaft im Orden verwirkte
Sumana: Name eines Mönchs
Suna: Name eines barbarischen, möglicherweise den Hunnen entsprechenden Volkes
Sunanda: Name eines legendären Wagenlenkers eines Königs der Sivi (s. d.)
Suppiya: Name eines Wandermönchs
Sutta: Lehrgespräch, Dialog zur Darlegung von Grundzügen der buddhistischen Lehre. Die kanonischen Suttas wurden in dem Suttapiṭaka („Korb der Lehrgespräche") genannten Corpus zusammengefaßt, das aus fünf Hauptteilen (Dīgha-, Majjhima-, Saṁyutta-, Aṅguttara- und Khuddaka-Nikāya) besteht
Suttanta: im wesentlichen identisch mit Sutta (s. d.)
Suttapiṭaka: s. Sutta
Taittirīya: Name einer vedischen Schule von Opferpriestern
Takkasilā: (Sanskrit: Takṣaśilā), das griechische Taxila, altindische Stadt mit berühmter buddhistischer Universität, lag in der Nähe des heutigen Rawalpindi (Pakistan)
Tapussa: Name eines Kaufmanns; einer der ersten beiden Laienanhänger des Buddha
Tārukkha: Name eines Brahmanen in Manasākaṭa (s. d.)
Thera: Bezeichnung für einen erfahrenen, alten Mönch, wobei nicht das Lebensalter gemeint ist, sondern mit „Presbyter" verglichen werden kann
Theravāda: die alte, ursprüngliche buddhistische Lehre. Ein Theravādin ist ein Anhänger dieser Lehre
Thullakoṭṭhita: Name eines Marktfleckens im Land der Kuru (s. d.)
Tipiṭaka: „Dreikorb", Bezeichnung für den aus drei Hauptteilen (Dhamma, Vinaya, Abhidhamma) bestehenden buddhistischen Kanon
Tirīṭavaccha: Name eines legendären Großkaufmanns
Todeyya: Name eines Brahmanen, Einwohners der Stadt Sāvatthī bzw. des Dorfes Manasākaṭa (s. d.)

Udāyi (Udāya): Name eines Sohnes des Königs Ajātasattu von Magadha
Udumbara: der Baum Ficus glomerata
Ujjenī: (Sanskrit: Ujjayinī), Hauptstadt von Avanti (s. d.)
Ukkala: Pāli-Bezeichnung der heutigen Landschaft Orissa im nordöstlichen Indien
Ummadantī: Name der legendären Tochter eines Großkaufmanns im Reich Sivi (s. d.)
Upāli: Name eines Mönchs, der am Konzil zu Rājagaha teilnahm
Uppalavaṇṇā: Name einer buddhistischen Nonne
Uttiya: Name eines zum Buddhismus bekehrten Hausvaters
Vacchagotta: Name eines zum Buddhismus bekehrten Wandermönchs
Vaggumudā: Name eines Flusses
Vajirā: Name einer buddhistischen Nonne
Vajjī (Vajji): (Sanskrit: Vṛjī), Name einer aus mehreren Stammesaristokratien gebildeten Konföderation sowie eines ihrer Gliedstaaten; Hauptstadt war Vesālī (s. d.)
Vālika: Name eines Parkes bei Vesālī (s. d.)
Vāmaka: Name eines alten Weisen und Hymnendichters
Vāmadeva: Name eines alten Weisen und Hymnendichters
Varuṇa: Name eines vedischen Gottes
Vāsabhagāmika: Name eines Mönchs zur Zeit des Konzils von Vesālī
Vāseṭṭha: (Sanskrit: Vāsiṣṭha), 1. Name eines Brahmanen in Manasākaṭa (s. d.); 2. Name eines alten Weisen und Hymnendichters
Vebhāra: Name eines Felsens
Veda: „Wissen", Gesamtbegriff der heiligen Texte des Brahmanismus; bestehend aus dem Ṛg-Veda (Hymnen an die Götter), Sāma-Veda (Gesangstexte), Yajur-Veda (Opfersprüche). Als vierter Veda erhielt der Atharva-Veda (Zauberlieder) erst später kanonisches Ansehen
Vedeha (Videha): zur Zeit des Buddha blühendes Reich am mittleren Ganges im Gebiet des heutigen Nord-Bihar
Vedisa(giri): Name eines Ortes, das jetzige Bhilsa nordöstlich von Bhopal
Veḷuvana: Name eines Hains bei Rājagaha, in dem sich Buddha oft aufhielt
Vesākha: Name eines Monats (April/Mai)
Vesālī: (Sanskrit: Vaiśālī), Hauptstadt der Konföderation der Vajjī (s. d.), Sitz des zweiten buddhistischen Konzils. Die Stadt lag im heutigen Distrikt Muzaffarpur des Staates Bihar
Vessāmitta: (Sanskrit: Viśvāmitra), Name eines alten Weisen und Hymnendichters

Vinaya: Kanon der Ordenszucht, einer der drei Hauptteile des buddhistischen Kanons

Vissasena: Name eines legendären Parkwächters

Yama: Name des altindischen Todesgottes

Yamataggi: (Sanskrit: Jamadagni), Name eines alten Weisen und Hymnendichters

Yasa Kākaṇḍakaputta: Name eines Mönchs zur Zeit des Konzils von Vesālī

Yojana: altindisches Längenmaß, nach vorsichtiger Schätzung etwa fünfzehn Kilometer

Yugandhara: Name eines mythischen Berges

Zur Aussprache der Pāli-Wörter

Vokale mit übergesetztem Querbalken (ā, ī, ū) sind lang.
Bei den aspirierten Konsonanten (z. B. kh, gh, dh, bh) ist die Aspiration deutlich mitzusprechen; phala ist also p-hala, nicht etwa fala.
ṅ spricht man wie ng, c wie tsch, j wie stimmhaftes dsch.
Die Zerebrallaute ṭ, ḍ und ṇ werden mit zurückgebogener Zungenspitze gesprochen.
y ist wie deutsches j, und v ist wie deutsches w zu sprechen.
h ist stets hörbarer Hauchlaut.
ṁ kann in den meisten Fällen wie m gesprochen werden.

Für die Betonung gelten folgende Hauptregeln:
Ist die vorletzte Silbe nach Natur oder Position lang, so erhält sie den Ton (z. B. Asóka, Abhidhámma). Ist die drittletzte Silbe lang, so erhält sie den Akzent, wenn die folgenden Silben kurz sind (z. B. Aggivéssana, Jī́vaka). Der Akzent rückt auf die viertletzte Silbe, wenn die dritt- und vorletzte kurz sind (z. B. Rā́jagaha).

Weiterführende Literatur

Die Literatur über den Buddhismus ist von verwirrender Fülle, so daß hier nur auf einige wenige, aber grundlegende und richtungweisende Werke eingegangen werden soll.

An *Bibliographien* sind zu nennen:

die seit 1928 in Paris erscheinende Bibliographie bouddhique und die Bibliography on Buddhism von S. Hanayama, Tokyo 1961 (mit über 15000 Titeln).

Eine gute Übersicht über die buddhistische *Terminologie* gibt das Buddhistische Wörterbuch von Nyāṇatiloka, Konstanz 1953.

Unter den eigentlichen *Sachbüchern* ist immer noch das folgende Standardwerk herausragend:

H. Oldenberg, Buddha. Sein Leben, seine Lehre, seine Gemeinde, Berlin 1881 und vielfach neu aufgelegt (13. Aufl. Stuttgart 1959). Das Werk konzentriert sich ebenso auf den ursprünglichen Buddhismus wie die ebenfalls vorbildliche Untersuchung von É. Lamotte: Histoire du bouddhisme indien, des origines à l'ère Śaka, Louvain 1958. Informativ ist auch das Buch von H. Günther: Der Buddha und seine Lehre, nach der Überlieferung der Theravādins, Zürich 1956. Zur Philosophie vgl. M. Walleser: Die buddhistische Philosophie in ihrer geschichtlichen Entwicklung, Heidelberg 1925.

Weitere Literaturhinweise zu speziellen Gebieten (Theravāda-Buddhismus, Ordensrecht, Neobuddhismus u.a.) gibt das Sammelwerk von H. Bechert und G. v. Simson: Einführung in die Indologie, Darmstadt 1979.

Über die buddhistische *Literaturgeschichte* einschließlich zahlreicher Verweise auf Ausgaben, Übersetzungen und Sekundärliteratur unterrichtet K. Mylius: Geschichte der Literatur im alten Indien (RUB), Leipzig 1983.

Quellenverzeichnis

Dīghanikāya:
T. W. Rhys Davids und J. E. Carpenter in der Pāli Text Society
London 1890–1911

Majjhimanikāya:
V. Trenckner und R. Chalmers in der Pāli Text Society
London 1888–1902

Saṁyuttanikāya:
L. Feer in der Pāli Text Society
London 1884–1898

Khuddakapāṭha:
H. Smith in der Pāli Text Society
London 1915

Dhammapada:
Sumangala Thera in der Pāli Text Society
London 1914

Udāna:
P. Steinthal in der Pāli Text Society
London 1885

Itivuttaka:
E. Windisch in der Pāli Text Society
London 1890

Suttanipāta:
R. Chalmers in den Harvard Oriental Series, vol. 37
Cambridge (Mass.) 1932

Petavatthu:
J. P. Minaev (Minayeff) in der Pāli Text Society
London 1889

Theragāthā, Therīgāthā:
H. Oldenberg und R. Pischel in der Pāli Text Society
London 1883

Jātaka:
V. Fausböll
London 1877–1897

Pātimokkha:
J. F. Dickson im Journal of the Royal Asiatic Society
London 1876

Mahāvagga, Cullavagga:
H. Oldenberg, Vinayapiṭaka
London 1879–1883

Puggalapaññatti:
R. Morris in der Pāli Text Society
London 1883

Kathāvatthu:
A. C. Taylor in der Pāli Text Society
London 1894–1897

Milindapañhā:
V. Trenckner in der Pāli Text Society
London 1880

Mahāvaṁsa:
W. Geiger in der Pāli Text Society
London 1908

Visuddhimagga:
C. A. F. Rhys Davids in der Pāli Text Society
London 1920–1921